Die Zustimmung bei Kapitalgesellschaften im Kontext der Untreue (§ 266 StGB)

Europäische Hochschulschriften Recht

European University Studies in Law

Publications Universitaires Européennes de Droit

Band/Volume 6836

Anna Rosebrock

Die Zustimmung bei Kapitalgesellschaften im Kontext der Untreue (§ 266 StGB) und eine Übertragbarkeit auf das Geschäftsherrenmodell (§ 299 StGB)

PETER LANG
Berlin · Bruxelles · Chennai · Lausanne · New York · Oxford

Bibliografische Information der Deutschen Nationalbibliothek
Die Deutsche Nationalbibliothek verzeichnet diese Publikation in der Deutschen Nationalbibliografie; detaillierte bibliografische Daten sind im Internet über http://dnb.d-nb.de abrufbar.

Zugl.: Berlin, Freie Univ., Diss., 2025

DE- 188
ISSN 3052-8291 (Print)
ISSN 3052-8305 (eVersion)
ISBN 978-3-631-94189-8 (Print)
ISBN 978-3-631-74714-8 (ePDF)
ISBN 978-3-631-94201-7 (ePUB)
DOI 10.3726/b23126

Verlegt durch Peter Lang GmbH, Berlin, Deutschland

info@peterlang.com

www.peterlang.com

Kontakt zur Verordnung über die allgemeine Produktsicherheit (GPSR):
gpsr@peterlang.com

Meinen Kindern

Inhaltsverzeichnis

Vorwort xiii

KAPITEL 1
Einleitung 1

I. Vorbemerkung 1
II. Problemaufriss zu § 266 StGB 3
III. Problemaufriss zu § 299 StGB 5
IV. Praktische Bedeutung der Thematik 6
1. Kriminologische Ausgangslage 8
a) Zu § 266 StGB 9
b) Zu § 299 StGB 14
2. Rechtswissenschaftliche Ausgangslage 17
V. Gang der Untersuchung und Begrenzung des Untersuchungsgegenstandes 19
VI. Fallkonstellationen 21

KAPITEL 2
Strafrechtsdogmatische Betrachtung von „Einwilligung" und „Einverständnis" 25

I. Grundlagen und Abgrenzung 25
1. Grundlage 25
2. Abgrenzung 27
a) Dualistische und monistische Zustimmungstheorie 27
b) Stellungnahme und Auswirkungen 29

II. Voraussetzungen und Grenzen 33
1. Voraussetzungen 33
a) Dispositionsbefugnis und Disponibilität 33
b) Einwilligungsfähigkeit 34
c) Einwilligungserklärung 37
d) Freiheit von Willensmängeln 38
2. Grenzen 41
III. Einordnung in Untreuekontext 43
1. Begriffliche Einordnung 43
2. Untreuespezifische Ergänzungen 47
a) Zur Notwendigkeit der Rechtzeitigkeit einer Einverständniserklärung 47
b) Zur Notwendigkeit einer ausdrücklichen oder konkludenten Kundgabe des Einverständnisses 48
IV. Zustimmungsurrogate 49
1. Mutmaßliche Zustimmung 50
a) Mutmaßliche Einwilligung 50
b) Mutmaßliches Einverständnis im Untreuekontext 52
2. Hypothetische Zustimmung 55
a) Hypothetische Einwilligung 55
b) Hypothetisches Einverständnis im Untreuekontext 58
3. Fazit 65
V. Zusammenfassung 66

KAPITEL 3
Dogmatisch-strukturelle Probleme bei Kapitalgesellschaften im Zusammenhang mit der Einverständnisproblematik 69
I. Gesellschaftsrechtsakzessorietät des Wirtschaftsstrafrechts 69
II. Handlungs- und Willensbildungsunfähigkeit 72
III. Rechtsgutsinhaberschaft 74
1. Rechtsgut des § 266 StGB 74
2. Vermögenszuordnung 78
a) Gesellschaftsrechtsakzessorische Bestimmung: Gesellschaft als Vermögensinhaberin 79

b) Strafrechtsautonome Bestimmung: Gesellschaftergesamtheit als Vermögensinhaberin 80
c) Stellungnahme 84
3. Fazit 88
IV. Einverständniskompetenzen im dogmatisch-methodischen Ausgangspunkt 88
1. Grundsätzliche Infragestellung der Verfassungsgesetzakzessorietät 89
2. Stellungnahme 93
V. Zusammenfassung 95

KAPITEL 4
Einverständniskompetenzen in der GmbH 97
I. Zuordnung der Einverständniskompetenzen 97
1. Zuständigkeit 97
2. Beschlussfassung 99
a) Formale Anforderungen an Beschlussfassung 103
b) Stellungnahme 107
3. Fazit 110
II. Grenzen der Einverständniskompetenzen 111
1. Dogmatische Herleitung von Grenzen 111
2. Dogmatische Grenzen 114
a) Strafrechtliche Grenzen 114
b) Gesellschaftsrechtliche Grenzen 118
3. Darstellung der vertretenen Auffassungen 119
a) „Strenge Körperschaftstheorie" 120
b) „Eingeschränkte Körperschaftstheorie" 123
c) „Eingeschränkte Gesellschaftertheorie" 125
d) „Strenge Gesellschaftertheorie" 128
e) Ansatz einer ökonomischen Analyse des Rechts nach Birkholz 130
4. Gegenüberstellung der gesellschaftertheoretischen Ansätze 137
a) GmbH-spezifische Kapitalschutzvorgaben 139
aa) Kapitalerhaltungsgebot des § 30 Abs. 1 GmbHG 139
bb) Existenzgefährdungsrechtsprechung der Strafsenate 146
cc) Zivilrechtliche Existenzvernichtungshaftung 152
dd) Zwischenergebnis 159

b) Bestehen eines Eigeninteresses der Gesellschaft ... 160
aa) Begrifflichkeiten und Verständnis ... 160
bb) Dogmatisch-methodischer Anknüpfungspunkt ... 164
cc) Argumentation ... 165
dd) Stellungnahme ... 175
c) Fazit ... 180
5. Ergebnisbewertung in Hinblick auf das Bankrottstrafrecht ... 180
III. Zusammenfassung ... 185

KAPITEL 5
Einverständniskompetenzen in der AG ... 189
I. Zuordnung der Einverständniskompetenzen ... 192
1. Zuständigkeit ... 192
a) Aufsichtsrat ... 194
b) Vorstand ... 196
c) Hauptversammlung ... 197
d) Fazit ... 202
2. Beschlussfassung ... 203
II. Grenzen der Einverständniskompetenzen ... 208
1. Möglichkeit der Ergebnisübertragung von der GmbH auf die AG ... 209
2. Aktienrechtliche Kapitalschutzvorgaben ... 215
3. Aktienrechtsspezifische Anknüpfungspunkte für die Bestimmung von Einverständnisgrenzen ... 217
a) Differenzierung nach Kapitalgruppe ... 217
aa) Grundkapital ... 218
bb) Rücklagen ... 219
(1) Gesetzliche Rücklagen und Kapitalrücklagen ... 219
(2) Andere (freie) Rücklagen ... 220
(3) Rücklagen für eigene Aktien ... 224
cc) Gewinne ... 224
b) Fazit ... 225
c) Mindestkapitalausstattung ... 226
4. Aktienrechtliches Eigeninteresse ... 227
a) Bestehen eines aktienrechtlichen Eigeninteresses ... 227
aa) Argumentation ... 229
bb) Stellungnahme ... 232

b) Reichweite des aktienrechtlichen Eigeninteresses 235
c) Untreuestrafrechtlicher Schutz des aktienrechtlichen Eigeninteresses 238
III. Zusammenfassung 240

KAPITEL 6
Das Zustimmungserfordernis im Rahmen des Geschäftsherrenmodells in § 299 Abs. 1 Nr. 2, Abs. 2 Nr. 2 StGB n.F. 243
I. Einleitende Betrachtung von § 299 StGB n.F. und dem Geschäftsherrenmodell 244
II. Spezifische Betrachtung des Zustimmungserfordernisses im Rahmen des Geschäftsherrenmodells 248
1. Behandlung der Zustimmungsfrage in § 299 StGB a.F. 248
2. Übertragbarkeit der Ergebnisse aus dem Untreuekontext 249
a) Strafrechtsdogmatische Einordnung der Zustimmung 249
b) Stellungnahme 254
3. Behandlung der Zustimmungsfrage in § 299 StGB n.F. 255
a) Zustimmungssurrogate 256
b) Zuordnung der Einverständniskompetenzen 258
c) Grenzen der Einverständniskompetenzen 260
III. Ergebnisbewertung in Hinblick auf die BGH-Rechtsprechung 264
IV. Zusammenfassung 267

KAPITEL 7
Zusammenfassung der wesentlichen Untersuchungsergebnisse 269

Literaturverzeichnis 275

Vorwort

Diese Arbeit lag der Juristischen Fakultät der Freien Universität Berlin im Wintersemester 2021/2022 als Dissertation vor. Das Manuskript wurde im Januar 2022 abgeschlossen.

Mein Dank gilt zunächst meinem Doktorvater, Herrn Prof. Dr. Carsten Momsen, der die Anfertigung dieser Arbeit mit wertvollem fachlichen Rat und persönlichem Verständnis begleitet hat. Das Zweitgutachten hat Herr Prof. Dr. Thomas Grützner erstellt, bei dem ich mich ebenso bedanken möchte.

In besonderer Weise habe ich meinen Eltern und Großeltern zu danken: Sie ermöglichten mir die Anfertigung dieser Arbeit erst und unterstützten mich stets in jeder Art und Weise – ohne sie wäre diese Arbeit nicht entstanden.

Anna Rosebrock

Einleitung

I. Vorbemerkung

„Der Grundsatz ‚volenti non fit iniuria' ist alt, das Institut der Einwilligung des Verletzten aber rechtsgeschichtlich eher jung und daher in mancherlei Hinsicht noch immer unterentwickelt."[1]

Diese Feststellung von Amelung aus dem Jahr 1992 lässt sich auf den vorliegenden Untersuchungsgegenstand übertragen: Auch und gerade Zustimmungsfragen in einem kapitalgesellschaftlichen Kontext von Untreue und Wirtschaftskorruption stellen Felder der Einwilligungsdogmatik dar, in denen bisweilen erhebliche juristische Unsicherheiten herrschen.

Über 100 Jahre liegt nunmehr die erste Rechtsprechung zu der Thematik zurück.[2] Die wirtschaftsstrafrechtswissenschaftliche Literatur hat bis heute, insbesondere zur Frage der Zustimmung bei der GmbH in Bezug auf den Untreuetatbestand, eine Unmenge an Veröffentlichungen erfahren.[3]

---

1 Amelung, ZStW 104 (1992), 525; das Rechtssprichwort entstammt im Ursprung der Ausführung Ulpians (um 170–228 n. Chr.) im 47. Buch der Digesten „nulla iniuria est, quae in volentem fiat", Domitius Ulpianus, D. 47.10.1.5.; vgl. auch Roxin/Greco, AT I, § 13, Rn. 1 m.w.N.

2 Die erste einschlägige Entscheidung des Reichsgerichts stammt aus dem Jahre 1909 und behandelt eine Untreuekonstellation in der GmbH, RGSt 42, 278; eine Darstellung des Falls findet sich bei Wodicka, Untreue, S. 65 ff.

3 Rönnau in FS-Amelung, S. 249; vgl. nur die monographischen Veröffentlichungen von Lichtenwimmer, Untreueschutz; Schramm, Untreue und Konsens; Kaufmann, Organuntreue; Birkholz, Untreuestrafbarkeit; Wodicka, Untreue; Nelles, Untreue zum Nachteil; Flum, Strafrechtlicher Schutz der GmbH.

Dennoch herrscht, wie zuletzt diversen Entscheidung des BGH zu entnehmen,[4] noch immer eine deutliche Unsicherheit im Umgang mit diesem Themenfeld, speziell in Hinblick auf die AG, vor.[5]

Die gern bemühten Worte Hellmuth Mayers, „Sofern nicht einer der klassischen alten Fälle der Untreue vorliegt, weiß kein Gericht und keine Anklagebehörde, ob § 266 StGB vorliegt oder nicht“[6], gelten gerade in dieser speziellen Hinsicht umso mehr.

Auch die Reformierung des § 299 StGB und die gesetzgeberische Entscheidung für das sog. Geschäftsherrenmodell lassen sich insbesondere durch die Einfügung des Tatbestandsmerkmals „ohne Einwilligung des Unternehmens“ mit diesem Themenkomplex in Zusammenhang bringen und werfen erneute Fragen auf.

Die Parallelen, die § 266 StGB und § 299 StGB in der Weite und – bei kritischer Betrachtung – Konturlosigkeit ihrer Tatbestandsfassungen aufweisen, bedeuten sowohl für Rechtsanwender als auch für den Normadressaten im Unternehmensalltag eine nur schwer hinnehmbare juristische Unsicherheit,[7] was nicht zuletzt durch das BVerfG 2010 in Hinblick auf den Untreuetatbestand gerügt wurde[8] und in Anbetracht der aktuellen Rechtsentwicklung des § 299 StGB durch die strafrechtswissenschaftliche Literatur auch hinsichtlich des Geschäftsherrenmodells äußerst kritisch bewertet wird.[9]

Die vorliegende Arbeit will versuchen, diese Unsicherheit zumindest für den angesprochenen Bereich der Einwilligungsproblematik in GmbH und AG abzuschwächen und einen Beitrag zum klareren Verständnis der neueingeführten Geschäftsherrenkonzeption des § 299 StGB zu liefern.

Dabei gilt es, grundlegende Fragen der Strafrechts- und Gesellschaftsrechtsdogmatik, so etwa jene nach der Akzessorietät des Strafrechts, Bedeutung

---

4 Vgl. nur den „Mannesmann“-Fall (BGHSt 50, 331), den Fall „Siemens ENEL“ (BGHSt 52, 323) sowie zuletzt den „Trienekens“-Fall (BGHSt 55, 266).

5 So auch Hohn in FS-Samson, S. 317, 323 ff.; Brand, AG 2007, S. 682.

6 Mayer, Materialien zur Strafrechtsreform, Bd. 1, S. 337.

7 Vgl. Kubiciel, NStZ 2005, S. 353; Schünemann, NStZ 2006, 196, 197.

8 BVerfGE 126, 170.

9 Heuking/von Coelln, BB 2016, 323, 326 f.; Teixeira, Unrecht der privaten Korruption, S. 170 ff.; Walther, NZWiSt 2015, 255, 256 f.; Schünemann, ZRP 2015, 68, 69 f.; Altenburg, CB 2015, 143, 146.

und Umfang der Rechtspersonalität der juristischen Person, die Rechtsgutskonzeption des StGB wie auch spezifische Rechtsprechungsentwicklungen, beispielhaft die kürzliche Abkehr von der Interessentheorie durch den BGH,[10] kritisch zu beleuchten.

In jedem Fall ist hiermit die Diskussion zu einem Bereich der Einwilligungslehre eröffnet, welcher frei nach Amelung als noch nicht vollends entwickelt gelten dürfte.

Ob dem Einwilligenden also tatsächlich kein Unrecht geschieht, wenn es sich bei diesem um eine Kapitalgesellschaft – nach dem Wortlaut des § 299 StGB um ein „Unternehmen" – handelt, ist Gegenstand der folgenden Untersuchung.

II. Problemaufriss zu § 266 StGB

Die Organuntreue stellt ein Themenfeld an der Schnittstellte von Straf- und Gesellschaftsrecht dar,[11] dem zunehmend mehr Aufmerksamkeit in der rechtswissenschaftlichen Forschung zukommt.[12]

So ist auch speziell zur Problematik um Zustimmungskompetenzen in Kapitalgesellschaften ein juristischer Diskurs entstanden, der in Hinblick auf die GmbH zu einer mittlerweile nur schwer überschaubaren Anzahl an Veröffentlichungen geführt hat.[13]

Insoweit geht es im Wesentlichen um die Frage, ob und inwieweit die Gesellschafter über das Vermögen der Gesellschaft durch eine gesellschaftsinterne Zustimmung disponieren können, ohne sich der Untreue strafbar zu machen. Voraussetzungen und die Reichweite einer derartigen Dispositionsbefugnis sind dabei ebenso Gegenstand dieser Untersuchungen wie die Zuordnung der Zustimmungskompetenz.

---

10 BGHSt 57, 229; BGH NStZ 2012, 89, 91 (= Anfrageverfahren).

11 Rönnau in FS-Amelung, S. 247.

12 Schünemann, NStZ 2006, 196 f.; ders., ZIS 2012, 183, 185, 194; Hoffmann, Unternehmensinteresse, S. 17.

13 So Achenbach/Ransiek/Rönnau/-Seier/-Lindemann, 5. Teil, 2. Kapitel, Rn. 319; Rönnau in FS-Amelung, S. 249. Beckemper spricht insoweit bereits von einem „Klassiker des Wirtschaftsstrafrechts", GmbHR 2005, S. 592.

Zugespitzt lässt sich danach fragen, ob die Untreuestrafbarkeit insofern den Preis für die beschränkte Haftung der GmbH-Gesellschafter darstellt;[14] der Zusammenhang zwischen strafrechtlich und gesellschaftsrechtlicher Haftung bildet also das übergeordnete Moment, mit dem sich die rechtswissenschaftliche Literatur in diesem Kontext beschäftigt.

Bei der AG herrscht in diesem Aspekt der Zustimmungsthematik hingegen noch wesentlicher Konkretisierungsbedarf, obgleich auch jener Komplex vermehrt in den Fokus der Strafrechtswissenschaft gerät.[15]

Betrachtet man auch die höchstrichterliche Rechtsprechung der letzten Jahre, wird jene Unsicherheit im Umgang mit der Frage, ob und inwieweit innerhalb dieser Gesellschaftsform eine Untreuestrafbarkeit ihrer handelnden Organe durch eine Zustimmung entfallen kann, überdeutlich.

Allein ein Blick auf die Entscheidungen des BGH in den Fällen „Mannesmann" oder „Siemens ENEL" belegt diese Beobachtung, da keinem der beiden Fälle, obgleich durchaus diskussionswürdig, nähere Ausführungen zu Voraussetzungen und Reichweite einer etwaigen Zustimmung zu entnehmen sind.[16]

Vor dem rechtspolitischen Spannungsfeld der – oftmals gegenläufigen – Interessen in Kapitalgesellschaften von Anteilseignern, Gläubigern, Arbeitnehmern und der Gesellschaft selbst,[17] erscheint die Klärung der Frage, wie strafrechtlich mit vermögensrelevanten Maßnahmen ihrer Organe umzugehen ist und die Herausarbeitung einer klaren Linie, auch und vor allem bei der AG, umso gewichtiger.

Dabei bedarf insbesondere der Aspekt des Interesses der Gesellschaft selbst einer vertieften Beschäftigung: Die Frage, wie selbstständig die juristische Person tatsächlich – also abgesehen von der gesetzgeberischen Festlegung der Rechtsfähigkeit in § 13 Abs. 1, Abs. 2 GmbHG und § 1 Abs. 1 S. 1 AktG – ist, gipfelt in der Untersuchung eines sog. gesellschaftsrechtlichen Bestands- oder Eigeninteresses. Ob und in welchem Umfang den Gesellschaften ein solches zukommt, wird wesentlicher Argumentationstopos der folgenden Beschäftigung mit der Zustimmung in Kapitalgesellschaften sein.

---

[14] Birkholz, Untreuestrafbarkeit, S. 21.

[15] Brand, AG 2007, 681, 682; Rönnau in FS-Amelung, S. 250 f.

[16] S. hierzu auch gleich unter A. IV. 2.

[17] Hoffmann, Unternehmensinteresse, S. 21; Hohn in FS-Samson, S. 318.

In diesem Zusammenhang geht es darum zu klären, ob die juristische Person bloß „Methode“[18] oder ein „Geschöpf“ mit einem rechtlichen Eigenleben[19] darstellt und, falls sie nicht bloß eine „Veranstaltung ihrer Gesellschafter“[20] bzw. „reine Zweckschöpfung“[21] sein sollte, welche Reichweite ein derartiges gesellschaftsrechtliches Eigeninteresse in Hinblick auf eine Untreuestrafbarkeit ihrer Organe zu erreichen vermag.

Diese Diskussion berührt bereits im Ansatzpunkt bei der Frage nach der Rechtsgutsinhaberschaft und Dispositionsbefugnis in Kapitalgesellschaften grundsätzliche Bereiche der Rechtsdogmatik und kann nicht geführt werden, ohne dass zuvor Klarheit darüber herrscht, wie autonom oder akzessorisch das Wirtschaftsstrafrecht zum Gesellschaftsrecht steht.[22]

Die Frage der Akzessorietät bzw. Autonomie des Wirtschaftsstrafrechts wirkt gleichsam als übergeordnetes Spannungsfeld durch den gesamten Themenkomplex der kapitalgesellschaftlichen Zustimmung und wird immer wieder aufzugreifen sein.

III. Problemaufriss zu § 299 StGB

„Mit dem Straftatbestand des § 299 StGB ist es bisweilen wie mit dem Elfmeterschießen. Je mehr man darüber nachdenkt, desto unsicherer wird man. Das KorrBek 2015 hat daran nichts geändert.“[23]

So bildlich konstatierten kürzlich Momsen und Grützner die Situation um den neugefassten Straftatbestand des § 299 StGB und die damit verbundene gesetzgeberische Zielsetzung, eine Verschärfung des Korruptionsstrafrechts[24] zu erreichen.

Dies dürfte insbesondere auch für die Tatbestandsumgestaltung nach dem sog. Geschäftsherrenmodell gelten, die nunmehr in § 299 Abs. 1 Nr. 2, Abs. 2

18 Schanze, NZG 2007, 681, 685, der insoweit Bezug auf die Aussage des amerikanischen Richters Bijur im Rahmen eines 1927 vor dem Supreme Court verhandelten Falles nimmt.

19 Goette, DStR 2010, 64.

20 Goette, DStR 2010, 64.

21 Röhricht in FS-BGH, S. 103.

22 So auch Radtke, GmbHR 1998, 311, 312; Loeck, Strafbarkeit des Vorstands, S. 14 ff.

23 Grützner/Momsen, CCZ 2017, 155.

24 Vgl. Heuking/von Coelln, BB 2016, 323.

Nr. 2 StGB aufgeht: Die Einführung des Merkmals „ohne Einwilligung des Unternehmens“ wirft zahlreiche Fragen auf.

Nicht nur, dass unklar bleibt, was diese „Einwilligung“ bewirken kann und wie sie strafrechtsdogmatisch einzuordnen ist; auch die Frage, was unter dem Merkmal des „Unternehmens“ zu verstehen ist,[25] bedarf – auch mangels tragfähiger gesetzgeberischer Ausführungen hierzu[26] – einer genauen Analyse.

Das, was zuvor unter dem Schlagwort „entschleierte Schmiergelder“ in der alten Fassung des § 299 StGB kontrovers diskutiert wurde, also die Frage nach der Relevanz einer Zustimmung des Geschäftsherrn zu Vorteilszuwendungen, bedarf somit in der Neufassung – lediglich unter anderem Vorzeichen – einer weiterführenden Untersuchung.

Dabei geht es auch in diesem Zusammenhang um grundsätzliche dogmatische Bereiche, wie die Besprechung der Rechtsgutskonzeption des Geschäftsherrenmodells und eine Einordnung in das Feld der Einwilligungslehre und ihrer Zustimmungssurrogate.

Neben dem Bestreben, die bestehende Rechtsunsicherheit im Umgang mit dem Geschäftsherrenmodell zumindest für den angesprochenen Bereich abzuschwächen, wird sich insbesondere auch mit der Frage befasst, wie eine Zustimmungskompetenz im Rahmen des § 299 Abs. 1 Nr. 2, Abs. 2 Nr. 2 StGB n.F. zuzuordnen und zu begrenzen ist.

Ob und inwiefern insoweit Wechselwirkungen zwischen § 266 StGB und des neuen § 299 Abs. 1 Nr. 2, Abs. 2 Nr. 2 StGB bestehen, dürfte eine Thematik darstellen, zu der bisher kein juristischer Diskurs existiert.

IV. Praktische Bedeutung der Thematik

Die mit dieser Arbeit zu untersuchende Zustimmungsproblematik in Kapitalgesellschaften stellt sich – sowohl aus Untreue- wie Korruptionsperspektive – für Rechtsanwender wie Normadressaten als Themenfeld dar, das eine erhebliche Rechtsunsicherheit birgt.[27]

---

25 Zu diesen Aspekten Grützner/Helms/Momsen, ZIS 2018, 299, 310 ff.; Krack, ZIS 2016, 83, 84 ff.

26 BT-Drucks. 18/6389, S. 15; Grützner/Helms/Momsen, ZIS 2018, 299, 311.

27 Zu § 299 StGB n.F. Altenburg, CB 2015, 143, 146; Krack, ZIS 2016, 83, 83 und Saliger in FS-Roxin, S. 1058 ff. und 1061 zu § 266 StGB, der u.a. die Zustimmungsproblematik

Dem Mangel an klaren Handlungs- wie Auslegungsanweisungen hilft selbst auch die höchstrichterliche Rechtsprechung nicht ab: Paradoxerweise verhält es sich, speziell mit dem Untreuetatbestand so, dass die Praxis, trotz größtenteils erheblichen Widerstands der Literatur, dazu tendiert, neue Formen des Marktmissbrauchs unter § 266 StGB zu subsumieren.[28] Diese seit Jahren anhaltende „Hochkonjunktur"[29] der Untreue, dessen „exemplarische Ausprägung" die Organuntreue darstellt,[30] belegt das grundsätzliche Erfordernis, sich mit diesem Bereich des Strafrechts zu beschäftigen. Im Besonderen kann – wie bereits beim Aufriss der Problematik erwähnt – keine klare Linie, weder der Rechtsprechung noch der Literatur, zu Zustimmungskompetenzen in der AG ausgemacht werden.

Angesichts der wachsenden Beliebtheit seiner Anwendung lässt die verfassungsrechtliche Vorgabe des BVerfG, den Untreuetatbestand entsprechend dem aus Art. 103 Abs. 2 GG folgenden Gebot bestimmter und präziser Gesetzesauslegung[31] klarer zu konturieren und restriktiver auszulegen, dieses Vorhaben umso dringlicher erscheinen.

In Bezug auf die erst kürzlich erfolgte Neufassung des § 299 StGB mit Einführung des bereits im Vorfeld der Normierung vielfach kritisierten Geschäftsherrenmodells[32] war bis zuletzt unklar, welche Linie der BGH insofern verfolgen wird. Mit seinem Beschluss vom 28. Juli 2021[33] äußerte sich die höchstrichterliche Rechtsprechung erstmals hierzu und befürwortete eine dogmatisch parallele Klärung der kapitalgesellschaftlichen Zustimmungsproblematik in § 266 und § 299 Abs. 1 Nr. 2, Abs. 2 Nr. 2 StGB.[34] Dennoch bleibt in Anbetracht der aufgezeigten Unsicherheiten der Rechtsprechung in Hinblick auf den Untreuetatbestand und der

---

am Beispiel des „Trienekens"-Urteils des BGH einer kritischen Analyse an verfassungsrechtlichen Maßstäben unterzieht.

28 Kubiciel, NStZ 2005, 353; Schünemann, NStZ 2005, 473.

29 Schünemann, NStZ 2005, 473.

30 Schünemann, NStZ 2006, 196.

31 S. hierzu Saliger in FS-Roxin, S. 1058 ff.; Schmidt, Rechtsfigur der hypothetischen Einwilligung, S. 27 ff.

32 Allen voran Schünemann, der von einer „überflüssigen Etappe auf dem Niedergang der Strafrechtskultur" spricht, ZRP 2015, 68 ff.; s. auch Rönnau/Golombek, ZRP 2007, 193, 194 ff.; Altenburg, CB 2015, 143, 145; Zöller, GA 2009, 137, 144 f.

33 BGH, Beschluss vom 28. Juli 2021 – 1 StR 506/20 (NJW 2021, 3606).

34 S. hierzu unter F. III.

tatbestandlichen Weite des Geschäftsherrenmodells zu vermuten, dass sich die Praxis insoweit in einem ähnlichen Dilemma befinden wird.[35]

1. Kriminologische Ausgangslage

Möchte man einen kriminologischen Einblick in den Bereich der Wirtschaftskriminalität erhalten, so erscheint bereits der Ausgangspunkt einer entsprechenden Begriffsbestimmung klärungsbedürftig.

Da eine Legaldefinition der Wirtschaftskriminalität nicht existiert, kann vorliegend auf eine kriminologische Definition zurückgegriffen werden, nach der Wirtschaftskriminalität jene vertrauensmissbrauchende Begehung von Straftaten meint, die im Rahmen einer tatsächlichen oder vorgetäuschten wirtschaftlichen Betätigung erfolgt sowie unter Gewinnstreben die Abläufe des Wirtschaftslebens ausnutzt und zu einer Vermögensgefährdung oder einem Vermögensverlust großen Ausmaßes führt beziehungsweise eine Vielzahl von Personen oder die Allgemeinheit schädigt.[36]

Danach lassen sich insbesondere auch die vorliegend zu behandelnden Konstellationen einer Untreue- oder Korruptionsstrafbarkeit im Kontext von Kapitalgesellschaften hierunter fassen.[37]

Aber auch nach einer am Gerichtsverfassungsgesetz orientierten Begriffsbestimmung, nach der die Zuordnung zur Wirtschaftskriminalität in den Fällen gegeben ist, in denen eine Zuständigkeit der landgerichtlichen Wirtschaftsstrafkammern nach § 74c Abs. 1 Nr. 1–6 GVG eröffnet ist,[38] unterfällt die zu untersuchende Thematik dem Bereich der Wirtschaftskriminalität.

Bei weiterer Differenzierung lässt sich der genannte Untersuchungsgegenstand ferner in den Bereich der „Unternehmenskriminalität" bzw. „Verbandskriminalität" einordnen. Jener Bereich der Wirtschaftskriminalität befasst sich aus kriminologischer Perspektive mit dem „abweichenden

---

35 Vgl. auch Bielefeld/Wengenroth, CB 2017, 367, 369; Walther, DB 2016, 95, 97 f.

36 BKA, Bundeslagebild Wirtschaftskriminalität 2020, S. 4.; BMI/BMJ, Erster PSB, S. 132 f. m.w.N.

37 Vgl. auch Nelles, Untreue zum Nachteil, S. 2; Rönnau, ZStW 119 (2007), 887, 897. Dennoch werden die der Korruptionskriminalität unterfallenden Delikte im Rahmen der amtlichen Statistiken gesondert und nicht unter dem Begriff der Wirtschaftskriminalität geführt.

38 BMI/BMJ, Erster PSB, S. 132 f.

Verhalten im Dienste eines Unternehmens" bzw. aus strafrechtlichem Blickwinkel mit jenen Straftaten, die aus einem Unternehmen heraus begangen werden.[39]

a) Zu § 266 StGB

Der Straftatbestand der Untreue wird bekanntlich als „Allroundtalent des Wirtschaftsstrafrechts"[40] bezeichnet und nicht ohne Kritik als omnipräsent im deutschen Wirtschaftsstrafrecht wahrgenommen.[41]

So tendiert die Praxis dazu „viele der als neue Formen der Wirtschaftskriminalität erachteten Phänomene des Marktes und seines Missbrauches im Untreuetatbestand zu lozieren".[42] Dieses Vorgehen dürfte kriminalpolitisch motiviert sein und sich damit erklären lassen, dass Strafverfolgungsbehörden und Rechtsprechung „bei der Subsumtion komplexer wirtschaftlicher Entscheidungen unter Strafrechtstatbestände nicht selten an ihre Grenzen stoßen".[43] Der Untreuetatbestand mit seiner Tatbestandsweite und Konturlosigkeit bietet sich hierfür geradezu an[44]; auch als rechtspolitisches Instrument, um der Erwartungshaltung der Allgemeinheit nachzukommen, ein als strafwürdig empfundenes unternehmerisches Verhalten entsprechend zu pönalisieren.[45]

Statistisch gesehen steigen die Fallzahlen der Wirtschaftskriminalität an: Die Anzahl der in der PKS erfassten Fälle von Wirtschaftskriminalität ist im Jahr 2020 im Vergleich zum Vorjahr um 21,5 % gestiegen.[46] Der Anteil an der Gesamtkriminalität ist dabei seit jeher vergleichsweise gering,[47] allerdings

---

39 Nelles, Untreue zum Nachteil, S. 2 m.w.N.; vgl. auch Werner, Unternehmenskriminalität, S. 13 ff., die weiter danach differenziert, ob das Unternehmen als Täter (= „Unternehmenskriminalität") oder Opfer (= „Betriebskriminalität") auftritt.

40 Jahn/Ziemann, ZIS 2016, 552, 563.

41 Bernsmann, GA 2009, 296; Rönnau, ZStW 119 (2007), 887 ff.; Schünemann spricht insofern von der Untreue als „konzeptionelles Zentraldelikt des modernen Wirtschaftsstrafrechts", ZIS 2012, 183.

42 Kubiciel, NStZ 2005, 353.

43 Kubiciel, NStZ 2005, 353.

44 Saliger, ZStW 112 (2000), 563, 564.

45 Kubiciel, NStZ 2005, 353; Schünemann, ZIS 2012, 183, 193 f.

46 BKA, Bundeslagebild Wirtschaftskriminalität 2020, S. 5 f.

47 Im Jahr 2020 betrug der Anteil der Wirtschaftskriminalität an der Gesamtkriminalität 0,9 %, BKA, Bundeslagebild Wirtschaftskriminalität 2020, S. 1.

verursacht diese Form der Kriminalität enorme Schäden.[48] So machte im Jahr 2020 der Bereich der Wirtschaftskriminalität einen Anteil von über 44,9 % des in der PKS erfassten Gesamtschadens aus.[49] Daneben kommt der Wirtschaftskriminalität ein nicht quantifizierbares, aber dennoch erhebliches immaterielles Schadenspotential zu.[50] Damit lässt sich feststellen, dass es sich bei der Untreue als Wirtschaftskriminalitätsform nicht um ein „quantitatives, sondern ein qualitatives Problem“[51] handelt.

Nach einer Studie von PricewaterhouseCoopers (PWC) in Kooperation mit der Martin-Luther-Universität Halle-Wittenberg ließ sich für das Jahr 2017 ein durchschnittlicher materieller Schaden von 723.000 Euro ausmachen, der den befragten Unternehmen durch Wirtschaftskriminalität entstanden ist.[52] Einzelne schwere Wirtschaftsstraftaten können allerdings zu weitaus höheren Vermögensschäden führen, wobei die Schadenshöhe in diesem Zusammenhang stark abhängig ist von der Unternehmensgröße: So lag für 2017 der durchschnittliche geschätzte Gesamtschaden, der durch das schwerste Wirtschaftsdelikt verursacht wurde, bei Unternehmen mit mehr als 10.000 Mitarbeitern weltweit bei 24,38 Mio. Euro, wobei jenes schwerste Delikt in 49 % der Fälle ein Vermögensdelikt war.[53]

Aufschlussreich im Rahmen dieser Studie ist ferner die Erkenntnis, dass in 46 % der Fälle allein interne Täter, also solche aus dem geschädigten Unternehmen, hinter der Wirtschaftsstraftat stehen.[54]

Die Aufklärungsquote im Bereich der Wirtschaftskriminalität betrug im Jahr 2020 91,5 %, verhält sich konstant und ist im Vergleich zur Gesamtaufklärungsquote überdurchschnittlich hoch.[55] Dies erklärt sich

---

48 Für das Berichtsjahr 2020 beläuft sich der durch Wirtschaftskriminalität verursachte Schaden auf 3.011 Mio. Euro, was einem Anstieg von 1,3 % im Vergleich zum Vorjahr entspricht, BKA, Bundeslagebild Wirtschaftskriminalität 2020, S. 8; ferner Achenbach/Ransiek/Rönnau/-Seier/-Lindemann, 5. Teil, 2. Kapitel, Rn. 6.

49 BKA, Bundeslagebild Wirtschaftskriminalität 2020, S. 8.

50 Hierzu näher BMI/BMJ, Zweiter PSB, S. 232; BKA, Bundeslagebild Wirtschaftskriminalität 2020, S. 8.

51 BMI/BMJ, Zweiter PSB, S. 224.

52 Bussmann/Nestler/Salvenmoser, Wirtschaftskriminalität, S. 21.

53 Bussmann/Nester/Salvenmoser, Wirtschaftskriminalität, S. 21.

54 Bussmann/Nester/Salvenmoser, Wirtschaftskriminalität, S. 60

55 BKA, Bundeslagebild Wirtschaftskriminalität 2020, S. 8; BMI/BMJ, Zweiter PSB, S. 222.

im Rahmen der Untreue durch die Nähebeziehung von Täter und Opfer, die sich aus dem tatbestandlich geforderten Treueverhältnis ergibt und es dem Betroffenen bei der Strafanzeige ermöglicht, über den vermeintlichen Schädiger Auskunft zu geben.[56]

Die enormen Vermögensschädigungen, die die Untreue verursacht, bestätigen das von Sutherland konzipierte Bild der sog. „white-collar"-Kriminalität[57]: Der von ihm insoweit beschriebene typische Wirtschaftsstraftäter stammt aus einer hohen sozialen Schicht und begeht die Straftaten im Rahmen seines Berufes.[58] Um derartige materielle Schäden hervorzurufen, muss sich der Untreuetäter faktisch in einer „exponierten Stellung befinden und mit besonderen Machtbefugnissen ausgestattet sein".[59]

Einen wesentlichen kriminogenen Faktor stellt im untreuestrafrechtlichen Kontext von Kapitalgesellschaften die Haftungsbegrenzung auf das Gesellschaftsvermögen dar, insbesondere in Verbindung mit der Anonymität der Kapitalgesellschafter.[60] Hinzu kommen unzureichende Kontrollmechanismen zum Schutz des Gesellschaftsvermögens[61]: So erschöpfen sich diese bei Gründung einer Kapitalgesellschaft in der Anmeldung beim Registergericht. Damit beschränkt sich die staatliche Kontrolle auf eine Überprüfung der Sicherstellung der Kapitalbeschaffung. Die Kapitalerhaltung unterliegt einer Prüfung dahingegen nur insoweit, als dass eine Kontrolle der Jahresabschlüsse durch private Wirtschaftsprüfer vorgesehen ist; der Gesetzgeber vertraut auf das Selektionsprinzip des Wettbewerbs als wirksames Kontrollinstrument. Auf Ebene der GmbH wirkt sich die im Vergleich zur AG verhältnismäßig lockere Vermögensbindung[62] zusätzlich als kriminogener Umstand aus.[63]

---

56 Achenbach/Ransiek/Rönnau/-Seier/-Lindemann, 5. Teil, 2. Kapitel, Rn. 8; BKA, Bundeslagebild Wirtschaftskriminalität 2020, S. 8.

57 Sutherland, White collar crime, S. 9.; vgl. auch Rönnau, ZStW 119 (2007), 887, 897.

58 Kaiser, Kriminologie, S. 839 ff.; Achenbach/Ransiek/Rönnau/-Seier/-Lindemann, 5. Teil, 2. Kapitel, Rn. 7.

59 Achenbach/Ransiek/Rönnau/-Seier/-Lindemann, 5. Teil, 2. Kapitel, Rn. 7.

60 Scholz/-Rönnau, GmbHG, Vor §§ 82 ff., Rn. 3 m.w.N.

61 S. hierzu näher Tiedemann, Wirtschaftsstrafrecht, Rn. 35 ff.

62 S. hierzu unter D. II. 4. a) und E. II. 2.

63 Vgl. Wagner, Untreue des Gesellschafters, S. 3.

Die angeführten statistischen Daten sowie die kriminalpolitische Instrumentalisierung unterstreichen die kriminologische Bedeutung des Untreuetatbestandes.

Die empirische Aussagekraft der Daten wird jedoch durch die Problematik eines („begründet"[64]) vermuteten großen Dunkelfeldes (vor allem geringe Anzeigebereitschaft), der eingeschränkten Fallerfassung durch die PKS (beispielsweise keine Erfassung der Fälle, die ohne Beteiligung der Polizei in Schwerpunktstaatsanwaltschaften oder Finanzbehörden verfolgt wurden) und die statistischen Ungenauigkeiten, die sich aufgrund großer Ermittlungskomplexe mit vielen Einzelfällen in langen Tatzeiträumen ergeben (Mehrfachzuweisung einer Straftat), begrenzt.[65]

Hinzu kommt die bereits angesprochene grundsätzliche Schwierigkeit, das Phänomen der Wirtschaftskriminalität begrifflich trennscharf zu fassen.[66]

Vorliegend stellt sich das Problem, dass es sich mit der Zustimmung in Kapitalgesellschaften im Untreuekontext um einen Untersuchungsgegenstand handelt, zu dem neben diesen allgemeinen empirischen Schwächen, wenig weiterführendes – und jedenfalls nicht aktuelles und spezifisches – statistisches Material existiert.

In der hier zu beleuchtenden Thematik wird die Konstellation einer Untreue zum Nachteil der Kapitalgesellschaft behandelt, d.h. die Opfereigenschaft kommt der Gesellschaft selbst zu.[67] Aus den als aktuellen Quellen dienenden amtlichen Statistiken ergibt sich jedoch nicht, in welchen Fällen die Gesellschaft Geschädigte war.

Bis 1981 wurde von 1974 an die „Bundesweite Erhebung von Wirtschaftsstraftaten nach bundeseinheitlichen Gesichtspunkten" (BWE) veröffentlicht,[68] die seit 1977 auch Informationen zu Art und Struktur der Geschädigten beinhaltete.[69] Zusammenfassend hält Liebl in seinem Forschungsbericht zu

---

64 BMI/BMJ, Zweiter PSB, S. 221.

65 Hierzu BMI/BMJ, Zweiter PSB, S. 221; dies., Erster PSB, S. 135; BKA, Bundeslagebild Wirtschaftskriminalität 2020, S. 4.

66 BMI/BMJ, Zweiter PSB, S. 218 ff.; dies., Erster PSB, S. 135 f.

67 Vgl. Nelles, Untreue zum Nachteil, S. 2 f.

68 Im Jahr 1985 wurde die BWE eingestellt und ab 1981 nicht mehr veröffentlicht, BMI/BMJ, Erster PSB, S. 136, Fn. 423.

69 Nelles, Untreue zum Nachteil, S. 3.

den Ergebnissen des BWE insofern fest, dass ein Viertel aller Nennungen auf „fremde Unternehmen" entfällt.[70]

Für das Jahr 1974 konkretisierte Berckhauer diese Angaben durch eine deliktspezifische Untersuchung, der zu entnehmen ist, dass in 42,4 % der erfassten Untreuestraftaten Unternehmen deren Opfer sind.[71] Dabei stellten 36,6 % der von Berckhauer untersuchten Wirtschaftsdelikte Untreuestraftaten dar.[72]

Anhand dieser empirischen Ergebnisse lässt sich erkennen, dass die Untreue im Feld der Wirtschaftskriminalität eine statistisch überaus relevante Deliktsform darstellt, die in erheblichem Umfang zum Nachteil von Unternehmen begangen wird.[73]

In diesem Zusammenhang nennenswert ist auch die Studie von PWC und der Martin-Luther-Universität Halle-Wittenberg, aus der sich ergibt, dass 45 % der befragten Unternehmen in den letzten zwei Jahren von Wirtschaftskriminalität betroffen waren.[74] Dabei gaben 32 % der Unternehmen an, 2017 durch ein – nicht näher konkretisiertes – Vermögensdelikt geschädigt worden zu sein.[75]

Zwar wird im Rahmen dieser Untersuchungen nicht weiter nach der Rechtsform der geschädigten Unternehmen differenziert, doch sie stellen die einzigen statistischen Quellen dar, auf die zurückgegriffen werden kann, um sich dem Bereich der Wirtschaftskriminalität aus dem Blickwinkel der Gesellschaften als Opfer einer Untreue anzunähern.

Weitergehendes statistisches Material zur spezifischen Frage nach etwaigen Zustimmungen im Rahmen von Gesellschaften existiert nicht.

Insbesondere vor dem Hintergrund, dass die Erhebung der Daten bereits Jahrzehnte zurückliegt, sodass sich die statistische Aussagekraft bereits mangels Aktualität stark relativiert, kann dieser kriminologischen Betrachtung des Untersuchungsgegenstandes daher nur einführendem Charakter zukommen.

---

70 Liebl, Bundesweite Erfassung, S. 165.
71 Berckhauer, Aktenuntersuchung, S. 90, Tabelle 3.18.
72 Berckhauer, Aktenuntersuchung, S. 60, Tabelle 3.1.
73 Vgl. Nelles, Untreue zum Nachteil, S. 3.
74 Bussmann/Nestler/Salvenmoser, Wirtschaftskriminalität, S. 16.
75 Bussmann/Nestler/Salvenmoser, Wirtschaftskriminalität, S. 16.

b) Zu § 299 StGB

Auch der Straftatbestand der Bestechlichkeit und Bestechung im geschäftlichen Verkehr (§ 299 StGB) lässt sich nach den gängigen Definitionen in das Feld der Wirtschaftskriminalität einordnen.

In den amtlichen Statistiken PKS und dem Bundeslagebild des BKA, die statistische Auskunft über § 299 StGB geben, wird der Tatbestand allerdings nicht im Rahmen der Wirtschaftskriminalität geführt, sondern gesondert unter dem Oberbegriff der Korruption behandelt.[76]

Die sog. Wirtschaftskorruption, die strafrechtlich durch den Tatbestand des § 299 StGB repräsentiert wird,[77] weist aus empirischer Sicht wesentliche Gemeinsamkeiten mit der Untreuekriminalität auf und teilt die dort bestehenden Probleme.

So kommt auch der Korruption insgesamt ein geringer Anteil an der Gesamtkriminalität zu und der Wirtschaftskorruption in Form des § 299 StGB wiederum ein geringer Anteil an der Korruptionskriminalität.[78]

Ebenso handelt es sich wie bei § 266 StGB im Wirtschaftskontext bei § 299 StGB um ein Überwachungs- und Kontrolldelikt[79] mit einer hohen und konstanten Aufklärungsquote[80]. Jene wiederum spricht auch für ein – weithin vermutetes – extremes Dunkelfeld[81].[82]

Insbesondere der Umstand, dass sich im Bereich der Wirtschaftskorruption „korrumpierte Tatbeteiligte“ gegenüberstehen, es mithin kein Deliktsopfer

---

76 Zur Problematik der Begriffsbestimmung Gorius, Strafbarkeit des Prinzipals, S. 25 ff sowie Walther, Bestechlichkeit und Bestechung, S. 4 ff.

77 Gorius, Strafbarkeit des Prinzipals, S. 27.

78 Im Berichtsjahr 2019 betrug der Anteil der „Wettbewerbs-, Korruptions- und Amtsdelikte“ an der Gesamtkriminalität 0,1 % und der Anteil der Wirtschaftskorruption nach §§ 299, 300 StGB hieran 6,6 %, BKA, PKS 2019, Band 4, S. 144. Für das Jahr 2020 ist eine entsprechende Aufschlüsselung nicht ersichtlich; die Publikation der PKS in Jahresbänden ist seit 2020 eingestellt.

79 BMI/BMJ, Zweiter PSB, S. 276, 249. Bei Überwachungs- oder Kontrolldelikten ist die Zahl der Verfahren und bekanntgewordenen Fälle stark abhängig von der Intensität der personellen und sachlichen Ressourcen der Ermittlungstätigkeit, s. BMI/BMJ, Zweiter PSB, S. 251.

80 Für das Berichtsjahr 2020 ergibt sich eine Aufklärungsquote von 75,2 %, s. BMI, IMK 2020, S. 19.

81 BMI/BMJ, Zweiter PSB, S. 250

82 Wabnitz/Janovsky/Schmitt/-Bannenberg, Wirtschafts- und Steuerstrafrecht, 13. Kap., Rn. 22; Gorius, Strafbarkeit des Prinzipals, S. 40.

gibt, das der Staatsanwaltschaft als Zeuge dienen könnte, dürfte enorme Auswirkungen auf die Dunkelziffer haben.[83] Auch der drohende Imageverlust wird als gewichtiger Grund angeführt, warum Unternehmen von einer Strafanzeige absehen.[84]

Ferner spielen in diesem Bereich der Kriminalität auch Ermittlungs- und Beweisschwierigkeiten eine erhebliche Rolle, da die Korruptionsabsprachen kaum verschriftlicht werden, sodass diese später nicht als Urkundenbeweis im Strafverfahren dienen können.[85] Dies dürfte auch einen nicht unerheblichen Grund für die verhältnismäßig geringe Verurteiltenrate im Bereich der Wirtschaftskorruption darstellen.[86] Mit Einführung der Kronzeugenregelung des § 46b StGB, die auch die gem. § 300 StGB besonders schweren Fälle der Bestechlichkeit und Bestechung im geschäftlichen Verkehr erfasst, wird eine Verbesserung der Ermittlungsschwierigkeiten im Rahmen der Wirtschaftskorruption beabsichtigt.[87]

Eine wesentliche Gemeinsamkeit von Untreuekriminalität im Wirtschaftskontext und Wirtschaftskorruption zeigt sich in der enormen Schadenshöhe, die jene Kriminalitätsfelder verursachen bzw. die insoweit vermutet wird.[88]

Ohne zwischen der Wirtschaftskorruption und der Korruption im öffentlichen/politischen Sektor zu trennen, gibt das BKA für 2020 einen materiellen Schaden in Höhe von 81 Mio. Euro mit steigender Tendenz an.[89] Vermutungen zufolge fallen die tatsächlichen, durch Korruption verursachten Vermögensschäden – insbesondere im Bereich der Bauwirtschaft[90] – aber weitaus höher aus.[91]

Nach einer Studie von PWC in Zusammenarbeit mit der Martin-Luther-Universität Halle-Wittenberg geben für das Jahr 2017 6 % der Unternehmen an, durch Korruption geschädigt worden zu sein.[92] Auffällig ist dabei, dass

---

83 Gorius, Strafbarkeit des Prinzipals, S. 25; Schaupensteiner, Korruption, S. 131, 139.
84 Bürger, wistra 2003, 130; Gorius, Strafbarkeit des Prinzipals, S. 25.
85 Gorius, Strafbarkeit des Prinzipals, S. 40 f.; Wabnitz/Janovsky/Schmitt/-Bannenberg, Wirtschafts- und Steuerstrafrecht, 13. Kap., Rn. 22a.
86 Vgl. Statistisches Bundesamt, Strafverfolgungsstatistik 2019.
87 Gorius, Strafbarkeit des Prinzipals, S. 25 f., 41 f.
88 Gorius, Strafbarkeit des Prinzipals, S. 26.
89 BKA, Bundeslagebild Korruption 2020, S. 18 f.
90 S. hierzu Kienle/Kappel, NJW 2007, 3530.
91 Gorius, Strafbarkeit des Prinzipals, S. 26.
92 Bussmann/Nestler/Salvenmoser, Wirtschaftskriminalität, S. 40.

noch vor zehn Jahren 12 % der Unternehmen diese Angabe machten, was die Studienverantwortlichen mit einem wachsenden Problembewusstsein, der Einführung und Verbreitung von unternehmensinternen Compliance-Strukturen sowie mit der Reform des § 299 StGB und der in diesem Rahmen erfolgten Einführung des Geschäftsherrenmodells erklären.[93]

Zusammenfassend lässt sich jedoch festhalten, dass verlässliche Angaben zu materiellen Schäden im Rahmen der Wirtschaftskorruption nicht existieren, was sich auch mit der noch defizitären Dunkelfeldforschung begründen lässt.[94]

Insoweit muss allerdings die begründete Vermutung, dass die erfassten monetären Schäden das Gesamtausmaß der wirtschaftskorruptionsbedingten Schäden nur begrenzt wiedergeben, Berücksichtigung finden: Neben den monetär messbaren Schäden sind auch immaterielle und somit kaum messbare Schäden, die etwa im Verlust des Vertrauens der Bürger in die Integrität der Wirtschaft oder aber in Reputationsverlusten für das betroffene Unternehmen zu erblicken sind, in die Schadensbetrachtung miteinzubeziehen.[95]

Zu erwähnen ist ferner, dass insbesondere in Anbetracht des erheblichen Dunkelfeldes, neben den ohnehin bestehenden empirischen Schwächen der amtlichen Statistiken (auch hier handelt es sich – parallel zur Untreuekriminalität – häufig um große Ermittlungskomplexe mit vielen Einzelfällen und langen Tatzeiträumen), die Aussagekraft der vorliegend dargelegten Empirie in besonderem Maße begrenzt ist.

Den aus den amtlichen Statistiken ablesbaren Fallzahlen zur Wirtschaftskorruption kann nicht mehr als eine „indizielle" Bedeutung zukommen[96]: Für 2020 wird in Bezug auf den Straftatbestand des § 299 StGB jedenfalls statistisch ein Anstieg der Fallzahlen verzeichnet.[97]

Als kriminogene Faktoren im Rahmen der Wirtschaftskorruption werden vorwiegend unternehmensinterne Kontrolldefizite, eine defizitäre

---

93 Bussmann/Nestler/Salvenmoser, Wirtschaftskriminalität, S. 40.

94 BMI/BMJ, Zweiter Periodischer Sicherheitsbericht, S. 257 f.

95 BMI/BMJ, Zweiter Periodischer Sicherheitsbericht, S. 258.

96 So auch Gorius, Strafbarkeit des Prinzipals, S. 41.

97 Aus der PKS ergibt sich für das Berichtsjahr 2020 im Vergleich zum Vorjahr ein Anstieg der erfassten Fälle von § 299 StGB um 2,6 %, BKA, Bundeslagebild Korruption 2020, S. 8.

Strafverfolgung und ein gesellschaftlicher Werteverlust bzw. ein fehlendes Unrechtsbewusstsein der Beteiligten angeführt.[98] Auch die sog. „Normenflut“[99], also die „Normenverdichtung innerhalb der wirtschaftsrechtlichen Beziehungen“, die Verwaltungsvorgänge erschwere und so informelles Vorgehen begünstige, soll ursächlicher Faktor für Wirtschaftskorruption sein.[100] Einen weiteren kriminogenen Faktor stellten auch Lücken der lex lata dar.[101] Ob und inwieweit sich die Neufassung des § 299 StGB in diesem Zusammenhang auswirken wird, bleibt abzuwarten.

Angesichts der erst 2015 erfolgten Reformierung des § 299 StGB existieren keine spezifischen statistischen Aussagen zum Zustimmungserfordernis im Rahmen des Geschäftsherrenmodells. Insoweit lässt sich – auch vor dem Hintergrund der dargelegten Bedeutung der Wirtschaftskorruption – ein klarer Forschungsauftrag an die Kriminologie formulieren.

2. Rechtswissenschaftliche Ausgangslage

Die Organuntreue war bereits wiederholt Gegenstand von Monographien und strafrechtswissenschaftlichen Veröffentlichungen.[102]

In ihrem Rahmen stellt sich auch die Frage nach Zustimmungskompetenzen und -grenzen als ein Problemfeld dar, zu dem speziell im Hinblick auf die GmbH ein breiter juristischer Diskurs entstanden ist, sodass das Schrifttum mittlerweile nur noch schwer zu überschauen ist.[103]

Einstweilen ist die Zustimmungsproblematik auch bei der AG in den Fokus der Strafrechtswissenschaft geraten.[104] Allerdings wird die Auseinandersetzung zu der Thematik nur zögerlich oder andeutungsweise geführt und konnte mit den Worten Rönnaus „noch keine wirklich sicheren Konturen“ der häufig monographisch angebotenen Lösungen entwickeln.[105]

---

98 Schaupensteiner, Korruption, S. 131, 140 f.; Gorius, Strafbarkeit des Prinzipals, S. 31 f.

99 Dölling, Korruptionsprävention, 1. Kap., Rn. 46.

100 Gorius, Strafbarkeit des Prinzipals, S. 31 f.; Dölling, Korruptionsprävention, 1. Kap., Rn. 46.

101 Gorius, Strafbarkeit des Prinzipals, S. 31 f.; Schaupensteiner, Korruption, S. 131, 141 f.

102 Vgl. nur die in Fn. 3 genannten Monographien.

103 S. Fn. 13.

104 S. Fn. 15.

105 Rönnau in FS-Amelung, S. 250.

Auch Brand bemängelt, dass die „Konkretisierungsaufgabe“, Voraussetzungen und Reichweite einer Zustimmung im Aktienstrafrecht zu bestimmen, in „wenigen zumeist literarischen Stellungnahmen bislang nicht nachgekommen“ wurde.[106]

Betrachtet man die Rechtsprechung, die sich mit der Problematik in Bezug auf die AG befasst, offenbart sich eine Unsicherheit im Umgang mit diesem Komplex und das Fehlen einer klaren Linie.[107]

So lässt sich beispielsweise dem „Mannesmann“-Urteil des BGH nicht mehr als die „prinzipielle Akzeptanz“ einer Zustimmung entnehmen,[108] im Fall „Siemens ENEL“ wurde eine Zustimmung aus konkreten Gründen abgelehnt, ohne dass sich den Ausführungen entnehmen ließ, unter welchen Voraussetzungen eine solche in Betracht kommt und auch der 2010 höchstrichterlich entschiedene „Trienekens“-Fall ist in seinen Entscheidungsgründen der Lösungsfindung insoweit kaum zuträglich.

Die Gründe für die bis dato weitgehend fehlende Beschäftigung mit der AG werden in dem tatsächlichen Umstand vermutet, dass gerade bei Publikumsgesellschaften mit hohem Streubesitz eine praktische Zustimmung der Gesamtheit oder auch Mehrheit der Aktionäre kaum möglich ist,[109] sodass die hier aufgeworfene Fragestellung mehr „von theoretischem als praktischem Interesse“[110] sei. Dies dürfte, mit Hohn, aber nur für ein „schwaches Argument“ gehalten werden[111]: Nicht nur im „Mannesmann“-Fall, auch bei AGs mit Alleinaktionären (wie beispielsweise oft in konzernrechtlichen Strukturen) oder nur wenigen Anteilseignern (wie häufig in Familienunternehmen) zeigt sich die Praxisrelevanz dieses Themenfeldes.[112] Auch die aktienrechtliche Möglichkeit sog. „Squeeze-Out-Verfahren“ nach §§ 327a ff. AktG[113] entkräftet die angeführten Bedenken des fehlenden Praxisbezugs.[114]

---

[106] Brand, AG 2007, 681, 682.
[107] S. Fn. 4 und 5.
[108] Brand, AG 2007, 681, 682.
[109] Rönnau in FS-Amelung, S. 247.
[110] Achenbach/Ransiek/Rönnau/-Seier/-Lindemann, 5. Teil, 2. Kapitel, Rn. 240.
[111] Hohn in FS-Samson, S. 326.
[112] Brand, AG 2007, 681; Rönnau in FS-Amelung, S. 247 f.
[113] Hierzu näher unter E.
[114] Brand, AG 2007, 681.

Ebenso spricht der Umstand, dass insbesondere in der AG vermögensrelevante Maßnahmen mit Zustimmung ihrer Organe in einem rechtspolitischen Spannungsfeld oft gegenläufiger Interessen von Anteilseignern, Arbeitnehmern und Gläubigern stehen,[115] für den akuten Bedarf an rechtswissenschaftlicher Klärung dieser Problematik.

Die vorliegende Arbeit wird sich aus diesen Gründen vertieft mit dem Komplex der Zustimmung in den praktisch bedeutsamsten Kapitalgesellschaftsformen von GmbH und AG[116] auseinandersetzen und der Frage nachgehen, ob sich jene strafbarkeitsausschließend auf eine Untreuestrafbarkeit der beteiligten Organe auswirken kann. Ferner macht sie es sich zur Aufgabe, der insoweit fehlenden Konkretisierung zu Zustimmungskompetenzen und -grenzen in der AG abzuhelfen.

Auch aus der in jüngerer Vergangenheit erfolgten Tatbestandsumgestaltung des § 299 StGB mit Einführung des sog. Geschäftsherrenmodells und dem Tatbestandsmerkmal „ohne Einwilligung des Unternehmens" ergeben sich zahlreiche offene Fragen, in denen die Rechtswissenschaft von gefestigten Erkenntnissen bislang weit entfernt ist. Die vorliegende Untersuchung versucht, die im Untreuekontext gewonnenen Erkenntnisse auch für die bisweilen ungeklärten Fragen um eine kapitalgesellschafterliche Zustimmung im Rahmen des § 299 Abs. 1 Nr. 2, Abs. 2 Nr. 2 StGB fruchtbar zu machen, indem Wechselbeziehungen der Einverständnisproblematiken beider Normbereiche ausgearbeitet werden und so dem Bedarf rechtswissenschaftlicher Konkretisierung nachgekommen wird.

V. Gang der Untersuchung und Begrenzung des Untersuchungsgegenstandes

Im Hauptteil beschäftigt sich die Arbeit zunächst mit grundlegenden strafrechtsdogmatischen Fragen. Die Rechtsbegriffe „Einwilligung" und „tatbestandsausschließendes Einverständnis" werden generell strafrechtsdogmatisch eingeordnet, ihre Voraussetzungen benannt und voneinander abgegrenzt. Sodann werden sie spezifisch im Untreuekontext betrachtet,

115 S. Fn. 17.
116 Vgl. Hellmann, ZIS 2007, 433, 436.

wobei besonderer Fokus auf infrage kommende Zustimmungssurrogate, namentlich die hypothetische Zustimmung, gelegt wird.

Dem folgt eine Auseinandersetzung mit den dogmatisch-strukturellen Problemen von Kapitalgesellschaften im Zusammenhang mit der Zustimmungsproblematik, in dessen Rahmen grundsätzliche Fragen um Handlungs- und Willensbildungsfähigkeit sowie Rechtsgutsinhaberschaft und Vermögenszuordnung bei Kapitalgesellschaften beleuchtet werden, bevor entschieden wird, wie akzessorisch sich der Bestimmung von Zustimmungskompetenzen und -grenzen im dogmatisch-methodischen Ausgangspunkt genähert werden soll.

Auf Grundlage dieser abstrakten rechtsdogmatischen Abhandlungen wird sich im Folgenden der konkreten Zustimmungsproblematik im Untreuezusammenhang – zunächst im Kontext der GmbH – gewidmet. Insoweit erfolgt eingangs eine Zuordnung der Zustimmungskompetenzen, in deren Rahmen Zuständigkeit wie Beschlussfassung erörtert werden; sodann werden die Grenzen der Zustimmungskompetenzen definiert. In diesem Zusammenhang werden die verschiedenen vertretenen Ansätze erläutert und einander gegenübergestellt. Diese Ausführungen münden in der insofern zwingenden Klärung der Frage, inwieweit der GmbH ein gesellschaftsrechtliches Eigeninteresse zukommt, wofür eine Analyse der GmbH-rechtlichen Vermögensbindung als unabdingbar anzusehen ist. Das Kapitel schließt mit einer Ergebnisbewertung in Hinblick auf das Bankrottstrafrecht.

Einer Untersuchung der, wie erwähnt, bereits vielfach diskutierten Zustimmungsproblematik im GmbH-Kontext, bedarf es, um jene wenig behandelte Problematik im Rahmen der AG sachgerecht beleuchten zu können. Auch in diesem Kontext werden zunächst die Zustimmungskompetenzen in Hinblick auf Zuständigkeit und Beschlussfassung untersucht. Im Anschluss hieran wird dem Ansatz nachgegangen, wie die Grenzen einer etwaigen Zustimmungskompetenz zu definieren sind. Im Gleichlauf zur Situation bei der GmbH, bedarf es auch im Kontext der AG einer genauen Untersuchung der aktienrechtlichen Vermögensbindung, um feststellen zu können, ob und inwieweit ein aktienrechtliches Eigeninteresse besteht und ob jenes vom untreuestrafrechtlichen Schutz umfasst ist.

Das letzte Kapitel der Arbeit widmet sich dem Zustimmungserfordernis im Rahmen des Geschäftsherrenmodells des neugefassten § 299 Abs. 1 Nr. 2,

Abs. 2 Nr. 2 StGB. Nachdem einleitend die Neufassung des § 299 StGB und speziell die Einführung des sog. Geschäftsherrenmodells unter den Aspekten Entwicklungsgeschichte, Zielsetzung und verfassungsrechtlichen Kritikpunkten vorgestellt werden, erfolgt eine spezifische Untersuchung der Zustimmungsfrage im Kontext der Neufassung § 299 Abs. 1 Nr. 2, Abs. 2 Nr. 2 StGB, wobei sich an strafrechtsdogmatische Grundfragen etwa um Rechtsnatur und Rechtsgutskonzeption die Behandlung der bislang kaum thematisierten Frage um Zuordnung und Grenzen der Zustimmungskompetenz anschließt. Insoweit soll die Untersuchung – auch unter Berücksichtigung der jüngsten BGH-Entscheidung hierzu – klären, ob bzw. inwieweit sich die im Untreuekontext gefundenen Ergebnisse zur Zustimmungsproblematik auf die Zustimmungsfrage im Rahmen des Geschäftsherrenmodells übertragen lassen.

Die Arbeit grenzt den Bereich der konzernierten Strukturen von der Untersuchung aus. Die Zustimmungsproblematik im Rahmen der Konzernuntreue sachgerecht auszuarbeiten, würde den Rahmen der Ausarbeitung sprengen. Insofern ist auf die hierzu bereits veröffentlichte Literatur zu verweisen.[117]

Auch das Themenfeld der sog. Risikogeschäfte[118] wird bei der Untersuchung nicht spezifisch und vertieft betrachtet, da es sich hierbei mehr um eine Problematik im Rahmen der Pflichtverletzung bzw. des Untreuevorsatzes handelt als um eine solche der Zustimmungsthematik. Lediglich in Fällen besonderer Relevanz bzw. mit weiterführendem Aussagegehalt wird auf die Fallgruppe der Risikogeschäfte Bezug genommen.

VI. Fallkonstellationen

Die vorliegende Arbeit wird die Bedeutung der Zustimmung zu vermögensschädigenden Handlungen in Kapitalgesellschaften beleuchten. Dabei gilt es, jene Auswirkungen, wie beschrieben, zunächst im Kontext der

---

117 S. zur Zustimmungsproblematik im Rahmen der Konzernuntreue bspw. Busch, Konzernuntreue; Höf, Untreue im Konzern; Arens, Untreue im Konzern; Arnold, Untreue im GmbH- und Aktienkonzern; Corsten, Einwilligung, S. 211 ff.

118 S. hierzu instruktiv etwa Hellmann, ZIS 2007, 433 ff.

Untreue abschließend zu klären. Die Möglichkeiten einer Schädigung des Gesellschaftsvermögens sind vielfältig und damit auch die denkbaren Fallgestaltungen, in denen eine Untreuestrafbarkeit in Betracht kommt.[119]

Im Wesentlichen wird insoweit zwischen rechtsgeschäftlichem und tatsächlichem schädigendem Handeln unterschieden sowie zwischen offenen und verdeckten Vermögensverlagerungen differenziert,[120] wobei keine einheitlichen Begriffskategorien in der rechtswissenschaftlichen Literatur verwendet werden.[121] Gemeinsam ist den dort dargestellten Fallgruppen stets die Schmälerung des kapitalgesellschaftlichen Vermögens durch ihre eigenen Organe, also „von innen heraus".[122]

Diese fallgruppenbezogene Einordnung von Vermögensverschiebungen dient insbesondere der tatbestandlichen Klassifizierung als Missbrauchs- oder Treubruchuntreue.[123]

Da die vorzunehmende Untersuchung das Rechtsinstrument der Zustimmung ins Zentrum stellt und hiervon ausgehend die strafrechtlichen Grenzen einer Disposition über Gesellschaftsvermögen zu bestimmen versucht, ist es unwesentlich, in welche spezifische Fallgruppe die jeweilige Vermögensverlagerung eingekleidet ist, sodass auf eine entsprechende detaillierte Darstellung vorliegend verzichtet wird.[124]

Der potentielle Täterkreis in Bezug auf eine Untreuestrafbarkeit ist im Wesentlichen davon abhängig, wem eine Vermögensbetreuungspflicht zuzuordnen ist.[125]

Hinsichtlich der handelnden Organmitglieder des Geschäftsführers und des Vorstands folgt eine solche bereits aus ihrer herausgehobenen Pflichtenbindung als Geschäftsleitungsorgane und gesetzliche Vertreter der

---

119 Vgl. Wodicka, Untreue, S. 45; Flum, Strafrechtlicher Schutz der GmbH, S. 10.

120 Vgl. Wodicka, Untreue, S. 48, 51 ff.; Flum Strafrechtlicher Schutz der GmbH, S. 10 ff.; Schramm, Untreue und Konsens, S. 107 ff.

121 Vgl. nur die unterschiedlichen Darstellungen der Autoren aus Fn. 119; s. auch Auer, Gläubigerschutz, S. 15 ff.

122 Vgl. Hoffmann, Unternehmensinteresse, S. 65.

123 Kaufmann, Organuntreue, S. 6.

124 So auch Kaufmann, Organuntreue, S. 7.; vgl. eine beispielhafte Aufführung tatbestandlichen Handelns und eine Zuordnung zu den Tatbestandsalternativen in Corsten, Einwilligung, S. 83 f.

125 Lichtenwimmer, Untreueschutz der GmbH, S. 97.

Gesellschaft, sodass in dieser Hinsicht keine Bedenken hinsichtlich einer möglichen Täterqualifikation bestehen.[126]

Die Frage nach der Vermögensbetreuungspflicht der GmbH-Gesellschafter unterliegt hingegen einem kontrovers geführten juristischen Diskurs.[127] Ob und inwieweit die Gesellschafter ihrer GmbH gegenüber vermögensbetreuungspflichtig sind, stellt sich nach Arens als eine der „strittigsten Fragestellungen im Wirtschaftsstrafrecht" dar.[128]

Vor dem Hintergrund der hierzu kaum vorhandenen Auseinandersetzung in Literatur wie Rechtsprechung dürfte die Frage nach einer Vermögensbetreuungspflicht der Aktionäre gegenüber der AG noch schwieriger zu bestimmen sein.[129]

Da eine umfassende Klärung den möglichen Rahmen dieser Arbeit – auch in Anbetracht der gewonnenen Ergebnisse[130] – übersteigt und sich zudem zu weit vom eigentlichen Ausgangspunkt der Zustimmungsthematik entfernen würde, muss die Frage nach einer an eine Vermögensbetreuungspflicht anknüpfende, täterschaftliche Untreuestrafbarkeit von Gesellschaftern bzw. Aktionären durch eine von ihnen erteilte Zustimmungserklärung an dieser Stelle unbeantwortet bleiben;[131] in der vorliegenden Arbeit sollen allein die Möglichkeit und Bedeutung der Zustimmung als strafbarkeitsausschließendes Element betrachtet werden.

Die Trennung beider Fragestellungen um Vermögensbetreuungspflicht der Gesellschafter und etwaigen Dispositionsbeschränkungen soll indes nicht darüber hinwegtäuschen, dass zwischen ihnen eine enge Sachverwandtschaft besteht, die oftmals nicht in der nötigen Klarheit

---

126 Arens, GmbHR 2010, 905, 907; Schumacher, Vermögensbetreuungspflichten, S. 19 f.; Nelles, Untreue zum Nachteil, S. 233, 249; Krekeler/Werner, Unternehmer und Strafrecht, 4. Teil, Rn. 1112.

127 Hierzu ausführlich Arens, Untreue im Konzern, S. 129 ff. und Schumacher, Vermögensbetreuungspflichten, S. 177 ff.

128 Arens, GmbHR 2010, 905, 906.

129 Vgl. Arens, Untreue im Konzern, S. 286 ff; Schumacher, Vermögensbetreuungspflichten, S. 237 ff.

130 Hierzu sogleich näher und s. unter G.

131 Vgl. zu diesem Aspekt Flum, Strafrechtlicher Schutz, S. 80 f.; Gribbohm, ZGR 1990, 1, 22 f.

thematisiert wird[132].[133] Beiden Problemkreisen liegt letztlich der Argumentationstopos um das Eigeninteresse der Gesellschaft zugrunde.[134] Eine Vermögensbetreuungspflicht der Gesellschafter hängt grundlegend davon ab, ob ein selbstständiges Vermögensinteresse der Gesellschaft besteht, das insoweit als Anknüpfungspunkt für die Begründung einer derartigen Fürsorgepflicht des Gesellschafters dienen kann. Die im selben argumentativen Ausgangspunkt gründende Abhängigkeit beider Fragestellungen zeigt sich in der Folge weiter darin, dass es widersprüchlich erschiene, eine unbegrenzte Dispositionsbefugnis der Gesellschafter zu vertreten, gleichsam aber eine Vermögensbetreuungspflicht der Gesellschafter anzunehmen: Erkennt man die Kompetenz der Gesellschafter an, ihre unbegrenzte Zustimmung zur Schädigung des Gesellschaftsvermögens durch den Geschäftsführer zu erteilen, so findet zugleich eine Festlegung dahingehend statt, dass die Gesellschafter auch selbst das Gesellschaftsvermögen schädigen dürfen; es wäre widersinnig, wenn die Gesellschafter einem anderen Organ gestatten könnten, was sie selbst nicht tun dürften.[135] Folgt man der Auffassung einer unbegrenzten Zustimmungsmöglichkeit der Gesellschafter, so erübrigt sich gewissermaßen die Behandlung der Frage ihrer Vermögensbetreuungspflicht; allein bei Annahme strafrechtlich relevanter Grenzen einer Zustimmungskompetenz der Gesellschafter stellt sich weiter die Frage um eine entsprechende Vermögensbetreuungspflicht der Gesellschafter gegenüber der Gesellschaft.

---

[132] So betrifft etwa, wie Hoffmann richtigerweise bemerkt, das „Bremer Vulkan"-Urteil des 5. Strafsenats (s. hierzu unter D. II. 4. a) bb)) explizit die Frage einer Vermögensbetreuungspflicht des GmbH-Gesellschafters und doch wird die Rechtsprechung im juristischen Diskurs vielfach unter der Zustimmungsthematik diskutiert, s. dies., Unternehmensinteresse, S. 63.

[133] Vgl. ferner die Schnittstellen der Einverständnisproblematik und Vermögensbetreuungspflichtfrage betonend Momsen in FS-Schöch, S. 574 f. Zur Parallelität der Diskussion um Vermögensbetreuungspflicht und Dispositionsbeschränkung auch Schumacher, Vermögensbetreuungspflichten, S. 202.

[134] S. hierzu unter D. II. 4. b).

[135] So auch Schumacher, Vermögensbetreuungspflichten, S. 202.

Strafrechtsdogmatische Betrachtung von „Einwilligung“ und „Einverständnis“

Der Zustimmung von Gesellschaftsorganen im Kontext von Kapitalgesellschaften liegen die strafrechtsdogmatischen Grundlagen um die Rechtskonzepte von „Einwilligung“ und „Einverständnis“ zugrunde.

Die Klärung der Begrifflichkeiten und der Anforderungen an ihre Wirksamkeit stellt das notwendige dogmatische Fundament dar, auf dem aufbauend die Zustimmungsproblematik in einem konkreten kapitalgesellschaftlichen Kontext behandelt werden kann.

I. Grundlagen und Abgrenzung

1. Grundlage

Der Einwilligung fehlt es an einer gesetzlichen Grundlage, dennoch wird sie im Sinne des Rechtssatzes „volenti non fit iniuria“ gewohnheitsrechtlich anerkannt.[136]

Hat ein Rechtsgutsinhaber eine an sich strafbare Handlung gegen ein von ihm disponibles Rechtsgut gestattet, wirkt seine Einwilligung strafbarkeitsausschließend. Das Rechtsinstitut der Einwilligung dient als Instrument der Interessenwahrnehmung, indem der Einwilligende auf seinen Rechtsschutz verzichtet und so autonom den Umgang mit seinen Rechtsgütern, und eben auch die Verletzung derselben, gestalten kann.[137] Dieser Gestaltung liegt eine Kosten-Nutzen-Analyse des Einwilligenden zugrunde, wonach der Wert des

136 Vgl. hierzu bereits Fn. 1 in A.
137 Amelung/Eymann, JuS 2001, 937, 938 f.

verletzen Rechtsguts unter dem Wert des durch die Einwilligung verfolgten Ziels liegt.[138]

Hintergrund der Rechtsfigur ist der nicht absolut, sondern nur relativ wirkende strafrechtliche Schutz von Individualrechtsgütern.[139]

Neben der gewohnheitsrechtlichen Anerkennung wird mitunter auf die allgemeine Handlungsfreiheit gem. Art. 2 Abs. 1 GG (teilweise auch i.V.m. Art. 1 Abs. 1 GG)[140] als gesetzliche Grundlage des Rechtsinstituts „Einwilligung" abgestellt, da die freie Verfügung über eigene Rechtsgüter zum Selbstbestimmungsrecht eines jeden gehöre.[141]

Das abstrakte Verbot, Rechtsgüter anderer nicht zu verletzen, wird infolge des konkreten Gebots, entsprechend dem Willen des Rechtsgutsträgers gerade dies tun zu dürfen, überlagert, sodass die Einwilligung Ausdruck des Selbstbestimmungsrechts des Einzelnen wird.[142] Der aufgrund der Einwilligung Handelnde repräsentiert somit letztlich den Rechtsgutsinhaber in dessen Willensautonomie.[143]

Andere wiederum bevorzugen einen Rückgriff auf das jeweilige Individualgrundrecht, dessen Schutzbereich das von der Einwilligung betroffene Rechtsgut unterfällt.[144]

Diese Differenzierung wirkt sich insofern aus, als dass unterschiedliche grundrechtliche Schranken eingreifen können.[145] Da der vorliegende Untersuchungsgegenstand im Untreuekontext[146] jedoch nur den Bereich des Rechtsguts „Vermögen" betrifft[147] und jener nach ganz herrschender Meinung nicht dem Schutzbereich des Art. 14 GG unterfällt, sondern allein dem des

---

138 Hierzu Amelung, ZStW 104 (1992), 525, 544 ff.

139 Vgl. Corsten, Einwilligung, S. 27.

140 Köhler, AT, S. 247; Schmidt, Rechtsfigur der hypothetischen Einwilligung, S. 69.

141 BVerfGE 52, 131, 168 f. (= Mehrheitsvotum); Corsten, Einwilligung, S. 27 f.; weitere zahlreiche Nachweise bei Sternberg-Lieben, Einwilligung, S. 18, Fn. 3.

142 Schmidt, Rechtsfigur der hypothetischen Einwilligung, S. 70; vgl. Köhler, AT, S. 243 f.

143 Hierzu vertiefend Köhler, AT, S. 243 ff.

144 BVerfGE 52, 131, 172 f. (= Minderheitsvotum); Sternberg-Lieben, Einwilligung, S. 17 ff., 30.

145 Vgl. Corsten, Einwilligung, S. 28.

146 Die Zustimmungsproblematik im Rahmen des § 299 StGB erfolgt gesondert in einem eigenen Kapitel, s. hierzu unter F.

147 S. hierzu näher unter C. III. 1.

Art. 2 Abs. 1 GG, erübrigt sich insoweit mangels Themenrelevanz an dieser Stelle eine weitere Auseinandersetzung.[148]

2. Abgrenzung

In der strafrechtlichen Literatur herrscht Uneinigkeit um die Wirkung der Einwilligung und ihrer Abgrenzung vom sog. tatbestandsausschließenden Einverständnis.

Dabei haben sich im strafrechtswissenschaftlichen Diskurs zwei Ansätze herausgebildet, nach denen die Einwilligung deliktssystematisch unterschiedlich verortet wird.

Die wohl herrschende Meinung und Rechtsprechung weisen der Einwilligung rechtfertigende Wirkung zu und unterscheiden sie vom Einverständnis, das bereits auf tatbestandlicher Ebene eine Strafbarkeit auszuschließen vermag. Diese Auffassung wird im Folgenden im Rahmen der dualistischen Zustimmungstheorie behandelt.[149]

Daneben lehnen andere, im Weiteren unter der monistischen Zustimmungstheorie gefasst, einen derartigen Dualismus ab und messen der Einwilligung stets tatbestandsausschließende Wirkung bei.

a) Dualistische und monistische Zustimmungstheorie

Überwiegend folgt die strafrechtliche Literatur der „dualistischen Zustimmungstheorie“ mit der 1953 von Geerds[150] erarbeiteten Differenzierung von rechtfertigender Einwilligung und tatbestandsausschließendem Einverständnis.[151] Diese Zustimmungsformen unterscheiden sich nach die-

---

148 So auch Corsten, Einwilligung, S. 28 f. Materiellrechtlich abweichend, aber ebenfalls den weiteren Erkenntnisgewinn durch Klärung dieser Frage bezweifelnd Schramm, Untreue und Konsens, S. 50 f.

149 Die Begrifflichkeiten der „dualistischen Zustimmungstheorie“ und „monistischen Zustimmungstheorie“ sind Lichtenwimmers Darstellung entliehen, s. Lichtenwimmer, Untreueschutz, S. 164 ff.

150 Geerds, Einwilligung und Einverständnis, S. 98 ff.; ders., GA 1954, 262 ff.

151 BGHSt 23, 1, 3; für weitere Nachweise aus dem Schrifttum s. Schramm, Untreue und Konsens, S. 46, Fn. 117. Noch weiter differenzierend Jakobs, AT, 7. Abschn., Rn. 112 f. Kindhäuser dagegen möchte sich keiner der genannten Einordnungen anschließen und sieht in der Einwilligung einen sog. Normaufhebungsgrund, s. Kindhäuser, GA 2010, 490.

ser Auffassung, obgleich „rein tatsächlich an sich die gleichen Merkmale"[152] aufweisend, in ihrer rechtlichen Bedeutung und Auswirkung.

Ein Einverständnis soll dann die Strafbarkeit bereits auf Tatbestandsebene entfallen lassen, wenn der Straftatbestand ausdrücklich oder begrifflich ein Handeln gegen oder ohne den Willen des Betroffenen voraussetzt (wie beispielsweise in § 123, § 242 oder § 239 StGB).

Im Rahmen anderer Straftatbestände, die ein disponibles Rechtsgut betreffen, bei denen die Freiheit der Willensbildung oder -betätigung hingegen nicht derart tatbestandlich eingefasst ist, soll eine Zustimmung allein in Form der Einwilligung auf Ebene der Rechtswidrigkeit wirken können.

Demgegenüber lehnen die Vertreter der sich im Vordringen befindlichen „monistischen Zustimmungstheorie" eine derartige Zweiteilung mangels sachlichem Grund ab und lassen die Einwilligung stets auf tatbestandlicher Ebene strafausschließend wirken, indem bereits der Erfolgsunwert und der hierauf bezogene Handlungsunwert entfallen.[153]

Durch die Einwilligung wird das Rechtsgut aus dem von der Norm geschützten Bereich ausgenommen, sodass eine Tatbestandserfüllung „mangels einer tauglichen Angriffsfläche" ausscheiden muss.[154]

Diesen unterschiedlichen Zustimmungsmodellen liegt ein voneinander abweichendes Rechtsgutsverständnis zugrunde.

Hinter der monistischen Zustimmungstheorie steht der Gedanke, dass die Befugnis, über ein Rechtsgut disponieren zu können, bereits konstitutives Element des Rechtsguts selbst sei.[155] Schutzgut individualschützender Straftatbestände soll neben dem entsprechenden Rechtsgut also auch die Willensautonomie des Rechtsgutsträgers sein. Damit folgen die Anhänger dieser Sichtweise einer personalen Rechtsgutskonzeption,[156] nach der Rechtsgüter der freien Entfaltung des Einzelnen dienen. Dieses Rechtsgutsverständnis

---

152 Geerds, GA 1954, 262, 263.

153 Statt vieler Roxin/Greco, AT I, § 13, Rn. 11 ff. mit zahlreichen Nachweisen in Fn. 19; Roxin in FS-Amelung, S. 271 ff.; auch Rönnau, Willensmängel, S. 155 ff., 161.

154 Zipf, Einwilligung und Risikoübernahme, S. 29 f.; Sternberg-Lieben, Einwilligung, S. 60 ff.

155 Vgl. Roxin/Greco, AT I, § 13, Rn. 12; S. auch die zusammenfassende Darstellung von Lichtenwimmer, Untreueschutz, S. 165 f.

156 Vgl. Corsten, Einwilligung, S. 31; Sternberg-Lieben, Einwilligung, S. 61, Fn. 21.

ist damit letztlich Ausdruck des verfassungsrechtlich verbürgten individuellen Selbstbestimmungsrechts und stellt die Autonomiekomponente und damit das Individuum in den Vordergrund, indem sie Rechtsgut und Verfügungsbefugnis untrennbar auf tatbestandlicher Ebene miteinander verknüpft.

Dahingegen trennen die Vertreter der dualistischen Zustimmungstheorie das Rechtsgut von der Verfügungsbefugnis hierüber; sie messen dem Rechtsgut damit einen eigenständigen schutzwürdigen Wert zu, der zunächst unabhängig vom individuellen Willen besteht.[157] Das Selbstbestimmungsrecht, das seinen Ausdruck in der Dispositionsbefugnis des Einzelnen findet, vermag hiernach allein auf Rechtswidrigkeitsebene Bedeutung zu erlangen.

Innerhalb dieser Auffassung ist die Begründung der rechtfertigenden Wirkung der Einwilligung nicht unumstritten: Während der Großteil der strafrechtswissenschaftlichen Literatur auf das mangelnde Interesse des Einwilligenden abstellt und erklärt, für die Rechtsgemeinschaft bestehe kein Grund, dessen Güter zu schützen, wenn dieser durch die Einwilligung bewusst auf strafrechtlichen Schutz seiner Rechtsgüter verzichte, wollen andere die rechtfertigende Wirkung mit einer Güter- bzw. Wertabwägung begründen, wonach das geschützte Rechtsgut bzw. das Interesse der Rechtsgemeinschaft an dessen Schutz dem Selbstbestimmungsrecht des Betroffenen unterliege.[158]

b) Stellungnahme und Auswirkungen

Gegen die monistische Zustimmungstheorie und für die Beibehaltung eines dualistischen Verständnisses sprechen die folgenden Überlegungen:

Zunächst kann nicht davon ausgegangen werden, es sei eine stilistische Zufälligkeit oder Unzulänglichkeit der deutschen Sprache, wenn der Gesetzgeber ein Handeln ohne oder gegen den Willen des Betroffenen unmittelbar im Tatbestand anlegt[159].[160] Vielmehr sollte davon ausgegangen werden, dass es sich insoweit um eine bewusste Entscheidung des Gesetzgebers handelt, um das tatbestandliche Unrecht zu qualifizieren und seinen normativen Gehalt zu umschreiben, die dieser – freilich in den Grenzen des

157 Vgl. Schramm, Untreue und Konsens, S. 49.
158 S. instruktiv Corsten, Einwilligung, S. 30 f. mit entsprechenden Nachweisen.
159 Dieses Bedenken äußert Schlehofer, Einwilligung und Einverständnis, S. 2.
160 So auch Schramm, Untreue und Konsens, S. 49 f.

Bestimmtheitsgebots – sprachlich frei zu gestalten legitimiert ist. Die Sprache dient ihm dabei als Mittel, um ein bestimmtes Geschehen sachgerecht normativ zu erfassen, was bei manchen Straftatbeständen im Gegensatz zu anderen aufgrund ihres deliktsrechtlichen Aussagehalts dazu führen muss, dass ein Handeln ohne oder gegen den Willen des Betroffenen tatbestandlich aufgenommen wird.

Auch ist der Rechtsanwender stets gehalten, unter die vom Gesetzgeber konkret vorgegebenen Tatbestandsmerkmale zu subsumieren.[161] Ein, wie es Sternberg-Lieben treffend formuliert, „personalistisches Vorverständnis des Gesetzes“ laufe Gefahr, das gesetzte Recht zu ignorieren, wenn stattdessen versucht werde, die Willensautonomie als untrennbar verknüpften Bestandteil des jeweiligen Rechtsguts stets in die Subsumtion einzubeziehen.[162]

Dieses Bedenken führt zu dem gewichtigen Einwand, dass es einen tatsächlichen Unterschied zwischen der Tatbestandsebene als Sachverhaltsebene und der Rechtswidrigkeitsebene als Bewertungsebene gibt. Damit ist gemeint, dass eine tatbestandsmäßige Handlung erst auf Ebene der Rechtswidrigkeit angemessen im konkreten sozialen Zusammenhang Würdigung erfahren kann, sodass erst auf jener Stufe der Gesamtunrechtstatbestand, also der sich aus der Tatbestands- wie Rechtswidrigkeitskomponente zusammenfügende materielle Wertungskomplex, erschöpfend betrachtet werden kann.[163] Aus der funktionellen Bedeutung der Rechtswidrigkeit als Bewertungsstufe[164] folgt damit, dass erst an dieser Stelle ein tauglicher und der rechtsdogmatisch korrekte Anknüpfungspunkt für die Rechtsfigur der Einwilligung besteht.

Ferner verkennen die Vertreter der monistischen Zustimmungstheorie, dass bei einem uneingeschränkten Verständnis des Selbstbestimmungsrechts als Teil des Rechtsguts der materiellen Werteinbuße als wesentlichem Aspekt der Rechtsgutsverletzung nicht ausreichend Rechnung getragen wird: Delikte, die objektbezogen sind, also Schutzgüter umfassen, die körperlich und sinnlich wahrnehmbar sind, werden in ihrem eigenständigen Wertgehalt bei

161 Ebenso Sternberg-Lieben, Einwilligung, S. 62.

162 Sternberg-Lieben, Einwilligung, S. 63; Amelung, Einwilligung, S. 27 f.

163 Köhler, AT, S. 235 ff.; Sternberg-Lieben, Einwilligung, S. 64 f.; Schramm, Untreue und Konsens, S. 48.

164 S. zur Funktionseinheit von Tatbestand und Rechtswidrigkeit ausführlich Sternberg-Lieben, Einwilligung, S. 66 ff.

einer Verletzung nicht hinreichend gewürdigt.[165] Wie Schramm es ausdrückt: „Eine Selbstbestimmung in Bezug auf eine Sache oder den menschlichen Körper, ohne dass diese vorhanden sind, ist nicht denkbar.“[166] Ein derartiges Rechtsgutsverständnis läuft Gefahr, diese gesetzeskonzeptionellen und deliktstypischen Charakteristika und Grenzen objektbezogener und rein bzw. primär willensbezogener Straftatbestände aufzulösen.

Nicht zuletzt ist unverständlich, warum auch jene Autoren, welche die Einwilligung dem Tatbestand zuordnen möchten, in der mutmaßlichen Einwilligung einhellig einen Rechtfertigungsgrund erkennen, obgleich es in beiden Fällen um die gleiche Konstellation eines individuellen Interessen- und Wertekonflikts des Rechtsgutsinhabers geht.[167] Dies legt es nahe, beide Konstellationen deliktssystematisch auf gleicher Ebene zu verorten, zumal es sich bei der mutmaßlichen Einwilligung lediglich um ein Zustimmungssurrogat handelt.[168] Bei einer konsequenten Behandlung dieser dogmatischen Einwilligungsproblematik sollten damit beide Erscheinungsformen der Interessenkollision sachgerecht auf der Wertungsebene der Rechtswidrigkeit gelöst werden.

Die Ausführungen verdeutlichen, warum in der monistischen Zustimmungstheorie mit Amelung/Eymann eine „Überanstrengung des sog. Personalismus“[169] gesehen wird und mithin die dualistische, traditionelle Zustimmungslehre vorliegend als vorzugswürdig erkannt wird.

Im Weiteren ist nun danach zu fragen, welche Auswirkungen diese Präferenz im Zusammenhang mit dem gegebenen Untersuchungsgegenstand hat.

Zwar ergeben sich aus diesem Streit Unterschiede im Bereich Vorsatz, Irrtum und Versuchsstrafbarkeit, jedoch berühren diese zumindest nicht unmittelbar und konkret die vorliegende Untersuchung in ihrem Gegenstand.

Bedeutung könnte die Kontroverse jedoch im Rahmen der Wirksamkeitsvoraussetzungen entfalten, die sogleich betrachtet werden. So wird teilweise davon ausgegangen, dass unterschiedliche Anforderungen an die Wirksamkeit von Einverständnis und Einwilligung zu stellen sind.

---

165 Vgl. Köhler, AT, S. 245 f. und auch Lichtenwimmer, Untreueschutz, S. 166.
166 Schramm, Untreue und Konsens, S. 49.
167 Vgl. Sternberg-Lieben, Einwilligung, S. 65.
168 So auch Sternberg-Lieben, Einwilligung, S. 65.
169 Amelung/Eymann, JuS 2001, 937, 938.

In jüngerer Zeit wird jedoch vermehrt gefordert, dass die konkreten Wirksamkeitsvoraussetzungen dem jeweiligen Straftatbestand mittels Auslegung zu entnehmen sind; mithin nicht für alle Tatbestände dieselben Voraussetzungen anzusetzen sind.[170] Sowohl insbesondere für das Einverständnis als auch die Einwilligung[171] sollen somit keine pauschalisierten Aussagen zu Wirksamkeitsvoraussetzungen getroffen werden, sondern jene spezifisch, dem jeweiligen Tatbestand entsprechend, herausgearbeitet werden.[172] Gleiches soll auch für die Grenzen der Zustimmung gelten.[173]

Vorteilhaft an einer derartigen deliktsspezifischen Betrachtung ist die Flexibilität, mit der auf tatbestandliche Besonderheiten reagiert werden kann, sodass auftretende Problemfelder sachgerechter behandelt werden können als beim Ansetzen starrer Wirksamkeitsprinzipien.[174]

Das Einverständnis ist also stets Ergebnis tatbestandlicher Auslegung und Subsumtion[175] und kann daher – mangels eigener Rechtsregeln – nicht als eigenständiges Rechtsinstitut gelten.[176] Es kann demnach grundsätzlich auch nur in begrenztem Maße von „Voraussetzungen" eines Einverständnisses gesprochen werden,[177] da diese vielmehr relativ, anhand der Normfunktion und entsprechend dem jeweiligen Schutzgut, zu bestimmen sind.[178]

Die vorliegend vertretene dualistische Zustimmungstheorie hat als Entscheidung zur deliktssystematischen Verortung somit letztlich keine Auswirkungen auf die konkreten Wirksamkeitsvoraussetzungen und -grenzen von Einverständnis und Einwilligung.[179] Diese werden in dieser Arbeit

---

170 LK/-Rönnau, Vor § 32, Rn. 157a; Stratenwerth/Kuhlen, AT, § 9, Rn. 11.
171 Deutlich in Bezug auf die Einwilligung Stratenwerth/Kuhlen, AT, § 9, Rn. 11, 13.
172 Roxin/Greco, AT I, § 13, Rn. 32; Sternberg-Lieben, Einwilligung, S. 59 m.w.N.
173 Corsten, Einwilligung, S. 32.
174 Rönnau, Willensmängel, S. 19; Corsten, Einwilligung, S. 32.
175 Vgl. bereits Lenckner, ZStW 72 (1960), 446, 448.
176 Vgl. auch Maurach/Zipf, Strafrecht AT 1, § 17 III, Rn. 41; Lichtenwimmer, Untreueschutz, S. 174
177 Vgl. Kientzy, Mangel am Straftatbestand, S. 23; Lichtenwimmer, Untreueschutz, S. 174.
178 Lenckner, ZStW 72 (1960), 446, 448; Stratenwerth/Kuhlen, AT, § 9, Rn. 11; Maurach/Zipf, Strafrecht AT 1, § 17 III, Rn. 40; Labsch, JuS 1985, 602, 604.
179 Sternberg-Lieben, Einwilligung, S. 59 f., bezeichnet den Streit um die deliktssystematische Zuordnung als „Definitionsproblem", dem er nur einen „sehr begrenzten Stellenwert" attestiert; ebenso Lichtenwimmer, Untreueschutz, S. 167.

deliktsspezifisch am Tatbestand der Untreue und der Bestechlichkeit und Bestechung im geschäftlichen Verkehr bestimmt.

II. Voraussetzungen und Grenzen

Diese tatbestandsindividuelle Bestimmung der konkreten Wirksamkeitsanforderungen hindert jedoch nicht daran, überblicksartig die generellen Wirksamkeitsanforderungen des Rechtsinstituts der Einwilligung im Rahmen grundsätzlicher Ausführungen darzulegen, bevor eine tatbestandsspezifische Betrachtung der Zustimmung im Untreue- und Wirtschaftskorruptionskontext sowie kapitalgesellschaftlichen Zusammenhang erfolgt.

Wenngleich sich die Einwilligung grundsätzlich mit ihrer „rechtlichen Natur“[180] in ihrem Wesen von der „faktischen Natur“[181] des Einverständnisses unterscheidet, übertragen Rechtsprechung und Literatur aufgrund des normativen Charakters der Untreue die grunddogmatischen Wirksamkeitsvoraussetzungen einer Einwilligung auf ein dortiges Einverständnis[182].[183]

Mit der Darstellung der generellen Wirksamkeitsvoraussetzungen der Einwilligung werden damit vorliegend auch grunddogmatische Aussagen zum Einverständnis im Rahmen des § 266 StGB getroffen, die sodann – zunächst untreuespezifisch – konkretisiert und ergänzt werden.

1. Voraussetzungen

Zunächst werden also unter Beachtung der Themenrelevanz in angemessener Kürze die Voraussetzungen erörtert, die auf dogmatischer Ebene grundsätzlich an eine Einwilligung gestellt werden.

a) Dispositionsbefugnis und Disponibilität

Grundsätzlich erfordert eine wirksame Einwilligung, dass der Einwilligende alleiniger Rechtsgutsinhaber des geschützten Rechtsguts ist. Daher kann eine Einwilligung grundsätzlich nur bei Individualrechtsgütern in Betracht

---

180 Vgl. Geerds, GA 1954, 262, 266; hierzu kritisch Roxin/Greco, AT I, § 13, Rn. 32.

181 Vgl. Kientzy, Mangel am Straftatbestand, S. 23. Schönke/Schröder/-Sternberg-Lieben, Vor §§ 32 ff., Rn. 31.

182 Zur begrifflichen Einordnung im Untreuekontext s. unter B. III. 1.

183 Fischer, § 266, Rn. 92; Wessels/Hillenkamp/Schuhr, BT 2, Rn. 760; Schmidt, Rechtsfigur der hypothetischen Einwilligung, S. 192 m.w.N., Fn. 804.

kommen.[184] Sind daneben auch die Allgemeinheit oder andere überindividuelle Schutzgüter in den Schutzbereich der Norm einbezogen, scheidet eine Einwilligung dem Grunde nach aus, wobei Details insoweit umstritten sind bzw. einzelfallabhängig zu entscheiden sind.[185]

Die Disponibilität eines Rechtsguts ist regelmäßig bei Individualschutzgütern gegeben.[186] Das mit dem vorliegenden Untersuchungsgegenstand betroffene Rechtsgut des § 266 StGB „Vermögen" ist unstreitig disponibel.[187]

Da diese Arbeit die Zustimmungsproblematik in Kapitalgesellschaften behandelt, kommt als Rechtsgutsträger keine natürliche, sondern juristische Person in Betracht. Den damit verbundenen strukturellen Problemen bei der Bestimmung von Rechtsgutsinhaberschaft und der Vermögenszuordnung wird sich gesondert in einem eigenen Kapitel gewidmet.[188]

b) Einwilligungsfähigkeit

Ferner setzt eine wirksame Einwilligung voraus, dass der Rechtsgutsinhaber die Bedeutung und den Umfang seiner Einwilligung im entscheidenden Zeitpunkt der Abgabe überblicken kann. Diese Einwilligungsfähigkeit soll sicherstellen, dass sich der Rechtsgutsverzicht im konkreten Fall als Akt wirklicher Selbstbestimmung darstellt.[189] Der Einwilligende soll vor Schäden geschützt werden, die dadurch entstehen, dass dieser auf Grund seiner psychischen Verfassung nicht zu einer vernünftigen Preisgabe über seine Rechtsgüter fähig ist; indem die Rechtsordnung ihm in diesen Fällen die Einwilligungsfähigkeit abspricht, kommt sie ihrem „sozialstaatlichen Minimalgebot" nach.[190]

Wann der Rechtsgutsträger als einwilligungsfähig anzusehen ist, wird unterschiedlich beurteilt.

---

184 Vertiefend Stratenwerth/Kuhlen, AT, § 9, Rn. 14 ff.; Schönke/Schröder/-Sternberg-Lieben, Vor §§ 32 ff., Rn. 36.

185 S. hierzu ergänzend Corsten, Einwilligung, S. 33, Fn. 36.

186 Amelung/Eymann, JuS 2001, 937, 939; s. hierzu vertiefend zur Ausnahme beim Individualrechtsgut „Leben" Corsten, Einwilligung, S. 34, Fn. 38.

187 Die Behandlung der Zustimmungsproblematik im Rahmen des § 299 StGB und des dort betroffenen Rechtsguts erfolgt in einem gesonderten Kapitel, s. unter F.

188 S. unter C. III.

189 Köhler, AT, S. 121.

190 Amelung/Eymann, JuS 2001, 937, 941.

Die herrschende Meinung in der Literatur sowie der BGH stellen auf die geistige und sittliche Reife des Einwilligenden ab.[191] Wesen, Bedeutung und Tragweite des tatbestandsmäßigen Eingriffs müssen sachgerecht beurteilt und das Für und Wider der Entscheidung verständig abgewogen werden können.[192] Diese „Einsichts- und Urteilsfähigkeit“ ist individuell nach dem Einzelfall zu bestimmen.[193] Dabei geht es nicht darum, den Rechtsgutsträger vor einem möglicherweise unvernünftigen Verzicht seiner Güter zu schützen.[194] Nach Sinn und Zweck des Rechtsinstituts soll allein die Willensautonomie gewahrt werden; andernfalls würde die beabsichtigte Selbstbestimmung in Bevormundung verkehrt.[195] Der Rechtsgutsinhaber muss also nur subjektiv zu vernünftigen Entscheidungen in der Lage sein; die Entscheidung hingegen muss dies objektiv gerade nicht sein.[196] Umgekehrt – und hier zeigt sich eine Inkonsistenz der Rechtsprechung bei der Beurteilung der Einwilligungsfähigkeit – gesteht der BGH aber auch nicht jedem geistig gesunden Geschäftsfähigen die erforderliche Einsichtsfähigkeit zu.[197] Die Strafrechtslehre lehnt diese höchstrichterliche Entscheidung einhellig ab, indem sie das Wesen der Einwilligung als Instrument der individuellen Interessenwahrnehmung betont, welche eben auch unvernünftige Entscheidungen umfassen kann.[198]

Teile der Literatur fordern, zumindest im Bereich der Vermögensdelikte, eine Geschäftsfähigkeit des Rechtsgutsinhabers entsprechend den §§ 104 ff. BGB.[199] Die Einwilligung stelle eine rechtsgeschäftlich relevante

---

[191] BGHSt 8, 357, 358; 12, 379, 382; 23, 1, 4; s. eingehend Amelung, ZStW 104 (1992), 525, 536 ff.; Wessels/Beulke/Satzger, AT, Rn. 567 ff. m.w.N.

[192] RGSt 77, 17, 20; BGHSt 4, 88, 90; 12, 379, 382; 23, 1, 4; BGH NStZ 2000, 87, 88; Stratenwerth/Kuhlen, AT, § 9, Rn. 24.

[193] RGSt 41, 392, 395; Roxin/Greco, AT I, § 13, Rn. 85 f.; Amelung/Eymann, JuS 2001, 937, 941.

[194] Roxin/Greco, AT I, § 13, Rn. 87; Corsten, Einwilligung, S. 35.

[195] Amelung/Eymann, JuS 2001, 937, 942; Amelung, ZStW 104 (1992), 525, 546 ff.

[196] Corsten, Einwilligung, S. 35.

[197] So geschehen in der sog. „Zahnextraktionsentscheidung“ des BGH (NJW 1978, 1206).

[198] S. hierzu die Nachweise bei Roxin/Greco, AT I, § 13, Rn. 87, Fn. 178. S. ferner den Ansatz Amelungs, der auf das Kriterium der „Vernünftigkeit“ abstellt und darauf aufbauend eine eigene Definition der Einwilligungsfähigkeit entwickelt, um so den Schwächen der Rechtsprechung bei der Bestimmung der Einwilligungsfähigkeit abzuhelfen, s. Amelung/Eymann, JuS 2001, 937, 942.

[199] Lenckner, ZStW 72 (1960), 446, 455 f.; Jakobs, AT, 7. Abschn., Rn. 114.

Willensbetätigung dar, deren Beurteilung im Strafrecht nach dem Prinzip der Einheit der Rechtsordnung nicht anders ausfallen dürfe als im Zivilrecht.[200] Ein und derselbe Vorgang, so argumentieren die Verfechter dieser Ansicht, dürfe nicht strafrechtlich als rechtmäßig, aber zivilrechtlich als rechtswidrig beurteilt werden.

Eine analoge Anwendung der §§ 104 ff. BGB ist allerdings abzulehnen: Die Vertreter dieser Auffassung übersehen die unterschiedlichen Zielrichtungen beider Rechtsgebiete[201]: Dem Strafrecht liegt das „ultima-ratio"-Prinzip zugrunde, nach welchem bestimmte sozialschädliche Verhaltensweisen sanktioniert werden, um einen effektiven Rechtsgüterschutz zu gewährleisten. Das Zivilrecht beabsichtigt hingegen, nach dem Prinzip der Privatautonomie die Rechtsbeziehungen der Bürger als gleichgeordnete Rechtssubjekte untereinander zu regeln; schafft also nicht hoheitlichen Rechtsgüterschutz durch den Staat.

Es besteht somit bereits im Ausgangspunkt ein derart essentieller Unterschied zwischen beiden Rechtsgebieten, sodass auch mit Blick auf die Einheit der Rechtsordnung eine Gleichbehandlung der straf- und zivilrechtlichen Einwilligungsfähigkeit abzulehnen ist.[202]

Auch ist die zivilrechtliche Geschäftsfähigkeit mit ihren starren Altersgrenzen auf die Bedürfnisse des Rechtsverkehrs angepasst[203]; es geht dem Zivilrecht insoweit um einen sachgerechten Ausgleich zwischen Verkehrs- und Minderjährigenschutz und damit um eine vom Strafrecht gänzlich abweichende Schutzrichtung.[204]

Richtigerweise weist Lichtenwimmer auf die eingeschränkte praktische Relevanz um die Kontroverse der Einwilligungsfähigkeit für jene Konstellationen hin, in denen eine juristische Person Rechtsgutsträger[205] ist.[206] Da angesichts ihrer strukturellen Handlungs- und Willensbildungsunfähigkeit stets Organe für diese handeln müssen,[207] kann die Gesellschaft selbst nie

---

200 Lenckner, ZStW 72 (1960), 446, 454 ff.

201 Vgl. hierzu Corsten, Einwilligung, S. 36, Fn. 51 sowie Roxin/Greco, AT I, § 13, Rn. 90.

202 Ebenso Fischer, Vor § 32, Rn. 3c; LK/-Rönnau, Vor § 32, Rn. 193.

203 Vgl. Stratenwerth/Kuhlen, AT, § 9, Rn. 24.

204 Vgl. Schmidt, Rechtsfigur der hypothetischen Einwilligung, S. 194;

205 S. hierzu ausführlich unter C.

206 Lichtenwimmer, Untreueschutz, S. 184.

207 S. hierzu unter C. II.

die geforderten Voraussetzungen um die Einwilligungsfähigkeit erfüllen. Allein für den Fall, dass im Rahmen der Beschlussfassung minderjährige Anteilseigner involviert sind, erlangt die Thematik Bedeutung. Aufgrund der Tatsache, dass diese bei der Stimmausübung durch ihren gesetzlichen Vertreter vertreten werden, wird jene allerdings sogleich wieder deutlich abgeschwächt.

c) Einwilligungserklärung

Das strafrechtliche Schrifttum folgt überwiegend der sog. Willensbekundungstheorie,[208] nach der die Einwilligung vor dem tatbestandsmäßigen Eingriff ausdrücklich oder konkludent kundgetan werden muss.[209] Die Kundgabe der Einwilligungserklärung ist sodann formfrei möglich.[210] Eine nachträgliche Zustimmung genügt nicht, da sich Tatbestandlichkeit und Rechtswidrigkeit nach dem Zeitpunkt der Tat richten.[211] Ferner muss der Täter in Kenntnis der Einwilligung handeln, d.h. er muss die Umstände kennen, welche die Einwilligung begründen, ohne dass die Kundgabe gegenüber dem Täter erfolgen muss.[212] Die Einwilligung ist jederzeit bis zum Zeitpunkt der Rechtsgutsverletzung frei widerruflich.[213]

Die Gegenansicht vertritt die sog. Willensrichtungstheorie, welche den inneren Willen des Disponierenden ausreichen lässt und auf eine weitergehende Kundgabe nach außen verzichtet.[214] Als Begründung führen die Vertreter dieser Ansicht an, dass es allein darauf ankomme, dass sich der Wille mit der Verletzungshandlung decke; dies entspräche dem Motiv des Rechtsinstituts der Einwilligung.[215]

---

208 Begrifflichkeit nach Corsten, Einwilligung, S. 37.

209 Vgl. die Nachweise in Jescheck/Weigend, Strafrecht AT, § 34 IV 2.

210 Corsten, Einwilligung, S. 38; Lichtenwimmer, Untreueschutz, S. 187.

211 BGHSt 17, 359; 50, 331, 343; Roxin/Greco, AT I, § 13, Rn. 79; s. auch Schmidt, Rechtsfigur der hypothetischen Einwilligung, S. 197 f., der anmerkt, dass einige Autoren eine nachträgliche Zustimmung im Rahmen der Strafzumessung berücksichtigen wollen und die Parallele zur Rechtsfigur der hypothetischen Einwilligung zieht.

212 S. die Nachweise bei Schmidt, Rechtsfigur der hypothetischen Einwilligung, S. 199 f., Fn. 852 f.

213 Vertiefend Amelung/Eymann, JuS 2001, 937, 945 f.

214 Stratenwerth/Kuhlen, AT, § 9, Rn. 29, Fn. 45.

215 Amelung/Eymann, JuS 2001, 937, 941.

Dagegen lässt sich neben erheblichen praktischen Bedenken im Bereich der Beweisführung[216] auch anführen, dass es im Rahmen der Einwilligung als Ausfluss der Willensautonomie nicht allein auf das bloße Bestehen eines Willens als forum internum ankommen dürfe, sondern darüber hinaus auch auf eine Willensbetätigung ankommen müsse.[217] Allein an diese Willensbetätigung in Form einer ausdrücklichen oder konkludenten Kundgabe können Rechtsfolgen geknüpft werden.[218]

Daher ist, insbesondere auch im Interesse der Rechtssicherheit,[219] die Kundgabe der Einwilligungserklärung zu fordern. Diese Sichtweise wird auch dem Anspruch des Strafrechts gerecht, einen umfassenden Rechtsgüterschutz zu gewährleisten, indem das Risiko minimiert wird, dass in fremde Rechtsgutssphäre eingegriffen wird, weil irrigerweise von einer entsprechenden Zustimmung ausgegangen wird.[220] Nur so kann das Rechtsinstitut der Einwilligung tatsächlich und wie bezweckt als Instrument zur Interessenwahrung wirken.

Corsten weist in seiner Arbeit indes darauf hin, dass aufgrund der üblichen Kommunikationsstrukturen in Unternehmen regelmäßig eine ausdrückliche Zustimmung gegeben sein wird, sodass sich die Bedeutung der dargestellten Diskussion für den vorliegenden Untersuchungsgegenstand, wenn auch nicht auflöst, jedenfalls aber relativiert.[221]

d) Freiheit von Willensmängeln

Die Einwilligung ist unwirksam, wenn sie unter einem wesentlichen Willensmangel leidet. Wann ein Willensmangel als wesentlich gilt, wird in Strafrechtslehre und Rechtsprechung nicht einheitlich beurteilt und hängt auch davon ab, worauf sich der Willensfehler gründet:

Wurde die Einwilligung durch Drohung oder Zwang bewirkt, liegt, jedenfalls bei Überschreitung der Grenze des § 240 StGB, unstreitig ein wesentlicher Willensmangel vor, der zur Unwirksamkeit der Zustimmung führt.[222]

---

[216] Amelung/Eymann, JuS 2001, 937, 941.

[217] Corsten, Einwilligung, S. 37 f.; Roxin/Greco, AT I, § 13, Rn. 73.

[218] Roxin/Greco, AT I, § 13, Rn. 73.

[219] Dies betonend auch Roxin/Greco, AT I, § 13, Rn. 77.

[220] Vgl. auch Amelung/Eymann, JuS 2001, 937, 941

[221] Corsten, Einwilligung, S. 38.

[222] Rönnau, Willensmängel, S. 438 ff.; Otto, Jura 2004, 679, 680; Roxin/Greco, AT I, § 13, Rn. 113; Schmidt, Rechtsfigur der hypothetischen Einwilligung, S. 195.

Handelt es sich hingegen um eine Einwilligung, die auf einem täuschungsbedingten oder sonstigen Irrtum beruht, wird die Frage nach der Wirksamkeit unterschiedlich bewertet, wobei sich im Wesentlichen vier Positionen ausmachen lassen:

Nach der früher herrschenden Meinung führte jeder irrtumsbedingte Willensmangel zu einer Unwirksamkeit der Einwilligung.[223]

Damit unterscheidet sie sich in ihrer Weite von der engsten Ansicht, die lediglich rechtsgutsbezogene Fehlvorstellungen, also solche über Art, Umfang, Schwere oder Risiko des Eingriffs, als Unwirksamkeitsgrund einstuft und nicht wie die zuvor genannte Auffassung auch solche, die sich auf Begleitumstände beziehen.[224]

Vermittelnd fragen einige Vertreter in der strafrechtswissenschaftlichen Literatur danach, ob die Einwilligung noch Ausdruck einer selbstbestimmten Entscheidung ist; ob sie also an die Willensautonomie des Einzelnen anknüpft.[225] Bei notstandsähnlichen Lagen oder gegebenenfalls auch altruistischen Zwecken wird eine hinreichende Autonomie des Willens verneint und sodann eine Unwirksamkeit der Einwilligung angenommen.[226] Angesichts seiner Unbestimmtheit ist dieser Lösungsansatz im Sinne der Rechtssicherheit allerdings abzulehnen.[227]

Ferner existiert eine Auffassung im Schrifttum, die nach Verantwortungsbereichen abgrenzen möchte[228]: Handelt es sich um einen Irrtum, der in den Verantwortungsbereich des Täters fällt, soll die Einwilligung unwirksam sein; fällt der Irrtum hingegen in den des Opfers, so muss sich der Irrende grundsätzlich daran festhalten lassen, es sei denn, der Täter erkennt den Irrtum oder musste ihn aufgrund einer Sonderpflicht erkennen.[229] Im Rahmen des § 266 StGB trifft angesichts des Treueverhältnisses den Vermögensbetreuungspflichtigen gegenüber dem Vermögensinhaber als Einwilligendem

---

223 Vgl. nur die zahlreichen Nachweise bei Amelung/Eymann, JuS 2001, 937, 943, Fn. 69.

224 Arzt, Willensmängel, S. 18 ff.; Kühl, AT, § 9, Rn. 37; Schönke/Schröder/-Sternberg-Lieben, Vor §§ 32 ff., Rn. 46.

225 Roxin/Greco, AT I, § 13, Rn. 99; Jescheck/Weigend, Strafrecht AT, § 34 IV 5.

226 S. Jescheck/Weigend, Strafrecht AT, § 34 IV 5.

227 Vgl. auch Rengier, Strafrecht AT, § 23, Rn. 31.

228 Rönnau, Willensmängel, S. 263, 410 ff.; LK/-Hirsch, Vor § 32, Rn. 119 ff. in der 11. Auflage; Corsten, Einwilligung, S. 101 ff.

229 Vgl. LK/-Hirsch, Vor § 32, Rn. 122 in der 11. Auflage; Amelung/Eymann, JuS 2001, 937, 943 f.

eine derartige Sonderpflicht, die durchaus auch den Inhalt haben kann, bei der fehlerfreien Willensbildung des Vermögensinhabers mitzuwirken und alle hierzu erforderlichen Informationen offenzulegen.[230] Der Umfang der Aufklärungspflicht kann je nach wirtschaftlicher Bedeutung und Risiko des Geschäfts und Unerfahrenheit des Vermögensinhabers variieren.[231]

Zuletzt ist noch die Vorgehensweise der Rechtsprechung zu erwähnen, die stets eine Betrachtung am Einzelfall vornimmt.[232] Wie bereits die vermittelnde Auffassung zuvor, ist indes auch dieses Vorgehen, mag es auch sachgerechte und differenzierte Ergebnisse vorbringen, in Ermangelung hinreichender Rechtssicherheit für den Normadressaten abzulehnen.[233]

Die aufgeführte Diskussion relativiert sich für den hier einschlägigen Bereich der Untreue und Bestechlichkeit und Bestechung im geschäftlichen Verkehr, da irrtumsbedingte Einwilligungen gerade bei diesen Straftatbeständen regelmäßig rechtsgutsbezogen sein werden.[234] Dessen ungeachtet, sprechen die besten Argumente für den Ansatz, der nach Verantwortungsbereichen unterscheidet. Sowohl die engste Ansicht, die jeden irrtumsbedingten Willensfehler zu einer Unwirksamkeit der Einwilligung führen lässt, als auch die weiteste Auffassung, die rechtsgutsbezogen differenziert, vermögen nicht die Interessen von Einwilligendem und Einwilligungsempfänger in einen angemessenen Ausgleich zu bringen. Die Lehre von den Verantwortungsbereichen gewichtet sachgerecht nach Schutzbedürftigkeit und trägt so den Belangen beider Parteien einer irrtumsbedingten Einwilligungskonstellation bestmöglich Rechnung.[235] [236]

---

230 Vgl. Schmidt, Rechtsfigur der hypothetischen Einwilligung, S. 197.

231 Schmidt, Rechtsfigur der hypothetischen Einwilligung, S. 197 m.w.N.

232 Vgl. RGSt 41, 392, 395; BGHSt 16, 309, 310 ff.; BGH NJW 1964, 1177, 1178.

233 Vgl. auch Corsten, Einwilligung, S. 101 f.

234 In Bezug auf die Untreue Schmidt, Rechtsfigur der hypothetischen Einwilligung, S. 196.

235 Vgl. Rönnau, Willensmängel, S. 263, 410 ff.; den Aspekt eines Interessenausgleichs ebenfalls betonend Amelung/Eymann, JuS 2001, 937, 944. Eine ausführliche Darstellung des ähnlichen Ansatzes von Amelung findet sich in Amelung, ZStW 109 (1997), 490, 511 ff.

236 In diesem Zusammenhang ist ferner auf die spezielle Problematik hingewiesen, wenn sich der Irrtum auf das Vorliegen bzw. Nichtvorliegen einer Einwilligung bezieht, s. hierzu Corsten, Einwilligung, S. 105 f.

2. Grenzen

Wenn nun die generellen Anforderungen bestimmt sind, die der Einwilligende erfüllen muss, damit seine Einwilligung als wirksam anzuerkennen ist, stellt sich im Weiteren die Frage, ob eine Einwilligung sodann objektiven Dispositionsschranken, also personenunabhängigen Beschränkungen, zu unterwerfen ist.

Derartige Dispositionsschranken können sich aus dem Strafrecht, aber auch aus anderen Rechtsgebieten ergeben; vorliegend kommt als außerstrafrechtliche Quelle das Gesellschaftsrecht in Betracht.[237]

Auf verfassungsrechtlicher Ebene folgt die Beschränkbarkeit des Rechtsinstituts der Einwilligung aus Art. 2 Abs. 1 GG, der zugleich ihre gesetzliche Grundlage darstellt.[238] So garantiert die allgemeine Handlungsfreiheit die Einwilligungsmöglichkeit lediglich bis zur Grenze der Rechte anderer, der verfassungsmäßigen Ordnung und des Sittengesetzes.

Die grundrechtlich vorgesehenen Schrankenvorbehalte ermöglichen es dem Gesetzgeber, in diesem Rahmen Dispositionsgrenzen einfachgesetzlich festzulegen; so geschehen beispielsweise mit §§ 216 und 228 StGB[239].[240] Das Rechtsgut Leben ist fast vollständig indisponibel, während die körperliche Integrität durch § 228 StGB einer Dispositionsbeschränkung für den Fall der Sittenwidrigkeit unterliegt.[241]

Weitere ausdrückliche originär strafrechtliche Dispositionsschranken finden sich nicht im Gesetz wieder, was nicht bedeutet, dass die Einwilligung nicht auch in Bezug auf andere Rechtsgüter Beschränkungen unterworfen sein kann[242]:

So geht es bei der Anerkennung von Dispositionsschranken stets darum, das objektive Interesse des Einwilligenden – entgegen dessen zustimmenden

---

[237] S. näher zur grundsätzlichen Frage, ob die Zustimmungsproblematik in Kapitalgesellschaften im dogmatisch-methodischen Ausgangspunkt strafrechtsautonom oder gesellschaftsrechtsakzessorisch zu betrachten ist unter C. IV.

[238] S. zuvor unter B. I. 1.

[239] Anders Kientzy, Mangel am Straftatbestand, S. 94 ff., der eine Einordnung von § 216 und § 228 StGB (der dem damaligen § 226a StGB a.F. weitestgehend entspricht) als Dispositionsschranken ablehnt, da jene allein aus der Tat selbst anhaftenden Gesichtspunkten eingriffen.

[240] Vgl. Lichtenwimmer, Untreueschutz, S. 192.

[241] Vgl. Stratenwerth/Kuhlen, AT, § 9, Rn. 15.

[242] Vgl. Lichtenwimmer, Untreueschutz, S. 192, 196.

Willen – zum Schutzobjekt zu erheben.[243] Wie bereits Noll erkannte, liegt „die ganze Problematik der Einwilligung des Verletzten im Verhältnis der subjektiven Wertung des Verletzten zur objektiven Wertung des Gesetzes".[244] Dieser Interessenschutz mag besonders bedeutsam bei irreversiblen Eingriffen in die Rechtsgüter Leben und körperliche Unversehrtheit sein; nichtsdestotrotz kann er vergleichbar beispielsweise bei den hier in Betracht kommenden Vermögenseingriffen erforderlich werden. Dies dürfte umso mehr gelten, wenn der Vermögensinhaber, wie in den vorliegend zu untersuchenden Konstellationen, eine juristische Person ist, die allein durch ihre Organe handeln kann. Es erscheint einer Untersuchung wert, ob aus der der juristischen Person eigenen, strukturellen Handlungs- und Willensbildungsunfähigkeit insoweit eine erhöhte Schutzbedürftigkeit folgt. In diesem Zusammenhang erwähnenswert ist der Ansatz von Lichtenwimmer, die für den Bereich der GmbH-rechtlichen Untreue insoweit andenkt, Dispositionsschranken aus dem Handeln als Organ herzuleiten.[245] Diese Überlegungen werden sodann an geeigneter Stelle aufgegriffen.[246]

Für den gegebenen Untersuchungsgegenstand werden im Wesentlichen zwei Dispositionsschranken diskutiert[247]:

Zum einen kann angedacht werden, ob eine Schranke der guten Sitten existiert, die einem allgemeinen Rechtsgedanken entsprechend entweder aus § 228 StGB oder § 138 Abs. 1 BGB abgeleitet werden könnte, was unter verschiedenen rechtsdogmatischen Vorzeichen kritisch betrachtet werden muss.[248]

Zum anderen wird in der Lehre intensiv die Schranke des sog. gesellschaftsrechtlichen Eigeninteresses diskutiert, die auch unter den Begriffen „Gesellschaftsinteresse" oder „Bestandsinteresse" geführt wird.[249] Die Auseinandersetzung mit dieser potentiellen zivilrechtlichen Dispositionsschranke bildet mitunter den Schwerpunkt der Arbeit und

---

243 Noll, Rechtfertigungsgründe, S. 66.

244 Noll, Rechtfertigungsgründe, S. 60.

245 Lichtenwimmer, Untreueschutz, S. 193 f., 275 ff.

246 S. unter D. II. 1. in Fn. 605.

247 S. auch zur grundsätzlichen strafrechtsdogmatischen Möglichkeit einer Begrenzung der untreuespezifischen Einverständniskompetenz unter D. II. 1.

248 S. hierzu unter D. II. 2. a).

249 S. zu den Begrifflichkeiten unter D. II. 4. b) aa).

muss gesellschaftstypendifferenzierend erfolgen, sodass die Frage nach einer Übertragung ins Strafrecht zu einem späteren Zeitpunkt detailliert beantwortet wird.[250]

III. Einordnung in Untreuekontext

Im Folgenden werden schließlich die zuvor gewonnenen Erkenntnisse zu Einwilligung und Einverständnis in den Kontext der Untreue eingeordnet.

Eine Einordnung in das Feld der Bestechlichkeit und Bestechung im geschäftlichen Verkehr erfolgt im Rahmen eines gesonderten Komplexes.[251]

1. Begriffliche Einordnung

Rechtsdogmatisch bezieht sich die Zustimmung auf die Handlung des Eingreifenden.[252] Im Rahmen des § 266 StGB betrifft die Zustimmung des Rechtsgutsinhabers (bzw. Dispositionsbefugten) und gleichzeitig potentiell Geschädigten die Handlung des Vermögensbetreuungspflichtigen.[253] Übersetzt in den Kontext der Untreue in Kapitalgesellschaften geht es damit um die Wirkungen einer Zustimmung des zuständigen Unternehmensmitglieds auf eine mögliche Strafbarkeit des eingreifenden treupflichtigen Organs.[254]

Durch die Zustimmung erweitert sich der Befugnisbereich des Treupflichtigen, der sich allein über das Innenverhältnis zum Treugeber definiert.[255] Infolgedessen entfällt für den infragestehenden Eingriff die Pflichtwidrigkeit[256] und mithin das Tatbestandsmerkmal des „Missbrauchs der Verpflichtungs- bzw. Verfügungsbefugnis" (Var. 1) bzw. der „Verletzung

[250] S. hierzu sodann unter D. II. und E. II.

[251] S. hierzu unter F.

[252] OLG Karlsruhe NJW 1967, 2321; Corsten, Einwilligung, S. 67.

[253] Vgl. Corsten, Einwilligung, S. 67, 84.

[254] Vgl. Corsten, Einwilligung, S. 84.

[255] Schramm, Untreue und Konsens, S. 58, 63 f.; Saliger in FS-Roxin, S. 1063; Achenbach/Ransiek/Rönnau/-Seier/-Lindemann, 5. Teil, 2. Kapitel, Rn. 91; Corsten, Einwilligung, S. 67.

[256] Radtke/Hoffmann, GA 2008, 535, 538; LK/-Schünemann, § 266, Rn. 124; Lackner/Kühl, § 266, Rn. 20; Mitsch, BT 2, S. 379 f.

einer Vermögensbetreuungspflicht" (Var. 2) des § 266 Abs. 1 StGB.[257] Damit ist bereits der objektive Tatbestand der Untreue nicht erfüllt.[258]

Ob diese tatbestandsausschließende Zustimmungswirkung begrifflich sodann als „Einverständnis" oder als „Einwilligung" zu werten ist, hängt von der deliktssystematischen Verortung der Zustimmung und somit der Präferenz für die monistische oder dualistische Zustimmungstheorie ab.[259] Die systematische Verortung der Zustimmung hat insoweit allein begriffliche Bedeutung; dass die Zustimmung im Rahmen des § 266 StGB auf Tatbestandsebene wirkt, ist nahezu unbestritten.[260] Da vorliegend der traditionell dualistischen Theorie gefolgt wird, wird im weiteren Verlauf dieser Arbeit von „Einverständnis" gesprochen. Die dargelegten Anforderungen zur Wirksamkeit einer rechtfertigenden Einwilligung sind aufgrund des rechtsgeschäftlichen Charakters der Untreue, wie bereits erwähnt, auf diesen Straftatbestand und ein dortiges Einverständnis in seinen dogmatischen Grundzügen zu übertragen, wobei die konkreten Wirksamkeitsvoraussetzungen detailliert tatbestandlich als Frage der Auslegung zu bestimmen sind.[261]

Allerdings werden die Begrifflichkeiten um „Einverständnis" und „Einwilligung" insbesondere von der Rechtsprechung im Zusammenhang mit der Untreue nicht konsistent verwendet: So spricht der BGH einerseits von einem Einverständnis bzw. einer Einwilligung, das bzw. die zu einem Tatbestandsausschluss führen soll, indem die Pflichtwidrigkeit entfällt,[262] andererseits auch von einer Einwilligung als Rechtfertigungsgrund[263].

---

[257] S. Edlbauer/Irrgang, JA 2010, 786, Fn. 6, die darauf hinweisen, dass Einzelheiten zum Tatbestandsausschluss umstritten sind: Nach a.A. entfällt auch in der Missbrauchsalternative die nach h.M. tatbestandlich vorauszusetzende „Verletzung einer Vermögensbetreuungspflicht", vgl. auch Hellmann, ZIS 2007, 433, 435 m.w.N., Fn. 18. S. hierzu bereits die Ausführungen zur fallgruppenbezogenen Einordnung von Vermögensverschiebungen unter A. VI.

[258] BGHSt 49, 147, 157 f.; 50, 331, 342; 52, 323, 335; 55, 266, 278; LK/-Schünemann, § 266, Rn. 124; MüKo-StGB/-Dierlamm, § 266, Rn. 143; Radtke/Hoffmann, GA 2008, 535, 538; Achenbach/Ransiek/Rönnau/-Seier/-Lindemann, 5. Teil, 2. Kapitel, Rn. 91; Schmidt, Rechtsfigur der hypothetischen Einwilligung, S. 190 f.

[259] Vgl. Corsten, Einwilligung, S. 67, 84 f.

[260] S. Nachweise in Fn. 258.

[261] S. hierzu die Ausführungen unter B. I. 2. b) und B. II.

[262] BGHSt 49, 147, 157 f.; 50, 331, 342; 52, 323, 335; 55, 266, 278.

[263] BGHSt 3, 32, 39; 9, 203, 216.

Mitunter ließ das Gericht eine konkrete Einordnung schlicht offen.[264] Aus der neueren Rechtsprechungsentwicklung[265] lässt sich jedoch die Position des BGH ableiten, einer Zustimmung im Rahmen des § 266 StGB tatbestandsausschließende Wirkung beimessen zu wollen. Da die höchstrichterliche Rechtsprechung entsprechend der dualistischen Zustimmungstheorie zwischen Einverständnis und Einwilligung differenziert,[266] lässt sich der Grund für die gelegentliche missverständliche Begriffsverwendung der „Einwilligung“ darin vermuten, dass angesichts des normativen Charakters des § 266 StGB die Einwilligungsregeln Maßstab der Wirksamkeit eines untreuespezifischen Einverständnisses sind.[267]

Aber auch das Schrifttum drückt sich in diesem Zusammenhang nicht immer mit der nötigen Klarheit aus: So verwendet Fischer, obgleich Vertreter des dualistischen Zustimmungsverständnisses,[268] mitunter den Begriff „Einwilligung“, um den Tatbestandsausschluss zu erklären.[269] Rönnau spricht von einer „Einwilligung als Unrechtsausschließungsgrund“, betont aber zugleich, dass „das Einverständnis [...] die untreuerechtliche Pflichtwidrigkeit [...] beseitigt“.[270]

Zusammenfassend lässt sich – trotz gelegentlich auftretenden Unklarheiten in der Terminologie – das Entfallen des Untreuetatbestands als Konsequenz eines Einverständnisses als nahezu unbestritten beschreiben[271].[272]

---

264 BGHSt 30, 247, 249.

265 Vgl. die neueren Rechtsprechungsnachweise in Fn. 258.

266 Vgl. nur BGHSt 23, 1, 3.

267 Mit der Vermutung auch Wittig, Wirtschaftsstrafrecht, § 20, Rn. 61; ähnlich auch Achenbach/Ransiek/Rönnau/-Seier/-Lindemann, 5. Teil, 2. Kapitel, Rn. 92. Ergänzend ist anzumerken, dass die Entscheidungen, in denen der BGH eine rechtfertigende Wirkung der Zustimmung angenommen hatte (vgl. Fn. 263) auf § 81a GmbHG a.F. und seinem von § 266 StGB abweichenden Wortlaut basierten. Tatsächliche Aussagekraft kann der höchstrichterlichen Begriffsverwendung daher erst seit 1970 bzw. mit Außerkraftsetzung des § 81a GmbHG a.F. zugesprochen werden.

268 S. Fischer, Vor § 32, Rn. 3b.

269 S. Fischer, § 266, Rn. 92.

270 Rönnau in FS-Amelung, S. 247, 249.

271 Soweit ersichtlich, vertritt einzig Gribbohm ohne nähere Begründung eine Einordnung der untreuespezifischen Zustimmung als rechtfertigende Einwilligung, ZGR 1990, 1, 19 f.

272 So auch Rönnau in FS-Tiedemann, S. 717; Saliger in FS-Roxin, S. 1054, Fn. 6, 1063; Radtke/Hoffmann, GA 2008, 535, 538.

Nichtsdestotrotz gibt es auch Ansätze, deren Herangehensweise sich in Bezug auf die Einordnung von Zustimmungen im Untreuekontext von den vorherigen Ausführungen unterscheidet:

So sieht beispielsweise Brammsen für die Untreue gänzlich von einer begrifflichen Kategorisierung in rechtfertigende Einwilligung und tatbestandsausschließendes Einverständnis ab und begründet dies mit dem normativen Charakter des § 266 StGB und dem entsprechenden Gleichlauf an Wirksamkeitsvoraussetzungen beider Zustimmungsformen.[273] Der Verzicht auf Begriffseinordnungen hat jedoch im Ergebnis nicht mehr als formalen Charakter und verspricht keinen weiterführenden Erkenntnisgewinn: Letztlich erreicht die hier als vorzugswürdig erkannte Auffassung, die von der Anwendung starrer Wirksamkeitsprinzipien für Einverständnis und Einwilligung absieht und versucht, jene tatbestandsspezifisch zu bestimmen, die gleichen Ergebnisse.

Nennenswert, aber im Ergebnis abzulehnen, ist ferner der Ansatz, der neben den genannten Kategorien von Einwilligung und Einverständnis die „Weisung" bzw. „Anweisung" als vermeintlich dritte Zustimmungsform im Kontext der Untreue ausweisen möchte.[274] Von einer (An-)Weisung soll demnach gesprochen werden, wenn der Rechtsgutsinhaber bzw. Dispositionsbefugte eine verbindliche Handlungsanweisung hinsichtlich Art und Weise des Vermögenseingriffs erteilt. Allerdings birgt auch diese Herangehensweise keinen strafrechtswissenschaftlichen Mehrwert: Zwar wohnt der Weisung als Handlungsanweisung ein aktives und subordinatives Element inne.[275] Dem Einverständnis jedoch muss im Umkehrschluss nicht zwingend ein passives Moment zugrunde liegen.[276] Vielmehr erscheint es naheliegend, das Einverständnis insofern als Oberbegriff zu verstehen und die (An-)Weisung als eine seiner „Spielarten".[277] Jedenfalls ist der praktische

---

[273] Brammsen, DB 1989, 1609, 1614; ähnlich Labsch, JuS 1985, 602, 604; a.A. Maurach/Zipf, Strafrecht AT 1, § 17 III, Rn. 39, die eine Abgrenzung für notwendig erachten, da bei einem Einverständnis lediglich ein Tatbestandsmerkmal, bei der Einwilligung hingegen die deliktische Gesamthandlung entfalle.

[274] S. etwa Schramm, Untreue und Konsens, S. 61 ff., Flum, Strafrechtlicher Schutz der GmbH, S. 68, 76 f.; Wessels/Hillenkamp/Schuhr, BT 2, Rn. 762.

[275] Schramm, Untreue und Konsens, S. 61.

[276] Lichtenwimmer, Untreueschutz, S. 170.

[277] Vgl. Lichtenwimmer, Untreueschutz, S. 170.

Nutzen auch dieses begrifflichen Konstrukts begrenzt, da sich hinsichtlich Wirksamkeitsvoraussetzungen und -grenzen keine Unterschiede zum Einverständnis ergeben.[278]

Die alternativen Begriffsbestimmungen bzw. -konkretisierungen überzeugen demnach nicht; es verbleibt bei der dargelegten und herrschenden begrifflichen Einordnung der untreuespezifischen Zustimmung als „Einverständnis“.

2. Untreuespezifische Ergänzungen

Die zuvor ausgearbeiteten grundsätzlichen Ausführungen, betreffend die generellen Voraussetzungen einer wirksamen Einwilligung und entsprechend der Übertragung der grunddogmatischen Wirksamkeitsanforderungen der Einwilligung auf ein Einverständnis im Untreuekontext[279] eines „wirksamen“ Einverständnisses, werden noch durch folgende untreuespezifische beispielhafte Ergänzungen vervollständigt:

a) Zur Notwendigkeit der Rechtzeitigkeit einer Einverständniserklärung

Wie zuvor ausgeführt,[280] bedarf es entsprechend der Willensbekundungstheorie einer ausdrücklichen oder zumindest konkludenten Kundgabe vor der Tat, d.h. in Bezug auf den Untersuchungsgegenstand also vor der vermögensrelevanten Handlung. Im „Mannesmann“-Fall, in dem sich der Vermögenseingriff in Gestalt kompensationsloser Anerkennungsprämien darstellte, wird die Bedeutung dieser Wirksamkeitsvoraussetzung eines rechtzeitigen Einverständnisses zum Zeitpunkt des Vermögensabflusses besonders sichtbar: Im Moment der Prämienauszahlungen lag zwar ein Beschluss des Präsidiums von Vodafone vor, der ebenjenen Vermögensabfluss anordnete. Allerdings hielt Vodafone zu diesem Zeitpunkt lediglich 98,66 % des Aktienkapitals an

278 Vgl. auch Wessels/Hillenkamp/Schuhr, BT 2, Rn. 762; Lichtenwimmer, Untreueschutz, S. 170. Letztlich so auch Flum, der eine entsprechende Differenzierung vornimmt, allerdings in dem definitorischen Ansatz einen „Gewinn“ auszumachen meint, indem die Abhängigkeit zum Zivilrecht auf diesem Wege betont wird und rechtsgebietsübergreifende Wertungswidersprüche vermieden werden können, s. Flum, Strafrechtlicher Schutz der GmbH, S. 77.

279 Vgl. hierzu die Ausführungen unter B. II. und III. 1.

280 S. unter B. II. 1. c).

der Mannesmann AG; eine Stellung als Alleinaktionärin folgte erst einige Zeit darauf. Der BGH hob in seinem Urteil ausdrücklich hervor, dass es für die Annahme der Wirksamkeit eines Einverständnisses bereits an der erforderlichen Rechtzeitigkeit mangelte.[281] Diesbezüglich ist ferner zwingend die Frage nach Art und Weise einer wirksamen Beschlussfassung zu behandeln, d.h. inwieweit die Zustimmung einer starken Mehrheitsaktionärin genügen kann oder ob es hierfür notwendigerweise der Stellung als Alleinaktionärin bedarf. Die Befassung mit diesem Aspekt erfolgt detailliert im Rahmen eines eigenständigen Kapitels.[282]

b) Zur Notwendigkeit einer ausdrücklichen oder konkludenten Kundgabe des Einverständnisses

Im Rahmen der Darlegung der grundsätzlichen Anforderungen an eine Einwilligungserklärung wurde festgestellt, dass es für die Annahme einer Wirksamkeit einer ausdrücklichen oder zumindest konkludenten Kundgabe der Einwilligung bedarf.[283] Angesichts des normativen Charakters des Untreuetatbestands wurde dieses Erfordernis auf die Einverständniserklärung übertragen.

Die Notwendigkeit einer derartigen außenwirksamen Kundgabe wird allerdings durch die „Siemens ENEL"-Entscheidung infrage gestellt. Dort spricht der BGH davon, dass im konkreten Fall keine „ausdrückliche oder stillschweigende Einwilligung" vorlag.[284]

Auch das Schrifttum lehnt die entsprechende Erforderlichkeit einer ausdrücklichen oder konkludenten Erklärung eines untreuespezifischen Einverständnisses im Gegensatz zur Einwilligung zum Großteil ab.[285] Dies mag angesichts des faktischen Charakters des tatbestandsausschließenden Einverständnisses zwar dem Grunde nach zutreffen; der Untreue ist hingegen ein rechtsgeschäftlicher, normativer Charakter immanent, sodass die Beurteilung eines diesbezüglichen Einverständnisses nicht unkritisch an das grundsätzlich

---

[281] BGHSt 50, 331, 343.
[282] S. unter E. I. 2.
[283] S. unter B. II. 1. c).
[284] BGHSt 52, 323, 335.
[285] Vgl. die Nachweise bei Lichtenwimmer, Untreueschutz, S. 186, Fn. 843. Ferner Bernsmann/Gatzweiler, Verteidigung bei Korruptionsfällen, Rn. 709.

faktische Wesen der Rechtsfigur geknüpft werden kann.[286] Dieser normative Charakter des § 266 StGB liegt darin begründet, dass das Tatbestandsmerkmal der „Pflichtwidrigkeit" eine verstandesmäßige Auseinandersetzung des Treugebers mit der infragestehenden Vermögensverwendung voraussetzt.[287] Der Wille des Rechtsgutsinhabers ist also tatbestandlich derart wesensdefinierend, dass im Sinne eines effektiven Rechtsgüterschutzes eine nach außen wirksame, der Kenntnisnahme des Vermögensbetreuungspflichtigen dienende Kundgabe unerlässlich erscheint.[288] Das untreuespezifische Einverständnis kann lediglich so als das wirken, was es sein soll: Ein Instrument der Interessenwahrnehmung.

IV. Zustimmungsurrogate

Bisher noch zurückhaltend wird in der Strafrechtswissenschaft die Diskussion um mögliche Zustimmungssurrogate in Bezug auf die Untreue[289] geführt. In Betracht kommt die tatbestandsausschließende Wirkung eines mutmaßlichen oder hypothetischen Einverständnisses. Abgeleitet aus der Einwilligungsdogmatik steht einerseits infrage, ob auf der tatbestandlichen Ebene des Einverständnisses derartige Surrogate überhaupt dogmatisch haltbar sind und andererseits, ob in diesem Fall jene, insbesondere die aus dem Bereich des Medizinstrafrechts stammende hypothetische Einwilligung, auf die Untreue übertragbar sind.

Dabei ist durchaus, wie treffend von Edlbauer/Irrgang beobachtet, die sich in Rechtsprechung und Lehre entwickelnde Tendenz bemerkenswert, die untreuespezifische Zustimmung im gesellschaftsrechtlichen Kontext

---

[286] Vgl. auch LK/-Rönnau, Vor § 32, Rn. 157a; Schönke/Schröder/-Sternberg-Lieben, Vor §§ 32 ff., Rn. 32, Lichtenwimmer, Untreueschutz, S. 171 und insbesondere Roxin/Greco, AT I, § 13, Rn. 76, dem sich die unterschiedliche Behandlung von Einwilligung und Einverständnis bei der Frage nach Art und Weise der Kundgabe nicht erschließt, da die im Zusammenhang mit der Einwilligung genannten Argumente gegen die Willensrichtungstheorie gleichermaßen im Kontext des Einverständnisses Geltung erlangten.

[287] Lichtenwimmer, Untreueschutz, S. 172.

[288] S. hierzu vertiefend die Ausführungen und Nachweise unter B. II. 1. c).

[289] Die Frage nach etwaigen Zustimmungssurrogaten in Bezug auf § 299 StGB wird im Rahmen eines gesonderten Kapitels abgehandelt, s. unter F.

vermehrt Dispositionsschranken unterwerfen zu wollen und gleichzeitig den Diskurs, um potentielle Einverständnissurrogate aufzunehmen.[290]

Ein mutmaßliches Einverständnis wird in diesem Zusammenhang seitens der Strafrechtswissenschaft wiederholt thematisiert; ein hypothetisches Einverständnis im Untreuekontext dagegen ist bislang noch kaum ergründet.[291]

Vorliegend werden zunächst die dogmatischen Grundlagen einer mutmaßlichen sowie hypothetischen Einwilligung dargestellt, bevor die jeweiligen Institute in den untreuespezifischen Kontext eines Einverständnisses eingeordnet werden.

1. Mutmaßliche Zustimmung

a) Mutmaßliche Einwilligung

Eine mutmaßliche Einwilligung kommt dann in Betracht, wenn eine rechtfertigende Einwilligung nicht oder nicht rechtzeitig eingeholt werden kann.[292] In diesem Fall ist auf den wahrscheinlichen, also mutmaßlichen Willen des Rechtsgutsinhabers abzustellen.[293] Für die Ermittlung dieses Willens ist das subjektive Interesse des Berechtigten im Tathandlungszeitpunkt maßgeblich.[294] So sind individuelle Wünsche, Wertvorstellungen und Bedürfnisse des Rechtsgutsinhabers auszumachen.[295] Objektiven Kriterien hingegen kann höchstens indizielle Wirkung zukommen.[296]

Die Rechtsfigur der mutmaßlichen Einwilligung beruht auf dem Prinzip der besonderen Repräsentation: Die Handlung des Eingreifenden und damit der Verzicht auf Rechtsgüterschutz muss sich als Ausdruck der Selbstbestimmung des Rechtsgutsinhabers darstellen.[297] Konnte eine Einwilligung dagegen (rechtzeitig) eingeholt werden, besteht keinerlei Bedarf für eine entsprechende Repräsentation des Berechtigten und damit kein Raum für eine mutmaßliche

---

[290] Vgl. Edlbauer/Irrgang, JA 2010, 786, 787; Sternberg-Lieben, Einwilligung, S. 511.
[291] So Edlbauer/Irrgang, JA 2010, 786, 787 f.; auch Rönnau, StV 2011, 753, 756.
[292] Vgl. Schramm, Untreue und Konsens, S. 235 m.w.N.; Fischer, Vor § 32, Rn. 4.
[293] Sowada, NStZ 2012, 1, 4 f.
[294] BGHSt 35, 246, 249; Roxin/Greco, AT I, § 18, Rn. 4 f.
[295] BGHSt 45, 219, 221; Schmidt, Rechtsfigur der hypothetischen Einwilligung, S. 73 m.w.N.
[296] BGHSt 35, 246, 249 f.; s. hierzu sogleich die Ausführungen Ottos unter dem Schlagwort der „gemutmaßten Einwilligung", Jura 2004, 679, 681 f.
[297] Vgl. Schmidt, Rechtsfigur der hypothetischen Einwilligung, S. 72.

Einwilligung. Das Prinzip der Repräsentation erklärt somit auch die grundsätzliche Subsidiarität der mutmaßlichen Einwilligung: Der erklärte Wille ist gegenüber einem nicht vorhandenen bzw. nicht geäußerten Willen stets vorrangig zu würdigen.[298]

Die mutmaßliche Einwilligung ist nach herrschender Meinung ein eigener, gewohnheitsrechtlich anerkannter Rechtfertigungsgrund.[299]

Dabei lässt sich – entgegen einiger Stimmen in der Literatur – die mutmaßliche Einwilligung nicht als Unterfall des rechtfertigenden Notstands gem. § 34 StGB begreifen.[300] Vielmehr lässt sie sich dogmatisch zwischen der rechtfertigenden Einwilligung und dem rechtfertigenden Notstand verorten.[301] Essentieller Unterschied zu § 34 StGB ist, dass die mutmaßliche Einwilligung auf dem beschriebenen Prinzip der Repräsentation beruht, daher nach subjektiven Maßstäben zu beurteilen ist und nicht auf einer Interessenabwägung objektiver Kriterien fußt; mithin bereits in ihrem Ausgangspunkt nicht dem rechtfertigenden Notstand entspricht.[302]

Nach Otto soll allerdings die Abhandlung dieses Problemfeldes nicht allein unter dem Begriff der „mutmaßlichen Einwilligung“ geführt werden.[303] Er spricht sich dafür aus, zusätzlich differenzierend den Terminus der „gemutmaßten Einwilligung“ heranzuziehen, die er auch als „indizierte Einwilligung“ beschreibt.[304] Hierunter sollen jene Fälle gefasst werden, in denen die Ermittlung der subjektiven Interessen des Rechtsgutsinhabers nicht hinreichend möglich ist, um die Situation strafrechtlich zu lösen.[305] Stattdessen müsse sodann eine Orientierung an objektiven Kriterien erfolgen, indem an „die allgemeine Wertvorstellung“[306] nach dem Prinzip des

---

298 Schmidt, Rechtsfigur der hypothetischen Einwilligung, S. 72; Köhler, AT, S. 243 ff.

299 BGHSt 16, 309, 312; 35, 246, 249; 40, 257, 263; Fischer, Vor § 32, Rn. 4; Roxin/Greco, AT I, § 18, Rn. 3; Schramm, Untreue und Konsens, S. 235; Otto, Jura 2004, 679, 681 m.w.N.

300 Mitsch, ZJS 2012, 38 f.; Roxin/Greco, AT I, § 18, Rn. 4 ff.; Schramm, Untreue und Konsens, S. 239.

301 Roxin/Greco, AT I, § 18, Rn. 4; Fischer, Vor § 32, Rn. 4; Schmidt, Rechtsfigur der hypothetischen Einwilligung, S. 72.

302 Vgl. auch Schmidt, Rechtsfigur der hypothetischen Einwilligung, S. 72 f.

303 Otto, Jura 2004, 679.

304 Otto, Jura 2004, 679, 682 m.w.N.

305 Otto, Jura 2004, 679, 682.

306 So auch BGHSt 40, 257, 263.

Interessenvorrangs des § 34 StGB angeknüpft werde. Dem objektiven Interesse könne daher für die beschriebenen Fälle eine indizielle, allerdings auch hierauf beschränkte, Wirkung zukommen.[307]

Diese begriffliche Unterscheidung erscheint sachgerecht. Da aber die Voraussetzungen einer gemutmaßten Einwilligung im Weiteren denen der mutmaßlichen Einwilligung entsprechen,[308] soll es vorliegend ohne vertiefte inhaltliche Auseinandersetzung bei dem Hinweis auf die Differenzierung bleiben.

Abgesehen von den besonderen Ermittlungsvoraussetzungen, sind an die mutmaßliche Einwilligung dieselben Wirksamkeitsanforderungen zu stellen wie bei der rechtfertigenden Einwilligung[309].[310]

b) Mutmaßliches Einverständnis im Untreuekontext

Des Weiteren stellt sich die Frage, ob die Rechtsfigur der mutmaßlichen Einwilligung auf die Tatbestandsebene übertragbar ist, sodass insoweit von einem „mutmaßlichen Einverständnis" gesprochen werden kann[311] und ob ein jenes auch im Bereich der Untreue Geltung zu erlangen vermag.

Die Überlegung, die rechtfertigende mutmaßliche Einwilligung „um ein bereits tatbestandsausschließendes Pendant zu ergänzen"[312] entstammt dem Bereich des § 123 StGB[313] und wurde vermehrt auch auf andere willensbezogene Delikte übertragen. So existieren beispielsweise für § 303, § 242 oder § 267 StGB entsprechende Ansätze.[314] Auch der Untreuetatbestand gerät dies-

---

307 Vgl. Otto, Jura 2004, 679, 682 und auch Schmidt, Rechtsfigur der hypothetischen Einwilligung, S. 73.

308 Vgl. Otto, Jura 2004, 679, 682.

309 S. hierzu unter B. II. 1.

310 LK/-Rönnau, Vor § 32, Rn. 220; Schmidt, Rechtsfigur der hypothetischen Einwilligung, S. 73.

311 Diesen Terminus verwenden bspw. Ludwig/Lange, JuS 2000, 446 generell für willensbezogene Delikte und im untreuespezifischen Kontext z.B. Schramm, Untreue und Konsens, 227 ff. sowie Rönnau in FS-Tiedemann, S. 719; Edlbauer/Irrgang, JA 2010, 786.

312 Edlbauer/Irrgang, JA 2010, 786, 788.

313 Hierzu bspw. Bohnert, GA 1983, 1 ff.

314 Vertiefend Ludwig/Lange, JuS 2000, 446 ff. bezüglich §§ 123, 248b, 242 StGB, Schönke/Schröder/-Hecker, § 303, Rn. 17 bezüglich § 303 StGB und BayObLG NStZ 1988, 313, 314 (ein mutmaßliches Einverständnis allerdings im Gegensatz zur Vorinstanz des LG München ablehnend) bezüglich § 267 StGB.

bezüglich zunehmend in den Fokus.[315] Teils wird sogar von einer generellen Beachtlichkeit eines mutmaßlichen Einverständnisses bei willensbasierten Straftatbeständen ausgegangen.[316] So erachten Ludwig/Lange die Rechtsfigur eines mutmaßlichen Einverständnisses dogmatisch als naheliegend, soweit willensbezogene Delikte und das Rechtsinstitut der mutmaßlichen Einwilligung aufeinandertreffen.[317] Die Annahme eines mutmaßlichen Einverständnisses wird für eine konsequente Fortführung der Zustimmungsdogmatik befunden.[318] Ludwig/Lange bemängeln die „stiefmütterliche Behandlung“ der Möglichkeit eines mutmaßlichen Einverständnisses und wollen sich nicht mit dem aus der Literatur vorgebrachten „lapidaren“ Einwand abfinden, ein Einverständnis müsse tatsächlich vorliegen und könne daher nicht vermutet werden.[319] Die Stimmen im Schrifttum, die ein solches Einverständnis bereits dem Grunde nach ablehnen, würden die Problematik ohne weitere Auseinandersetzung auf die Rechtswidrigkeitsebene verlagern.[320]

Ludwig/Lange ist insofern zuzustimmen, dass die grundsätzliche Möglichkeit eines vermuteten Einverständnisses nicht ohne eine kritische Auseinandersetzung ausgeschlossen werden kann. Allerdings kann die Rechtsfigur eines mutmaßlichen Einverständnisses jedenfalls nicht in der Allgemeingültigkeit anerkannt werden, wie von den Autoren angenommen. Ludwig/Lange gründen ihre grundsätzliche Anerkennung eines derartigen Einverständnisses auf die Annahme, willensbezogene Delikte gingen strukturell von einem Handeln gegen den Willen des Berechtigten aus, was sie anhand der Straftatbestände des § 123, des § 248b und des § 242 StGB unter Heranziehung der verwaltungsrechtlichen Figur einer „Erlaubnis mit Verbotsvorbehalt“ begründen.[321] Für die genannten Delikte mag dieser verwaltungsrechtliche Vergleich aufgehen. Hinsichtlich des Untreuetatbestands jedoch erscheint dies zweifelhaft: Im Rahmen des § 266 StGB, der sich mit

---

315 Vgl. Schramm, Untreue und Konsens, S. 227 ff.; Edlbauer/Irrgang, JA 2010, 786, 788; Mitsch, BT 2, S. 379 f.; LK/-Schünemann, § 266 Rn. 198.

316 Mit Ludwig/Lange, JuS 2000, 446 ff. (wohl) auch Fischer, Vor § 32, Rn. 4; Schönke/Schröder/-Sternberg-Lieben, Vor §§ 32 ff., Rn. 54.

317 Vgl. Ludwig/Lange, JuS 2000, 446 f., 450.

318 Vgl. Ludwig/Lange, JuS 2000, 446.

319 Ludwig/Lange, JuS 2000, 446.

320 Ludwig/Lange, JuS 2000, 446.

321 Vgl. Ludwig/Lange, JuS 2000, 446, 447 ff., 450.

dem Tatbestandsmerkmal des Missbrauchs bzw. Treubruchs akzessorisch durch das Innenverhältnis von Treugeber und -nehmer definiert, also stark normativ geprägt ist, geht die Frage nach dem mutmaßlichen Willen des Berechtigten bereits in der präzisen Auslegung dieser Tatbestandsmerkmale auf.[322] Damit ist die Zuhilfenahme der Rechtsfigur eines mutmaßlichen Einverständnisses jedenfalls im Untreuekontext obsolet, da bereits die tatbestandliche Subsumtion entsprechende Antworten liefert.

Auch die Feststellung, für die mutmaßliche Einwilligung bleibe nur außerhalb der willensbezogenen Delikte Raum, ist in der Form nicht haltbar. Es ist nicht ersichtlich, weshalb im Rahmen des § 266 StGB pflichtwidrige Maßnahmen, also solche, die nicht vom konkreten Innenverhältnis gedeckt sind, nicht auf der Ebene der Rechtswidrigkeit Bedeutung erlangen könnten.[323] Eine dort wirkende mutmaßliche Einwilligung vermag durchaus eine pflichtwidrige, da tatbestandsmäßige, Maßnahme zu rechtfertigen.[324]

Damit bleibt festzuhalten, dass die Rechtsfigur eines mutmaßlichen Einverständnisses zwar durchaus in Betracht kommen kann, vorzugswürdig jedoch deliktsdifferenzierend bzw. nach dem Kriterium zu beurteilen ist, ob die tatbestandliche Ausgestaltung normativer oder faktischer Natur ist und für den konkreten Fall der Untreue jedenfalls überflüssig erscheint. Die grundsätzliche Möglichkeit einer rechtfertigenden mutmaßlichen Einwilligung bleibt unberührt.

Allerdings ist zum einen ergänzend anzumerken, dass für mutmaßliche Zustimmungen im Untreuekontext auch deshalb wenig Raum verbleibt, weil es in Unternehmensstrukturen dem ausführenden Organ regelmäßig möglich sein wird, den tatsächlichen Willen des Berechtigten in Erfahrung zu bringen.[325] Zum anderen wird die Problematik um eine mutmaßliche

---

[322] So im Ergebnis auch Schramm, Untreue und Konsens, S. 234.

[323] S. auch Schramm, Untreue und Konsens, S. 234 f.

[324] Schramm führt insofern an: „Dies wird vor allem bei derjenigen Sachlage der Fall sein, in der wegen des eindeutig eigennützigen Verhaltens des Treunehmers ein mutmaßliches Einverständnis, etwa nach den Grundsätzen des § 665 BGB, nicht in Betracht kommt und damit die zivilrechtliche Pflichtwidrigkeit nicht ausgeschlossen ist", s. ders., Untreue und Konsens, S. 234.

[325] Vgl. Rönnau in FS-Tiedemann, S. 719. Einer größeren Bedeutung kommt dem mutmaßlichen Einverständnis nach Schramm in Bezug auf Risikogeschäfte und der von ihm ausgemachten Fallgruppe der „Weisungsfälle" zu, s. ders., Untreue und Konsens, S. 228 ff.

Zustimmung schon dann nicht aufgeworfen, wenn sich bereits aus den Umständen ein entsprechender Wille ergibt, sodass insofern von einem konkludent erteilten Einverständnis ausgegangen werden kann.[326] Daher sollte keineswegs vorschnell auf die Grundsätze einer mutmaßlichen Zustimmung zurückgegriffen werden, wenn eine konkludente Zustimmung durch präzise Ermittlung der Umstände möglich erscheint.[327]

2. Hypothetische Zustimmung

a) Hypothetische Einwilligung

Die Rechtsfigur der hypothetischen Einwilligung entstammt dem Arzthaftungsrecht und wird von zivilrechtlicher wie strafrechtlicher Rechtsprechung als haftungsbegrenzendes Korrektiv im Bereich ärztlicher Heileingriffe verwendet.[328] Für den Fall, dass eine Einwilligung des Patienten in den ärztlichen Heileingriff wegen eines Aufklärungsmangels unwirksam ist, der Patient jedoch auch bei ordnungsgemäßer Aufklärung dem Eingriff zugestimmt hätte, behilft sich die Strafrechtsprechung, indem sie eine sog. hypothetischen Einwilligung des Patienten annimmt und ihr strafbarkeitsausschließende Wirkung dergestalt beimisst, als dass allein eine Versuchsstrafbarkeit in Betracht kommt.[329] Rechtspolitisches Motiv dieses Rechtskonstrukts ist es, der Unbestimmtheit ärztlicher Aufklärungspflichten und den damit einhergehenden Schwierigkeiten bei der Ausübung des Arztberufs über eine Eingrenzung der Strafbarkeit sachgerecht begegnen zu können.[330] Im Bereich des Medizinstrafrechts kann die hypothetische

---

[326] Vgl. etwa Rönnau in FS-Tiedemann, S. 719, der in dem „bewussten Augenverschließen" der Gesellschafter vor bestimmten Wirtschaftspraktiken wie der Führung sog. schwarzer Kassen eine konkludent erteilte Generalermächtigung erblickt.

[327] So auch Edlbauer/Irrgang, JA 2010, 786, 787 anhand eines Beispielfalls m.w.N.

[328] Vgl. die Rechtsprechungsnachweise bei Edlbauer/Irrgang, JA 2010, 786, 788, Fn. 32, 42 mit dem Hinweis, dass die strafrechtliche Rechtsfigur der hypothetischen Einwilligung einem zivilprozessualen Einwand aus dem Arzthaftungsrecht nachgebildet ist. Ein überblicksartiger Abriss der Rechtsprechungsentwicklung zur hypothetischen Einwilligung findet sich bei Otto/Albrecht, Jura 2010, 264, 265 ff.; eine ausführliche Darstellung der Entwicklungsgeschichte der hypothetischen Einwilligung im Strafrecht nimmt Schmidt, Rechtsfigur der hypothetischen Einwilligung, S. 104 ff. vor.

[329] Vgl. Roxin/Greco, AT I, § 13, Rn. 119 ff.; Kuhlen, JR 2004, 227, 229; Kuhlen in: FS-Roxin, S. 333.

[330] Edlbauer/Irrgang, JA 2010, 786, 788 m.w.N.

Einwilligung betreffend mittlerweile von einer gefestigten höchstrichterlichen Rechtsprechung ausgegangen werden, wohingegen die Anwendung dieser Rechtsfigur in anderen Bereichen des Strafrechts noch mit großer Zurückhaltung betrachtet wird.[331]

Anders als die mutmaßliche Einwilligung stellt die hypothetische Einwilligung nach herrschender Meinung weder einen Rechtfertigungsgrund[332] noch eine echte Zustimmung des Rechtsgutsinhabers dar.[333] Das theoretische Fundament der Rechtsfigur ist dabei äußerst umstritten; es existiert eine Vielzahl von Ansätzen.[334] So geht es nach der wohl überwiegenden Auffassung in der Lehre strafrechtsdogmatisch um einen Zurechnungsausschluss auf Rechtswidrigkeitsebene,[335] gewissermaßen als Pendant zum Ausschluss infolge objektiver Zurechnung auf Tatbestandsebene, obgleich auch unter den Befürwortern dieser dogmatischen Herangehensweise im Detail unterschiedliche Meinungen bestehen.[336] Andere bevorzugen eine Lösung auf der Tatbestandsebene, indem sie die Kausalität des Aufklärungsmangels entfallen lassen, einen Zurechnungsausschluss auf Tatbestandsebene annehmen oder den Weg über das sog. rechtmäßige Alternativverhalten als Anwendungsfall des Pflichtwidrigkeitszusammenhangs gehen wollen.[337] Zuletzt existieren auch Vorschläge alternativer Lösungswege, etwa indem in der hypothetischen Einwilligung ein Strafbarkeits- bzw. Strafaufhebungsgrund oder Einstellungsgrund nach §§ 153 ff. StPO gesehen wird.[338]

Nicht wenige in der Literatur lehnen die Rechtsfigur der hypothetischen Einwilligung grundsätzlich ab.[339] So wird als „Kernkritikpunkt" vielfach vorgebracht, das Selbstbestimmungsrecht des Patienten werde bei Anwendung der

---

[331] So auch Rönnau, StV 2011, 753, 756; Edlbauer/Irrgang, JA 2010, 786, 788.

[332] Vgl. Schmidt, Rechtsfigur der hypothetischen Einwilligung, S. 144 f. und die dort genannten Nachweise in Fn. 586.

[333] Rönnau, StV 2011, 753, 756.

[334] Vgl. die diesbezüglichen Darstellungen bei Otto/Albrecht, Jura 2010, 264, 267 ff.; Schmidt, Rechtsfigur der hypothetischen Einwilligung, S. 141 ff.

[335] Allen voran in dieser Hinsicht Kuhlen in FS-Roxin, S. 331 ff.

[336] S. hierzu vertiefend Schmidt, Rechtsfigur der hypothetischen Einwilligung, S. 145 ff.

[337] S. hierzu Schmidt, Rechtsfigur der hypothetischen Einwilligung, S. 142 ff. mit den jeweiligen Nachweisen.

[338] Dargestellt bei Schmidt, Rechtsfigur der hypothetischen Einwilligung, S. 151 f.

[339] S. nur die Nachweise bei Otto/Albrecht, Jura 2010, 264, 267, Fn. 29.

Rechtsfigur nicht hinreichend beachtet.[340] Auch die Sorge, die hypothetische Einwilligung laufe mit ihrer ex post-Betrachtung auf eine Genehmigung hinaus, sodass die Strafbarkeit des Arztes letztlich zur Disposition des Patienten stehe, wird geäußert.[341] Ferner werden rechtspolitische und praktische Aspekte der Rechtsfigur problematisiert, wie das Schaffen von Fehlanreizen oder die tatsächliche Schwierigkeit, den hypothetischen Willen im Strafverfahren zu rekonstruieren.[342] Letztgenannte Einwände erscheinen besonders gewichtig vor dem Hintergrund der Anwendung des Grundsatzes „in dubio pro reo"[343], da insofern die begründete Gefahr besteht, dass die Möglichkeit einer hypothetischen Einwilligung „ihrerseits das Erfordernis einer pflichtgemäßen Aufklärung zu unspezifisch einschränkt und damit den ärztlichen Eingriff wiederum allzu pauschal der stets eröffneten Körperverletzungsprüfung entzieht"[344].[345]

Zudem wird vermehrt die Endgültigkeit der bereits eingetretenen Rechtsgutsverletzung kritisch angeführt, die auch das Konstrukt einer nachträglich rekonstruierten hypothetischen Zustimmung nicht zu beseitigen vermag,[346] womit Grundfragen nach der Effektivität strafrechtlichen Rechtsgüterschutzes und der Aufgabe des Staates, entsprechend dem Offizialprinzip gem. § 152 Abs. 1 StPO strafbares Verhalten zu sanktionieren,[347] aufgeworfen werden.

Die höchstrichterliche Rechtsprechung legt sich nicht auf einen dogmatische Lösungsansatz fest, sondern zeigt insofern vielmehr eine „gewisse Flexibilisierung".[348]

Eine detaillierte strafrechtsdogmatische Betrachtung dieser Diskussion würde die Möglichkeiten dieser Arbeit übersteigen, zumal das im

---

340 Schmidt, Rechtsfigur der hypothetischen Einwilligung, S. 155 ff. mit einer detaillierten Schilderung.
341 Sowada, NStZ 2012, 1, 6; Jäger in FS-Jung, S. 355 f.
342 Vgl. Rönnau, StV 2011, 753, 756; Puppe, GA 2003, 764, 769; Schmidt, Rechtsfigur der hypothetischen Einwilligung, S. 159 ff.
343 Hierzu kritisch bspw. Puppe, GA 2003, 764, 769.
344 Edlbauer/Irrgang, JA 2010, 786, 789.
345 Vgl. auch Bosch, JA 2008, 70, 72.
346 Otto, Jura 2004, 679, 683; Puppe, JR 2004, 470, 471.
347 Zu dieser Frage auch Schmidt, Rechtsfigur der hypothetischen Einwilligung, S. 162; vgl. auch Jäger, JA 2012, 70, 72.
348 Schmidt, Rechtsfigur der hypothetischen Einwilligung, S. 141.

Ausgangspunkt betroffene Arzthaftungsrecht nicht Gegenstand der Untersuchung ist. Daher soll es vorliegend zum einen bei einem Aufzeigen der Vielfältigkeit potentieller dogmatischer Problemfelder belassen werden. Zum anderen ist festzuhalten, dass die höchstrichterliche Rechtsprechung und auch weite Teile der Lehre die Rechtsfigur der hypothetischen Einwilligung zumindest im Bereich des Medizinstrafrechts anerkennen. Vorliegend interessiert mehr als die dogmatischen Feinheiten zur Begründung der Rechtsfigur die Frage nach einer Übertragung in den Untreuekontext und der Möglichkeit, dort die Funktion eines haftungsbegrenzenden Korrektivs zu übernehmen.

b) Hypothetisches Einverständnis im Untreuekontext

Außerhalb des Arzthaftungsrechts hat die Rechtsfigur der hypothetischen Einwilligung „noch keine allgemeine Anerkennung gefunden".[349] Dennoch erscheint eine Übertragung in den Bereich der Untreue in Gestalt eines „hypothetischen Einverständnisses"[350] durchaus denkbar und bedarf einer vertieften Auseinandersetzung, zumal sie als haftungsbegrenzendes Korrektiv insofern von „beachtlicher Bedeutung"[351] sein könnte und mit weitreichenden Folgen, die sogleich ausgeführt werden, verbunden wäre.

Ließe man ein hypothetisches Einverständnis im Rahmen des § 266 StGB zu, so griffe dies in den Fällen ein, in denen der Vermögensinhaber dem Eingreifenden die Disposition gestattet hätte, wäre er nach sachgerechter Aufklärung hierüber befragt worden; der Vermögensnachteil wäre dann nicht mehr auf die Pflichtverletzung rückzuführen.[352] Dabei kommt sowohl der Fall in Betracht, dass gar keine Aufklärung geleistet wurde sowie der einer

---

349 Rönnau in FS-Tiedemann, S. 719 f.

350 Vgl. zur Begriffsverwendung eines „hypothetischen Einverständnisses" auch Rönnau, StV 2011, 753, 756; Edlbauer/Irrgang, JA 2010, 786, 788 ff.; Schmidt, Rechtsfigur der hypothetischen Einwilligung, S. 201, Fn. 855.

351 So die Prognose Rönnaus in FS-Tiedemann, S. 720, jedenfalls für den übergeordneten Bereich der Vermögensdelikte, relativiert die praktische Bedeutung jedoch für den Untreuekontext, sollten große (Publikums-)Gesellschaften betroffen sein; s. auch Schmidt, Rechtsfigur der hypothetischen Einwilligung, S. 229, der einem hypothetischen Einverständnis im Rahmen des Untreuetatbestands keinen großen Anwendungsbereich attestiert, nachdem er die potentiell einschlägigen Fallgruppen kritisch beleuchtet hat, S. 209 ff.

352 Rönnau, StV 2011, 753, 756; Schmidt, Rechtsfigur der hypothetischen Einwilligung, S. 208.

nur unzureichend oder unter Täuschung erfolgten Aufklärung. In diesen Fällen realisiert sich die fehlende oder fehlerhafte Aufklärung sodann nicht mehr im Erfolg, sodass der entsprechende Pflichtwidrigkeitszusammenhang auf Ebene der objektiven Zurechnung entfällt.[353] Unter Berücksichtigung des Grundsatzes „in dubio pro reo“, wäre der Untreuetatbestand sodann nicht verwirklicht, wenn die Ablehnung des Vermögensinhabers nicht nachgewiesen werden könnte.[354] Hier offenbart sich die Reichweite der kriminalpolitischen Folgen bei einem Transfer in die Untreuedogmatik:

Einerseits kennt der Untreuetatbestand keine Versuchsstrafbarkeit, sodass, anders als in den Fällen der ärztlichen Heileingriffe, die dort mögliche Auflösung über Versuchsunrecht im Rahmen des § 266 StGB nicht möglich wäre.[355] Andererseits hinge eine Strafbarkeit des Treupflichtigen auch stark von einer Einlassung des Vermögensinhabers im Strafverfahren ab.[356]

Nichtsdestotrotz könnte in einer Übertragung der Rechtsfigur als strafbarkeitsbegrenzendes Korrektiv auf Vermögensdelikte und konkret die Untreue die logische Fortführung der sich im Arzthaftungsrecht gefestigten Judikatur erblickt werden.

Vor dem Hintergrund der Einheit der Rechtsordnung könnte ein entsprechender Transfer sogar unumgänglich erscheinen, da andernfalls eine nicht zu rechtfertigende Ungleichbehandlung von Täterkreisen drohte.[357] Auch schließt – zumindest auf den ersten Blick – die unterschiedliche Schutzrichtung der betroffenen Rechtsgüter von Patientenautonomie und Vermögen die grundsätzliche Möglichkeit eines hypothetischen Einverständnisses im Untreuekontext nicht aus. Ganz im Gegenteil: Wenn sogar ein derart hochrangiges, verfassungsrechtlich in Art. 2 Abs. 2 S. 1, Art. 2 Abs. 1 i.V.m. 1 Abs. 1 S. 1 GG verankertes Schutzgut wie die Patientenautonomie durch eine hypothetische Einwilligung überwunden werden kann, so müsste dies erst recht

353 Schmidt, Rechtsfigur der hypothetischen Einwilligung, S. 208 m.w.N., 288.

354 Edlbauer/Irrgang, JA 2010, 786, 790.

355 Edlbauer/Irrgang, JA 2010, 786, 790; vgl. auch Jäger in FS-Jung, S. 356, der vor dem Hintergrund der fehlenden Versuchsstrafbarkeit zusammenhängend mit der Bedeutung der Einlassung des Vermögensinhabers die Gefahr der Umwandlung des § 266 StGB in ein Antragsdelikt und damit einhergehend eine partielle Aufgabe des Legalitätsprinzips anspricht.

356 Edlbauer/Irrgang, JA 2010, 786, 790; hierzu kritisch Jäger in FS-Jung, S. 356.

357 Rönnau, StV 2011, 753, 756; Edlbauer/Irrgang, JA 2010, 786, 790.

beim Schutzgut „Vermögen" möglich sein.[358] Es erscheint nicht nachvollziehbar, warum die so bedeutsame, höchstpersönliche Rechtssphären tangierende ärztliche Aufklärungspflicht durch einen fiktiven Umstand überlagert werden soll, die Vermögensbetreuungspflicht, der jedenfalls keine vergleichbare verfassungsrechtliche Bedeutung zukommt, dahingegen nicht. Auch könnte eine Anerkennung der Rechtsfigur in der Untreuedogmatik zweckdienlich sein, um den dort verfassungsrechtlich gebotenen Restriktionsbemühungen nachzukommen.[359] Darüber hinaus wird vorgetragen, dass das Zustimmungssurrogat der mutmaßlichen Einwilligung als „sachverwandtes" Konstrukt im Rahmen des 266 StGB seitens Teilen der Literatur vermehrt zur Beschränkung des Untreuetatbestands genutzt wird.[360]

Problematisch in Bezug auf eine Übertragung der hypothetischen Einwilligung erscheint allerdings gerade auch das grundsätzliche Verhältnis der Zustimmungssurrogate von mutmaßlicher und hypothetischer Einwilligung. So wird befürchtet, dass mit der hypothetischen Einwilligung die „bewusst engen Grenzen der mutmaßlichen Einwilligung umgangen werden", da die hypothetische Einwilligung, anders als die mutmaßliche Einwilligung, gegenüber der tatsächlichen Einwilligung nicht subsidiär ist.[361] Dieser Einwand gewinnt besonderes Gewicht vor dem Hintergrund, dass zur Willensermittlung bei beiden Surrogaten die gleichen Grundsätze angewendet werden und insofern eine „Verschleifung" der Rechtsfiguren droht.[362] Es bedürfte daher der Ausarbeitung konkreter Anforderungen an ein hypothetisches Einverständnis im Untreuekontext.[363] Edlbauer/Irrgang schlagen ferner aus „Rücksicht auf den Gläubigerschutz" eine Orientierung an den Wirksamkeitsschranken der vorab wirksam erteilten Einwilligung

---

[358] Rönnau, StV 2011, 753, 756; Edlbauer/Irrgang, JA 2010, 786, 790.

[359] Vgl. Rönnau, StV 2011, 753 f., 755 f. und vertiefend Schmidt, Rechtsfigur der hypothetischen Einwilligung, S. 103 ff.

[360] So Edlbauer/Irrgang, JA 2010, 786, 790. Vorliegend wird allerdings die Ansicht vertreten, dass die Rechtsfigur eines mutmaßlichen Einverständnisses jedenfalls im Untreuekontext obsolet erscheint, s. hierzu die Ausführungen unter B. IV. 1. b).

[361] Schmidt, Rechtsfigur der hypothetischen Einwilligung, S. 287.

[362] Saliger in FS-Beulke, S. 265.

[363] Da, wie sich in der folgenden Darstellung zeigt, die Übertragung der Rechtsfigur einer hypothetischen Einwilligung in den Untreuekontext abzulehnen ist, erübrigen sich Vorschläge zur Ausarbeitung der Anforderungen eines solchen.

vor.[364] Auch bedarf es einer genauen Abgrenzung des untreuespezifischen hypothetischen Einverständnisses zur Genehmigung, die im Rahmen des § 266 StGB grundsätzlich unbeachtlich ist und sich im Gegensatz zu der ex post zu beurteilenden hypothetischen Zustimmung nicht auf den Zeitpunkt vor der untreuerelevanten Tathandlung bezieht.[365]

Damit wird deutlich, dass jedenfalls erheblicher Diskussionsbedarf hinsichtlich dieses Themenfeldes besteht. Nach Edlbauer/Irrgang „hat sich die Rechtsprechung durch die Anerkennung der hypothetischen Einwilligung bei ärztlichen Eingriffen selbst in Erklärungsnot gebracht".[366] Auch Rönnau fordert die Rechtsprechung auf, einen Transfer der hypothetischen Einwilligung auf die Untreue „wohlwollend zu prüfen".[367]

Ohne den Anspruch zu haben, die Möglichkeit eines tatbestandsübergreifenden Transfers der hypothetischen Einwilligung auf Vermögensdelikte abschließend zu klären, lassen sich doch für den vorliegend behandelten Untreuekontext einige kritische Überlegungen anstellen, die auch die grundsätzliche Übertragbarkeit der Rechtsfigur infrage stellen.

Bereits als Haftungskorrektiv bei ärztlichen Heileingriffen wird die Anwendung der hypothetischen Einwilligung unter dem Aspekt der Wiederholbarkeit der Entscheidungssituation im Arzt-Patienten-Verhältnis bezweifelt.[368] Es besteht die Befürchtung, dass sich der ermittelte hypothetische Wille des Patienten faktisch als Genehmigung darstellt, da die nachträgliche Rückversetzung in die entscheidende Situation vor dem Eingriff den Patienten vor die psychologische Herausforderung stellt, sich bei der Feststellung seines hypothetischen Willens von dem Eindruck der erfolgten Behandlung zu befreien.[369] Für Rönnau schwächen sich diese Befürchtungen auf Ebene der Untreue deutlich ab: Die im Wirtschaftsleben zu treffenden Entscheidungen basierten stärker auf rationalen Kriterien wie „profitabel/nicht profitabel".[370] Dies impliziere, dass diese Entscheidungen einer

---

[364] Edlbauer/Irrgang, JA 2010, 786, 790; kritisch Schmidt, Rechtsfigur der hypothetischen Einwilligung, S. 228 f.

[365] Hierzu Schmidt, Rechtsfigur der hypothetischen Einwilligung, S. 245 ff.

[366] Edlbauer/Irrgang, JA 2010, 786, 790.

[367] Rönnau, StV 2011, 753, 762.

[368] So Puppe, GA 2003, 764, 769.

[369] Schmidt, Rechtsfigur der hypothetischen Einwilligung, S. 159 f. m.w.N.

[370] Rönnau, StV 2011, 753, 756.

Wiederholbarkeit deutlich zugänglicher seien als jene im medizinstrafrechtlichen Bereich, was tendenziell für eine Übertragung der Rechtsfigur auf das Untreuestrafrecht spreche.[371]

Doch kann die Rechtsfigur der hypothetischen Einwilligung auch als ein Instrument wahrgenommen werden, das gerade und allein darauf ausgerichtet ist, den rechtlichen Herausforderungen im medizinstrafrechtlichen Bereich zu begegnen. Die dort auftretenden Problemsituationen betreffen, anders als im Untreuestrafrecht, höchstpersönliche Rechtsgüter. Einer Übertragung könnte also entgegnet werden, dass der Anwendungsbereich der hypothetischen Einwilligung auf die Fälle des ärztlichen Heileingriffs begrenzt ist, für die sie entwickelt wurde. Eine Ausdehnung in den Untreuetatbestand wäre nicht konsequent, sondern bezöge das Konstrukt auf die Ebene der nicht-höchstpersönlichen Schutzgüter, auf die es in ihrer Konzeption niemals ausgelegt war und führte demgemäß zu einer Zweckentfremdung.

Bekräftigt werden diese Zweifel, bedenkt man, dass die medizinstrafrechtliche Strafbarkeit an eine Aufklärungspflicht des Arztes gegenüber dem Patienten anknüpft. Zwar besteht durchaus die Möglichkeit der Festlegung entsprechender Aufklärungspflichten auch im Vermögensbetreuungspflichtverhältnis, doch sind diese, gerade weil sie stets abhängig vom konkreten Innenverhältnis zwischen Treugeber und -nehmer sind, auf der Untreueebene von „untergeordneter Rolle“[372]. Die medizinstrafrechtliche Bedeutsamkeit von Aufklärungspflichten, pflichtwidriges Handeln durch ihre Einhaltung vermeiden zu können, besteht in dieser Form im Untreuekontext nicht; der Vermögensbetreuungspflichtige muss, um pflichtwidriges Handeln zu vermeiden, lediglich die Grenzen seiner Vermögensbetreuungspflicht einhalten.[373] Der strafrechtdogmatische Anknüpfungspunkt einer Aufklärungspflicht ist daher im Arzthaftungs- und Untreuekontext bereits aus funktionaler Perspektive nicht vergleichbar.

Auch der Sinn und Zweck ärztlicher Aufklärungspflichten entsprechend dem Selbstbestimmungsrecht des Patienten, ein Kompetenz- und Informationsgefälle auszugleichen, spricht mangels situativer Vergleichbarkeit im Verhältnis Vermögensbetreuungspflichtigen und Vermögensinhaber gegen eine

---

371 Rönnau, StV 2011, 753, 756; ähnliche Überlegungen seitens Puppe, GA 2003, 764, 765.
372 Schmidt, Rechtsfigur der hypothetischen Einwilligung, S. 368.
373 Vgl. Schmidt, Rechtsfigur der hypothetischen Einwilligung, S. 367 f.

untreuespezifische Übertragung des Rechtskonstrukts.[374] Dem Vermögensbetreuungspflichtigen ist ein der Vermögensbetreuungspflicht wesensimmanenter Entscheidungsspielraum zuzugestehen.[375] Gerade eine gewisse Abwesenheit von Kontrolle dient einer effektiven Vermögensverwaltung und relativiert in dieser Hinsicht das Selbstbestimmungsrecht des Vermögensinhabers. Ein vergleichbarer Entscheidungsspielraum besteht im Arzt-Patienten-Verhältnis aufgrund der Bedeutsamkeit der Patientenautonomie gerade nicht.

Ebenso ist zu berücksichtigen, dass die Schutzbedürftigkeit des Vermögensbetreuungspflichtigen gegenüber der eines Arztes geringer ausgeprägt ist, da der Untreuetatbestand bereits strukturell einen höheren Täterschutz gewährt als die im Medizinstrafrecht einschlägigen Straftatbestände der §§ 223 ff. StGB: So setzt sich der Vermögensbetreuungspflichtige nur im Falle einer Grenzüberschreitung seiner im Innenverhältnis festgelegten Pflichten dem Risiko einer Strafbarkeit aus, während dies beim Arzt mit jedem Eingriff der Fall ist.[376] Der Arzt ist also auf eine Einwilligung des Patienten zwingend angewiesen, während der Vermögensbetreuungspflichtige eines Einverständnisses nur dann bedarf, wenn er die den vorgegebenen Rahmen des Pflichtverhältnisses verlässt.[377]

Auch der von Rönnau angedachte Vorteil der situativen Wiederholbarkeit anhand des Profitabilitätskriteriums kann durchaus infrage gestellt werden: Die Gefahr der Nähe zur faktischen Genehmigung erscheint besonders hoch, soweit Risikogeschäfte Gegenstand der nachträglichen „Hypothesenbildung“ sind. Gerade weil dieser Art unternehmerischer Entscheidungen die Unsicherheit des geschäftlichen Erfolgs immanent ist, dürfte der Vermögensinhaber im späteren Verlauf geneigt sein, seinen hypothetischen Willen das Risikogeschäft betreffend danach auszurichten, ob jenes erfolgreich verlaufen ist oder nicht, womit er im Nachhinein korrigierend

---

374 Mit dem Ergebnis auch Schmidt, Rechtsfigur der hypothetischen Einwilligung, S. 371 f., der diesen Aspekt vertieft betrachtet, S. 343 ff.

375 Vgl. hierzu Schmidt, Rechtsfigur der hypothetischen Einwilligung, S. 360.

376 Vgl. diesbezüglich Schmidt, Rechtsfigur der hypothetischen Einwilligung, S. 358 ff.

377 Dies scheint auch für Perron ein ausschlaggebender Grund zu sein, ein hypothetisches Einverständnis im Rahmen des § 266 StGB abzulehnen, s. Schönke/Schröder/-Perron, § 266, Rn. 21. Ferner führt ders. dort aus, dass anders als beim ärztlichen Heileingriff ein hypothetisches Einverständnis auf Untreueebene „dazu noch ein Verhalten legitimieren würde, das gerade nicht „kunstgerecht“ erfolgt, sondern wegen seines Inhalts und Gegentandes pflichtwidrig ist“.

der unternehmerischen Entscheidung das ursprüngliche Risiko nähme. Damit begegnet eine nachträgliche Hypothesenbildung im untreuerechtlichen Kontext, obgleich an objektive Kriterien anknüpfend, nicht unbedingt weniger Schwierigkeiten als jene höchstpersönliche Entscheidungssituationen im Rahmen des Medizinstrafrechts.

Entgegen dem zuvor dargestellten, für einen Transfer sprechenden „erst-recht-Schluss" könnte daher vorgebracht werden, dass die Überwindung eines fiktiven Umstands, der strafbarkeitslimitierendes bzw. sogar -ausschließendes Potential besitzt, nur in den Fällen besonderen Gewichts, also ausschließlich bei Betroffenheit höchstpersönlicher Rechtsgüter, vertretbar erscheint, womit jedenfalls im Bereich der Vermögensdelikte eine Übertragung ausgeschlossen wäre.

Ferner ließe sich gegen einen Transfer in den Bereich der Vermögensdelikte kritisch einwenden, dass es grundsätzlich Aufgabe des Gesetzgebers und nicht der Rechtsanwendung sein sollte, den Untreuetatbestand hinreichend konkret auszugestalten, indem das Restriktionspotential von Zustimmungssurrogaten funktionalisiert wird.

Zwar hat das BVerfG die Rechtsprechung mit der Normkonkretisierung und -präzisierung des § 266 StGB beauftragt.[378] Doch müsste diese Delegation der originär gesetzgeberischen Aufgabe sodann konsequenterweise auch mit einer Erhöhung der verfassungsgerichtlichen Kontrolldichte einhergehen und nicht nur auf eine reine Evidenzkontrolle der fachgerichtlichen Rechtsprechung beschränkt bleiben.[379] Das Bestimmtheitsgebot des Art. 103 Abs. 2 GG müsste folgerichtig auch auf die Normkonkretisierungsversuche der Rechtsprechung angewendet werden.[380] Allerdings bedürfte es in Hinblick auf die hypothetische Einwilligung und ihre Übertragung in den untreuerechtlichen Kontext einer klar konturierten dogmatischen Grundlage, um eine widerspruchsfreie und gleichmäßige Anwendung mit vorhersehbaren gerichtlichen Entscheidungen zu gewährleisten.[381] Das dogmatische Fundament der hypothetischen Einwilligung ist jedoch bereits in ihrem ursprünglichen arzthaftungsrechtlichen Kontext hiervon noch weit entfernt,[382] sodass die Rechtsfigur wenig tauglich erscheint, um als

---

[378] BVerfGE 126, 170, 197.
[379] Vgl. Schmidt, Rechtsfigur der hypothetischen Einwilligung, S. 64 ff., 369.
[380] Schmidt, Rechtsfigur der hypothetischen Einwilligung, S. 61 ff.
[381] Vgl. auch Schmidt, Rechtsfigur der hypothetischen Einwilligung, S. 152.
[382] S. zuvor unter B. IV. 2. a).

strafrechtsdogmatische, dem verfassungsrechtlichen Bestimmtheitsgrundsatz gerecht werdende Möglichkeit zur Eindämmung des Untreuetatbestands beizutragen. Des Weiteren stellt sich die Frage, ob sich die Rechtsfigur der hypothetischen Einwilligung als Zustimmungssurrogat überhaupt als geeigneter Anknüpfungspunkt erweist, um den Untreuetatbestand einzugrenzen. Wie aufgezeigt, ist die Bedeutung einer Zustimmung im Rahmen des § 266 StGB aus vielfachen Gründen nicht vergleichbar mit einer Zustimmung im Rahmen des Medizinstrafrechts. Da der Untreuetatbestand nicht an eine Aufklärungspflicht anknüpft, sondern allein die Vermögensbetreuungspflicht für die Pflichtwidrigkeit maßgeblich ist, wäre es deutlich naheliegender, einen Restriktionsansatz im Bereich der Vermögensbetreuungspflicht zu suchen.[383]

Es überzeugt also nicht, zur Eindämmung und Bestimmbarkeit der Untreuestrafbarkeit, die Rechtsfigur der hypothetischen Einwilligung heranzuziehen. Dies erscheint insbesondere vor dem bereits beschriebenen Hintergrund der widersprüchlichen Tendenz fragwürdig, etwaige Zustimmungssurrogate auf Untreueebene zu erwägen und gleichzeitig – quasi entgegengesetzt – verstärkt Wirksamkeitsgrenzen der Einverständnismöglichkeit ziehen zu wollen.[384] Im konkreten Fall der kapitalgesellschaftlichen Zustimmung im Untreuekontext erscheint es daher folgerichtiger, unmittelbar bei der Bestimmung bzw. Reichweite von Dispositionsgrenzen anzusetzen denn auf mittelbarem Weg fremden Rechtsgebieten dort konzipierte Korrektive zu entleihen und untreuespezifisch anzupassen.

3. Fazit

Damit bleibt in Bezug auf die Rechtsfigur eines „mutmaßlichen Einverständnisses“ festzuhalten, dass ein solches – jedenfalls im Untreuekontext – überflüssig erscheint, da bereits im Rahmen der präzisen tatbestandlichen Auslegung der mutmaßliche Wille des Berechtigten berücksichtigt werden kann. Die Option einer mutmaßlichen Einwilligung bleibt unberührt. Hinsichtlich anderer willensbezogener Straftatbestände ist deliktsdifferenzierend zu entscheiden und kommt ein „mutmaßliches Einverständnis“ dann in Betracht, wenn diese nicht normativer (wie § 266 StGB), sondern faktischer Natur sind.

---

[383] Mit dem Ergebnis auch Schmidt, Rechtsfigur der hypothetischen Einwilligung, S. 368, 372.

[384] S. Fn. 290.

Die Einführung der Rechtsfigur eines „hypothetischen Einverständnisses" auf Untreueebene wird gerade auch angesichts der Reichweite ihrer Folgen und ihres fehlenden Beitrags zur Normkonkretisierung des § 266 StGB kritisch bewertet. Vorzugswürdig erscheint es, den Anwendungsbereich der hypothetischen Einwilligung auf Sachverhalte zu beschränken, in denen höchstpersönliche Rechtsgüter betroffen sind.

V. Zusammenfassung

Strafrechtsdogmatisch ist im Sinne eines dualistischen Verständnisses zwischen Einwilligung und Einverständnis zu differenzieren. Die damit verbundene deliktssystematische Verortung des Einverständnisses auf Tatbestandsebene und der Einwilligung auf Ebene der Rechtswidrigkeit hat indes keine Auswirkungen auf Bestimmung von Wirksamkeitsvoraussetzungen und -grenzen von Einverständnis und Einwilligung. Diese werden in dieser Arbeit deliktsspezifisch am Tatbestand der Untreue und der Bestechlichkeit und Bestechung im geschäftlichen Verkehr bestimmt.

Im Kontext des § 266 StGB erweitert sich durch eine Zustimmung der Befugnisbereich des Treupflichtigen. Infolgedessen entfallen für den infragestehenden Eingriff die Pflichtwidrigkeit und mithin der objektive Tatbestand der Untreue. Daher ist – ungeachtet teils sprachlicher Wirrungen in Rechtsprechung und Literatur – insoweit die Begrifflichkeit des tatbestandsausschließenden Einverständnisses zu verwenden.

Wenngleich die konkreten Wirksamkeitsvoraussetzungen eines Einverständnisses tatbestandsspezifisch als Frage der Auslegung bestimmt werden, werden aufgrund des normativen Charakters der Untreue die grunddogmatischen Anforderungen an eine rechtfertigende Einwilligung auf das untreuespezifische Einverständnis übertragen.

Insoweit ist festzuhalten, dass neben der Disponibilität des Rechtsguts „Vermögen" auch die Einverständnisfähigkeit des Zustimmenden gegeben sein muss. Bei Kapitalgesellschaften erscheint letztere angesichts der strukturellen Besonderheit der Handlungs- und Willensbildungsunfähigkeit der juristischen Person problematisch.[385] Die Erklärung des Einverständnisses

[385] Dem diesbezüglichen strukturell-dogmatischen Problem bei Kapitalgesellschaften wird sich ebenso wie einer vertieften Betrachtung der Rechtsgutsinhaberschaft sogleich im Rahmen von Kapitel C. gewidmet.

muss zudem nach außen ausdrücklich oder konkludent rechtzeitig vor der Tat kundgegeben werden.

Sowohl ein Transfer der Rechtsfigur der „mutmaßlichen Einwilligung“ wie auch der „hypothetischen Einwilligung“ auf die Ebene des Untreuetatbestands ist abzulehnen: Die Annahme eines „mutmaßlichen Einverständnisses“ erscheint im Untreuekontext obsolet, da bereits im Rahmen der präzisen tatbestandlichen Auslegung der mutmaßliche Wille des Berechtigten berücksichtigt werden kann. Die Rechtsfigur der „hypothetischen Einwilligung“ ist aus ihrem medizinstrafrechtlichen Kontext insbesondere angesichts der Reichweite ihrer Folgen und ihres fehlenden Beitrags zur Normkonkretisierung des § 266 StGB in ihrer Anwendung nicht auf die Untreueebene in Gestalt eines „hypothetischen Einverständnisses“ zu übertragen.

Dogmatisch-strukturelle Probleme bei Kapitalgesellschaften im Zusammenhang mit der Einverständnisproblematik

Im Zusammenhang mit der zu untersuchenden Einverständnisproblematik unterliegen Kapitalgesellschaften strukturellen Besonderheiten, deren Dogmatik im folgenden Kapitel erörtert wird. Die Frage nach der Gesellschaftsrechtsakzessorietät des Untreuestrafrechts wird dabei unter verschiedenen Vorzeichen aufgeworfen, sodass eingangs zunächst grundsätzliche Ausführungen zum Verhältnis von Straf- und Gesellschaftsrecht erfolgen.

I. Gesellschaftsrechtsakzessorietät des Wirtschaftsstrafrechts

Wie bereits angedeutet, stellt sich die Frage nach der Autonomie bzw. Akzessorietät des Wirtschaftsstrafrechts als ein dem vorliegenden Untersuchungsgegenstand übergeordnetes Spannungsfeld dar, das diese Arbeit in ihren Grundzügen wesentlich prägt.

Insoweit ist unbestritten, dass das Strafrecht zur tatbestandlichen Ausfüllung seiner Eigentums- und Vermögensdelikte an das Zivilrecht und dessen Güterzuordnung anknüpft.[386]

Unbestritten ist ferner, dass zivilrechtlich Erlaubtes nicht strafbar sein darf, mithin das Strafrecht nicht mehr Schutz gewähren darf als

---

[386] Vgl. Flum, Strafrechtlicher Schutz der GmbH, S. 6 sowie Hoffmann, Unternehmensinteresse, S. 31 mit zahlreichen Nachweisen in Fn. 62.

das Zivilrecht gewährt.[387] Dem Gesellschaftsrecht kommt insofern eine „Einschätzungsprärogative" zu, die das Strafrecht anzuerkennen hat.[388]

Dieser Grundsatz folgt dem Prinzip der Subsidiarität des Strafrechts, wonach das staatliche Eingriffsinstrumentarium der Strafe stets ultima ratio zu sein hat.[389] Verfassungsrechtlich stellt sich das Subsidiaritätsprinzip als Ausdruck des Verhältnismäßigkeitsgrundsatzes dar, der wiederum aus dem Rechtsstaatsprinzip abgeleitet wird.[390] Aufgabe des Strafrechts soll es allein sein dem „Schutze derjenigen Rechtsgüter, die für das Leben der Menschen im Mitsein mit anderen unentbehrlich sind und die auf andere Weise als durch das Strafrecht nicht geschützt werden können" zu dienen.[391]

Daraus wiederum folgt, dass die Tatbestände des StGB nur einen Teilausschnitt dessen erfassen, was hinsichtlich der Gesamtrechtsordnung als rechtswidrig gilt,[392] das Strafrecht also lediglich einen Ausschnitt des zivilrechtlich Verbotenen erfasst.[393] Damit ist auch nicht alles, was zivilrechtlich verboten ist, auch zwingend strafbar.

Dennoch gibt es einige Stimmen in der Literatur, die eine strikte Akzessorietät befürworten und aus einer zivilrechtlichen Unzulässigkeit eine strafrechtliche Relevanz ableiten.[394]

Überwiegend wird mittlerweile jedoch differenzierter vorgegangen: Zivilrechtliche Begriffsinhalte werden teils in ihrer Bedeutung vollständig übernommen (wie der Eigentumsbegriff bei §§ 242, 246, 249 StGB), aber auch durch eine strafrechtsspezifische Bestimmung von zivilrechtlichen Vorgaben emanzipiert (so wurde beispielsweise der juristische Vermögensbegriff betreffend §§ 263, 266 StGB höchstrichterlich durch den wirtschaftlichen

387 So deutlich auch das LG Düsseldorf in seinem „Mannesmann"-Urteil, LG Düsseldorf NJW 2004, 3275, 3276; Tiedemann in FS-Weber, S. 323 m.w.N.; Hoffmann, Unternehmensinteresse, S. 31 ebenfalls m.w.N.

388 Birkholz, Untreuestrafbarkeit, S. 90 f.

389 BVerfGE 39, 1, 47; Birkholz, Untreuestrafbarkeit, S. 85 ff; ausführlich SK/-Jäger, Vor § 1, Rn. 1 ff.

390 Vgl. BVerfGE 39, 1, 47.

391 A. Kaufmann in FS-Henkel, S. 102; s. auch SK/-Jäger, Vor § 1, Rn. 1.

392 S. Maiwald in FS-Maurach, S. 10.

393 Übersichtlich hierzu Birkholz, Untreuestrafbarkeit, S. 88.

394 Beckemper, NStZ 2002, 324, 326; Kaufmann, Organuntreue, S. 13 ff., 153; vgl. ferner Binding, Handbuch des Strafrechts, S. 9 f., der bereits 1885 das Strafrecht als akzessorisches Rechtsgebiet definierte.

Vermögensbegriff ersetzt).[395] „Aspekte der Selbstständigkeit und der Abhängigkeit des Strafrechts vermischen sich in vielfacher Hinsicht.“[396]

Auch der BGH betonte, bezogen auf den Untreuetatbestand, nicht jede gesellschaftsrechtliche Pflichtverletzung genüge für das Vorliegen einer tatbestandlichen Pflichtwidrigkeit, vielmehr müsse es sich insofern um eine „gravierende“ Pflichtverletzung handeln.[397]

Im Vordringen befinden sich Stimmen in der Strafrechtswissenschaft, die eine sog. „limitierte Akzessorietät“ befürworten.[398] Nach diesem dogmatischen Konzept verhält sich das Strafrecht grundsätzlich akzessorisch zum Gesellschaftsrecht, wird jedoch in dieser Abhängigkeit ausnahmsweise limitiert, sollten verfassungs- oder strafrechtliche Wertungen entgegenstehen. So kommen das Bestimmtheitsgebot des Art. 103 Abs. 2 GG, § 1 StGB und insbesondere der Schutzzweck der Strafnorm als die Akzessorietät begrenzende „Strafrechtsfilter“ in Betracht.

Übersetzt in den Kontext der vorliegend zu untersuchenden Einverständnisproblematik bedeutet dies, dass dem Grunde nach auf einer ersten Ebene jene gesellschaftsrechtlichen Vorgaben, die kapitalgesellschaftliche Zustimmungen betreffen, auch im Rahmen einer Untreuestrafbarkeit maßgebend wirken. Sowohl hinsichtlich der Frage nach der Zuständigkeit als auch den Grenzen einer den Tatbestand der Untreue ausschließenden Zustimmung erfolgt zunächst eine Orientierung am einschlägigen Gesellschaftsrecht des GmbHG und AktG.

Sodann müssen die als relevant identifizierten gesellschaftsrechtlichen Maßgaben auf zweiter Ebene dahingehend überprüft werden, ob eine

---

395 Flum, Strafrechtlicher Schutz der GmbH, S. 6 f. mit entsprechenden Nachweisen.

396 Maurach/Zipf, Strafrecht AT 1, § 2 III, Rn. 17.

397 So die sog. „SSV Reutlingen“-Entscheidung des BGH, s. BGHSt 47, 187, 193. Die Vertreter dieser Herangehensweise erachten somit das Erreichen einer gewissen Schwere/Intensität als Akzessorietätsvoraussetzung. Angesichts der Unbestimmtheit des Kriteriums und besonders auch in Anbetracht der Schwierigkeit derartigen Kriterien tatbestandsübergreifende Geltung zu verschaffen, erscheint dieser Ansatz ungeeignet, um die Frage nach der Akzessorietät des Wirtschaftsstrafrechts zu klären. S. hierzu ausführlich Hoffmann, Unternehmensinteresse, S. 32 f., 51 ff.

398 Hierzu instruktiv Kraatz, ZStW 123 (2011), 447; s. auch Hoffmann, Unternehmensinteresse, S. 33 f.; Radtke/Hoffmann, GA 2008, 535, 544 (mit Verweis auf die parallele Konstellation im Insolvenzstrafrecht dargestellt in MüKo-StGB/-Petermann, Vor § 283, Rn. 5 ff.); vgl. ferner Gribbohm, ZGR 1990, 1, 15.

Anwendbarkeit angesichts spezifischer strafrechtlicher oder verfassungsrechtlicher Wertungen ausnahmsweise ausgeschlossen ist. Ein Grund für die Unanwendbarkeit könnte in einer unzureichenden Bestimmtheit der Vorschrift („Filter hinreichend gesetzlicher Bestimmtheit") liegen; insbesondere dürfte die Akzessorietät jedoch deshalb zu begrenzen sein, weil die infragestehende Norm nicht dem Schutzzweck des § 266 StGB entspricht („Rechtsguts-Filter"), also nicht den Belangen der Vermögenssicherung der Gesellschaft, sondern dem Schutz anderer Zwecke wie etwa Gläubigerinteressen, dient.[399]

In diesen Fällen kommt, jedenfalls eine unveränderte, Übernahme der gesellschaftsrechtlichen Vorgaben in den Untreuetatbestand nicht in Betracht.

Diese Vorgehensweise erscheint vor dem Hintergrund des dargestellten strafrechtlichen Subsidiaritätsprinzips sachgerecht und vermag Wertungswidersprüche zwischen den Rechtsgebieten im Interesse der Einheit der Rechtsordnung zu vermeiden, ohne die strafrichterliche Unabhängigkeit bei der Auslegung des Straftatbestands zu gefährden[400]. Auch die unterschiedliche Zwecksetzung beider Rechtsgebiete bleibt so konturiert und sichtbar bestehen.

Demzufolge kann festgehalten werden, dass das Wirtschaftsstrafrecht dort, wo es zur tatbestandlichen Ausfüllung auf das Gesellschaftsrecht zurückgreifen muss, die einschlägigen gesellschaftsrechtlichen Vorgaben übernimmt, jedoch gefiltert nach bestimmten strafrechtsspezifischen Anforderungen. Das Wirtschaftsstrafrecht folgt also im Grundsatz dem Gesellschaftsrecht, tut dies allerdings nicht bedingungslos und geht in seinem Rechtsgüterschutz nicht weiter als dieses.

II. Handlungs- und Willensbildungsunfähigkeit

Anders als im Regelfall bei natürlichen Personen fallen bei juristischen Personen Rechtsmacht und Handlungsmacht prinzipiell auseinander.[401] Rechtsmacht meint dabei die Rechtsposition, die sich aus der Zuordnung als Rechtsgutsinhaber ergibt. Unter Handlungsmacht lässt sich die tatsächliche Fähigkeit verstehen, autonom über die eigenen Rechtsgüter zu verfügen

---

[399] Kraatz, ZStW 123 (2011), 447, 450 ff.

[400] Vgl. hierzu Rönnau, ZStW 119 (2007), 887, 913 ff.

[401] S. Hohn in FS-Samson, S. 315 f.

und den Umgang mit ihnen selbstbestimmt zu gestalten. Diese fehlende Kongruenz von Rechtsgutsinhaberschaft und Fähigkeit zur eigenbestimmten Freiheitsbetätigung stellen bei Kapitalgesellschaften einen „systemischen Mangel“[402] dar.[403]

Eine Kapitalgesellschaft „nimmt an der Freiheit im Umgang mit eigenem Vermögen erst durch ihre Organe teil“[404], sodass diese der strukturell handlungsunfähigen Gesellschaft erst ihre Handlungsfähigkeit verleihen.[405] Dabei handeln die Organe aufgrund einer Vertretungsmacht, die ihrem Wesen nach zwischen einer rechtsgeschäftlich begründeten und gesetzlich normierten Vertretung liegt.[406]

In der Gesellschaftsrechtsdogmatik wird in diesem Zusammenhang seit langem über die rechtliche Qualität des Organhandelns gestritten[407]: Die Vertreter der Organtheorie gehen diesbezüglich davon aus, dass die Gesellschaft selbst Willens- und Handlungsträger ist. Dem stehen diejenigen in der Lehre gegenüber, welche ein Selbsthandeln der juristischen Person ablehnen und es bevorzugen, ihr das Organhandeln anzurechnen. Jedenfalls aber verkennen auch die Befürworter der Organtheorie nicht die betreffenden strukturellen Besonderheiten der juristischen Personen in ihren Unterschieden zu einer natürlichen Handlungs- und Willensbildungsfähigkeit natürlicher Personen. Faktisch stellt sich das Organhandeln also stets als Ergebnis eines Zurechnungsprozesses dar.[408]

Überdies besteht, auch im Rahmen von Zustimmungen, die Möglichkeit einer Stellvertretung der Gesellschaft, sodass es auf die Frage nach der rechtlichen Qualität des Organhandelns nicht mehr ankommt.[409]

So ist mittlerweile anerkannt, dass auch in Bezug auf eine Einwilligung oder, wie vorliegend einschlägig, auf ein tatbestandsausschließendes Einverständnis eine Stellvertretung möglich ist, sofern jedenfalls nicht rein

---

402 Hohn in FS-Samson, S. 315.
403 Hohn in FS-Samson, S. 316; vgl. auch Kohlmann in FS-Werner, S. 399; Flum, Strafrechtlicher Schutz der GmbH, S. 103; Corsten, Einwilligung, S. 85 f.
404 Hohn in FS-Samson, S. 316.
405 Flum, Strafrechtlicher Schutz der GmbH, S. 103; Kohlmann in FS-Werner, S. 399.
406 S. Lichtenwimmer, Untreueschutz, S. 178.
407 Diese Diskussion umfassend darstellend K. Schmidt, Gesellschaftsrecht, § 10 I 2 m.w.N.
408 So auch K. Schmidt, Gesellschaftsrecht, § 10 I 2 c.
409 Lichtenwimmer, Untreueschutz, S. 178.

tatsächliche Rechtspositionen betroffen sind.[410] Im Bereich des normativ geprägten Untreuetatbestands, in dessen Rahmen auch einem Einverständnis rechtsgeschäftlicher Charakter zukommt, ist eine gewillkürte Stellvertretung dabei wie auch bei anderen Vermögensdelikten allgemein anerkannt.[411]

Ebenso wie die juristische Person ohne ihre Organe handlungsunfähig ist, ist sie ohne diese willensbildungsunfähig.[412] Auf die Frage, wie die Willensbildung der Gesellschaft durch welche Organe in welcher Form erfolgt, wird zu einem späteren Zeitpunkt detailliert eingegangen.[413]

Festgehalten werden kann an dieser Stelle, dass die Kapitalgesellschaft als „juristisches Kunstprodukt"[414] erst durch ihre Organe ihren Willen bilden, etwa einer vermögensrelevanten Maßnahme zustimmen, und entsprechend handeln kann. Zustimmende ist sodann die Gesellschaft selbst.[415]

III. Rechtsgutsinhaberschaft

Wie bereits ausgeführt,[416] kann ein Einverständnis nur durch den hierzu Befugten erklärt werden; der Zustimmende muss grundsätzlich alleiniger Rechtsgutsinhaber sein. Im Folgenden sollen die dogmatischen Besonderheiten erörtert werden, die sich ergeben, wenn eine juristische Person als Dispositionsbefugte in Betracht kommt.

In Anknüpfung an die bereits dargelegte Problematik um die grundsätzliche Gesellschaftsrechtsakzessorietät des Wirtschaftsstrafrechts, stellt sich die Frage der Abhängigkeit bzw. Autonomie des Untreuetatbestands spezifisch auch bei der Zuordnung des Gesellschaftsvermögens.

1. Rechtsgut des § 266 StGB

Vorab gilt es jedoch, das vom Tatbestand des § 266 StGB betroffene Rechtsgut abschließend zu klären. Wie Lichtenwimmer insoweit feststellt, hat die Bestimmung des untersuchungsgegenständlichen Rechtsguts der Untreue

410 Lichtenwimmer, Untreueschutz, S. 176 mit umfassenden Nachweisen.
411 Corsten, Einwilligung, S. 45 f.; BGH NJW 2003, 1824.
412 Rönnau in FS-Amelung, S. 256; Busch, Konzernuntreue, S. 145.
413 S. unter D. I. und E. I.
414 Rönnau in FS-Amelung, S. 256.
415 Vgl. Lichtenwimmer, Untreueschutz, S. 178.
416 S. unter B. II. 1. a).

„richtungsweisende Bedeutung“, da die „Kernfrage nach der Reichweite der Einwilligungsbefugnis letztlich nichts anderes als eine spezielle Ausgestaltung der Frage nach dem Rechtsgut der Untreuevorschrift ist“.[417]

Konsens herrscht darüber, dass die Untreue ein Vermögensdelikt ist.[418] Ebenso wird weitestgehend davon ausgegangen, dass neben dem Vermögen keine weiteren individuellen wie überindividuellen Schutzobjekte vom Untreuetatbestand erfasst werden.[419] Insbesondere werden heute, anders als noch früher in Teilen der Lehre vertreten, das besondere Vertrauen in die Pflichttreue des Treupflichtigen oder die Redlichkeit des Rechts- und Wirtschaftsverkehrs nicht als vom Rechtsgut der Untreue umfasste Schutzobjekte erachtet.[420]

Dennoch existieren Ansätze, die über die einhellige Feststellung, dass das Rechtsgut der Untreue das Vermögen darstellt, hinausgehen und in deren Rahmen eine Auseinandersetzung mit dem untreuespezifischen Rechtsgutsverständnis erfolgt.[421]

So wollte Kohlmann das Vermögen als Schutzgut der Untreue nur in den Grenzen des § 30 GmbHG anerkennen.[422] Nach dieser Ansicht, die Kohlmann später selbst wieder aufgegeben hat,[423] sollte sich aus dem gesellschaftsrechtlichen Gebot der Stammkapitalerhaltung eine Konkretisierung des Rechtsguts von § 266 StGB ergeben.[424] Die Reichweite des § 30 GmbHG soll auch die Reichweite des § 266 StGB definieren, sodass der Schutzbereich der Untreue dort ende, wo auch die Gesellschafterpflicht zur Erhaltung des Stammkapitals ende.[425]

---

417 Lichtenwimmer, Untreueschutz, S. 63.

418 BGHSt 28, 371, 373; 43, 293, 297; Saliger, ZStW 112 (2000), 563, 571; Lackner/Kühl, § 266, Rn. 1; MüKo-StGB/-Dierlamm, § 266, Rn. 1; Wodicka, Untreue, S. 27.

419 BGHSt 43, 293, 297; 47, 295, 301; Wittig, Wirtschaftsstrafrecht, § 20, Rn. 1.

420 Rönnau, ZStW 119 (2007), 887, 890; Lichtenwimmer, Untreueschutz, S. 64 mit spezifischen Nachweisen der damaligen Lehre. Ausführlich auch bei Nelles, Untreue zum Nachteil, S. 285 ff. dargestellt.

421 Grundlegend zum Rechtsgutsbegriff aus der Perspektive von Rechtstheorie und Methodenlehre Amelung, Rechtsgüterschutz und Schutz der Gesellschaft; übersichtlich auch Nelles, Untreue zum Nachteil, S. 287 ff.

422 Kohlmann in FS-Werner, S. 397 f.

423 Kohlmann, Strafrechtliche Verantwortlichkeit, Rn. 171.

424 Kohlmann in FS-Werner, S. 397.

425 Kohlmann in FS-Werner, S. 397.

Diese Herangehensweise ist allerdings bereits in ihrem methodischen Ursprung abzulehnen: Der Schutzbereich eines Straftatbestands kann sich nicht aus einer gesellschaftsrechtlichen Spezialnorm und einer von ihr vorgegebenen Zweckbindung ergeben, sondern allein aus dem strafnormeigenen Schutzzweck.

Wenn es Kohlmanns Intention ist, das Gesellschaftsvermögen grundsätzlich gegenüber Verfügungen der Gesellschafter als „sakrosankt"[426] zu schützen, also die Möglichkeiten einer Dispositionsbefugnis eng zu ziehen, muss er diese dogmatisch am richtigen Standort bei der Frage der Grenzen einer Einverständniskompetenz verorten. Mit seiner Auffassung verwechselt er die Anerkennung eines Schutzgutes auf der einen Seite und dessen Schutzdimension in seiner strafrechtlichen Reichweite auf der anderen Seite.[427] Eine besondere, in diesem Fall mit dem Gebot der Stammkapitalerhaltung des § 30 GmbHG gesellschaftsrechtlich vorgegebene, Zweckbindung kann keinen Einfluss auf den Schutzbereich einer strafrechtlichen Norm haben; der Schutzbereich des Untreuetatbestands ergibt sich strafnormeigen aus sich selbst heraus und wird nicht über das Gesellschaftsrecht definiert. Die Frage nach der Dimension eines strafrechtlichen Schutzes wiederum ist über eine Begrenzung der gesellschafterlichen Dispositionsbefugnis zu klären.

Ebenso nennenswert, aber im Ergebnis abzulehnen, sind die Ansätze von Stapelfeld[428] und Flum,[429] die wie Kohlmann das Rechtsgut der Untreue anders als die herrschende Lehre bestimmen wollen.

Stapelfeld integriert dabei eine Gläubigerschutzkomponente in den § 266 StGB, sodass nicht nur das Vermögen das untreuespezifisches Schutzobjekt darstellt, sondern darüberhinausgehend auch die Befriedigungsinteressen der Gläubiger und damit auch der Arbeitnehmer tatbestandlich mit geschützt werden.[430]

---

[426] Kohlmann in FS-Werner, S. 396.

[427] In der Kritik ähnlich Lichtenwimmer, Untreueschutz, S. 66; vgl. auch Auer, Gläubigerschutz, S. 157.

[428] Stapelfeld, BB 1991, 1501, 1502 ff.

[429] Flum, Strafrechtlicher Schutz der GmbH, S. 86.

[430] Stapelfeld, BB 1991, 1501, 1502 ff. unter Rückgriff auf Kohlmanns Ausführungen in der 7. Auflage des GmbHG-Großkommentars von Hachenburg, der mittlerweile auch von dieser Auffassung abgewichen ist, mit der herrschenden Lehre allein das Vermögen als tatbestandlich geschütztes Gut des § 266 StGB ansieht und Gläubiger- wie Arbeitnehmerinteressen nicht als selbstständiges Schutzobjekt der Untreue anerkennt,

Dem widerspricht jedoch der größte Teil der Strafrechtslehre und weist darauf hin, dass ein Schutz von Gläubigerinteressen durch § 266 StGB jedenfalls nicht unmittelbar bewirkt wird, sondern allenfalls reflexiv durch den Schutz von Gesellschaftsvermögen, vermittelt über die gesellschaftsrechtlichen Kapitalschutzvorgaben (und die Anerkennung eines Eigeninteresses[431] der Gesellschaft) als dispositionsbegrenzenden Elemente[432].[433] Dieser bloß mittelbare Schutz von Drittinteressen habe aber jedenfalls keine Auswirkungen auf die Bestimmung des Rechtsguts des § 266 StGB.[434]

Dem ist, mit den gleichen Argumenten wie bereits bei der zuvor genannten Ansicht Kohlmanns, zuzustimmen; der untreuespezifische Rechtsgutsbegriff ist nicht tauglicher dogmatischer Ansatzpunkt für eine Auseinandersetzung mit Gläubigerschutzaspekten.[435] Das Schutzgut der Untreue ergibt sich allein aus dem normeigenen Schutzzweck und nicht aus gesellschaftsrechtlichen Vorgaben zum Kapitalschutzsystem. Die Frage, ob und inwieweit sich Gläubigerinteressen auf die Einverständnisproblematik auswirken, wird erschöpfend im Rahmen der Grenzen kapitalgesellschaftlicher Zustimmungen und den dortigen Ausführungen zum gesellschaftsrechtlichen Eigeninteresse geklärt.[436]

Aus ähnlichen Gründen ist auch der Ansatz Flums zu verwerfen, der die Vermögensbetreuungspflicht des Untreuetatbestands als maßgeblichen Gesichtspunkt zur Bestimmung des Rechtsguts von § 266 StGB heranziehen möchte. Nach Flum kann das von der Untreue geschützte Vermögen

---

s. Kohlmann in FS-Werner, S. 394, 398 und ders., Strafrechtliche Verantwortlichkeit, Rn. 171. Auch Seher, Die aktienrechtliche Untreue in rechtsvergleichender Darstellung (1965), S. 36; Schneider, Die Untreue nach dem neuen Aktienrecht (1972), S. 16 f., 87 f. und Ewald, Untreue zwischen „verbundenen Unternehmen" (1980), S. 238 definierten in diesem Zusammenhang zuvor Gläubiger und Arbeitnehmer als Rechtsgutsträger.

431 S. zur Begrifflichkeit unter D. II. 4. b) aa).

432 S. hierzu sodann unter D. II., E. II.

433 Deutlich in FS-Pfeiffer, S. 860 f.; s. ferner Arloth, NStZ 1990, 570, 573, der die Thematik unter dem Schlagwort „Disfunktion [sic] des Rechtsgüterschutzes" bespricht. Vgl. auch Hoffmann, Unternehmensinteresse, S. 154, die insoweit zum französischen Wirtschaftsstrafrecht abgrenzt.

434 S. auch ausdrücklich BGH NJW 2000, 154, 155.

435 S. auch Busch, Konzernuntreue, S. 156 f.

436 S. hierzu sodann unter D. II. und E. II.

nur das sein, das der Vermögensbetreuungspflichtige zu betreuen hat.[437] Da eine derartige Pflicht nicht gegenüber den Gesellschaftsgläubigern besteht, seien jene auch nicht in den Schutzbereich des § 266 StGB einzubeziehen,[438] was im Ergebnis auch der herrschenden Meinung entspricht.[439] Jedoch wählt Flum damit eine Herangehensweise zur Bestimmung des tatbestandlichen Schutzguts, die, ebenso wie die vorgenannten Auffassungen von Kohlmann und Stapelfeld, einen methodisch fehlerhaften Ausgangspunkt zugrunde legt. So meint er anhand der Auslegung eines Tatbestandmerkmals auf das tatbestandliche Rechtsgut schließen zu können. Jedoch kann ein Tatbestandsmerkmal wie die Vermögensbetreuungspflicht erst dann ausgelegt werden, wenn der entsprechende Schutzbereich einer Strafnorm feststeht.[440]

Die dargelegten, von der vorherrschenden Lehre abweichenden Konzepte zur Bestimmung des untreuetatbestandlichen Rechtsguts sind daher angesichts ihrer aufgeführten methodischen Mängel nicht überzeugend und abzulehnen.

Rechtsgut des § 266 StGB ist damit ausschließlich das „fremder Hand anvertraute Vermögen“[441] ohne Berücksichtigung gesellschaftsrechtlicher Dispositionsverbote und ohne Einbezug gegebenenfalls mitbetroffener Drittinteressen.

Ob die Gesellschaft sodann auch als Rechtsgutsinhaberin anzusehen ist, wird im nächsten Schritt der Vermögenszuordnung festzustellen sein. Etwaige Gläubiger- und Arbeitnehmerbelange jedenfalls hindern nicht die Annahme einer grundsätzlich erforderlichen alleinigen Dispositionsbefugnis.[442]

2. Vermögenszuordnung

Die Dispositionsbefugnis steht grundsätzlich dem Rechtsgutsinhaber zu.[443] Nachdem soeben festgestellt wurde, dass alleiniges Rechtsgut des § 266 StGB das Vermögen ist, gilt es daher nun zu untersuchen, wem das vom

---

437 Flum, Strafrechtlicher Schutz der GmbH, S. 86.
438 Flum, Strafrechtlicher Schutz der GmbH, S. 86.
439 S. Fn. 433, 434.
440 Vgl. auch die Kritik von Lichtenwimmer, Untreueschutz, S. 70 f. S. zur entsprechenden Auslegungsmethodik auch Schönke/Schröder/-Hecker, § 1, Rn. 48.
441 LK/-Schünemann, § 266, Rn. 23.
442 Vgl. auch Rönnau in FS-Amelung, S. 254, Fn. 35.
443 S. unter B. II. 1. a).

Untreuetatbestand geschützte Vermögen zuzuordnen ist und wer dementsprechend als dispositionsbefugt anzuerkennen ist.

Die Bestimmung der Rechtsgutsinhaberschaft kann dabei gesellschaftsrechtsakzessorisch oder aber strafrechtsautonom erfolgen.

Zwar wird vorliegend, wie zuvor ausgeführt,[444] grundsätzlich eine nach bestimmten strafrechtsspezifischen Gesichtspunkten limitierte Gesellschaftsrechtsakzessorietät des Wirtschaftsstrafrechts gegenüber einer strikten Gesellschaftsrechtsakzessorietät für vorzugswürdig erachtet. Doch schließt dies nicht aus, bestimmte strafrechtliche Problematiken gänzlich ohne Berücksichtigung des Gesellschaftsrechts, also strafrechtsautonom, zu lösen.[445] Bei der Frage wie die Vermögenszuordnung im Rahmen der Untreue zu bestimmen ist, wird insoweit ein originär strafrechtlicher Ansatz vertreten.

a) Gesellschaftsrechtsakzessorische Bestimmung: Gesellschaft als Vermögensinhaberin

Ganz herrschend wird zur Bestimmung der Vermögensinhaberschaft in Bezug auf Vermögensdelikte bei dem gesellschaftsrechtlichen Trennungsprinzip des § 13 Abs. 1 GmbHG, und übertragen auf die AG bei § 1 Abs. 1 AktG, angesetzt und das kapitalgesellschaftliche Vermögen der Gesellschaft selbst zugesprochen, sodass diese als eigenständige Vermögensträgerin und Rechtsgutsinhaberin auftritt.[446]

Das Gesellschaftsrecht ordne mit § 13 Abs. 1 GmbHG bzw. § 1 Abs. 1 AktG an, dass die Gesellschaft selbst als Trägerin von Rechten und Pflichten auftritt; ihr also eine eigene Rechtspersönlichkeit zukommt.

Dementsprechend müsse nach dieser Auffassung auch das Vermögen der Gesellschaft selbst und nicht ihren Gesellschaftern zugeordnet werden.[447] Das Gesellschaftervermögen und das Gesellschaftsvermögen seien strikt zu

---

444 S. unter C. I.

445 Vgl. auch Rönnau in FS-Amelung, S. 254 f.; Radtke, GmbHR 1998, 311, 314.

446 Lackner/Kühl, § 266, Rn. 3; Fischer, § 266, Rn. 13; Wodicka, Untreue, S. 198 ff., 203., 212 f.; Kaufmann, Organuntreue, S. 14; Ransiek, wistra 2005, 121, 122; Radtke, GmbHR 1998, 311, 316 und ders., GmbHR 1998, 361, 362; Rönnau in FS-Amelung, S. 253 f.

447 S. nur aus der entsprechenden zivilrechtsakzessorischen ständigen Rechtsprechung zur Vermögenszuordnung BGHSt 34, 379, 385; BGH wistra 1983, 71.

trennen, wie auch § 13 Abs. 2 GmbHG verdeutliche.[448] Es diene dem Interesse der Einheit der Rechtsordnung auch bei der Bestimmung der Vermögensinhaberschaft gesellschaftsrechtsakzessorisch unter Zugrundelegung des Trennungsprinzips vorzugehen.[449]

b) Strafrechtsautonome Bestimmung: Gesellschaftergesamtheit als Vermögensinhaberin

Eine von dieser gesellschaftsrechtlichen Prämisse abweichende Betrachtungsweise der Vermögensinhaberschaft vertritt namentlich Nelles. Ihr Konzept einer originär strafrechtlichen Vermögenszuordnung, das sogleich näher betrachtet wird, will der „Gesamtheit der Mitglieder der juristischen Person in ihrer organisationsrechtlichen […] Verbundenheit" die Rechtsgutsinhaberschaft zusprechen.[450]

Daneben erscheint es denkbar, in diesem Kontext auch auf andere Ansätze, wie insbesondere eine „faktisch-wirtschaftliche Betrachtungsweise", zurückzugreifen.

Jedenfalls aber ist, wie Hoffmann treffend feststellt, „die Übernahme des gesellschaftsrechtlichen Trennungsgrundsatzes […] nicht über jeden Zweifel erhaben", da sich das Strafrecht auch im Bereich anderer Vermögensdelikte, speziell in Bezug auf den Betrugstatbestand und dessen Vermögensbegriff, teilweise von zivilrechtlichen Vorgaben emanzipiert habe, sodass eine strafrechtsspezifische und gesellschaftsrechtsunabhängige Sichtweise auch in Hinblick auf den Untreuetatbestand zumindest in Betracht gezogen werden muss.[451]

Nelles intendiert die Ableitung einer eigenständigen strafrechtlichen Güterzuordnung aus der spezifischen Tatbestandsstruktur des § 266 StGB, womit sie das Verständnis von Rechtsgutsinhaberschaft bei juristischen Personen neu und gesellschaftsrechtsunabhängig denkt.[452]

Nach dem von ihr entwickelten originär strafrechtlichen Konzept von Vermögensinhaberschaft stellt der gesellschaftsrechtliche Trennungsgrundsatz der Vermögenssphären von Gesellschaft und Gesellschaftern keinen

[448] S. hierzu auch Radtke, GmbHR 1998, 361, 362.
[449] So auch Hoffmann, Unternehmensinteresse, S. 86.
[450] Nelles, Untreue zum Nachteil, S. 492.
[451] Hoffmann, Unternehmensinteresse, S. 86 f.; vgl. ebenfalls Nachweise in Fn. 445.
[452] Nelles, Untreue zum Nachteil.

adäquaten Anknüpfungspunkt dar, wenn es um die Bestimmung strafrechtlicher Vermögenszuordnung geht.[453]

Vielmehr sei eine strafrechtliche Vermögensinhaberschaft an vier Bedingungen geknüpft[454]: So müsse ein Vermögensträger rechtlich handlungsfähig sein – auch wenn diese Handlungsfähigkeit nur über organschaftliche Vertretung erfolge. Weiter sei erforderlich, dass ein einheitlicher Zweck in Bezug auf das Vermögen bestimmt und verfolgt würde und ferner das infrage kommende Vermögenssubjekt haftungsfähig und auch individualisierbar sei.

Besonderer Bedeutung kommt für den vorliegenden Untersuchungsgegenstand dem Kriterium der Bestimmung und Verfolgung eines einheitlichen Zwecks zu, das Nelles als „Zwecksetzungsbefugnis" bezeichnet und worunter sie das Recht und die Macht versteht, einen Vermögenszweck selbstständig zu definieren.[455] Übertragen in den Kontext juristischer Personen, stehe die Zwecksetzungsbefugnis der Gesamtheit der Mitglieder in ihrer organisationsrechtlichen Verbundenheit zu.[456] Da die Gesellschaftergesamtheit als Willensbildungsorgan der Gesellschaft wirke, sei also sie Vermögensträgerin des Gesellschaftsvermögens.[457] Diese Zwecksetzungsbefugnis der Gesellschafter werde auch nicht durch die zivilrechtliche Dispositionsbeschränkung des § 30 Abs. 1 GmbHG beeinträchtigt, da Nelles den Grundsatz der Stammkapitalerhaltung nicht als Verbotsnorm versteht.[458] Ein Verstoß gegen § 30 Abs. 1 GmbHG zöge lediglich die Rechtsfolge des § 31 GmbHG nach sich, führe aber nicht zu einer Einschränkung der erforderlichen Zwecksetzungsmacht.[459]

Diese Vermögenszuordnung hätte, bezogen auf die untersuchungsgegenständliche Thematik, zur Folge, dass die Gesellschaftergesamtheit als Treugeberin im eigenen Namen über eigenes Vermögen entscheiden würde. Die Gesellschafter würden so jedenfalls nicht durch ein etwaiges gesellschaftsrechtliches Eigeninteresse in ihrer Dispositionsbefugnis begrenzt.

Neben diesem originär strafrechtlichen Verständnis von Vermögensinhaberschaft, lässt sich die Frage nach der Vermögenszuordnung bei juristischen

---

453 Nelles, Untreue zum Nachteil, S. 429 ff., 461, 472 ff., 488 f.
454 Nelles, Untreue zum Nachteil, S. 479 zusammenfassend.
455 Nelles, Untreue zum Nachteil, S. 461, 476.
456 Nelles, Untreue zum Nachteil, S. 492.
457 Nelles, Untreue zum Nachteil, S. 491.
458 Nelles, Untreue zum Nachteil, S. 495.
459 Nelles, Untreue zum Nachteil, S. 495.

Personen auch aus einem soziologischen wie faktisch-wirtschaftlichen Blickwinkel betrachten.

Lampe nähert sich der Problematik aus einer soziologischen Perspektive und fragt nach der funktionalen Bedeutung juristischer Personen im gesellschaftlichen Kontext.[460]

Nach seiner Auffassung ist es alleiniger Zweck juristischer Personen, den mit ihnen verbundenen natürlichen Personen zu dienen.[461] Da die Rechtsordnung nur die Belange natürlicher Personen zu schützen bestimmt sei, müssten rechtliche Konstrukte wie Kapitalgesellschaften mangels Schutzwürdigkeit von ihrem Schutzbereich ausgenommen werden.[462] Die Schutzfunktionen des Strafrechts erstrecken sich nach diesem Ansatz nicht auf die Interessen juristischer, sondern allein auf die natürlicher Personen. Lampes Betrachtungsweise liegt dabei ein naturrechtliches Verständnis von Eigentums- und Vermögensschutz zugrunde: Diese Rechtsgüter wertet er als essentielle Voraussetzungen einer freien persönlichen Lebensgestaltung.[463] Juristischen Personen ein derartiges individuelles Bedürfnis zuzuschreiben wäre jedoch widersinnig. Wenn also nach dem dargelegten soziologischen Verständnis juristische Personen im Gegensatz zu den hinter ihr stehenden natürlichen Personen nicht strafrechtlich schutzwürdig sind, so ist Gesellschaftsvermögen in der Folge auch den Gesellschaftern zuzuordnen.[464] Da allein ihre Interessen strafrechtlichen Schutz verdienen sollen, kann eine Vermögensträgerschaft der Gesellschaft selbst nicht in Betracht kommen.

Ebenso wie die Vermögenszuordnung nach Nelles und der soziologische Ansatz von Lampe ist auch nach einer „faktisch-wirtschaftlichen Betrachtungsweise" die Gesellschaftergesamtheit als Vermögensträgerin einzuordnen.

Die Gesellschafter seien die „wirtschaftlichen Eigentümer" des Gesellschaftsvermögens; die Gesellschaft selbst lediglich Mittel zum Zweck der Vermögensinteressen der Gesellschafter.[465]

---

[460] Lampe, Strafrechtsdogmatik und Kriminalpolitik, S. 59 ff.
[461] Lampe, Strafrechtsdogmatik und Kriminalpolitik, S. 75 f.
[462] Lampe, Strafrechtsdogmatik und Kriminalpolitik, S. 75.
[463] Lampe, Strafrechtsdogmatik und Kriminalpolitik, S. 60.
[464] Lampe, Strafrechtsdogmatik und Kriminalpolitik, S. 75 f.
[465] Labsch, JuS 1985, 602, 604. Ähnlich auch Arloth, NStZ 1990, 570, 573, der davon spricht, das Gesellschaftsvermögen sei den Gesellschaftern „in letzter Sicht intern zugeordnet".

Eine faktisch-wirtschaftliche Sichtweise lehnt die formale zivilrechtliche Betrachtung nach dem gesellschaftsrechtlichen Trennungsprinzip der Vermögenssphären ab und hält allein eine an den tatsächlichen ökonomischen Gegebenheiten orientierte Perspektive für entscheidend.[466]

Allerdings darf diese Betrachtungsweise nicht als eine allgemeingültige Auslegungsmethode missverstanden werden.[467] Vielmehr handelt es sich faktisch um eine Zusammenführung zweier Begrifflichkeiten aus den thematischen Spezialproblemfeldern des „faktischen Geschäftsführers" und der Bestimmung des Vermögensschadens nach wirtschaftlichen Gesichtspunkten, in dessen Rahmen häufig eine „wirtschaftliche Betrachtungsweise" erwogen wird.[468]

Auch der Terminus der „wirtschaftlichen Eigentümer" wird nicht selten verwendet – allerdings an anderer Stelle bei der Frage nach etwaigen Grenzen von Einverständniskompetenzen der Gesellschafter.[469]

Berücksichtigt man diese terminologischen Ursprünge und den Umstand, dass es sich bei der „faktisch-wirtschaftlichen Betrachtungsweise" nicht um eine universelle strafrechtsdogmatische, problemübergreifende Methode zur Auslegung handelt,[470] so bleibt, soweit ersichtlich, einzig Labsch,[471]

---

466 Labsch, JuS 1985, 602, 604; vgl. auch Wodicka, Untreue, S. 193 m.w.N.

467 Hierzu instruktiv Flum, Strafrechtlicher Schutz der GmbH, S. 92 ff.; Cadus, Faktische Betrachtungsweise, S. 98 ff.; K. Schmidt in FS-Rebmann, S. 430 ff.; Tiedemann, JuS 1989, 689, 695.

468 Hoffmann, Unternehmensinteresse, S. 90; Wodicka, Untreue, S. 197; vgl. auch Flum, Strafrechtlicher Schutz der GmbH, S. 99 f.

469 Vgl. Wodicka, Untreue, S. 194 f., S. 200, 203; Arloth, NStZ 1990, 570, 573; Brammsen, DB 1989, 1609, 1610, der kritisch bemerkt, dass „mit der Vereinheitlichung von Gesellschafts- und Gesellschaftervermögen die Frage der Vermögensinhaberschaft mit der Frage nach der auf das GmbH-Vermögen bezogenen Dispositionsbefugnis vermengt" werde.

470 S. Fn. 467.

471 Als Begründer einer entsprechenden Betrachtungsweise kann Bruns gelten, der in seiner Habilitationsschrift „Die Befreiung des Strafrechts vom zivilistischen Denken" bereits 1937 ein autonomes Strafrecht mit eigenständiger strafrechtlicher Auslegungsmethodik forderte, die „durch ihre größere Wirklichkeitsnähe gekennzeichnet" sein sollte, S. 7. Bruns lehnt die unveränderte Übernahme des gesellschaftsrechtlichen Trennungsprinzips als rechtsformalistisch und den Ansprüchen der Strafrechtswirklichkeit nicht genügend ab; allerdings beschränkt er sich dabei auf die Situation in der Einmann-GmbH und weist das Gesellschaftsvermögen den

der aufgrund eines faktischen-wirtschaftlichen Begründungsansatzes das Gesellschaftsvermögen der Gesellschaftergesamtheit zusprechen möchte. Andere Autoren, die bezogen auf das untersuchungsgegenständliche Problemfeld eine derartige Sichtweise stützen, verorten diese bei der Frage nach etwaigen Begrenzungen einer gesellschafterlichen Dispositionsbefugnis.[472]

Daher mag es nicht verwundern, dass Labsch bereits am Standort der Vermögenszuordnung jene Argumente vorbringt, die ansonsten von den Vertretern einer „strengen Gesellschaftertheorie" für eine schrankenlose kapitalgesellschafterliche Dispositionsbefugnis angeführt werden.[473]

Allerdings ist relativierend hinzuzufügen, dass Labsch selbst, dem Verlauf seiner folgenden Veröffentlichungen entnehmend, seine Position offensichtlich modifiziert, indem er lediglich bei der Einmann-GmbH den Alleingesellschafter als Vermögensträger anerkennen möchte.[474]

c) Stellungnahme

Die dargestellten Varianten einer strafrechtsautonomen Vermögenszuordnung gleichen sich in ihren rechtlichen Folgen. Folgte man einem derartigen Verständnis von Vermögensträgerschaft der Gesellschaftergesamtheit, so käme eine Untreuestrafbarkeit jedenfalls nicht zulasten der Gesellschaft selbst, sondern allenfalls zulasten ihrer (nicht zustimmenden) Gesellschafter in Betracht, da jene als Vermögensinhaber über eigenes Vermögen im eigenen Namen entschieden. Eine Dispositionsbefugnis wäre jedenfalls nicht durch die Schranke eines gesellschaftsrechtlichen Eigeninteresses begrenzt. Es sprechen jedoch gewichtige Gründe gegen die vertretenen strafrechtsautonomen Ansätze zur Bestimmung des kapitalgesellschaftlichen Vermögensträgers.

Nelles Konzept einer originär strafrechtlichen Vermögenszuordnung erscheint bereits in ihrem methodisch-dogmatischen Ausgangspunkt

---

Gesellschaftern nicht außerhalb von Einmann-Gesellschaften zu, Bruns, Organe, S. 94 ff.

472 Schäfer spricht insofern davon, dass „zentraler Wertungsfragen bloß verlagert" werden, GmbHR 1992, 509, 512.

473 Und die vorliegend auch unter dem dortigen Standort diskutiert werden, s. unter D. II. 3. d).

474 Bei Mehrpersonengesellschaften will Labsch sodann die Gesellschaft als Vermögensträgerin einordnen, dafür aber eine unbegrenzte Dispositionsbefugnis der Gesellschafter annehmen, s. wistra 1985, 1, 7 f.

einer unbeschränkten vermögensbezogenen „Zwecksetzungsbefugnis" der Gesellschafter zweifelhaft.[475] So sieht § 30 Abs. 1 GmbHG eine solche gerade nicht vor; das Stammkapital markiert die Grenze gesellschafterlicher Zugriffsmöglichkeiten. Die Norm spricht deutlich gegen eine uneingeschränkte Entscheidungs- und Handlungsmacht in Bezug auf das Gesellschaftsvermögen. Bei dem Stammkapitalerhaltungsgebot des § 30 Abs. 1 GmbHG handelt es sich, entgegen der Auffassung von Nelles, um eine Verbotsnorm mit der Rechtsfolge der Rückerstattungspflicht nach § 31 GmbHG.[476] Das Normverständnis des § 30 Abs. 1 GmbHG als Sanktionsvorschrift wird vom insoweit eindeutigen Wortlaut und der herrschenden Meinung in Rechtsprechung und Lehre[477] gestützt.

Darüber hinaus kann Nelles Konzept bei Einpersonengesellschaften nicht angewendet werden, ohne dass es zu Konflikten mit dem von ihr angesetzten Kriterium der Individualisierbarkeit kommt.[478] Da sie für eine Anerkennung als Vermögensträger voraussetzt, dass jener über eine nach außen eindeutig erkennbare Identität verfügt, stößt ihre Vermögenszuordnung dann an ihre Grenzen, wenn die Gesellschaftergesamtheit aus nur einer Person besteht, die als Vermögenssubjekt aus einer Außenperspektive nicht von den für sie handelnden Personen zu unterscheiden ist. Eine Lösung für jene Fälle der Personalunion von Handlungs- und Vermögenssubjekt bietet Nelles nicht an, sondern lässt dieses Konfliktfeld unbesprochen offen.

Diese inhaltlich-konzeptionellen Mängel erscheinen bereits zu gewichtig, um das von Nelles entworfene konkrete Modell einer originär strafrechtlichen Vermögenszuordnung befürworten zu können.

Ebenso erweist sich eine „faktisch-wirtschaftliche Betrachtungsweise" als untauglich, um kapitalgesellschaftliches Vermögen strafrechtsspezifisch zuzuordnen:

---

[475] Vgl. zur Kritik an der Prämisse Nelles strafrechtsoriginärer Vermögenszuordnung in Bezug auf eine „Zwecksetzungsbefugnis" auch Wodicka, Untreue, S. 246; Hoffmann, Unternehmensinteresse, S. 149 f.; Lichtenwimmer, Untreueschutz, S. 81 ff.; Schramm, Untreue und Konsens, S. 124 f.; Rönnau in FS-Amelung, S. 255.

[476] Diesen Aspekt führt Birkholz, Untreuestrafbarkeit, S. 116 f. bezogen auf Nelles Konzept einer Vermögenszuordnung weiter kritisch aus.

[477] BGHZ 60, 324, 328; 148, 167, 168 ff.; 157, 72, 74 ff.; Altmeppen, § 30, Rn. 5.

[478] S. zur diesbezüglichen Kritik auch Wodicka, Untreue, S. 246 f.; Rönnau in FS-Amelung, S. 255; Hoffmann, Unternehmensinteresse, S. 150.

Wie bereits angesprochen, handelt es sich bei diesem Ansatz nicht um eine eigenständige strafrechtliche Interpretationsmethode oder einen strafrechtsspezifischen Auslegungsansatz, sondern eine Sichtweise, die zur Problemlösung von Spezialthematiken herangezogen wird. Damit stellt der faktische und wirtschaftliche Aspekte betonende Blickwinkel nichts anderes dar als eine Facette der klassischen normbezogenen, vornehmlich teleologischen, Auslegungsmethodik. Ihren Anwendungsbereich sollte eine derartige Betrachtungsweise dort finden, wo es der Schutzzweck einer Strafnorm zulässt und erfordert, wie es bei der Figur des „faktischen Geschäftsführers" und der wirtschaftlichen Interpretation des Vermögensschadensbegriffs der Fall ist. Eine Ausdehnung dieser Betrachtungsweise auf die Thematik der Vermögenszuordnung würde vielmehr eine Aufweichung gesellschaftsrechtlicher Grundsätze und ein Verkennen der dogmatisch-strukturellen Besonderheiten juristischer Personen bedeuten, ohne dass ein tatsächlicher rechtlicher Anknüpfungspunkt bestünde. Die Vermögenszuordnung knüpft an die rechtlichen Wertungen des Gesellschaftsrechts an; sie kann, muss aber nicht, deckungsgleich ausfallen. Da im Grundsatz von einer (limitierten) Gesellschaftsrechtsakzessorietät des Strafrechts auszugehen ist,[479] aber kein erkennbarer Grund besteht, warum bereits im Rahmen dieser Thematik eine faktisch-wirtschaftliche Perspektive zu einer Überwindung der gegebenen zivilrechtlichen Prinzipien führen sollte, wird diese Sichtweise erst an dem geeigneten Standort der Einverständnisgrenzen und der dort vertretenen „strengen Gesellschaftertheorie" aufgegriffen,[480] in deren Kontext sie schlagwortartig als Argument für eine unbegrenzte kapitalgesellschafterliche Dispositionsbefugnis vorgebracht wird.[481] Dort kann eine faktisch-wirtschaftliche Sichtweise als das wirken, was sie ist: Eine Variante der teleologischen Normauslegung.

Darüber hinaus wäre der Ansatz einer „faktisch-wirtschaftlichen Betrachtungsweise" kaum auf die Rechtsform der AG zu übertragen.[482] Argumentativer Ausgangspunkt dieses Ansatzes ist die wirtschaftliche Eigentümerstellung der Gesellschafter. Jene fußt nach diesem Verständnis

---

479 S. unter C. I.

480 S. unter D. II. 3. d) (Fn. 674).

481 Wodicka, Untreue, S. 200; Hoffmann, Unternehmensinteresse, S. 89, 153 f.; im Ergebnis auch Schramm, Untreue und Konsens, S. 124 f.

482 Vgl. hierzu Hoffmann, Unternehmensinteresse, S. 111.

maßgeblich auf dem umfassenden Weisungsrecht der Gesellschafter gegenüber dem Geschäftsführer. Eine solche Befugnis besteht allerdings nur im GmbH-rechtlichen Kontext gem. § 37 Abs. 1 GmbHG und stellt einen wesentlichen Unterschied zur organisationsrechtlichen Verfassung der AG dar.[483]

Auch der soziologische Ansatz nach Lampe eignet sich, jedenfalls in seiner bisherigen Ausarbeitung, nicht zur strafrechtsautonomen Vermögenszuordnung:

Lampes dogmatischer Ausgangspunkt, juristische Personen als rein rechtliche Konstrukte seien in eigentums- und vermögensbezogener Hinsicht strafrechtlich nicht schutzwürdig, fußt auf einem naturrechtstheoretischen Fundament, das dem geltenden Recht widerspricht. Bereits die positivrechtliche Existenz des § 13 Abs. 1 GmbHG bzw. § 1 Abs. 1 AktG, welche die kapitalgesellschaftliche Rechtsfähigkeit normieren, kann mit einem derartigen Verständnis von Eigentums- und Vermögensschutz nicht in Einklang gebracht werden. Wenn einer juristischen Person die Fähigkeit zugesprochen wird, als eigenständiges Rechtssubjekt im Rechtsverkehr zu agieren und Träger von Rechten und Pflichten sein zu können, muss ihr auch entsprechender strafrechtlicher Schutz zugesprochen werden können, indem sie in den Anwendungsbereich schützender Eigentums- und Vermögensdelikte einbezogen werden kann.

Allerdings bleibt relativierend zu bemerken, dass Lampe nicht den Anspruch hat, das von ihm entworfene Modell auf das geltende Recht anzuwenden; vielmehr sieht er das Potential seines soziologieorientierten Konzepts für ein „künftiges Strafrecht“[484].

Letztendlich kann keiner der dargestellten strafrechtsautonomen Ansätze zur kapitalgesellschaftlichen Vermögensträgerschaft überzeugen. Es zeigt sich bei näherer Betrachtung der Konzepte kein Anlass, von der im Grundsatz anzunehmenden Gesellschaftsrechtsakzessorietät abzuweichen. Damit verbleibt es, auch im Interesse der Einheit der Rechtsordnung, bei der gesellschaftsrechtlich vorgegebenen Vermögenszuordnung. Rechtsgutsinhaberin des von § 266 StGB geschützten Vermögens ist die Gesellschaft selbst.

---

483 S. näher zu den organisationsrechtlichen Unterschieden von GmbH und AG unter D. I. 1. und E. I. 1.

484 Lampe, Strafrechtsdogmatik und Kriminalpolitik, S. 59 im Titel.

3. Fazit

Die Bestimmung einer untreuespezifischen Zustimmungskompetenz sowie der Grenzen einer solchen im kapitalgesellschaftlichen Kontext erfolgt entsprechend dem Prinzip einer limitierten Gesellschaftsrechtsakzessorietät am einschlägigen Gesellschaftsrecht des GmbHG und AktG.

Geschütztes Rechtsgut der Untreue ist allein das Vermögen; ohne Berücksichtigung gesellschaftsrechtlicher Dispositionsverbote und ohne Einbezug etwaiger mitbetroffener Drittinteressen.

Die Vermögenszuordnung ist gesellschaftsrechtsakzessorisch zu bestimmen: Rechtsgutsinhaberin des von § 266 StGB geschützten Vermögens ist die Gesellschaft selbst.

IV. Einverständniskompetenzen im dogmatisch-methodischen Ausgangspunkt

Wie zuvor festgestellt,[485] ist die Gesellschaft als solche Rechtsgutsinhaberin. Die Rechtsgutsinhaberschaft stellt ein „starkes Indiz“[486] für eine Dispositionsbefugnis dar, die stellvertretend für die handlungs- und willensbildungsunfähige Gesellschaft durch ihre Organe ausgeübt wird.

Im Weiteren stellt sich nun die Frage, wie eine derartige kapitalgesellschaftliche Dispositionsbefugnis konkret auszugestalten ist. Bevor sich das nächste Kapitel der detaillierten Analyse der Zuordnung und Begrenzung von Einverständniskompetenzen widmet, wird sich der Thematik zunächst aus einem dogmatisch-methodischen Blickwinkel genähert.

Es gilt dabei vorab zu klären, ob auch in diesem spezifischen Hinblick auf die Bestimmung einer Dispositionsbefugnis eine gesellschaftsrechtsakzessorische Herangehensweise anzusetzen ist. Wie bereits erläutert,[487] wird in dieser Arbeit dem Grundsatz nach von einer (limitierten) Gesellschaftsrechtsakzessorietät ausgegangen. Von diesem Ansatz wird auch in Bezug auf die Ausgestaltung der Rechtsgutsinhaberschaft nicht abgewichen. Nach Kaufmann verhält es sich sogar so, dass das Vermögensinteresse die „Kehrseite“ der Dispositionsschranken darstellt, also

---

[485] S. unter C. III. 2.
[486] Rönnau in FS-Amelung, S. 253.
[487] S. unter C. I.

die Vermögenszuordnung im Rahmen der Rechtsgutsträgerschaft sowie die Bestimmung von Einverständniskompetenzen zwingend einheitlich gesellschaftsrechtsakzessorisch oder strafrechtsautonom zu betrachten sind.[488]

Viel grundsätzlicher aber wird Hohn, der, soweit ersichtlich, als Einziger eine gesellschaftsrechtliche Verfassungsgesetzakzessorietät von Einverständniskompetenzen, also ihre Abhängigkeit von einschlägigen kapitalgesellschaftsrechtlichen Kapitalschutzvorgaben und Kompetenzregimes, dem Grunde nach infragestellt.[489] Dessen Standpunkt wird nun im Folgenden ausgeführt und anschließend kritisch beleuchtet.

1. Grundsätzliche Infragestellung der Verfassungsgesetzakzessorietät

In seinem Beitrag beschäftigt sich Hohn mit den Auswirkungen von Kapitalbindung und Kompetenzverteilung auf das kapitalgesellschaftliche Einverständnis. Die bislang fehlende Problematisierung der Abhängigkeit der „Beachtlichkeit und Grenzen [...] eines solchen Einverständnisses davon, „wie Kapitalbindung und Kompetenzverteilung im jeweiligen Verfassungsgesetz ausgestaltet sind“ beschreibt er als „das wahre Problem“ der Zustimmungsthematik im Kontext von Kapitalgesellschaften.[490]

Erst der „nachrangige Aspekt, wie genau zwischen GmbH und AG wegen unterschiedlicher Kapitalbindungs- und Kompetenzverteilungsvorschriften zu differenzieren sei“, werde von der rechtswissenschaftlichen Lehre diskutiert, sodass von Hohn konstatiert wird, die zur Zustimmungsfrage vertretenen Ansichten setzten unkritisch voraus, „die zitierten Vorschriften des GmbHG und AktG gäben Auskunft über die Beachtlichkeit einer Einverständniserteilung durch die Gesellschafter“.[491]

Diese verfassungsgesetzakzessorische Prämisse der Lehre erachtet Hohn nicht als „Konsequenz einer Gesellschaftsrechtsakzessorietät der Untreuetatbestände“, sondern sieht hierin vielmehr eine Anwendung einer „unvollständigen ultra-vires-Lehre“.[492]

---

[488] Kaufmann, Organuntreue, S. 20.

[489] Überhaupt scheint eine rechtswissenschaftliche Beschäftigung mit diesem von Hohn aufgeworfenen Aspekt bislang nicht erfolgt zu sein.

[490] Hohn in FS-Samson, S. 326.

[491] Hohn in FS-Samson, S. 327.

[492] Hohn in FS-Samson, S. 327.

Den Ansätzen, die im dogmatischen Ausgangspunkt die kapitalgesellschaftliche Einverständnisproblematik verfassungsgesetzabhängig, also gesellschaftsrechtsakzessorisch lösen wollen, sei gemein, dass sie zwingend verfassungsgesetzliche Kompetenzregimes und Kapitalbindungsregeln mit der Figur eines gesellschaftsrechtlichen Eigeninteresses[493] verknüpfen müssten.[494] Das später im Detail zu beleuchtende Konzept eines gesellschaftsrechtlichen Eigeninteresses[495] fungiere insoweit als notwendiges Bindeglied der einschlägigen Theorien und bestimmt nach ihnen letztlich die Reichweite eines etwaigen Einverständnisses.[496]

An dieser Stelle soll und kann die sich im folgenden Kapitel anschließende spezifische Betrachtung jeglicher im Rahmen der Einverständnisfrage vertretenen Ansätze nicht vorweggenommen werden. Vorliegend geht es daher zunächst allein darum, den entsprechenden theoretischen Ausgangspunkt der Diskussion zu hinterfragen. Es genügt daher vorerst die von Hohn getroffene Feststellung, dass die Vertreter, welche die Einverständniskompetenzen und -grenzen gesellschaftsrechtsakzessorisch betrachten wollen, „zu der Verknüpfung von Kapitalerhaltungs- bzw. Kompetenzverteilungsregeln, Eigeninteresse und Einverständnis gezwungen"[497] seien.

Hierin meint Hohn faktisch das Ergebnis einer „unvollständigen" strafrechtsspezifischen ultra-vires-Doktrin zu erkennen[498]: Die als ultra-vires-Lehre beschriebene, aus dem anglo-amerikanischen Verbandsrecht bekannte Definition der Rechte einer juristischen Person nach dem ihr zugeschriebenen Aufgabenkreis wird im deutschen Gesellschaftsrecht überwiegend abgelehnt[499] und erfährt durch die Existenz der Missbrauchsvariante in § 266 Abs. 1 Var. 1 StGB auch im Untreuestrafrecht direkte Ablehnung: Indem das Tatbestandsmerkmal des „Missbrauchs" durch eine Überschreitung des rechtlichen Dürfens im Rahmen des rechtlichen Könnens definiert wird, geht die Missbrauchsvariante von einer möglichen Deckungsungleichheit von Dürfen und Können aus, wohingegen essentielles Element der ultra-vires-Lehre

---

493 Zur Begrifflichkeit s. unter D. II. 4. b) aa).
494 Hohn in FS-Samson, S. 327 f.
495 S. unter D. II. 4. b) und E. II. 4.
496 Hohn in FS-Samson, S. 327.
497 Hohn in FS-Samson, S. 328.
498 Hohn in FS-Samson, S. 327, 330 f.
499 So Hohn in FS-Samson, S. 330 m.w.N.

gerade die vollständige Kongruenz von Dürfen und rechtlichem Können der Organe ist.[500]

Indem aber die gesellschaftsrechtsakzessorischen Ansätze die Dispositionsbefugnis der Gesellschaft für von den verfassungsgesetzlichen Kompetenz- und Kapitalerhaltungsregeln abhängig erklärten, die wiederum das gesellschaftsrechtliche Eigeninteresse als Grenze der kapitalgesellschaftlichen Einverständnismöglichkeit bestimmen, setzten sie gewissermaßen das gesellschaftsrechtliche Können und Dürfen ultra-vires-ähnlich gleich.[501]

Infolge dieser theoretisch-konzeptionellen Verknüpfung von Dispositionsbefugnis, Kompetenz- und Kapitalbindungsnormen sowie gesellschaftsrechtlichem Eigeninteresse können nach Ausführung Hohns die Rechtsgüter der Gesellschaft von einer kompetenzüberschreitenden Handlung eines Organmitglieds nicht mehr betroffen sein, was zu dem paradox anmutenden Ergebnis führe, dass durch die Verschwendung von Gesellschaftsvermögen letztlich nicht mehr die Vermögensinteressen der Gesellschaft berührt würden.[502]

Diese Schlussfolgerung Hohns wiederum kann nur vor dem Hintergrund eines vermeintlich gespaltenen Rechtsgutsverständnisses der gesellschaftsrechtsakzessorischen Theorien verstanden werden:

Die Spaltung des Individualrechtsgutsbegriffs im kapitalgesellschaftlichen Kontext ist nach Hohn darin zu erblicken, dass auch noch dann von einer Rechtsgutsinhaberschaft der Gesellschaft gesprochen werde, wenn ihr keinerlei Dispositionsfreiheit über ihre Rechtsgüter mehr zuerkannt werde; Rechtsgutsinhaberschaft und Dispositionsbefugnis also inkongruent sind.[503] Legitimiert werde dieses spezifische Rechtsgutsverständnis über die erwähnte Verbindung von gesellschaftsrechtlichen Regeln und Eigeninteresse.[504] Indem die Vertreter jener Herangehensweise die Lösung der kapitalgesellschaftlichen Einverständnisfrage nur über diese Verknüpfung finden können, erklärten sie Rechtsgut und Eigeninteresse letztlich zu Komplementärbegriffen.[505]

Hohn drückt es folgendermaßen aus: „Wenn die konkrete Ausgestaltung des Kompetenzgefüges das Maß des Eigeninteresses der jeweiligen

---

500 Hohn in FS-Samson, S. 331.
501 Hohn in FS-Samson, S. 329 ff.
502 Hohn in FS-Samson, S. 329 f.
503 Hohn in FS-Samson, S. 328.
504 Hohn in FS-Samson, S. 328 f.
505 Hohn in FS-Samson, S. 329.

Kapitalgesellschaft festlegt, und das Eigeninteresse wiederum über den autonomen Umgang mit Gesellschaftsgütern bestimmt, können Handlungen, durch die ein Organmitglied seine Kompetenzen überschreitet, nicht die Rechtsgüter der Gesellschaft berühren."[506]

Mit seinem Beitrag kritisiert Hohn die Funktion, welche die gesellschaftsrechtsakzessorischen Ansätze den gesellschaftsrechtlichen Kompetenz- und Kapitalbindungsvorgaben beimessen. Er spricht sich dafür aus, in den genannten Regelungen von GmbHG und AktG ausschließlich Grenzen des erlaubten Risikos als Konkretisierung allgemeiner Schädigungsverbote zu erblicken.[507] Dies läge seinem Verständnis entsprechend näher, als die verfassungsgesetzrelevanten Vorschriften zur Aufstellung von Einverständnisgrenzen heranzuziehen.[508] Statt einer „normtechnisch bedeutend einfacheren Auslegung der Vorschriften aus AktG und GmbHG" wählten die Vertreter der gesellschaftsrechtsakzessorischen Ansätze den „Umweg über das Einverständnis".[509]

Damit sieht sich Hohn inhaltlich bei der Rechtsprechung des II. Zivilsenats und dessen (später ausführlich dargestellten) Existenzvernichtungsrechtsprechung: Verfassungsgesetzliche Kompetenzregimes und Kapitalbindungsnormen sollten als schädigungskonkretisierende Regelsätze im Rahmen des objektiven Tatbestandsmerkmals der Pflichtverletzung Berücksichtigung finden; zwischen Voraussetzungen einer Pflichtverletzung und Grenzen einer Dispositionsbefugnis erübrige sich so eine Unterscheidung.[510]

Dennoch erkennt auch Hohn, dass mit der getroffenen Festlegung der Kompetenz- und Kapitalerhaltungsvorgaben lediglich als Grenzen eines erlaubten Risikos der Einverständnisproblematik im kapitalgesellschaftlichen Kontext nicht abgeholfen wird[511]: Letztlich spricht er sich dafür aus, die Diskussion um die kapitalgesellschaftsrechtliche Einverständnisfrage im dogmatisch-methodischen Ausgangspunkt unabhängig von Kapitalschutzsystem und Kompetenzordnung, also verfassungsgesetzunabhängig und damit strafrechtsautonom, zu führen.[512]

---

506 Hohn in FS-Samson, S. 329.
507 Hohn in FS-Samson, S. 330, 332.
508 Hohn in FS-Samson, S. 330.
509 Hohn in FS-Samson, S. 330.
510 Hohn in FS-Samson, S. 332.
511 Hohn in FS-Samson, S. 332.
512 Hohn in FS-Samson, S. 337.

2. Stellungnahme

Soweit ersichtlich, wird die Prämisse einer gesellschaftsrechtlichen Verfassungsgesetzakzessorietät im spezifischen kapitalgesellschaftlichen Zustimmungskontext tatsächlich alleinig von Hohn hinterfragt.

Seine kritischen Ausführungen hierzu sind jedoch angreifbar und halten den Vorzügen einer verfassungsgesetzakzessorischen Herangehensweise, die das gesellschaftsrechtliche Kapitalbindungs- und Kompetenzsystem zum dogmatisch-methodischen Ausgangspunkt der Einverständnisproblematik macht, nicht stand:

Hohn berücksichtigt zum einen die strukturellen Besonderheiten von juristischen Personen nicht hinlänglich: Aus einer beispielhaften Gegenüberstellung von Wachkomapatienten und Säuglingen als natürlichen und Kapitalgesellschaften als juristischen Personen und der von ihm attestierten Strukturverwandtheit angesichts ihrer gemeinsamen „faktischen Entscheidungsunfähigkeit“ meint er folgern zu können, dass die dogmatisch-strukturellen Mängel von Kapitalgesellschaften nicht mit einer den entscheidungsunfähigen natürlichen Personen vergleichbaren Dispositionsbefugnis ihrer Vertreter einhergehen.[513] Im Gegensatz zu Personensorgeberechtigten stünden die Gesellschafter der Gesellschaft vielmehr als „Fremde“ gegenüber.[514] Den Kompetenz- und Kapitalbindungsvorschriften des Gesellschaftsrechts lasse sich daher nicht in einer den natürlichen Personen vergleichbaren Weise eine aus organschaftlicher Stellvertretung resultierende Dispositionsbefugnis entnehmen.[515] Mit dem dargestellten Vergleich und seiner hierauf basierenden Schlussfolgerung übergeht Hohn jedoch den zuvor selbst aufgezeigten, zwischen natürlichen und juristischen Personen bestehenden wesentlichen Unterschied: Existieren natürliche Personen „vor dem Recht“, so sind juristische Personen „erst dessen Schöpfung“.[516] Definieren erst gesellschaftsrechtliche Regelungen ein gesetzlich-konzeptionelles Konstrukt wie eine Kapitalgesellschaft, erscheint es doch fernliegend, jene nicht als grundlegend für ein kapitalgesellschaftliches Einverständnis anzusehen. Die von Hohn verworfene Verfassungsgesetzakzessorietät erscheint insofern vielmehr als

---

513 Hohn in FS-Samson, S. 333 f.

514 Hohn in FS-Samson, S. 333 f.

515 Hohn in FS-Samson, S. 334. Zur Stellvertretung der Gesellschafter s. unter C. II.

516 So Hohn selbst in FS-Samson, S. 328.

logischer Schluss denn als fehlgeleitete Methode. Vereinfacht zusammengefasst, erscheint es denklogisch näher, zu strafrechtsdogmatischen Zwecken gesetztes, spezielles Recht heranzuziehen als sich auf Interpretationen zu stützen, die sich allein aus dem systemischen Vergleich mit gesetzeskonzeptionell gerade andersartigen Rechtssubjekten ergeben.

Zum anderen kann in diesem Zusammenhang auch Hohns Feststellung in Zweifel gezogen werden, das gesellschaftsrechtliche Eigeninteresse[517] legitimiere das Rechtsgutsverständnis verfassungsgesetzakzessorischer Ansätze, indem Eigeninteresse und Rechtsgut zu „Komplementärbegriffen"[518] erklärt werden. Dies mag im Ergebnis zutreffen und eine Aussage der gesellschaftsrechtsakzessorischen Theorien illustrativ zusammenfassen. Doch ist es weniger die Rechtsfigur eines Eigeninteresses, welche die verfassungsgesetzakzessorische Herangehensweise in ihrem Rechtsgutsbegriff stützt, als es vielmehr die strukturellen-dogmatischen Besonderheiten und das Wesen juristischer Personen selbst sind, aus denen sich ein später genauer zu untersuchendes Eigeninteresse[519] zu ergeben vermag.

Dies leitet zu einem weiteren Kritikpunkt an Hohns Aussagen über: Der Verfasser möchte die kapitalgesellschaftliche Zustimmungsfrage als eine Frage der Konkretisierung allgemeiner Schädigungsverbote verstanden wissen und lehnt den „Umweg"[520] über die Dogmatik von Einwilligung und Einverständnis ab. Angesichts der von ihm dargestellten ultra-vires-ähnlichen Resultate der gesellschaftsrechtsakzessorischen Lehren überzeugt Hohn ein dogmatischer Lösungsweg, in dessen Rahmen dem Kompetenz- und Kapitalerhaltungsregime des Gesellschaftsrechts nicht mehr als die Funktion bloßer Grenzen eines erlaubten Risikos zugesprochen wird.

Was ihn dazu verleitet, einem derartigen Konzept den Vorzug zu geben, lässt sich allerdings genauso gut unter anderem Vorzeichen im Rahmen bestehender Theorien argumentativ anbringen. Denn letztlich geht es um die Frage der Reichweite untreuestrafrechtlichen Schutzes der Kapitalgesellschaft vor ihren eigenen Organen, für die es keiner neuartigen Herangehensweise bedarf, in der bereits theoretisch Vertretenes verhandelt wird. Mit seiner Motivation

---

[517] S. zur Begrifflichkeit unter D. II. 4. b) aa).
[518] Hohn in FS-Samson, S. 329.
[519] S. hierzu unter D. II. 4. b) und E. II. 4.
[520] Hohn in FS-Samson, S. 330.

einer strafrechtsautonomen Betrachtung der Einverständnisproblematik mag Hohn die Diskussion beleben, bietet hingegen keinen überzeugenden Anlass, von der bewährten Form einer verfassungsgesetzakzessorischen Perspektive abzuweichen.

Damit verbleibt es bei der im Grundsatz anzunehmenden und vorab begründeten limitierten Gesellschaftsrechtsakzessorietät,[521] von der auch in diesem spezifischen Unterpunkt nicht abgewichen wird. Folglich wird die Dispositionsbefugnis in ihrem dogmatisch-methodischen Ausgangspunkt gesellschaftsrechtlich bestimmt, sodass sich Zuständigkeit und Grenzen der Dispositionsbefugnis verfassungsgesetzakzessorisch nach gesellschaftsrechtlichem Kapitalschutzsystem und Kompetenzordnung und einem hieraus möglicherweise erwachsenden kapitalgesellschaftlichem Eigeninteresse richten.

V. Zusammenfassung

Die Handlungs- und Willensbildung der an sich handlungs- und willensbildungsunfähigen juristischen Person findet über ihre Organe statt. Erst durch die organschaftliche Beteiligung kann die Kapitalgesellschaft ihren Willen bilden, wie etwa vermögensrelevanten Maßnahmen zustimmen, und entsprechend handeln. Die Gesellschaft selbst ist sodann Zustimmende.

Die Untersuchung untreuespezifischer Zustimmungskompetenzen und -grenzen im Zusammenhang von GmbH und AG folgt dabei im dogmatisch-methodischen Ausgangspunkt dem Konzept der limitierten Gesellschaftsrechtsakzessorietät, wonach sich das Strafrecht grundsätzlich akzessorisch zum Gesellschaftsrecht verhält, in dieser Abhängigkeit jedoch ausnahmsweise limitiert wird, sollten verfassungs- oder strafrechtliche Wertungen entgegenstehen.

Entsprechend wird die kapitalgesellschafterliche Dispositionsbefugnis im Untreuekontext am Maßstab des einschlägigen Gesellschaftsrechts von GmbHG und AktG und damit nach dem jeweiligen gesellschaftsrechtsspezifischen Kapitalschutzsystem und Kompetenzregime bestimmt.

Bezogen auf das Rechtsgut schützt der Untreuetatbestand unmittelbar allein das Vermögen. Gesellschaftsrechtliche Dispositionsschranken oder

[521] S. hierzu C. I.

mitbetroffene Drittinteresse wie Gläubigerbelange gehören nicht zum unmittelbaren Schutzbereich des § 266 StGB.

Rechtsgutsinhaberin des untreuetatbestandlich geschützten Vermögens ist die Gesellschaft selbst; auch die Vermögenszuordnung im kapitalgesellschafterlichen Kontext erfolgt gesellschaftsrechtsakzessorisch; abweichende strafrechtsautonome Konzepte, die zu einer Vermögensträgerschaft der Gesellschaftergesamtheit führen, überzeugen nicht.

Einverständniskompetenzen in der GmbH

Nachdem nun die strafrechtsdogmatischen Grundlagen im Zusammenhang mit der Zustimmungsproblematik behandelt wurden,[522] wird diese im Folgenden – zunächst untreuespezifisch[523] im Kontext der GmbH – konkret betrachtet.

Bevor insofern die möglichen Grenzen eines GmbH-spezifischen Einverständnisses vertieft dargestellt und kritisch beleuchtet werden, bedarf es der Klärung, wem auf welche Weise eine Einverständniskompetenz zugeordnet werden kann.

I. Zuordnung der Einverständniskompetenzen

Dabei geht es um die Fragen, welchem Organ in der GmbH die Zuständigkeit entsprechender untreuestrafbarkeitsausschließender Zustimmungen zuzusprechen ist sowie darum, wie eine derartige Beschlussfassung konkret auszusehen hat.

1. Zuständigkeit

Die Zuständigkeit für die Erklärung eines untreuestrafrechtlich relevanten Einverständnisses richtet sich einer gesellschaftsrechtsakzessorischen

[522] S. unter B. und C.

[523] Die Zustimmungsfrage in Hinblick auf § 299 StGB wird im Rahmen eines gesonderten Kapitels untersucht, s. unter F.

Sichtweise[524] entsprechend nach der gesellschaftsrechtlichen Kompetenzordnung und damit der GmbH-spezifischen Organisation der inneren Willensbildung.[525]

Insofern ergibt sich für die GmbH, die regelmäßig aus den zwei Organen des Geschäftsführers und der Gesellschafterversammlung bzw. der Gesamtheit der Gesellschafter[526] besteht, eine eindeutige Organhierarchie:

Zunächst erlegt der in § 46 GmbHG beschriebene Aufgabenkreis den GmbH-Gesellschaftern eine umfassende Entscheidungsfindung über zentrale geschäftliche Angelegenheiten auf. Neben diesen ausdrücklich geregelten Kompetenzen können sie entsprechend ihrer sog. „Kompetenz-Kompetenz“ gem. § 45 Abs. 1 GmbHG „nahezu alle anfallenden Entscheidungen bis hin zur faktischen Allzuständigkeit an sich ziehen“[527], indem den Gesellschaftern über die Ausgestaltung im Gesellschaftsvertrag erlaubt wird, ihre Zuständigkeiten selbst festzulegen[528]. Auch die Zuständigkeit für Satzungsänderungen wie für Kapitalerhöhung und -herabsetzung sprechen die §§ 53 ff. GmbHG den Gesellschaftern zu. Damit kommt ihnen bei ganzheitlicher Betrachtung des GmbH-rechtlichen Kompetenzregimes die Finanzhoheit „als wichtigster Bestandteil und Ausfluss der Vermögenshoheit“[529] in der GmbH zu.

Als „wichtigste Besonderheit des Organisationrechts der GmbH“[530] (und auf operativer Ebene wesentlicher Unterschied zum Organgefüge in der AG) haben die Gesellschafter gem. § 37 Abs. 1 GmbHG zudem ein umfassendes Weisungsrecht gegenüber der Geschäftsführung inne.[531]

---

[524] Vgl. hierzu C. I und IV.

[525] Gründe für eine Abweichung vom vorliegend verfolgten Konzept einer (limitierten) Gesellschaftsrechtsakzessorietät aus straf- oder verfassungsrechtlichen Gesichtspunkten sind nicht ersichtlich.

[526] So erachten Teile des Schrifttums die Gesellschafterversammlung als Organ, andere wiederum sprechen die Organeigenschaft der Gesellschaftergesamtheit zu und verzichten auf das formelle Erfordernis der „Versammlung“, wobei sich die Differenzierung auf die vorliegende Untersuchung nicht auswirkt. Im Folgenden werden daher beide Bezeichnungen verwendet, ohne dass dies inhaltliche Auswirkungen nach sich zieht. Vgl. hierzu die Nachweise der unterschiedlichen Ansichten bei Hoffmann, Unternehmensinteresse, S. 73, Fn. 250. S. auch Busch, Konzernuntreue, S. 146, Fn. 135.

[527] Rönnau in FS-Amelung, S. 256.

[528] S. hierzu näher Noack/Servatius/Haas/-Noack, § 45, Rn. 1 ff.

[529] Busch, Konzernuntreue, S. 146.

[530] K. Schmidt, Gesellschaftsrecht, § 36 I 2 a.

[531] Hierzu auch Saliger in FS-Roxin, S. 1063 ff.

Die sich aus den gesellschaftsrechtlichen Normen des GmbHG ergebende hierarchische Ordnung[532] zeichnet damit ein deutliches Bild von den Gesellschaftern als „oberstes Organ und Entscheidungszentrum“[533], mithin als das Willensbildungsorgan der GmbH.[534]

Vor dem Hintergrund der grundsätzlichen Dispositivität des GmbH-Gesellschaftsrechts, die „die Herstellung einer fast personalistisch ausgestalteten Binnenstruktur“[535] ermöglicht und dazu führt, dass die GmbH materiell einer Personengesellschaft gleichkommt, wird die Bedeutung der Stellung der Gesellschafter darüberhinausgehend noch betont.

Damit ist in Übereinstimmung mit der allgemeinen Auffassung festzuhalten, dass die Gesellschaftergesamtheit bzw. -versammlung als zuständiges Organ einer etwaigen Einverständniskompetenz gilt[536].[537]

2. Beschlussfassung

Wenn nun geklärt ist, wer für die Erklärung eines Einverständnisses in der GmbH zuständig ist, stellt sich weiter die Frage, wie ein solches erteilt werden muss. Es geht mithin darum, wie eine konkrete Beschlussfassung der GmbH-Gesellschafter aussehen muss, damit eine formelle Wirksamkeit der Zustimmung gegeben ist.

---

532 Tiedemann erkennt ebenfalls die Gesellschafterversammlung als zuständiges Organ zur Erklärung eines kapitalgesellschaftlichen Einverständnisses an, begründet dies jedoch nicht mit der internen Willensbildungskompetenz der GmbH-Gesellschafter, sondern mit deren wirtschaftlicher Vermögensinhaberschaft, ders., Wirtschaftsstrafrecht, Rn. 390. Vgl. auch Rönnau in FS-Tiedemann, S. 717.

533 Raiser/Veil, Recht der Kapitalgesellschaften, § 41, Rn. 2.

534 Der Geschäftsführer ist gem. § 35 Abs. 1 GmbHG gesetzlicher Vertreter der GmbH. Damit geht in der Folge auch eine Willenszurechnung des Geschäftsführerhandelns einher, jedoch beschränkt sich dieses auf die Umsetzung der Gesellschafterentscheidungen und wirkt qualitativ nicht in vergleichbarer Weise willensbildend. Die also in erster Linie ausführende Funktion der Geschäftsführung bestätigt negativ abgrenzend das gefundene Ergebnis der Willensbildungskompetenz der Gesellschafter. Vgl. auch Schweitzer, Eingriffe in das GmbH-Vermögen, S. 265 ff. Ähnlich auch Lichtenwimmer, Untreueschutz, S. 179.

535 Rönnau in FS-Amelung, S. 256.

536 So auch der BGH im „Trienekens“-Urteil, BGHSt 55, 266, 278.

537 Sofern bei der GmbH zwingend oder fakultativ ein Aufsichtsrat eingerichtet ist, wird auf die Ausführungen zum Aufsichtsrat in der AG unter E. I. 1. a) verwiesen.

Maßgeblicher Gegenstand der folgenden Ausführungen werden also die im Zusammenhang mit der GmbH-spezifischen Willensbildung einschlägigen Verfahrens- und Abstimmungsregeln der §§ 47 ff. GmbHG sein. Das Gesellschaftsrecht gibt insofern vor, dass Entscheidungen der Gesellschafter in Gestalt von Beschlüssen zu treffen sind (§ 47 Abs. 1 GmbHG) und diese im Rahmen der Gesellschafterversammlung zu erfolgen haben (§ 48 Abs. 1 GmbHG). Jene wird gem. § 49 Abs. 1 GmbHG vom Geschäftsführer in der in § 51 GmbHG beschriebenen Form einberufen.

Auf gesellschaftsrechtlicher Ebene lassen sich fehlerhafte Beschlüsse in solche bloß anfechtbarer und nichtiger Art unterteilen, wobei erstere bis zur gerichtlichen Erklärung der Unwirksamkeit[538] schwebend wirksam sind, zweitere hingegen bei Geltendmachung der Nichtigkeit eine sofortige Wirkung entfalten.[539] Die Nichtigkeit kann dabei von jedermann eingewandt werden, wohingegen die Anfechtung klageweise von einem Gesellschafter vorgebracht werden muss.[540] Nichtige Beschlüsse können und dürfen vom Geschäftsführer nicht ausgeführt werden.[541]

Ob ein strafrechtliches Einverständnis formell wirksam ist, kann indes im methodischen Ausgangspunkt nicht davon abhängen, ob eine formelle Wirksamkeit des entsprechenden zivilrechtlichen Beschlusses gegeben ist. Vielmehr als um die Frage der Beschlussnichtigkeit geht es bei der untersuchungsgegenständlichen Zustimmungsproblematik im Kern um eine Frage der Willenszurechnung.[542] Nicht jede Beschlussnichtigkeit führt aus strafrechtlicher Perspektive zu dem Versagen der Willenszurechnung. Nach dem Prinzip der limitierten Gesellschaftsrechtsakzessorietät und dem daraus hervorgehenden Konzept der Schutzzweckkongruenz kann aus der

---

538 Die Gesellschafter können den infragestehenden Beschluss auch durch eine neue Beschlussfassung aufheben und so der Anfechtbarkeit abhelfen, s. K. Schmidt, Gesellschaftsrecht, § 36 III 4 b.

539 Hierzu ausführlich K. Schmidt, Gesellschaftsrecht, § 36 III 4 b.

540 K. Schmidt, Gesellschaftsrecht, § 36 III 4 b.

541 Dahingegen besteht bei Unanfechtbarkeit eine unbedingte Folgepflicht. Im Falle noch anfechtbarer Beschlüsse muss nach h.M. der Geschäftsführer eine Abwägung vornehmen, in der er die Wahrscheinlichkeit einer erfolgreichen Anfechtung den Vorteilen einer unverzüglichen Beschlussausführung gegenüberstellt, vgl. instruktiv Wodicka, Untreue, S. 176 f.

542 S. Flum, Strafrechtlicher Schutz der GmbH, S. 146; ebenso unter Bezugnahme auf Flum: Wodicka, Untreue, S. 238 f. Vgl. insoweit auch Labsch, JuS 1985, 602, 605.

zivilrechtlichen Nichtigkeit gesellschaftsrechtlicher Beschlüssen vielmehr nur dann auf die strafrechtliche Unwirksamkeit eines kapitalgesellschafterlichen Einverständnisses geschlossen werden, wenn der Schutzzweck der Vorschrift, die zur zivilrechtlichen Beschlussnichtigkeit geführt hat, mit dem der betroffenen Strafnorm – vorliegend dem Vermögensschutz aus § 266 StGB – übereinstimmt.[543]

Bei der Beurteilung, ob also ein strafrechtliches Einverständnis im Kontext der GmbH beachtlich oder unbeachtlich ist, spielt durch die Übernahme gesellschaftsrechtlicher Wertungen in logischer Konsequenz damit zwar auch die Frage einer Beschlussnichtigkeit analog § 241 Nr. 3 AktG eine Rolle, wenn es um die Schutzrichtung von GmbH-rechtlichem Kapitalschutzsystem und insbesondere von § 30 Abs. 1 GmbHG geht,[544] da die Verletzung des § 30 Abs. 1 GmbHG zur gesellschaftsrechtlichen Nichtigkeit des Beschlusses analog § 241 Nr. 3 AktG führt.

Jedoch kann bereits an dieser Stelle auch ohne weitere thematische Vertiefung festgehalten werden, dass es, aus einem abstrakten und schutzrichtungsunabhängigen, strafrechtlichen Blickwinkel betrachtet, im methodischen Ausgangspunkt der Beurteilung kapitalgesellschaftlicher Einverständnisse nicht auf die zivilrechtlich-formelle Wirksamkeit ankommen darf. Ein entsprechendes strafrechtliches Einverständnis ist nicht unwirksam, weil es gesellschaftsrechtlich nichtig ist, sondern weil der Gesellschafterwille der willensbildungsbedürftigen Gesellschaft nicht zurechenbar ist. Ob und inwieweit eine solche Willenszurechnung erfolgt, hängt sodann von den insoweit definierten Grenzen einer kapitalgesellschafterlichen Zustimmung unter Beachtung der Deckungsgleichheit der betroffenen Normschutzzwecke ab. Aus der gesellschaftsrechtlichen Beschlussnichtigkeit analog § 241 Nr. 3 AktG die strafrechtliche Unwirksamkeit eines untreuespezifischen Einverständnisses abzuleiten, ist nicht nur unter dem Gesichtspunkt des verfassungsrechtlichen Bestimmtheitsgebots des Art. 103 Abs. 2 GG höchst fragwürdig, da insoweit die Problematik um eine strafbarkeitsbegründenden Analogie zulasten des Täters aufkommt[545]; auch bedarf es eines derartigen Umwegs über das Institut

---

543 So auch Schweitzer, Eingriff in das GmbH-Vermögen, S. 284 ff.

544 Zu den GmbH-spezifischen Kapitalschutzvorgaben s. unter D. II. 4. a).

545 S. hierzu Labsch, JuS 1985, 602, 605; Corsten, Einwilligung, S. 96. Vgl. auch Flum, Strafrechtlicher Schutz der GmbH, 146 f. und Wodicka, Untreue, S. 238 f.

der zivilrechtlichen Beschlussnichtigkeit schlicht nicht, beachtet man nur das grundsätzliche Prinzip der Schutzzweckkongruenz.

Mit Blick auf einen derart obsoleten wie problematischen zivilrechtsdogmatischen Ansatzpunkt ist auch das Konzept Vonnemanns zur Beurteilung der formellen Wirksamkeit eines untreuespezifischen Einverständnisses im GmbH-rechtlichen Zusammenhang abzulehnen.[546] Vonnemanns methodischer Ausgangspunkt liegt in der Differenzierung von nichtigen und anfechtbaren Beschlüssen,[547] wobei erstere grundsätzlich zu einer Unwirksamkeit des strafrechtlichen Einverständnisses führten, da insoweit von vornherein kein der Gesellschaft zurechenbarer Wille gebildet würde.[548] In Bezug auf anfechtbare Beschlüsse sei entscheidend, ob die Anfechtungsmöglichkeit tatsächlich genutzt wurde, da die bloße Anfechtbarkeit keine Auswirkungen auf einen Gesellschafterwillen haben könne.[549] Eine derartige konzeptionelle Abhängigkeit der Wirksamkeit eines strafrechtlichen Einverständnisses speziell von der gesellschaftsrechtlichen Unanfechtbarkeit eines Beschlusses führte zum einen zu einer inakzeptablen Rechtsunsicherheit für die Strafgerichte, die den Erfolg bzw. das Ausbleiben einer Beschlussanfechtung zum Ausgangspunkt ihrer untreuespezifischen Bewertungen erklären bzw. abwarten müssten.[550] Zum anderen hinge eine Untreuestrafbarkeit wesentlich von dem Verhalten anfechtungsberechtigter Gesellschafter ab, was in deutlichem Gegensatz zu den insofern abschließenden Antragerfordernissen des Strafrechts (vorliegend § 266 Abs. 2 StGB) stünde.[551] Nicht zuletzt schließt sich eine strafrechtliche Abhängigkeit diesbezüglich auch in Anbetracht des aus Art. 103 Abs. 2 GG und § 1 StGB resultierenden strafrechtlichen Bestimmtheitsgrundsatzes aus, da eine Untreuestrafbarkeit in diesem Falle von einer nach Tathandlung erklärten Beschlussanfechtung bedingt

---

546 Vonnemann, GmbHR 1988, 329.

547 Vonnemann, GmbHR 1988, 329, 330 f., 333 f. Überdies „vermischt Vonnemann formelle mit materiellen Kriterien“, wenn er bspw. die Nichtbeachtung der Sorgfalt eines ordentlichen Kaufmanns als materiellen, anfechtungsberechtigenden Aspekt nennt, so Hoffmann, Unternehmensinteresse, S. 191.

548 Vonnemann, GmbHR 1988, 329, 330.

549 Vonnemann, GmbHR 1988, 329, 334.

550 Vgl. Hoffmann, Unternehmensinteresse, S. 192 f.

551 Dies kritisierend Hoffmann, Unternehmensinteresse, S. 193 und Flum, Strafrechtlicher Schutz der GmbH, S. 186.

würde.[552] Eine derartige Differenzierung eignet sich daher nicht als tauglicher Anknüpfungspunkt für die strafrechtliche Beurteilung der Beachtlichkeit eines tatbestandsausschließenden Einverständnisses.

Es kommen daher allein die gesellschaftsrechtlichen Regelungen der §§ 47 ff. GmbHG als Ansatzpunkt für die Beurteilung der formellen Wirksamkeit strafrechtlicher Zustimmungen in Betracht.

a) Formale Anforderungen an Beschlussfassung

Insoweit kann es als gesichert gelten, dass ein wirksames strafrechtliches Einverständnis gegeben ist, wenn alle Gesellschafter (bzw. der Alleingesellschafter einer Einpersonen-GmbH) zugestimmt haben.[553] In diesem Fall der Einstimmigkeit ist ein förmlicher Beschluss entbehrlich[554].[555]

Problematisch ist dagegen der Ausgang der strafrechtlichen Situation,[556] wenn lediglich die Gesellschaftermehrheit zustimmt.[557] Ob es sodann der

---

552 So auch Flum, Strafrechtlicher Schutz der GmbH, S. 185 f., der insoweit erläutert, warum der diesen Kritikpunkt beseitigende „Ausweg" jeden anfechtbaren Beschluss für strafrechtlich irrelevant zu erachten keine tragfähige Lösung darstellt. Vgl. ferner auch die Ausführungen Hoffmanns in Unternehmensinteresse, S. 193, Fn. 942.

553 Schönke/Schröder/-Perron, § 266, Rn. 21; vgl. auch Fischer, § 266, Rn. 95; Fleck, ZGR 1990, 31, 34 f. Vgl. auch die unveröffentlichte BGH-Entscheidung des 2. Strafsenats vom 18. Oktober 1956 (2 StR 434/56); kritisch zur Einordnung dieser Entscheidung Saliger in FS-Roxin, S. 1066, Fn. 67.

554 Eine abweichende Ansicht, nach der ein Verstoß gegen die förmlichen Vorgaben der §§ 47 ff. GmbHG stets eine strafrechtliche Unwirksamkeit des Einverständnisses zur Folge hat, wird, soweit ersichtlich, lediglich von Richter vertreten, GmbHR 1984, 137, 144.

555 S. etwa Flum, Strafrechtlicher Schutz der GmbH, S. 105 f.; Fleck, ZGR 1990, 31, 34 m.w.N. aus Schrifttum und Rechtsprechung.

556 Gesellschaftsrechtlich betrachtet ist eine von der Gesellschaftermehrheit formlos getroffene Entscheidung unzweifelhaft ein unzulässiger Verstoß gegen die GmbH-rechtlichen Formvorschriften. Vorliegend geht es jedoch um die Frage nach den strafrechtlichen Auswirkungen derartiger Formverstöße.

557 Soweit ersichtlich vertreten einzig Krekeler/Werner, Unternehmer und Strafrecht, 4. Teil, Rn. 1115 und Fischer, § 266, Rn. 95 (jener mit einer nicht nachvollziehbaren Bezugnahme auf das „Trienekens"-Urteil) die Auffassung, dass ein lediglich mehrheitlicher Wille – auch unter Beachtung der förmlichen Beschlussfassungsvorgaben des GmbHG – der Wirksamkeit eines kapitalgesellschaftlichen Einverständnisses nicht genügen kann; es bedarf insoweit stets der Zustimmung aller Gesellschafter bzw. des Alleingesellschafters.

förmlichen Beschlussfassung der Gesellschafterversammlung bedarf oder ob auch ein formloses, materielles Einverständnis genügt, wird, wenngleich bislang noch vereinzelt,[558] kontrovers diskutiert und ist (wohl) höchstrichterlich noch nicht entschieden[559]. Es stehen sich insofern zwei Lager gegenüber, die vorliegend als „formale" und „materiale Einverständnistheorie"[560] vorgestellt werden, wobei im Schrifttum die materiale Sichtweise allem Anschein nach dominiert.

Der formalen Betrachtungsweise entsprechend bedarf es für die strafrechtliche Beachtlichkeit eines Einverständnisses der bloßen Gesellschaftermehrheit eines förmlichen Beschlusses gem. der GmbH-rechtlichen Regelungen der §§ 47 ff. GmbHG.[561]

Mitunter wird als Referenz die Entscheidung des BGH zum Fall „Mannesmann" herangezogen.[562] Der 3. Strafsenat führt in dem dementsprechenden Urteil aus, Voraussetzung für ein strafrechtlich relevantes Einverständnis innerhalb einer AG sei die Zustimmung des Alleinaktionärs oder der Beschluss der Gesamtheit der Aktionäre unter Freiheit von Verstößen gegen Rechtsvorschriften oder einer sich aus sonstigen Gründen ergebenden Unwirksamkeit.[563] Der Aussagewert dieser Ausführungen ist im Kontext der GmbH jedoch begrenzt, da die fundamentalen Unterschiede in der Organisationsstruktur von GmbH und AG eine einfache Übertragung dieser Rechtsprechung auf die GmbH ausschließen.[564] Jedenfalls aber lässt sich der Aussage des 3. Strafsenats, es sei die Zustimmung aller Anteilseigner oder der diese repräsentierende Hauptversammlung erforderlich,[565] entnehmen, dass der Senat jedenfalls eine Zustimmung der bloßen Gesellschaftermehrheit für ausreichend erachtet, sollten die Partizipationsinteressen aller Gesellschafter gewahrt sein. Dies stellt auch der 2. Strafsenat unter Rückgriff

---

558 Gerne wird dieses Thema in der kapitalgesellschaftlichen Zustimmungsproblematik ausgeklammert oder lediglich gestreift.

559 Vgl. BGHSt 55, 266, 279 f. S. insoweit ergänzend noch die Ausführungen Saligers in FS-Roxin, S. 1066, Fn. 67.

560 Diktion nach Saliger in FS-Roxin, S. 1066 in Überschrift.

561 Busch, Konzernuntreue, S. 147 f.; Flum, Strafrechtlicher Schutz der GmbH, S. 172 ff.; Schönke/Schröder/-Perron, § 266, Rn. 21; Tiedemann, Wirtschaftsstrafrecht, Rn. 395; Scholz/-Rönnau, Vor §§ 82 ff., Rn. 10.

562 So etwa Schönke/Schröder/-Perron, § 266, Rn. 21.

563 BGHSt 50, 331, 342.

564 So auch Saliger in FS-Roxin, S. 1066.

565 BGHSt 50, 331, 342 f.

auf das „Mannesmann"-Urteil in seiner 2010 ergangenen Entscheidung im „Trienekens"-Fall klar[566]: Ein Einverständnis der Gesellschaftermehrheit ohne Beteiligung der Minderheitsgesellschafter könne keine tatbestandsausschließende Wirkung entfalten.[567] Es bedürfe jedenfalls der inhaltlichen Befassung der Minderheitsgesellschafter mit der Frage der Pflichtwidrigkeit, da die Gesellschaftergesamtheit Trägerin der Vermögensinteressen der GmbH sei und nur dann von einer tatsächlichen Willensbildung und „einem mehrheitlichen Konsens in der Sache"[568] gesprochen werden könne, wenn alle Gesellschafter hieran beteiligt gewesen seien.[569] Andernfalls drohten Minderheitenrechte der Mitgesellschafter unterlaufen zu werden.[570] Ob aber die Einhaltung der §§ 47 ff. GmbHG insofern notwendig sei, um von einem wirksamen strafrechtlichen Einverständnis ausgehen zu dürfen, könne – mangels Entscheidungserheblichkeit[571] – dahinstehen.[572]

Jedenfalls argumentieren die Vertreter einer „formalen Einverständnistheorie", eine ordnungsgemäße Beschlussfassung, womit namentlich die Einberufung aller Gesellschafter zur Durchführung der Gesellschafterversammlung gemeint ist, sei unabdingbare Voraussetzung für die Bildung eines Organwillens, der strafrechtliche Geltung beansprucht.[573] Die GmbH-organisierte Willensbildung erfordere zwingend das Organhandeln über das Mittel der Beschlussfassung, die daher formalgesetzlich abzulaufen habe. Ansonsten könne gar nicht von einem „einheitlichen, durch Mehrheit bestimmten und geprägten Organwillen"[574] gesprochen werden.

---

566 BGHSt 55, 266, 279 f.

567 Soweit der 2. Strafsenat in der „Trienekens"-Entscheidung Bezug auf das „Mannesmann"-Urteil des 3. Strafsenats nimmt, soll er nach Saliger „in der Sache der formalen Position folgen", in FS-Roxin, S. 1066.

568 Schramm, Untreue und Konsens, S. 125.

569 BGHSt 55, 266, 279 f.

570 BGHSt 55, 266, 280.

571 Saliger wendet dagegen ein, der 2. Strafsenat könne dieser Frage in der Sache nicht ausweichen, da hiermit ein formaler Aspekt betroffen sei, dessen Dahinstehenlassen widersprüchlich sei, wenn sich der Senat im gleichen Zug aber explizit mit der strafrechtlichen Beachtlichkeit von Buchführungspflichtverstößen befasse, s. Saliger in FS-Roxin, S. 1065.

572 BGHSt 55, 266, 279.

573 Flum, Strafrechtlicher Schutz der GmbH, S. 185 ff.; Busch, Konzernuntreue, S. 147 f.

574 Busch, Konzernuntreue, S. 147.

Dahingegen hält die „materiale Einverständnistheorie“ bei Zustimmung der bloßen Gesellschaftermehrheit eine Beachtung der förmlichen Beschlussfassung gem. §§ 47 ff. GmbHG für entbehrlich.[575] Die Wirksamkeit eines untreuespezifischen Einverständnisses hänge nicht von der Form der Entscheidung, sondern allein vom tatsächlich vorliegenden Willen ab. Die Vertreter dieser Auffassung führen argumentativ die Inkongruenz der betroffenen gesetzlichen Schutzzwecke an: So schützen die §§ 47 ff. GmbHG „das Partizipationsinteresse jedes einzelnen Gesellschafters“[576], sodass die Einhaltung der GmbH-rechtlichen Vorschriften zur Beschlussfassung insoweit den Verzicht auf einen allgemeinen Konsens der Anteilseigner kompensiere[577]. Dieser Schutz der Minderheitsgesellschafter auf die Willensbildung in der GmbH Einfluss zu nehmen, ist nicht deckungsgleich mit dem untersuchungsgegenständlichen, von § 266 StGB umfassten Schutzzweck.[578] Da der Untreuetatbestand ausschließlich das Gesellschaftsvermögen schützt,[579] argumentieren die Anhänger dieser materiellen Betrachtungsweise, finde mit der Bedingung der Einhaltung gesellschaftsrechtlicher Formalien eine „unzulässige Rechtsgutsvertauschung“[580] statt.

Hoffmann zieht insoweit in Betracht, den mittelbaren Schutz der Gesellschaftsvermögens als Zweck der §§ 47 ff. GmbHG anzunehmen, indem etwa „die Einhaltung der Vorgaben zu einer optimalen, d.h. das Vermögen der GmbH nicht schädigenden Beschlüssen führen soll“, verwirft dies jedoch mit Blick auf fehlenden Anhaltspunkte aus Entstehungsgeschichte und Systematik der Normen.[581]

Saliger, der sich der Thematik ausführlich und konkret auf den Fall „Trienekens“ bezogen widmet, hält der „formalen Einverständnistheorie“ vor, sie trage „einen untreuefremden Zweck in den Untreuetatbestand, der

---

575 Schramm, Untreue und Konsens, S. 125; Hoffmann, Unternehmensinteresse, S. 194 ff.; Saliger in FS-Roxin, S. 1067 ff.

576 Altmeppen, § 48, Rn. 1.

577 Hoffmann, Unternehmensinteresse, S. 195.

578 Schramm, Untreue und Konsens, S. 125; Hoffmann, Unternehmensinteresse, S. 195 ff.

579 S. unter C. III.

580 Saliger in FS-Roxin, S. 1068.

581 Hoffmann, Unternehmensinteresse, S. 196.

wider der Vorgabe des BVerfG den Vermögensdeliktscharakter der Untreue verformt".[582] [583]

Weiter sieht Saliger in der strafrechtlichen Beachtlichkeit gesellschaftsrechtlicher Formalvorgaben das verfassungsrechtliche Gebot der Vermeidung von Wertungswidersprüchen zur Ausgestaltung spezifischer Sanktionsregelungen verletzt, da die Sanktionierung GmbH-interner Verstöße Aufgabe des Zivilrechts und nicht des dem ultima-ratio-Prinzip unterworfenen Strafrechts sei.[584] Auch stehe die formale Betrachtungsweise in systematischem Widerspruch zu gefestigter Strafrechtsprechung. So habe sich jene in anderen untreuespezifischen Fallgruppen, wie namentlich der Haushaltsuntreue und Kredituntreue, stets „gegen die Kriminalisierung jeglicher, auch formaler Pflichtverletzungen ausgesprochen".[585]

Zuletzt befürchtet Saliger durch die strafrechtliche Pönalisierung der Verletzung formal-gesellschaftlicher Normen und die damit einhergehende Zunahme potentieller untreuetauglicher Konstellationen auch eine drohende Überkriminalisierung im GmbH-Strafrecht und eine dadurch erwachsende Rechtsunsicherheit.[586] Dies widerspreche den verfassungsrechtlichen Geboten der Rechtsunsicherheitsreduktion und Tatbestandspräzisierung.[587]

b) Stellungnahme

Bei genauerer Betrachtung der Diskussion, ob es zur Wirksamkeit eines kapitalgesellschaftlichen Einverständnisses eine formale oder materiale Beschlussfassung bedarf, fallen diverse Widersprüchlichkeiten – insbesondere der formalen Betrachtungsweise – ins Auge:

Zum einen kann die vermeintliche Unbestrittenheit der Wirksamkeit bloß materiell einstimmiger Gesellschafterbeschlüsse nicht nachvollzogen werden. Bei stringenter Verfolgung eines formalen Ansatzes müsste

582 Saliger in FS-Roxin, S. 1068 f.

583 Saliger wirft dem 2. Strafsenat bezogen auf dessen „Trienekens"-Urteil ferner „bloßen Formalismus" vor, wenn er gesellschaftsrechtlichen Befassungsrechten strafrechtliche Relevanz zusprechen möchte, gleichzeitig jedoch die Verletzung von Buchführungspflichten bei einstimmiger oder förmlich mehrheitlicher Beschlussfassung für irrelevant hält, s. Saliger in FS-Roxin, S. 1068 f.

584 Saliger in FS-Roxin, S. 1069.

585 Saliger in FS-Roxin, S. 1069 f.

586 Saliger in FS-Roxin, S. 1070 f.

587 Saliger in FS-Roxin, S. 1071.

die „formale Einverständnistheorie“ auch bei Entscheidungen der Gesellschaftergesamtheit eine Einhaltung der §§ 47 ff. GmbHG fordern. Die im Kontext mit mehrheitlichen Zustimmungen angeführten Argumente der formalen Betrachtungsweise, lediglich durch die Beachtung gesellschaftsrechtlicher Formvorgaben könne der GmbH-interne Minderheitenschutz gewährleistet und nur über diesen ein umfassender Organwille gebildet werden, müssten indes vergleichbar in Bezug auf Zustimmungen der Gesellschaftergesamtheit vorgebracht werden.[588] Dem formellen Ansatz muss mit der Ungleichbehandlung der Konstellationen um Gesellschaftergesamtheit und -mehrheit insoweit Inkonsequenz und fehlendes Problembewusstsein vorgehalten werden. Möglicherweise geht es den Vertretern der formalen Position daher eher um die dahinter verborgene, bislang in diesem Zusammenhang unmittelbar noch nicht thematisierte Verfolgung einer uneingeschränkten Gesellschaftsrechtsakzessorietät. Bei Heranziehung dieses Erklärungsansatzes würde die eigentlich widersprüchliche Ungleichbehandlung der genannten Konstellation um Gesellschaftermehrheit wie -gesamtheit verständlicher: So ist auch im Gesellschaftsrecht eine formlose, d.h. außerhalb des förmlichen Beschlussverfahrens gefasste Entscheidung der Gesellschaftergesamtheit möglich.[589] Auch ohne Beachtung der Formvorgaben liegt in diesem Fall ein Beschluss im Sinne des Gesellschaftsrechts vor; bezogen auf Entscheidungen der bloßen Gesellschaftermehrheit bedeuten die fehlenden Formalitäten der §§ 47 ff. GmbHG jedoch seine Nichtigkeit gem. § 241 Nr. 1 AktG analog.[590] Selbst wenn sich hinter dem formalen Ansatz unproblematisiert also die Frage der strikten Gesellschaftsrechtstreue verbergen sollte, bedürfte es im Weiteren zumindest der Thematisierung der Auswirkungen zivilrechtlicher Nichtigkeit auf die Beachtlichkeit strafrechtlicher Einverständnisse. Jedenfalls aber vermag die unkritische Ungleichbehandlung der „formalen Einverständnistheorie“ von gesellschaftermehrheitlichen und -einheitlichen Zustimmungen so nicht zu überzeugen.

Zum anderen weist auch der oben dargestellte argumentative Unterbau der formalen Auffassung mehrheitliche Entscheidungsfindung betreffend in

---

[588] Diesen Aspekt ähnlich infrage stellend Hoffmann, Unternehmensinteresse, S. 194.

[589] Noack/Servatius/Haas/-Noack, § 48, Rn. 40.

[590] Noack/Servatius/Haas/-Noack, § 48, Rn. 40; näher auch Scholz/-Seibt, § 51, Rn. 26 m.w.N.

ähnlicher Richtung gewisse Widersprüche auf: Wenn es Sinn und Zweck der gesellschaftsrechtlichen Beschlussvorgaben ist, die Partizipationsinteressen der Mitgesellschafter zu wahren, somit Minderheitenschutz zu gewährleisten und über jene Berücksichtigung der Minderheitsgesellschafter, formalisiert in einem ordnungsgemäßen Beschluss, einen Geltung beanspruchenden Organwillen herzustellen, so ist bei genauerer Betrachtung zweifelhaft, ob diesem Schutzzweck, unabhängig von einer Inkongruenz mit dem Schutzzweck des § 266 StGB, bereits denklogisch strafrechtliche Relevanz abgesprochen werden müsste. Der für die formale Position argumentativ ausschlaggebende Minderheitenschutz muss vielmehr in seinem eigenen Sinn und Zweck hinterfragt werden und darf begrifflich nicht bloß substanzlos und schlagwortartig dahinstehen. Das effektivste und wirkmächtigste Recht der Minderheitsgesellschafter im Rahmen ihrer Stellung als Anteilseigner stellt im Kontext der Beschlussfassung die Möglichkeit dar, den gefassten Beschluss im Wege einer Anfechtung auf seine gesellschaftsrechtliche Wirksamkeit prüfen zu lassen.[591] Wenn aber die gesellschaftsrechtliche Wirkung der Anfechtbarkeit,[592] wie oben beschrieben,[593] keinen strafrechtlichen Durchschlag haben darf, da sie im Widerspruch zu den genannten strafrechtlichen Prinzipien steht, ist es unschlüssig im Rahmen der Beschlussfassung indirekt, über das oberbegriffliche Schlagwort des Minderheitenschutzes, hierauf abzustellen. Der die formale Auffassung argumentativ untermauernde Minderheitenschutzzweck der §§ 47 ff. GmbHG verkehrt sich so in seinem eigenen Sinn und Zweck und auf strafrechtlicher Wirkebene betrachtet zum bloßen Selbstzweck. Aus diesem Grund kann die Wahrung von Partizipationsinteressen der Minderheitsgesellschafter auch auf argumentativer Ebene nicht als strafrechtlich berücksichtigenswertes Schutzgut bei der Frage um die Voraussetzungen eines formal wirksamen untreuespezifischen Einverständnisses einfließen.

---

591 Vgl. grundsätzlich zum Beschlussmängelrecht der Aktionäre aus dogmatischer wie rechtspolitischer Perspektive, K. Schmidt, AG 2009, 248 ff.

592 Auch das Abstellen auf die Auswirkungen der zivilrechtlichen Unanfechtbarkeit oder der einer erfolgreichen Anfechtung folgenden Nichtigkeit erscheint problematisch, da man diesbezüglich wieder auf die Kritik eines fehlerhaften dogmatisch-methodischen Ausgangspunkts zurückkommen kann; vgl. insoweit bereits die Darstellung unter D. I. 2. in Bezug auf die Kritik an Vonnemanns Konzept.

593 S. unter D. I. 2.

Diese beobachteten Widersprüchlichkeiten sprechen gegen einen formalen Standpunkt in der Frage der Beachtlichkeit der gesellschaftsrechtlichen Beschlussfassung auf kapitalgesellschaftlicher Zustimmungsebene.

Daneben kommt die „formale Einverständnistheorie“ nicht mit der vorliegend für vorzugswürdig erachteten limitierten Gesellschaftsrechtsakzessorietät überein. Wie zuvor erörtert, decken sich die Schutzzwecke von §§ 47 ff. GmbHG und § 266 StGB nicht. Dem Konzept der limitierten Gesellschaftsrechtsakzessorietät entsprechend verwirft in diesem Fall quasi der „Schutzzweck- oder Rechtsgutsfilter“ die Beachtlichkeit der betroffenen gesellschaftsrechtlichen Formvorgaben für ein strafrechtliches Einverständnis.

Eine ansonsten drohende Deformierung des Vermögensdeliktscharakters des Untreuetatbestands sowie die sich ferner ergebenden, von Saliger analysierten verfassungsrechtlichen Problematiken[594] sprechen im Übrigen gegen die Annahme einer „formalen Einverständnistheorie“.

Zusammenfassend lässt sich somit festhalten, dass die strafrechtliche Wirksamkeit eines untreuetatbestandsausschließenden Einverständnisses im Kontext der GmbH nicht von einer förmlichen Beschlussfassung gem. der §§ 47 ff. GmbHG abhängt; entscheidend ist allein der tatsächlich vorliegende Wille der Gesellschafter entsprechend der „materialen Einverständnistheorie“. Eine Zustimmung der Gesellschaftergesamtheit wird nicht anders als eine solche der gesellschaftsrechtlich erforderlichen Gesellschaftermehrheit[595] behandelt.

3. Fazit

Die Gesellschafterversammlung bzw. -gesamtheit ist zuständiges Organ für die Erklärung eines untreuespezifischen Einverständnisses in der GmbH.

Die strafrechtliche Wirksamkeit eines untreuetatbestandsausschließenden Einverständnisses hängt im Kontext der GmbH weiter nicht von einer förmlichen Beschlussfassung entsprechend den Vorgaben der §§ 47 ff. GmbHG ab; entscheidend ist allein der tatsächlich vorliegende Wille der Gesellschafter.

---

[594] Einzig gegen das Saliger vorgebrachte Argument, die „Kriminalisierung formaler Befassungsrechte“ verstoße gegen das verfassungsrechtliche Gebot der Tatbestandspräzisierung, ließe sich einwenden, dass in der strafrechtlichen Anknüpfung an gesellschaftsrechtliche Formvorgaben gerade eine solche Präzisierung erblickt werden könne, s. Saliger in FS-Roxin, S. 1070 f.

[595] Zum gesellschaftsrechtlichen Mehrheitsprinzip s. § 47 GmbHG.

Eine Zustimmung der Gesellschaftergesamtheit wird damit nicht anders als eine solche der gesellschaftsrechtlich erforderlichen Gesellschaftermehrheit behandelt.

II. Grenzen der Einverständniskompetenzen

Nachdem nun die Zuständigkeit einer kapitalgesellschaftlichen Einverständniskompetenz der Gesellschaftergesamtheit bzw. -versammlung zugesprochen und die formalwirksame Ausgestaltung entsprechender Beschlussfassungen geklärt wurden, können im Weiteren die Grenzen eines untreuespezifischen untreuetatbestandsausschließenden Einverständnisses – zunächst im Kontext der GmbH – vertieft betrachtet werden.

1. Dogmatische Herleitung von Grenzen

Die zugrundeliegende verfassungsrechtliche Möglichkeit der Beschränkung des Rechtsinstituts der Einwilligung wurde vorab hergeleitet.[596]

Ob aber dem Grunde nach auch einem tatbestandsausschließenden Einverständnis Grenzen gesetzt werden können, wird kaum problematisiert, vielmehr unkritisch vorausgesetzt.

Da vorliegend der dualistischen Zustimmungstheorie entsprechend und entgegen einem monistischen Verständnis der Zustimmungsformen das tatbestandsausschließende Einverständnis in Begriff und Bedeutung von der rechtfertigenden Einwilligung zu unterscheiden ist,[597] bedarf es jedoch zumindest der gedanklichen dogmatischen Herleitung der Beschränkbarkeit auch eines Einverständnisses.

Bereits im Rahmen der strafrechtsdogmatischen Betrachtung strafrechtlicher Zustimmungsformen wurde dargelegt, weshalb nur in begrenztem Maße „Wirksamkeitsvoraussetzungen" des tatbestandsausschließenden Einverständnisses pauschalisiert formuliert werden können (einzig grundsätzliche Ausführungen allgemeingültiger Standards konnten vorab abstrakt erfolgen).[598] Das Einverständnis wird vorliegend als ein Produkt tatbestand-

[596] S. unter B. II. 2.

[597] S. hierzu B. I. 2.

[598] Hierzu unter B. I. 2. b) und B. II.

licher Auslegung und Subsumtion verstanden. Schutzgut und Normfunktion bestimmen die konkrete Ausgestaltung dieser Zustimmungskategorie.

Angesichts dieser tatbestandskonkreten Eigenschaften des Einverständnisses und der gesetzessystematischen und normtechnischen Unterschiede der Zustimmungsformen wird teilweise eine Beschränkbarkeit des Einverständnisses abgelehnt.[599] Die dort ausgemachten Differenzen wirkten quasi auf der Ebene der Schrankenziehung fort. Die Gesetzlichkeitsgarantie des Art. 103 Abs. 2 GG verbiete es beim Einverständnis, „Drittinteressen im Wege der den Strafbarkeitsbereich ausweitenden und den Gesetzeswortlaut überschreitenden Interpretation der jeweils konsentierten Tathandlung zu berücksichtigen“[600]. Dahingegen sei dies bei der Einwilligung zulässig, da der Einbezug schrankenziehender Drittinteressen auf jener Ebene infolge einer umfassenden Betrachtung geschützter Rechtsgüter entschieden werde.[601]

Gegen eine grundsätzliche Unbeschränkbarkeit des Einverständnisses sprechen, speziell im untersuchungsgegenständlichen Kontext der Untreue, jedoch verschiedene Gesichtspunkte:

Zum einen wird in der Lehre überzeugend vermehrt auch in Bezug auf das Rechtsinstitut der Einwilligung eine tatbestandsspezifische und damit flexible und sachgerechte Bestimmung von Wirksamkeitsvoraussetzungen und auch -grenzen befürwortet.[602] Ein Verständnis der Einwilligung als ebenso wenig pauschalisierte, standardisierte Zustimmungsform wie das Einverständnis, funktionell orientiert an Normzweck und Schutzgut, schwächt die zuvor genannte argumentative Prämisse kategorischer Unterschiede zumindest ab.

Weiter relativiert sich die Unterschiedlichkeit von „Einwilligung“ und „Einverständnis“ spezifisch am vorliegenden Untersuchungsgegenstand der Untreue. Wie zuvor dargestellt,[603] überträgt der weit überwiegende Teil der

---

[599] Etwa Zipf, Einwilligung und Risikoübernahme, S. 17; ihm zustimmend Lichtenwimmer, Untreueschutz, S. 190 f.; s. auch Einverständnisgrenzen im Drittinteresse generell ablehnend Schönke/Schröder/-Sternberg-Lieben, Vor §§ 32 ff., Rn. 32g, diesen genannten generellen strafrechtsdogmatischen Ausschluss dann aber unkommentiert lassend Schönke/Schröder/-Perron, § 266, Rn. 21 ff. Ferner Sternberg-Lieben, Einwilligung, S. 200 ff.

[600] Mit Bezugnahme auf Zipf, Einwilligung und Risikoübernahme, S. 17, s. Lichtenwimmer, Untreueschutz, S. 190.

[601] Vgl. ferner Sternberg-Lieben, Einwilligung, S. 200 ff.

[602] S. unter B. I. 2. b).

[603] S. unter B. II.

Strafrechtslehre im Kontext von § 266 StGB den Maßstab an „Wirksamkeitsvoraussetzungen" der Einwilligung auf das tatbestandsausschließende Einverständnis angesichts des eindeutig normativen Charakters der Untreue. Es wäre widersprüchlich und inkonsequent in diesem Zusammenhang nicht auch die insoweit in Betracht kommenden und begrenzenden Drittinteressen im Rahmen des Einverständnisses zu berücksichtigen, da sich aus dogmatischem Blickwinkel an der Normativität des Untreuetatbestands auf Ebene etwaiger Grenzen nichts ändert.

Besonders aber wirkt der tatbestandsspezifische Umstand, dass § 266 StGB in Gestalt einer vorliegend vertretenen limitierten Gesellschaftsrechtsakzessorietät eines Rückgriffs auf das Gesellschaftsrecht bedarf, einer aus dogmatischer Perspektive schrankenlosen Einverständnismöglichkeit entgegen. Dem Untreuetatbestand ist es gesetzeskonzeptionell wesenseigen zur Tatbestandsausfüllung an das Zivilrecht anknüpfen zu müssen; der Einwand der Gegenseite, die Berücksichtigung schrankendefinierender Drittinteressen würde im Einverständniskontext die Gesetzlichkeitsgarantie des Art. 103 Abs. 2 GG als Wortlautüberschreitung verletzen, ist deshalb – jedenfalls konkret in Bezug auf § 266 StGB und abstrakt bei vergleichbar rechtsakzessorischen Tatbeständen – abzulehnen. Wenn der Wortlaut eines Tatbestands den rechtsgebietsübergreifenden Zugriff erfordert, mutet es paradox an, sodann bei entsprechender Tatbestandsausfüllung in dieser eine Wortlautgrenzverletzung im Sinne von Art. 103 Abs. 2 GG zu erblicken.[604] Dies gilt gleichwohl in Hinblick auf den gesellschaftsrechtlichen Zugriff zur Ausfüllung von Einverständnisgrenzen. Wenn das tatbestandsausschließende Einverständnis nach der vorliegend und verbreiteten Auffassung faktisch reine Subsumtions- und Auslegungsarbeit konkret bezogen auf ein Tatbestandsmerkmal ist, muss denklogisch Zugang zu dieser Tatbestandsausfüllung bestehen, ohne dass bei dieser tatbestandlichen Konkretisierung etwaige rechtsakzessorische Grenzen künstlich ausgenommen werden.

Soll die Zustimmungsform des Einverständnisses ihrem Wesen nach tatbestandsspezifisch betrachtet werden, Pauschalisierungen angesichts der

---

[604] Ähnlich – allerdings im Kontext der Beschlussnichtigkeit analog § 241 Nr. 3 AktG – argumentierend auch Flum, Strafrechtlicher Schutz der GmbH, S. 146 f. sowie Wodicka, Untreue, S. 239. Vgl. auch Schönke/Schröder/-Hecker, § 1, Rn. 33.

Orientierung an tatbestandlich individuellen Eigenschaften somit versagt werden, können mögliche Grenzen auch nur tatbestandsspezifisch ausgemacht werden. Eine grundsätzlich dogmatische Versagung ihrer Möglichkeit erscheint dann pauschalisierend und widersprüchlich.

Entsprechend ist ebenso wie das Rechtsinstitut der Einwilligung – speziell im untreuestrafrechtlichen Kontext – auch das tatbestandsausschließende Einverständnis aus strafrechtsdogmatischer Sicht begrenzbar.[605]

2. Dogmatische Grenzen

Wie bereits zuvor erwähnt,[606] kommen für die untersuchungsgegenständliche Möglichkeit eines untreuetatbestandsausschließenden Einverständnisses im kapitalgesellschaftlichen Kontext der Untreue potentielle dogmatische Beschränkungen aus dem Straf- wie Gesellschaftsrecht in Betracht.

a) Strafrechtliche Grenzen

Ausdrückliche einfachgesetzliche, originär strafrechtliche Dispositionsschranken – vergleichbar mit denen des § 216 StGB oder § 228 StGB – existieren für die vorliegende untreuespezifische Thematik nicht.[607] Insofern

---

[605] Zu diesem Ergebnis kommt sodann auch Lichtenwimmer, die im untersuchungsgegenständlichen Kontext der Zustimmungsproblematik Dispositionsschranken rechtsdogmatisch aus dem Organhandeln und einem diesbezüglichen Vergleich mit der gesetzlichen Stellvertretung bei natürlichen Personen herleitet: Kann die Gesellschaft als Rechtsgutsinhaberin in Ermangelung ihrer Handlungs- und Willensbildungsunfähigkeit das Einverständnis nicht selbst erklären, sondern ist hierfür auf ihre Gesellschafter als Organ angewiesen, meint Lichtenwimmer, eine Begrenzung der Dispositionsbefugnis rechtsdogmatisch aus dem Handeln als Organ ableiten zu können. Die Gesellschafter seien als treuhändisch Handelnde für die Gesellschaft also deshalb in ihrer Einverständniskompetenz beschränkt, weil sie nicht aus eigenem Recht, sondern aus dem Recht eines Dritten – der Gesellschaft – tätig werden. Zu diesem Ansatz der materiellen Herleitung von Dispositionsschranken aus Organhandeln, s. Lichtenwimmer, Untreueschutz, S. 193 f., S. 275 ff. Für den von Lichtenwimmer vorgeschlagenen Lösungsweg wird vorliegend indes kein Bedürfnis gesehen: Mit den genannten Argumenten wird bereits – im Gegensatz zu Lichtenwimmer – die grundsätzliche Beschränkbarkeit eines untreueausschließenden Einverständnisses bejaht.

[606] S. unter B. II. 2.

[607] S. hierzu auch B. II. 2.

ließe sich jedoch andenken, ob einem allgemeinen Rechtsgedanken entsprechend aus § 228 StGB oder § 138 Abs. 1 BGB eine strafrechtseigene Schranke der guten Sitten abgeleitet werden kann, die sodann eine untreuebezogene Dispositionsbefugnis auf kapitalgesellschaftlicher Ebene zu begrenzen vermag.[608]

Die Überlegung, § 228 StGB[609] einen allgemeinen Rechtsgedanken zu entnehmen und hierauf aufbauend eine strafrechtsoriginäre Grenze der guten Sitten als einverständnisbegrenzendes Element anzuerkennen, scheitert aus verschiedenen Gründen: Zunächst ist bereits die Begrifflichkeit der Sittenwidrigkeit als Generalklausel äußerst unbestimmt und angesichts eines fehlenden einheitlichen Maßstabs hinsichtlich Sittenwidrigkeit bzw. -konformität in unserer pluralistischen Gesellschafts- und Werteordnung kaum bestimmbar. Auch erscheint eine analoge Anwendung des § 228 StGB in Ermangelung einer vergleichbaren Interessenlage ausgeschlossen, da eine Beeinträchtigung jeglicher vermögensbezogener Rechtsgüter nie an die Schwere und Irreversibilität eines Eingriffs in das Schutzgut der körperlichen Unversehrtheit heranreichen würde. Eine derartige strafrechtseigene Schranke über eine entsprechende Anwendung des § 228 StGB übersähe ebenjenen Umstand, dass auf den Schutz von Rechtsgütern höchstpersönlicher Art unter dem Gesichtspunkt der Menschenwürde nicht generell verzichtet werden kann, jedoch bei Vermögensdelikten kein vergleichbarer Grund besteht, eine dortige Dispositionsbefugnis über ihre spezifischen Anforderungen hinaus einzuschränken. Letztendlich würde damit ein nicht zu rechtfertigender Eingriff in die Privatautonomie durch „unangemessene staatliche Bevormundung“[610] erreicht werden.[611] Damit scheidet eine Analogie

---

608 Eine direkte Anwendung des § 228 StGB als potentielle untreuestrafrechtliche Grenze scheitert offensichtlich bereits am eindeutigen Wortlaut.

609 Teilweise wird bereits die Vorschrift des § 228 StGB an sich für verfassungswidrig erachtet. So etwa Sternberg-Lieben, Einwilligung, S. 136 ff.; Rönnau, Willensmängel, S. 173.

610 Jescheck/Weigend, Strafrecht AT, § 34 III 4.

611 Dahingegen trägt das von Lichtenwimmer gegen die analoge Anwendung des § 228 StGB vorgetragene Argument eines Verstoßes gegen Art. 103 Abs. 2 GG nicht, s. Untreueschutz, S. 197. Vgl. hierzu die Ausführungen unter D. II. 1.

zu § 228 StGB als Grundlage einer strafrechtseigenen Schranke guter Sitten bereits aus dogmatischen Gründen unzweifelhaft aus[612].[613]

Ebenso wenig kann die Vorschrift des § 138 Abs. 1 BGB als taugliche Grundlage eines allgemeinen Rechtssatzes herangezogen werden, um eine strafrechtsoriginäre Schranke der Sittenwidrigkeit zu begründen[614] [615]:

Dies lässt sich mit den unterschiedlichen Zwecksetzungen von § 266 StGB und § 138 Abs. 1 BGB erklären. Zöge man den allgemeinen Rechtsgedanken einer Sittenwidrigkeit aus § 138 Abs. 1 BGB heran, um eine mögliche Einverständniskompetenz zu begrenzen, so würde dogmatisch nicht, wie erforderlich dem Schutzzweck des § 266 StGB entsprechend, das individualisierte Vermögensinteresse des Zustimmenden geschützt, sondern vielmehr die Integrität der Rechtsordnung, deren Schutz § 138 Abs. 1 BGB letztlich durch

---

612 Früher vertrat hingegen ein bedeutender Teil der Lehre die Auffassung, dass aus § 228 StGB ein allgemeiner Rechtsgedanke resultiere, der sich als Anknüpfungspunkt einer strafrechtlichen Dispositionsschranke eigne, vgl. hierzu die Nachweise bei Lichtenwimmer, Untreueschutz, S. 196 f., Fn. 887.

613 Mit dem Ergebnis auch Roxin/Greco, AT I, § 13, Rn. 70; Jescheck/Weigend, Strafrecht AT, § 34 III 4; Wodicka, Untreue, S. 282 ff.; Lackner/Kühl, Vor § 32, Rn. 18.

614 So meint aber Fleck, eine Schranke der guten Sitten ausmachen zu können, welche die Gesellschafter in ihrer Dispositionsbefugnis das Gesellschaftsvermögen betreffend beschränkt. Dies begründet Fleck damit, dass in der Sittenwidrigkeit ein anerkannter Nichtigkeitsgrund für Gesellschafterbeschlüsse zu sehen sei mit der Folge, dass der Geschäftsführer einen nichtigen Beschluss nicht auszuführen brauche, s. Fleck, EWiR 1987, 987, 988. In einem späteren Beitrag modifiziert Fleck seine Auffassung dahingehend, dass darüber hinaus auch der Verstoß gegen eine Gesetzesvorschrift außerhalb des GmbH-Rechts, wie bspw. des Steuer- oder Sozialversicherungsrechts, zur Unwirksamkeit einer untreuestrafrechtlichen Einverständniserklärung der Gesellschafter führen soll, s. ZGR 1990, 31, 42 f. Beide Ansätze sind speziell unter dem Aspekt der Erforderlichkeit einer Schutzzweckkongruenz abzulehnen. Zur Kritik an Fleck, s. ferner Flum, Strafrechtlicher Schutz der GmbH, S. 128 f. Eine schutzzweckkonforme Sittenwidrigkeitsschranke hätte bei Geltung der Grenze des § 30 GmbHG bzw. der Existenzgefährdungsverbots überdies keine eigenständige Bedeutung, so Hoffmann, Unternehmensinteresse, S. 169.

615 Vgl. hierzu allerdings die (vereinzelt gebliebene) Entscheidung des LG Bonn vom 15. Januar 1980 (13 R 4/78 IX), in der die Sittenwidrigkeit der Gesellschafterzustimmung über § 138 BGB gerade mit dem Entzug von Haftungskapital bzw. Liquidität und einer damit einhergehenden Gläubigergefährdung sowie mit einem Verstoß gegen die Grundsätze eines ordentlichen Kaufmanns begründet wurde, LG Bonn NJW 1981, 469.

die Begrenzung von Privatautonomie bezweckt[616].[617] Gemäß dem Grundsatz der limitierten Gesellschaftsrechtsakzessorietät erfordert die strafrechtliche Anwendung zivilrechtlicher Normen und Inhalte auch auf Ebene potentieller Schranken einer Dispositionsbefugnis eine Schutzzweckkongruenz. Da jedoch das Zivilrecht über § 138 Abs. 1 BGB den Schutz möglicher Vertragspartner vor rechtsgeschäftlicher Bindung und dadurch der Integrität des Rechtsverkehrs beabsichtigt, kann zur Begründung einer möglichen untreuespezifischen Einverständnisgrenze nicht an eine dem § 138 Abs. 1 BGB entlehnte Sittenwidrigkeit angeknüpft werden.[618]

Dem könnte entgegengebracht werden, dass es in dem hier angeführten Fall aber gerade um die Übertragung eines Rechtsgedankens gehe, d.h. um die Frage, ob von § 138 Abs. 1 BGB ausgehend ein übergeordnetes juristisch-prinzipielles Konstrukt definiert werden kann, dessen Geltung gerade aufgrund seiner gedanklich-theoretischen Überordnung zu der Annahme einer strafrechtseigenen Sittenwidrigkeitsgrenze führt. Das Konzept der Schutzzweckkongruenz könne daher in dem konkreten Kontext bereits rein denklogisch argumentativ keine bzw. nur eine begrenzte Rolle spielen.

Tatsächlich scheint das eigentliche Problem der Unanwendbarkeit einer aus § 138 I BGB abgeleiteten strafrechtsoriginären Sittenwidrigkeitsschranke in der Unterschiedslosigkeit eines derartigen Sittenwidrigkeitsmaßstabs zu

---

616 Vgl. ausführlich zum Schutzzweck des § 138 BGB MüKo-BGB/-Armbrüster, § 138, Rn. 1 ff.

617 Lichtenwimmer nennt unter Berufung auf Sternberg-Lieben als weiteres Argument gegen die Anerkennung einer aus § 138 Abs. 1 BGB hergeleiteten Einverständnisschranke die unterschiedliche Aufgabenkreise der zivilrechtlichen und strafrechtlichen Rechtsordnungen, s. Untreueschutz, S. 199. Wenngleich das Ergebnis für richtig erachtet wird, kann dem angeführten Argument nicht zugestimmt werden: Einen Rückgriff auf § 138 Abs. 1 BGB in dem hier einschlägigen Kontext „bereits aufgrund der unterschiedlichen Aufgaben von Zivilrecht und Strafrecht“ zu verbieten, ist widersinnig, da es zum einen ja gerade darum geht der Norm einen allgemeinen, übergeordneten Rechtsgedanken zu entleihen und ihn für den Anwendungsbereich des Strafrechts fruchtbar zu machen. Zum anderen wäre dann faktisch das gesamte Wirtschaftsstrafrecht gegenstandslos, das, wie bereits wiederholt beschrieben, angesichts seiner gesetzeskonzeptionellen Akzessorietät an das Zivilrecht derartiger Rückgriffe gerade bedarf.

618 Aus dem zuvor genannten Grund einer Schutzzweckinkongruenz kann sich ebenso wenig eine derartige Schranke der guten Sitten über eine entsprechende Anwendung des § 241 Nr. 4 AktG ergeben. Vgl. hierzu auch die Ausführungen zu D. I. 2.

liegen. Indem ein begrifflich wenig konturierter Maßstab zur Begrenzung von Einverständniskompetenzen angelegt würde, bliebe nicht nur die spezifische Schutzrichtung des § 266 StGB außer Betracht, es wäre bereits grundsätzlich dessen viel zu unspezifisches Wesen, dass einer sachgerechten Anwendung auf der konkreten Ebene der vorliegend zu behandelnden kapitalgesellschaftlichen Grenzziehung entgegenstünde. Auch in Bezug auf eine aus § 138 Abs. 1 BGB abgeleitete strafrechtliche Sittenwidrigkeitsschranke läge damit eine in ihrer Unbestimmtheit sachlich nicht zu rechtfertigende Beschränkung einer Einverständnismöglichkeit vor.

Somit bleibt festzuhalten, dass eine strafrechtsoriginäre Schranke der Sittenwidrigkeit, die geeignet ist, die untersuchungsgegenständliche Einverständniskompetenz zu begrenzen, weder aus einem auf § 228 StGB noch auf einem aus § 138 Abs. 1 BGB resultierenden allgemeinen Rechtsgedanken abgeleitet werden kann.

Ein strengerer Maßstab als der soeben verworfene Ansatz einer Sittenwidrigkeitsschranke wird an das kapitalgesellschaftliche Einverständnis, soweit ersichtlich, richtigerweise nicht angelegt[619].[620]

b) Gesellschaftsrechtliche Grenzen

Da vorliegend keine strafrechtlichen Einverständnisschranken für die GmbH-Gesellschafter eingreifen, können im Weiteren potentielle gesellschaftsrechtliche Begrenzungen einer kapitalgesellschaftlichen Zustimmungskompetenz untersucht werden.

Die in diesem Zusammenhang intensiv diskutierte Schranke eines sog. gesellschaftsrechtlichen Eigeninteresses[621] wurde bereits als eine schwerpunktmäßige Thematik im Rahmen dieser Arbeit angekündigt, die für einen

---

619 So auch Hoffmann, Unternehmensinteresse, S. 99 f.

620 Hanft meint darüberhinausgehend, auch eine in der Literatur vertretene Auffassung ausmachen zu können, die eine Grenze der kapitalgesellschaftlichen Dispositionsbefugnis in willkürlichen Vermögensschädigungen oberhalb der Stammkapitalgrenze erblickt, s. Strafrechtliche Probleme, S. 88 ff. Diese „Willkürschranke" lehnt Hanft im Ergebnis zwar ab, jedoch kann bei näherer Betrachtung eine derartige, von Hanft beschriebene eigenständige Literaturmeinung nicht festgestellt werden. Vgl. hierzu die Ausführungen von Hoffmann, Unternehmensinteresse, S. 100, Fn. 422, die die von Hanft angeführten Quellen insoweit einer Überprüfung unterzogen hat und ebenso zu dem zuvor genannten Schluss kommt.

621 S. zur Begrifflichkeit unter D. II. 4. b) aa).

Transfer ins Strafrecht gesellschaftsrechtstypendifferenzierend betrachtet werden muss.[622] Eine intensive Befassung mit der Rechtsfigur des gesellschaftsrechtlichen Eigeninteresses erfolgt im Anschluss an die Darstellung der verschiedenen Ansätze in Literatur und Rechtsprechung, die in Bezug auf die Grenzen einer GmbH-rechtlichen Einverständnisbefugnis vertreten werden. Der nachgeordnete Standort der Untersuchung ist darin begründet, dass die zum Themengegenstand der Dispositionsgrenzen vertretenen, wesentliche Bedeutung einnehmenden „Gesellschaftertheorien" nicht ohne den Komplex um ein gesellschaftsrechtliches Eigeninteresse gedacht werden können, sodass die verknüpfte Darstellung vorliegend methodisch sinnvoll erscheint.

3. Darstellung der vertretenen Auffassungen

Nach der Feststellung, dass allein dem Gesellschaftsrecht potentielle dogmatische Grenzen einer kapitalgesellschaftlichen Einverständniskompetenz zu entnehmen sind, werden im Folgenden die entsprechend vertretenen Auffassungen zur Begrenzung einer Zustimmung im Kontext der GmbH dargestellt.

Dabei bestehen verschiedene Optionen einer theoretischen Differenzierung.[623] Die vorliegende Darstellung orientiert sich an der Rechtsprechungsentwicklung[624] [625], versucht aber dies durch die Bildung theoretischer Kategorien didaktisch übersichtlich zu gestalten, wobei im Wesentlichen

---

622 S. unter B. II. 2.

623 Vgl. insoweit bspw. Kaufmann, Organuntreue, S. 27 ff. und S. 41 ff., der die im Schrifttum vertretenen Ansichten als „Lehre von der umfassenden Unwirksamkeit", „Lehre von der umfassenden Wirksamkeit" und einer dritten differenzierenden Gruppe (wiederum in Untergruppen teilbar) darstellt. Abweichend von der hier gewählten Darstellung der Ansätze zur Grenzziehung vgl. auch Flum, Strafrechtlicher Schutz der GmbH, S. 62 ff.

624 Instruktiv zur Entwicklung der Rechtsprechung zur GmbH-rechtlichen Untreue gegliedert in Zeitabschnitte auch Schweitzer, Eingriffe in das GmbH-Vermögen, S. 106 ff.

625 Zu beachten ist insoweit, dass die einzelnen Entscheidungen in der Rechtsprechung, auch wenn sie häufig aufeinander Bezug nehmen, teilweise in offenem Widerspruch zueinander erfolgten und insofern lange keine stringente Linie auszumachen war. Ebenso Kaufmann, Organuntreue, S. 27 f. Seier/Lindemann sprechen auch von einer „wechselvollen Entwicklung" der höchstrichterlichen Rechtsprechung, s. Achenbach/Ransiek/Rönnau/-Seier/-Lindemann, 5. Teil, 2. Kapitel, Rn. 327. Die einzelnen, insbesondere monographischen, Abhandlungen unterscheiden sich in der Darstellung daher auch erheblich.

vier Positionen auszumachen sind, von denen zwei insoweit mittlerweile als beherrschende Auffassungen im strafrechtlichen Meinungsstand zu bezeichnen sind.[626] Die so dargelegten Ansätze werden, je nachdem, ob die eigene Rechtsposition der Gesellschaft oder die Interessen ihrer Gesellschafter zum Ausgangspunkt genommen werden, als „Körperschafts-“ bzw. „Gesellschaftertheorie“[627] bezeichnet.[628]

Dabei ist zu beachten, dass die Rechtsfigur eines gesellschaftsrechtlichen Eigeninteresses[629] wesentlicher Argumentationstopos des als „eingeschränkter Gesellschaftertheorie“ bezeichneten Ansatzes ist. Aufgrund der für den Untersuchungsgegenstand einnehmenden Rolle jenes Rechtskonstrukts erfolgt die Untersuchung eines derartigen Eigeninteresses vertieft in einem eigenen Unterpunkt.[630] Daher wird jener Ansatz in der folgenden überblicksartigen Darstellung zunächst nur in den wesentlichen Zügen und ohne vertiefte kritische Würdigung skizziert. Auch die „strenge Gesellschaftertheorie“ kann erst im Anschluss an die kategorische Übersicht detailliert betrachtet werden, da sich ihr theoretischer Gehalt erst in Abgrenzung zur „eingeschränkten Gesellschaftertheorie“ offenbart. Hierfür werden die beiden gesellschaftertheoretischen Ansätze in ihren spezifischen Unterschieden, namentlich ihrem konträren Schutzzweckverständnis des gesellschaftsrechtlichen Kapitalschutzsystems, gegenübergestellt.[631]

Ihre kritische Würdigung erfahren sie sodann aus den genannten systematischen Gründen erst zum Ende dieses Kapitels. Lediglich die „Körperschaftstheorien“ können bereits in der folgenden Darstellung erschöpfend kritisch betrachtet (und verworfen) werden.

a) „Strenge Körperschaftstheorie“

Der hier als „strenge Körperschaftstheorie“ dargestellte Ansatz stellt die Auffassung des Reichgerichts dar[632]; der BGH vertrat diese in den Anfängen

[626] So auch Rönnau in FS-Amelung, S. 249.
[627] Terminologie nach Schünemann, LK/-Schünemann, § 266, Rn. 249.
[628] Kasiske, wistra 2005, 81.
[629] S. zur Begrifflichkeit unter D. II. 4. b) aa).
[630] S. unter D. II. 4. b).
[631] S. unter D. II. 4.
[632] S. etwa RGSt 42, 278, 283 f.; 69, 203 ff.; 71, 353, 355.

seiner Rechtsprechung[633].[634] Hiernach konnten die Gesellschafter eine Schädigung des Gesellschaftsvermögens nicht gestatten, sodass eine Dispositionsmöglichkeit in Gestalt eines tatbestandsausschließenden Einverständnisses grundsätzlich ausgeschlossen war.[635] Damit stellte praktisch jeder Vermögenseingriff in das Gesellschaftsvermögen außerhalb der nach § 29 Abs. 1 GmbHG erlaubten Gewinnentnahme eine strafbare Untreue dar[636].[637] Selbst ein nach gesellschaftsrechtlichen Maßstäben zulässiges Einverständnis wurde damit als strafrechtlich irrelevant eingestuft, wenn

---

633 S. BGHSt 3, 32, 40. Vgl. auch die Entscheidung BGHSt 3, 23 ff., die in Entsprechung zu RGSt 42, 278 ff. und unter Verweis auf die reichsgerichtlichen Entscheidungen eine strafrechtlich relevante kapitalgesellschafterliche Zustimmung angesichts eines umfassenden gesellschaftsrechtlichen Eigeninteresses ausschließt, das sich in dem betreffenden Urteil jedoch nicht auf den Erhalt des Gesellschaftsvermögens außerhalb des § 29 Abs. 1 GmbHG, sondern auf die Beachtung der geschäftsmännischen Sorgfalt aller Gesellschaftsorgane bezieht.
Wohl auch in BGHSt 9, 203 ff. wird eine streng körperschaftliche Sichtweise höchstrichterlich gestützt. Teilweise wird in der Literatur angenommen, der BGH habe in jenem Urteil das Stammkapitalerhaltungsgebot des § 30 Abs. 1 GmbHG als maßgebliche Dispositionsschranke anstelle des § 29 Abs. 1 GmbHG anerkannt, so etwa Kaufmann, Organuntreue, S. 29; Vonnemann, GmbHR 1988, 329, 331 f. Wenngleich jene Entscheidung eine gewisse Verwirrung in der Fachwelt verursacht(e), kann ihr ein derartiger Aussagegehalt und ein Abweichen von der bisherigen Rechtsprechungslinie so nicht entnommen werden, s. instruktiv zu den Gründen Schweitzer, Eingriffe in das GmbH-Vermögen, S. 108 f. Hoffmann konstatiert diplomatisch, dass mit dieser Entscheidung jedenfalls die Dispositionsgrenze des § 30 Abs. 1 GmbHG deutlich in den Vordergrund rücke, dies., Unternehmensinteresse, S. 80. Dies mag sich im Ansatz – wenn auch unter dem Vorzeichen des § 246 StGB – bereits in BGHSt 3, 32 ff. angedeutet haben.
Anders wiederum Kasiske, wistra 2005, 81, 82, der meint, der BGH sei der streng körperschaftlichen Auffassung des Reichsgerichts allein in BGHSt 34, 379 ff. gefolgt, da eine Untreuestrafbarkeit ansonsten auf solche Fälle begrenzt worden sei, in denen der Vermögenseingriff existenzgefährdenden Charakter gehabt habe.

634 Die wesentlichen Urteile prägnant zusammenfassend Kaufmann, Organuntreue, S. 28 ff. Ebenfalls übersichtlich Hoffmann, Unternehmensinteresse, S. 78 ff.

635 Die älteren zitierten Urteile betreffen insoweit noch die GmbH-rechtliche Untreue gem. § 81a GmbHG; die neueren Entscheidungen beziehen sich dahingegen bereits auf § 266 StGB.

636 Kasiske, wistra 2005, 81, 82.

637 In seinen späteren Entscheidungen (namentlich RGSt 71, 353, 355 f.) statuierte das Reichsgericht darüberhinausgehend auch das gesellschafterliche Verbot der Vereitelung bzw. Gefährdung der Liquidität der Gesellschaft.

es über den Bilanzgewinn hinausgehende Vermögenswerte betraf, selbst wenn diese nicht gem. § 30 Abs. 1 GmbHG gebunden waren.

Gegen eine derart strikte Ablehnung spricht die völlige Ausklammerung des Umstands, dass die wirtschaftliche Zwecksetzung von den GmbH-Gesellschaftern getroffen wird bzw. jenen ausweislich ihrer Liquiditätsbefugnis gem. § 60 Abs. 1 Nr. 2 GmbHG die Rechtsmacht zukommt, die Gesellschaft aufzulösen; der Gesellschaft wird so ein absolut geschütztes Eigeninteresse[638] zugestanden, das der wirtschaftlichen und gesellschaftsrechtlichen Realität in derart absoluter Form nicht entspricht. Auch die Einheit zivil- und strafrechtlicher Rechtsordnung sowie das im Strafrecht geltende ultima-ratio-Prinzip sprechen klar gegen eine streng körperschaftliche Sichtweise.

Ferner ist das streng körperschaftstheoretische Normverständnis von § 29 Abs. 1 GmbHG abzulehnen[639]: Von § 29 Abs. 1 GmbHG wird lediglich der Anspruch der Gesellschafter auf Auszahlung des erwirtschafteten Gewinns normiert. Ein Auszahlungsverbot enthält die Norm ausweislich ihres Wortlauts – im Gegensatz zum insoweit deutlichen § 30 Abs. 1 GmbHG – nicht. Der fehlende Sanktionscharakter des § 29 Abs. 1 GmbHG bestätigt sich auch mit Blick auf die aktienrechtliche Kapitalerhaltungsvorschrift des § 57 Abs. 1 GmbHG: Jene Norm verbietet jedwede Auszahlung an die Aktionäre außerhalb eines geordneten Gewinnverwendungsverfahrens – eine Regelung, die sich im GmbHG gerade nicht findet, woraus schlussfolgernd geschlossen werden kann, dass Vermögensdispositionen, die über § 29 Abs. 1 GmbHG hinausgehen jedenfalls nicht grundsätzlich unzulässig sein können.

In Anbetracht der Rechtsprechungsentwicklung ist diese Theorie jedenfalls im Kontext der GmbH praktisch bedeutungslos geworden und wird in der Lehre, soweit ersichtlich und anders als im später zu vertiefenden Fall der AG,[640] auch nicht mehr vertreten.

---

[638] Zum gesellschaftsrechtlichen Eigeninteresse s. die detaillierten Ausführungen unter D. II. 4. b).

[639] S. hierzu Schweitzer, Eingriffe in das GmbH-Vermögen, S. 143.

[640] S. unter E. II. 1.

b) „Eingeschränkte Körperschaftstheorie"

Im Jahr 1987[641] vollzog die höchstrichterliche Strafrechtsprechung[642] – unter erheblicher Kritik aus der Lehre[643] – einen aufsehenerregenden Wandel in Bezug auf die Beurteilung gesellschafterlicher Dispositionsbefugnisse im GmbH-rechtlichen Kontext[644].[645]

Fortan sollte nach Auffassung des BGH ein untreuebeseitigendes Einverständnis der Gesellschafter möglich sein, solange es den Anforderungen genügte, die die Sorgfalt eines ordentlichen Geschäftsmanns im Sinne von § 43 Abs. 1 GmbHG erforderte bzw. es nicht gegen zwingende gesellschaftsrechtliche Vorschriften verstoße.[646] Damit war ein Einverständnis nur dann untreueausschließend, wenn der Geschäftsführer nicht gegen die Kapitalerhaltungsvorschriften verstieß, aber auch nicht gegen weitere zwingende Vorschriften wie beispielsweise formelle Buchführungspflichten.

Mit dem Sorgfaltsmaßstab des § 43 Abs. 1 GmbHG wurde die Gesellschafterversammlung allerdings an eine Norm gebunden, die ausweislich ihres Wortlauts gerade nicht für die Gesellschafter gelten soll[647]; jene sind allein an die Kapitalerhaltungsvorschriften der §§ 30 ff. GmbHG gebunden. Auch ist in diesem Zusammenhang die sich im Umkehrschluss aus § 43 Abs. 3 S. 3 GmbHG ergebende GmbH-spezifische Möglichkeit einer Haftungsfreistellung des Geschäftsführers durch die Gesellschafter als

---

641 Bereits in der unveröffentlichten Entscheidung des BGH vom 29. Januar 1964 (2 StR 485/63) wurden die Dispositionsgrenzen höchstrichterlich bereits dahingehend konkretisiert, dass Zustimmungen der GmbH-Gesellschafter strafrechtlich irrelevant sind, wenn diese gegen zwingendes Recht oder die Grundsätze eines ordentlichen Geschäftsmannes verstoßen. Dennoch wird in der Literatur stets das Urteil BGHSt 34, 379 ff. als maßgebende Entscheidung für eine „eingeschränkte Körperschaftstheorie" zitiert. S. auch Kohlmann in FS-Werner, S. 392 f.

642 BGHSt 34, 379 ff.

643 So etwa Vonnemann, GmbHR 1988, 329 ff.; Hellmann, wistra 1989, 214 ff.; Reiß, wistra 1989, 81 ff.

644 Müller-Christmann/Schnauder bezeichnen diese Entscheidung rückblickend als „Höhepunkt einer Fehlentwicklung", dies., JuS 1998, 1080, 1083.

645 Bemerkenswert machte die Entscheidung BGHSt 34, 379 auch der Umstand, dass eine gesellschafterliche Zustimmung im Untreuekontext der GmbH erstmalig ausdrücklich auf Ebene des Tatbestands unter dem Merkmal der Pflichtwidrigkeit und nicht mehr erst im Rahmen der Rechtswidrigkeit geprüft wurde.

646 BGHSt 34, 379, 385.

647 S. Schweitzer, Eingriff in das GmbH-Vermögen, S. 144.

eindeutige gesellschaftsrechtliche Wertung zu berücksichtigen.[648] Lässt der Geschäftsführer den Sorgfaltsmaßstab eines ordentlichen Kaufmanns bei Vornahme einer Maßnahme außer Acht, können die Gesellschafter mit ihrer Zustimmung die grundsätzlich vorgesehene Auslösung einer Ersatzpflicht konsentieren. Dem lässt sich entnehmen, dass auch in gesetzessystematischen Hinblick die GmbH-Gesellschafter gerade nicht vom Maßstab des § 43 Abs. 1 GmbHG betroffen sein sollen.

Faktisch unterschied sich die eingeschränkt körperschaftliche Sichtweise jedoch nur in formaler Hinsicht von der zuvor etablierten „strengen Körperschaftstheorie": So lässt eine Beschränkung der Einverständniskompetenz auf ohnehin gesellschaftsrechtlich Gebotenes ein strafrechtliches Einverständnis obsolet werden, da insoweit keine Pflichtwidrigkeit besteht, die tatbestandsausgeschlossen werden könnte.[649] Die Gesellschafter können dem Geschäftsführer nichts erlauben, was ohnehin erlaubt ist.[650]

Ferner droht der Ansatz einer „eingeschränkten Körperschaftstheorie" infolge von Rechtsgutsvertauschungen, den Untreuetatbestand zur „Superverbotsnorm" mutieren zu lassen, wenn Normen, die eine interne Pflichtwidrigkeit begründen, trotz Schutzzweckinkongruenz ein kapitalgesellschaftliches Einverständnis für irrelevant erklären.[651]

Auch die eingeschränkt körperschaftliche Sichtweise wird im Kontext der GmbH nicht mehr vertreten[652] und kann damit – angesichts der dargestellten Kritikpunkte berechtigterweise – als überholt gelten.

---

[648] S. Hoffmann, Unternehmensinteresse, S. 168 m.w.N.

[649] Vgl. auch Achenbach/Ransiek/Rönnau/-Seier/-Lindemann, 5. Teil, 2. Kapitel, Rn. 329, die davon sprechen, dass der BGH mit der Entscheidung „das Institut der Einwilligung praktisch aufgehoben hat".

[650] Hohn in FS-Samson, S. 319.

[651] Vgl. Rönnau in FS-Tiedemann, S. 718 f.

[652] Zu verweisen ist indes auf die von Wilhelm entwickelte „Organhaftungslehre", Wilhelm, Rechtsform und Haftung, S. 336 ff. Ihre wesentliche Aussage lautet den Kontext kapitalgesellschaftlicher Zustimmungen betreffend: Die den Gesellschaftsorganen zugewiesenen Tätigkeiten stellen stets fremdbezogene Machtausübung dar, da die Gesellschaft als eine von ihren Organen unabhängige, selbstständige Rechtsperson begriffen werden muss. Jede fremdbezogene Machtausübung ist pflichtgebunden. Als Sorgfaltsmaßstab der Vermögensverwaltung durch die Organe ist § 43 Abs. 1 GmbHG heranzuziehen, der insoweit als Dispositionsgrenze an alle Gesellschaftsorgane gleichermaßen anzusetzen ist, sodass auch die Gesellschafter bei Einverständniserklärungen die Anforderungen an einen ordentlichen Geschäftsmann erfüllen müssen, um ihrer Zustimmung

c) „Eingeschränkte Gesellschaftertheorie"

Weniger eindeutig kann der konkrete Zeitpunkt bestimmt werden, in dem die höchstrichterliche Rechtsprechung begann, den Ansatz einer sog. „eingeschränkten Gesellschaftertheorie" zu verfolgen. Größtenteils wird ein erster Schritt in diese Richtung in der Grundlagenentscheidung aus dem Jahr 1988[653] verortet[654]; andere sehen erst mit einer BGH-Entscheidung aus dem Jahr 1999[655] eine eingeschränkt gesellschaftertheoretische Sichtweise höchstrichterlich etabliert[656].[657] Jedenfalls aber kann festgehalten werden, dass die mit der „eingeschränkten Gesellschaftertheorie" gezogenen untreuespezifischen Grenzen gesellschafterlicher Dispositionsbefugnisse nunmehr in ständiger Rechtsprechung vertreten werden.[658]

---

strafrechtliche Gültigkeit zu verschaffen. Näher zu Wilhelms „Organhaftungslehre" und der rechtsdogmatischen Herleitung des Maßstabs von § 43 Abs. 1 GmbHG als Einverständnisgrenze s. Vonnemann, GmbHR 1988, 329, 332 f., auch Hoffmann, Unternehmensinteresse, S. 97 ff., 167 ff, jeweils ablehnend.

653 BGHSt 35, 333 ff. Zwar bezeichnete der 3. Strafsenat, der erst im Jahr zuvor die Grundsätze eines ordentlichen Kaufmanns zum wesentlichen Maßstab einer GmbH-rechtlichen Zustimmung erklärt hatte, formell seine Entscheidung BGHSt 35, 333 im amtlichen Leitsatz als „Fortführung" von BGHSt 34, 379. Materiell stellt die Entscheidung vielmehr eine „Kehrtwende" dar, da die Sorgfalt eines ordentlichen Kaufmanns explizit für unbeachtlich in Bezug auf die Begrenzung der kapitalgesellschafterlichen Dispositionsbefugnis befunden und das Kriterium der Existenzgefährdung erstmalig ausdrücklich für insoweit entscheidend erklärt wird, vgl. Brammsen, DB 1989, 1609.

654 Rönnau in FS-Amelung, S. 249.

655 BGH, Urteil vom 20. Juli 1999 – 1 StR 668/98 (NJW 2000, 154).

656 So etwa Hohn in FS-Samson, S. 319 f., der angesichts der in BGHSt 35, 333 noch unklaren Einordnung der untreuespezifischen Zustimmung der Gesellschafter hinsichtlich Prüfungsstandort (Anmerkung der Verfasserin: Das Problem der Gesellschafterzustimmung wurde anders als noch in BGHSt 34, 379 nicht im Rahmen der Pflichtwidrigkeit, sondern unter dem Tatbestandsmerkmal des Vermögensschadens abgehandelt) und Rechtsnatur sowie der nachfolgenden teilweise unspezifischen BGH-Rechtsprechung durch Aufstellung eingeschränkt körperschaftstheoretisch anmutender Kriterien zur Dispositionsbegrenzung meint, „erst von der Entscheidung BGH NJW 2000, 154 wird man einigermaßen sicher sagen können, es handele sich um das Bekenntnis zu einer eingeschränkten Gesellschaftertheorie".

657 Weitere Nachweise aus der Rechtsprechung finden sich bei Achenbach/Ransiek/Rönnau/-Seier/-Lindemann, 5. Teil, 2. Kapitel, Rn. 322, Fn. 762. Zu bemerken ist allerdings, dass Seier/Lindemann die Begrifflichkeiten um „strenge" und „eingeschränkte Körperschaftstheorie" zu verwechseln scheinen, vgl. Rn. 320.

658 S. Nachweis in Fn. 759.

Nach diesem Ansatz kann der Schädigung von Gesellschaftsvermögen grundsätzlich die Pflichtwidrigkeit durch Einverständnis der GmbH-Gesellschafter genommen werden, solange gewisse gesellschaftsrechtlich normierte Grenzen eingehalten werden. Zum einen findet die Vermögensdisposition ihre Grenze dann, wenn hierdurch eine Unterbilanz der Gesellschaft hervorgerufen wird, also gegen die Vorschriften der Kapitalerhaltung gem. §§ 30 ff. GmbHG verstoßen wird. Zum anderen darf das Einverständnis der GmbH-Gesellschafter die Existenz der Gesellschaft nicht gefährden bzw. vernichten. Diesen beiden Aspekten wird sich im weiteren Verlauf der Arbeit noch vertieft gewidmet.[659]

Ein großer, wenn nicht der überwiegende Teil des Schrifttums hat sich der „eingeschränkten Gesellschaftertheorie" angeschlossen,[660] wobei die Auffassungen zur exakten Grenzziehung variieren: Teilweise wird ausschließlich auf das Gebot der Stammkapitalerhaltung gem. § 30 Abs. 1 GmbHG abgestellt,[661] teils auch allein das Kriterium der Existenzgefährdung oder -vernichtung als maßgebend angesehen[662].[663]

Begründet wurde die eingeschränkt gesellschaftheoretische Auffassung früher zumeist mit der eigenen Rechtspersönlichkeit der GmbH; heute wird insoweit vermehrt auf Drittinteressen, namentlich der Gläubiger, sowie öffentliche Interessen abgestellt.[664] Insbesondere aber soll ein gesellschaftsrechtliches Eigeninteresse, also ein eigenes Interesse der GmbH an ihrem Bestand,

---

[659] S. unter D. II. 4 a).

[660] S. nur die zahlreichen Nachweise bei Hoffmann, Unternehmensinteresse, S. 100, Fn. 423 oder Achenbach/Ransiek/Rönnau/-Seier/-Lindemann, 5. Teil, 2. Kapitel, Rn. 322, Fn. 762, die selbst der „eingeschränkten Gesellschaftertheorie" zuzuordnen sind, s. Hoffmann, Unternehmensinteresse, S. 175 f., 203 ff. und Achenbach/Ransiek/Rönnau/-Seier/-Lindemann, 5. Teil, 2. Kapitel, Rn. 332.

[661] S. Kaufmann, Organuntreue, S. 125 ff., 153 ff.; Busch, Konzernuntreue, S. 167, 176 (allerdings mit der Herabsetzung auf das Mindeststammkapital, s. dazu die Ausführungen unter D. II. 4. a) aa)); Höf, Untreue im Konzern, S. 49 ff., 82; Kohlmann in FS-Werner, S. 404; Brammsen, DB 1989, 1609 ff.; Radtke, GmbHR 1998, 361, 364 ff. S. ferner Fn. 745 m.w.N.

[662] So etwa Wodicka, Untreue, S. 265 ff.; Auer, Gläubigerschutz, S. 211, 220 f. S. ferner Fn. 746 m.w.N.

[663] Mitunter wird das Schlagwort der „Existenzgefährdung" auch als Oberbegriff verstanden, unter den auch die Verletzung des § 30 Abs. 1 GmbHG fällt, vgl. BGH StV 2014, 88, 90 und Achenbach/Ransiek/Rönnau/-Seier/-Lindemann, 5. Teil, 2. Kapitel, Rn. 332, Fn. 791. Vgl. auch LK/-Schünemann, § 266, Rn. 252 ff.

[664] Rönnau in FS-Amelung, S. 249 f. m.w.N. S. insoweit auch die Rechtsprechungsnachweise bei Hoffmann, Unternehmensinteresse, S. 85, Fn. 320–322.

bestehen, das die Begrenzung der Dispositionsbefugnisse ihrer Gesellschafter legitimiert. Ob bzw. in welchem Umfang der Gesellschaft ein derartiges Interesse zugestanden werden kann, wird mitunter wesentlicher Gegenstand der vorliegenden Untersuchung in ihrem weiteren Verlauf werden.[665]

Befürworter der „eingeschränkten Gesellschaftertheorie“ mögen in ihr einen „guten Kompromiss zwischen Gesellschafter-, Gläubiger- und eigenen Interessen der GmbH“ und eine Harmonisierung der Reichweite strafrechtlichen Vermögensschutzes mit einem gegenüber den Gesellschaftern bestehenden gesellschaftsrechtlichen Bestandsschutz, mithin einen sachgerechten Interessenausgleich durch Ermöglichung eines autonomen Umgangs mit Gesellschaftsvermögen unter Beachtung von Drittinteressen, sehen.[666]

Kritiker hingegen benennen eine Verlagerung des Schutzzwecks des § 266 StGB vom Vermögens- zum Gläubigerschutzdelikt als Argument gegen eine derartige Begrenzung kapitalgesellschafterlicher Zustimmungsbefugnisse an.[667] Der Schutz von Gläubigerinteressen sei allein über die §§ 283 ff. StGB strafrechtlich zu wahren; ein rechtspolitisches Bedürfnis für eine Anwendung des Untreuestrafrechts bestehe in diesem Zusammenhang daher nicht.[668] Dies sei vielmehr Ausfluss eines symptomatischen wuchernden strafrechtlichen Schutzes des Gesellschaftsvermögens.[669]

Darüber hinaus wirke eine derartige „Zweiteilung des Gesellschaftsvermögens“[670] in einen dispositionsfähigen und dispositionsunfähigen Teil wenig wirklichkeitsnah und der wirtschaftlichen Realität entfremdet; auch rechtsdogmatisch sei eine derartige „Aufsplittung“ zweifelhaft, da es sich bei dem Gesellschaftsvermögen um ein einheitliches Rechtsgut handele.[671]

---

665 S. unter D. II. 4. b).

666 Vgl. Hohn in FS-Samson, S. 318.

667 So etwa Arloth, NStZ 1990, 570, 573; Labsch, wistra 1985, 1, 7 f.; Kubiciel, NStZ 2005, 353, 359; Kasiske, wistra 2005, 81, 83 ff.; Rönnau in FS-Amelung, S. 260 f.; Schramm, Untreue und Konsens, S. 122 f.; nun auch MüKo-StGB/-Dierlamm, § 266, Rn. 158; Fischer, § 266, Rn. 99; Schönke/Schröder/-Perron, § 266, Rn. 21 b mit zahlreichen Nachweisen.

668 Dies soll umso mehr nach der, unter D. II. 5. dargestellten, kürzlich erfolgten höchstrichterlichen Abkehr von der zuvor im Zusammenhang mit den Bankrottstraftaten vertretenen Interessenformel gelten, s. MüKo-StGB/-Dierlamm, § 266, Rn. 158; ausführlich Habetha, NZG 2012, 1134 ff.

669 Vgl. etwa Arloth, NStZ 1990, 570, 573.

670 Fischer, § 266, Rn. 99.

671 So noch Achenbach/Ransiek/Rönnau/-Seier in der Vorauflage, 5. Teil, 2. Kapitel, Rn. 333.

d) „Strenge Gesellschaftertheorie"

Die im Rahmen der „eingeschränkten Gesellschaftertheorie" angeführten Bedenken ergeben sich nicht, wenn man der Auffassung einer „strengen Gesellschaftertheorie" folgt. Dieser, vor allem im monographischen Schrifttum zusehends vertretene, Ansatz in der strafrechtlichen Lehre sieht eine vollumfängliche Dispositionsfreiheit der GmbH-Gesellschafter vor und verzichtet somit vollständig auf eine Begrenzung ihrer untreuebeseitigenden Einverständniskompetenz.[672]

Eine vermögensschädigende Maßnahme stellt bei Wahrung der entsprechenden Kompetenzverteilung und -beschlussfassung[673] im Falle der Konsentierung der Gesellschafter sodann keine Untreue zum Nachteil der Gesellschaft dar, sondern lediglich eine straflose Selbstschädigung.

Begründet wird dies im Wesentlichen mit einer Identifikation von Gesellschafts- und Gesellschafterinteressen und einer damit einhergehenden Position der Gesellschafter als „wirtschaftliche Eigentümer" der GmbH[674].[675] Die Gesellschafter als „oberstes Willensorgan" leiteten angesichts ihrer positivrechtlich vorgesehenen Zuständigkeiten für wesentliche unternehmerische

---

[672] Arloth, NStZ 1990, 570 ff.; Kubiciel, NStZ 2005, 353, 359; Kasiske, wistra 2005, 81, 83 ff.; ders., JR 2011, 235 ff.; Labsch, JuS 1985, 602 ff.; wistra 1985, 1, 7 f.; MüKo-StGB/-Dierlamm, § 266, Rn. 154 ff.; Schönke/Schröder/-Perron, § 266, Rn. 21 b; Fischer, § 266, Rn. 99; Rönnau in FS-Amelung, S. 259 ff.; Schramm, Untreue und Konsens, S. 123 ff.; Schweitzer, Eingriffe in das GmbH-Vermögen, S. 341 ff., 353, 378 ff.; Lichtenwimmer, Untreueschutz, S. 275 ff.; vgl. auch Birkholz, Untreuestrafbarkeit, S. 294 ff. (zu dessen Ansatz einer rechtsökonomischen Analyse des Rechts sogleich unter D. II. 3. e)); Corsten, Einwilligung, S. 106 ff.

[673] Vorliegend wird der sog. „materialen Einverständnistheorie" gefolgt, wonach ein Beschluss auch der Gesellschaftermehrheit unabhängig von der Einhaltung formalrechtlicher Vorgaben der §§ 47 ff. GmbHG der Wirksamkeit eines untreuestrafrechtlichen Einverständnisses genügt, s. unter D. I. 2.

[674] Die Bezeichnung der Gesellschafter als „wirtschaftliche Eigentümer" der GmbH tauchte bereits im Rahmen der Vermögenszuordnung des Gesellschaftsvermögens im Zusammenhang mit der „faktisch-wirtschaftlichen Betrachtungsweise" auf, s. hierzu unter C. III. 2. b). Auch im Rahmen des strafrechtsautonomen Konzepts einer Vermögenszuordnung nach Nelles findet sich dieser Gedanke unter dem Begriff der „Zwecksetzungsbefugnis", s. hierzu unter C. III. 2. b), weshalb Nelles mitunter zu den Vertretern einer „strengen Gesellschaftertheorie" gezählt wird, s. auch Rönnau in FS-Amelung, S. 254.

[675] Deutlich insoweit Schönke/Schröder/-Perron, § 266, Rn. 21 b; Schramm, Untreue und Konsens, S. 124; Rönnau in FS-Amelung, S. 260 f.

Entscheidungen (vgl. § 46 GmbHG), der ihnen zustehenden Möglichkeit, ihre Zuständigkeiten darüber hinaus gesellschaftsvertraglich eigenständig festzulegen (§ 45 Abs. 1 GmbHG) und ihres umfassenden Weisungsrechts (§ 37 Abs. 1 GmbHG) die Geschicke der GmbH mit einer Entscheidungsmacht vergleichbar der Verfügungsmacht personengesellschaftlicher Gesellschafter.[676] Ihre exponierte Position im gesellschaftlichen Gefüge wirke auf strafrechtlicher Ebene in Gestalt einer umfassenden Dispositionsbefugnis über das GmbH-Vermögen fort.

Ferner wird die Liquidationsbefugnis gem. § 60 Abs. 1 Nr. 2 GmbHG argumentativ zur Begründung einer schrankenlosen Dispositionsbefugnis angeführt[677]: Die qualifizierte Mehrheit der Gesellschafter kann jederzeit die Gesellschaft per Auflösungsbeschluss liquidieren. Wenn den Gesellschaftern gesetzlich eine derart ultimative Rechtsmacht die Existenz der Gesellschaft betreffend zukommt, erscheint es den Vertretern eines streng gesellschaftertheoretischen Ansatzes fernliegend, ihnen nicht auch die umfassende Befugnis zur Disposition über das Gesellschaftsvermögen zuzusprechen.

Die streng gesellschaftstheoretische Sichtweise vermag den zuvor im Rahmen der „eingeschränkten Gesellschaftertheorie“ benannten Konflikt einer Schutzzweckverlagerung des § 266 StGB hin zu einem Gläubigerschutzdelikt durch die völlige Entgrenzung der gesellschafterlichen Einverständnismöglichkeit zu umgehen, indem sie den gesellschaftsrechtlichen Grenzen des GmbHG eine strafrechtliche Relevanz aus Gründen der Schutzzweckinkongruenz abspricht[678]: Die insoweit in Betracht kommende gesellschaftsrechtliche Beschränkung einer Einverständniskompetenz durch die kapitalschützenden Vorgaben des GmbHG und der Rechtsprechung bzw. eines hierüber vermittelten gesellschaftsrechtlichen Eigeninteresses bezwecke nicht wie vom Untreuetatbestand vorgesehen einen reinen Vermögensschutz der Gesellschaft, sondern schütze vielmehr die Interessen der Gläubiger. Dies sei aber alleinig Aufgabe der §§ 283 ff. StGB; eine Ausdehnung des Schutzbereichs

---

676 S. hierzu bereits unter D. I. 1.

677 Habetha, NZG 2012, 1134, 1138; Reiß, wistra 1989, 81, 84 f.; Schramm, Untreue und Konsens, S. 124; Kraatz, ZStW 123 (2011), 447, 475; MüKo-StGB/-Dierlamm, § 266, Rn. 156; Fischer, § 266, Rn. 99; s. auch Volk, der verdeutlichend ausführt „die Untreue ist kein Insolvenzverhinderungsdelikt“, ders. in FS-Hamm, S. 812.

678 S. Fn. 667.

der Untreue auf Gläubigerinteressen bewirke eine „Disfunktionalität [sic] des Rechtsgüterschutzes".[679]

Eines Rückgriffs auf das Untreuestrafrecht bedürfe es angesichts des Eingreifens der gläubigerschützenden Insolvenzdelikte gem. §§ 283 ff. StGB, umso mehr vor dem Hintergrund der mittlerweile erfolgten höchstrichterlichen Abkehr von der „Interessenformel", in den betroffenen Fällen der konsentierten Schädigung von Gesellschaftsvermögen auch rechtspolitisch nicht.[680]

Damit wird bereits sichtbar, dass der wesentliche Unterschied von „eingeschränkter" und „strenger Gesellschaftertheorie" in den divergierenden Schutzrichtungen liegt, die sie dem GmbH-spezifischen normierten und richterlichen Kapitalschutz beimessen.[681]

Kritisch gegen diesen streng gesellschafterlichen Ansatz ließe sich anbringen, dass bei einer unbegrenzten kapitalgesellschaftlichen Zustimmungsmöglichkeit die gesetzliche Anerkennung der Rechtsfähigkeit der juristischen Person gem. § 13 GmbHG in gewisser Weise geleugnet werde.[682] Dieser Einwand umfasst letztlich dieselben Argumente, die sodann im Rahmen der Diskussion um die Existenz eines gesellschaftsrechtlichen Eigeninteresses angeführt werden, sodass insoweit auf die dortigen Ausführungen zu verweisen ist.[683]

e) Ansatz einer ökonomischen Analyse des Rechts nach Birkholz

Der gängigen Kategorisierung der dargestellten Ansätze ungeachtet, existiert ein hiervon abweichender, nennenswerter Ansatz von Birkholz.

Birkholz wählt in seiner Arbeit „Untreuestrafbarkeit als strafrechtlicher „Preis" der beschränkten Haftung" den Ansatz der ökonomischen Analyse des Rechts als methodischen Ausgangspunkt für die Lösung der kapitalgesellschaftlichen Zustimmungsproblematik.

---

679 Arloth, NStZ 1990, 570, 573.

680 S. hierzu bereits Fn. 668 und die Ausführungen unter D. II. 5. Die Vertreter einer „strengen Gesellschaftertheorie" befürworteten auch vor der höchstrichterlichen Aufgabe der „Interessenformel" häufig normkohärent eine extensive Auslegung der Insolvenzdelikte unter Ablehnung der sog. Interessentheorie.

681 S. hierzu sogleich unter D. II. 4.

682 So etwa Brammsen, DB 1989, 1609, 1610; Ulmer in FS-Pfeiffer, S. 860 f.

683 S. unter D. II. 4. b).

Mittels der ursprünglich aus dem anglo-amerikanischen Rechtsraum stammenden rechtsökonomischen Analyse soll das ökonomische Kalkül als analytische Methode in die Rechtslehre einbezogen werden.[684] Hiernach soll jede Normauslegung an den Folgen gemessen werden, die aus ihr resultieren. Allein bei Berücksichtigung ökonomischer Belange in ihren praktischen Wirkungen könne im Rahmen von Gesetzesauslegung eine angemessene Normanwendung gewährleistet werden.[685]

Dabei gründet die ökonomische Analyse des Rechts nach Birkholz auf dem volkswirtschaftlichen Standardmodell mit dem Verständnis des Individuums als rationalem Nutzenmaximierer, der seine Entscheidungen auf Grundlage einer Kosten-Nutzen-Abwägung trifft.[686] Da auch Rechtsregeln in diese individuelle Kosten-Nutzen-Rechnung miteinfließen, wird sich dem rechtsökonomischen Ansatz zufolge der Einzelne dann gegen eine Straftat entscheiden, wenn die hierdurch zu erwartenden Nachteile gegenüber den zu erwartenden Vorteilen überwiegen.[687] Birkholz begreift Strafe demnach als verhaltensstrategisch wirkenden Kostenfaktor, als „Preis“[688], der sich aus Höhe der Strafe und Wahrscheinlichkeit der Verurteilung zusammensetzt.[689] Eine Ausrichtung von Sanktionen an Effizienzkriterien ermöglicht dem Staat eine Maximierung des gesamtgesellschaftlichen Nutzens durch Minimierung der gesamtgesellschaftlichen Kosten, die eine „sozial unerwünschte“ Straftat verursacht, wobei im Fokus die generalpräventiv negative Abschreckungswirkung von Strafe steht.[690]

Birkholz wendet den rechtsökonomischen Untersuchungsansatz auf die auch vorliegend untersuchungsgegenständliche Frage der Untreuestrafbarkeit im GmbH-rechtlichen Kontext an.[691]

---

[684] S. Lichtenwimmer, Untreueschutz, S. 267 f. mit umfassenden Nachweisen zu Ursprung und Rezeption der ökonomischen Analyse des Rechts in Fn. 1264–1269. Grundsätzlich zum rechtsökonomischen Ansatz in Bezug auf das Kapitalgesellschaftsrecht s. auch Eidenmüller, JZ 2001, 1041 ff.

[685] Birkholz, Untreuestrafbarkeit, S. 222 ff., 299 f.

[686] Birkholz, Untreuestrafbarkeit, S. 151 ff., 169 ff., 300.

[687] Birkholz, Untreuestrafbarkeit, S. 170 ff., 300.

[688] Birkholz, Untreuestrafbarkeit, S. 198.

[689] Birkholz, Untreuestrafbarkeit, S. 170 ff., 300.

[690] Birkholz, Untreuestrafbarkeit, S. 173 ff., 300.

[691] Birkholz, Untreuestrafbarkeit, S. 243 ff. Als erster Autor im deutschen Recht – auf den sich Birkholz inhaltlich bezieht – hat Lehmann den rechtsökonomischen Analyseansatz auf den Bereich des GmbH-Rechts angewendet, s. Lehmann, ZGR 1986, 345 ff.

Herrschaft und Verantwortung seien in der GmbH, bedingt durch das gesellschaftsrechtliche Trennungsprinzip des § 13 GmbHG und die hieraus resultierende Teilung der Vermögenssphären von Gesellschaft und Gesellschaftern, inkongruent.[692] Die beschränkte Haftung der GmbH-Gesellschafter versteht Birkholz dabei als Mittel der Externalisierung von Kosten: Die Gesellschafter müssten, obgleich sie die Vorteile ihrer unternehmerischen Aktivität genießen könnten, nicht im gleichem Maße ihre Nachteile fürchten, da das wirtschaftliche Risiko ihrer Unternehmungen teilweise auf Gesellschaftsfremde, die Gläubiger der Gesellschaft, ausgelagert werden könne.[693] Durch diese Deckungsungleichheit von Risiko und Haftung werde bei einem Verständnis des Menschen als ein „auf Anreize reagierender Nutzenmaximierer"[694] ein Anreiz zu gläubigerschädigendem Verhalten geschaffen.[695]

Das Gesellschaftsrecht stelle jedoch ausgleichende (in ihrer Tauglichkeit divergierende) Möglichkeiten zur Verfügung, den Gesellschaftern die Kosten wiederaufzuerlegen und so die externalisierten Risiken der wirtschaftlichen Tätigkeit zu internalisieren: Insbesondere dem Stammkapitalerhaltungsgebot des § 30 Abs. 1 GmbHG und dem gesellschaftsrechtlichen Konzept der Durchgriffshaftung kommt nach Birkholz die Funktion zu, die Gesellschafter vor gläubigerschädigendem Verhalten abzuhalten und einen Rechtsformmissbrauch zu verhindern.[696] Damit soll aus Gläubigerschutzgründen ein negativer Anreiz geschaffen werden, der das haftungstechnisch bedingte Ungleichgewicht von Gesellschaftern und Gläubigern ausgleicht, indem er zu einer Internalisierung des externalisierten Liquiditätsrisikos führt.[697]

Im Strafrecht sei eine derartige Risikointernalisierung allerdings angesichts der Existenz der Organhaftung aus § 14 Abs. 1 Nr. 1 StGB nicht geboten.[698] Die strafrechtliche Organhaftung des § 14 Abs. 1 Nr. 1 StGB überträgt die im Rahmen der Insolvenzdelikte tatbestandlich erforderlichen

---

[692] Birkholz, Untreuestrafbarkeit, S. 260 ff., 302.
[693] Birkholz, Untreuestrafbarkeit, S. 260 ff., 277 f.
[694] Birkholz, Untreuestrafbarkeit, S. 300.
[695] Birkholz, Untreuestrafbarkeit, S. 279 f.
[696] Birkholz, Untreuestrafbarkeit, S. 277 f.
[697] Birkholz, Untreuestrafbarkeit, S. 263, 277 f., 294.
[698] Birkholz, Untreuestrafbarkeit, S. 284 ff., 294, 302.

besonderen persönlichen Tätermerkmale der Gesellschaft auf ihre vertretungsberechtigten Organe. Die Gesellschafter gelten als solche, wenn sie die Geschäfte der Gesellschaft beherrschen, indem sie formell oder faktisch[699] zum Geschäftsführer bestellt wurden, sodass sie insolvenzstrafrechtlich vollumfänglich belangt werden können.[700] Ihre strafrechtliche Haftung sei damit, im Gegensatz zu ihrer gesellschaftsrechtlichen Haftung, unbeschränkt – es bestehe keine Divergenz von Haftung und Verantwortung der Gesellschafter im Strafrecht[701]. Mithin bewirke bereits das strafrechtliche Prinzip der Organhaftung eine hinreichende Risikointernalisierung und eine potentielle Bankrottstrafbarkeit – jedenfalls bei weiter Auslegung des § 14 Abs. 1 Nr. 1 StGB unter Ablehnung der Interessentheorie[702] – einen ausreichenden Gläubigerschutz.[703] Dies führt nach Birkholz zu dem Ergebnis, dass rechtsökonomisch betrachtet kein Bedürfnis nach einer strafrechtlichen Dispositionsbeschränkung besteht,[704] womit er als Vertreter der „strengen Gesellschaftertheorie" kategorisiert werden kann. Die Gesellschafter können nach Auffassung von Birkholz folglich in ihrer untreuespezifischen Einverständniskompetenz unbegrenzt über das Gesellschaftsvermögen disponieren.

Birkholz' Methode einer ökonomischen Analyse des Rechts erscheint vorliegend als interessanter und nennenswerter Ansatz, dessen Mehrwert jedenfalls bezogen auf die untersuchungsgegenständliche Thematik allerdings begrenzt bleibt.

Neben den grundsätzlichen Kritikpunkten, die mit einem rechtsökonomisch-analytischen Ausgangspunkt einhergehen,[705] unterliegt Birkholz' methodische Herangehensweise auch im Speziellen Bedenken.

Wenn es Birkholz' zentrales Anliegen ist, mit der ökonomischen Analyse des Rechts jede Normauslegung an ihren Folgen zu messen, vertritt er – nur

---

699 So die h.M., s. (diese ablehnend) Schönke/Schröder/-Perron/-Eisele, § 14, Rn. 43 f.

700 Birkholz, Untreuestrafbarkeit, S. 284 ff., 290 ff. m.w.N.

701 Birkholz, Untreuestrafbarkeit, S. 294, 302.

702 Birkholz, Untreuestrafbarkeit, S. 287 ff.

703 Birkholz, Untreuestrafbarkeit, S. 295 ff., 302.

704 Birkholz, Untreuestrafbarkeit, S. 295, 302.

705 S. hierzu beispielhaft die Kritik der Modellhaftigkeit und Monokausalität des rechtökonomischen Ansatzes als „potentiell mangelhaftes Produkt" von Lichtenwimmer, Untreueschutz, S. 271 f. m.w.N. sowie Birkholz selbst ausführlich, ders., Untreuestrafbarkeit, S. 178 ff.

unter anderem Namen – letztlich nichts anderes als eine Normauslegung, die sich an den Folgen der praktischen Rechtsanwendung orientiert; ein derartiger Ansatz wird bereits seit geraumer Zeit in der rechtswissenschaftlichen Methodenlehre diskutiert,[706] was die auf den ersten Blick anmutende Innovativität seines Ansatzes relativiert.

Zwar kann Birkholz seit der kürzlich erfolgten höchstrichterlichen Abkehr von der in Bezug auf §§ 283 ff. i.V.m. § 14 Abs. 1 Nr. 1 StGB zuvor noch vertretenen Interessentheorie nicht mehr vorgeworfen werden, er missachte seine eigene methodische Auslegungsprämisse, wenn er gerade die praktischen Auswirkungen der höchstrichterlichen Judikatur außer Acht lässt.[707] Aber auch bei einer extensiven Auslegung des § 14 Abs. 1 Nr. 1 StGB durch den BGH und der damit verbundenen Stimmigkeit Birkholz' Konzepts durch eine hinreichende strafrechtliche Abschreckungswirkung der Insolvenzdelikte wirft der rechtsökonomische Analyseansatz dogmatische Zweifel auf: So zeigt sich in dem Rechtsprechungswandel zum einen gerade die Fragilität seiner folgenorientierten Methodik und die einhergehende Abhängigkeit seines methodischen Dogmas von justizieller Stabilität (was wiederum nicht im Sinne einer dynamisch-organischen Fortenwicklung der Rechtsprechung ist). Zum anderen wird auf diesem Weg deutlich, dass eine konsequent folgenorientierte Normauslegung kaum möglich wäre: Birkholz ist bezogen auf die konkrete gesellschafterliche Zustimmungsproblematik im GmbH-rechtlichen Kontext auf eine spezifische, extensive Auslegung des § 14 Abs. 1 Nr. 1 StGB angewiesen. Lediglich mithilfe eines spezifischen Normverständnisses der strafrechtlichen Organhaftung erreicht sein rechtsökonomischer Ansatz inhaltliche Stringenz. Wenn aber aller analytischer Konsequenz entsprechend auch diese Norm bzw. alle thematisch-konzeptuell bedeutsamen Normen in ihren ökonomischen Folgen betrachtet werden müssen, so ergibt sich gewissermaßen ein Teufelskreis rechtsökonomischer Auslegung, in dem in letzter Konsequenz jede spezifische Normauslegung an den Folgen einer anderen spezifischen Normauslegung zu messen wäre, was zu einem faktischen Auslegungspatt führte. Ein derartiges methodisches

706 Vgl. insoweit Hoffmann, Unternehmensinteresse, S. 158 mit entsprechenden Nachweisen.

707 So noch Hoffmann, Unternehmensinteresse, S. 158.

Konzept kann bei Annahme eines dynamischen Rechtsprechungsprozesses kaum Bestand haben.

Auch wenn man bedenkt, dass eine Auslegung nach Rechtsfolgen nur unter dem Einbezug der Motive des Gesetzgebers erfolgen darf,[708] hält der Ansatz von Birkholz einer methodischen Kritik nicht stand: In Entsprechung der dogmatischen Prämisse des rechtsökonomischen Analyseansatzes erklärt Birkholz Strafe zum Kostenfaktor und begreift Sanktionen als staatliches Mittel, die an Effizienzkriterien gemessen werden müssen, um „sozial unerwünschte Straftaten"[709] zu vermeiden. Allein eine ökonomisch folgenorientierte Normbetrachtung gewährleiste eine angemessene Normanwendung. Eine „bloße Angemessenheitsberücksichtigung" von Rechtsfolgen, „also die Bestimmung bestimmter Folgen als erwünscht oder unerwünscht" kann und darf jedoch nicht alleiniger Maßstab einer Beurteilung von Strafbarkeit oder Straflosigkeit sein.[710] Sollen Rechtsfolgen in eine strafrechtliche Beurteilung miteinfließen, können sie nicht unabhängig vom gesetzgeberischen Willen und dessen Beurteilung als „erwünscht" oder „unerwünscht" einbezogen werden; bedenkt man auch, dass jede richterliche Entscheidung letztlich nicht mehr als eine Normkonkretisierung sein darf.[711] Eine bloße „Angemessenheitsbeurteilung" der Folgen, losgelöst vom gesetzgeberischen Willen, läuft Gefahr, die Straftatbestandlichkeit von der Strafbarkeitsfrage abzulösen[712] und in einer willkürliche Beurteilung von Strafbarkeit zu resultieren. Die rechtsökonomische Herangehensweise „schwebt" gleichsam mit ihren Ergebnissen über jedwedem gesetzgeberischen Leitmotiv, wenn Birkholz seine Erkenntnisse aus einem volkswirtschaftlichen Modell und Menschenbild[713] ableitet. Der ökonomischen Perspektive kann jedenfalls nicht die grundlegende und maßgebende Dominanz zugestanden werden, die ihr in Birkholz' Abhandlung zukommen soll, vielmehr darf und kann sie sich durch

---

708 S. hierzu Lichtenwimmer, Untreueschutz, S. 272 f.

709 Lichtenwimmer bemerkt hierauf bezogen, dass es sich bei dem Terminus der „sozial erwünschten Straftat" um eine Contradictio in eo ipso handele, da Wesensmerkmal der Straftat ihre Sozialschädlichkeit und soziale Unerwünschtheit sei, dies., Untreueschutz, S. 272.

710 Lichtenwimmer, Untreueschutz, S. 272.

711 Lichtenwimmer, Untreueschutz, S. 272.

712 Tiedemann, Tatbestandsfunktion, S. 56 ff.

713 Zur grundsätzlichen Kritik hieran Werner, KritV 1992, 433, 443 ff.

Interdisziplinarität bereichernd und ergänzend in das vorhandene Arsenal von Auslegungsmethoden einfügen. Unter Beachtung deren Bedingungen und im Wechselspiel mit deren Erkenntnissen vermag sie als Form der teleologischen Auslegung rechtswissenschaftlichen Gewinn bringen.

Darüber hinaus ist kritisch anzumerken, dass Birkholz' Ansatz auch auf den zweiten Blick nicht so innovativ ist, wie zunächst vermutet: Wenn er die Ablehnung der Interessenformel und eine extensive Lesart des § 14 Abs. 1 Nr. 1 StGB befürwortet und hieraus folgert, im Gegensatz zur gesellschaftsrechtlichen Situation bestünde aus strafrechtlicher Perspektive in Ermangelung einer Diskrepanz von Verantwortung und Herrschaft kein Bedürfnis für eine „Abschreckung" der Gesellschafter durch eine Untreuestrafbarkeit, handelt er dies zwar unter dem theoretisch-konzeptionellen Vorzeichen einer negativ-positiven generalpräventiven Wirkung des Strafrechts ab[714]. In der Sache wiederholt er aber faktisch die von den Vertretern einer „strengen Gesellschaftertheorie" vorgebrachten Ausführungen zu den divergierenden Schutzrichtungen von § 266 StGB und §§ 283 ff. StGB. Weitere eigenständige Argumente zur Begründung einer unbegrenzten strafrechtlichen Dispositionsbefugnis der GmbH-Gesellschafter oder auch eine Klärung der sich aufdrängenden Frage, warum die untersuchungsgegenständlichen Fallkonstellationen aus rechtsökonomischer Perspektive zu einer Bankrottstrafbarkeit führen müssen, erfolgen nicht.

Den allgemeinen Rechtsgedanken von „venire contra factum proprium" oder nach Birkholz eines „you can't eat the cake and have it"[715] mag man untersuchungsdienlich als anerkannten Rechtssatz bei einer Lösungsfindung im Rahmen der untreuespezifischen Zustimmungsproblematik berücksichtigen. Birkholz scheint hingegen hierauf aufbauend eine Untreuestrafbarkeit davon abhängig zu machen, ob eine hinreichende Risikointernalisierung externalisierter Gesellschafterrisiken stattgefunden hat, also ob das Gesellschaftsrecht jenen die Folgen ihres Handelns, ihre Verantwortung, bereits hinreichend spürbar gemacht hat, sodass aus strafrechtlicher Perspektive hierfür kein Grund mehr besteht. Damit gerät er zwangsläufig in unmittelbare Nähe zu strafrechtsphilosophischen Fragen nach Strafgründen, die er über eine Verknüpfung

[714] S. hierzu auch die Ausführungen von Birkholz, Untreuestrafbarkeit, S. 190 ff., 300.
[715] Birkholz, Untreuestrafbarkeit, S. 84.

von negativer und positiver Generalprävention zu lösen sucht.[716] Jedoch kann Birkholz' rechtstheoretisches Verständnis von Strafe als Grundlage seines rechtsökonomischen Ansatzes in letzter Konsequenz kaum als verallgemeinerungsfähig gelten bzw. führt zu absurden Ergebnissen: Sollte das Strafrecht nur dann eingreifen, wenn eine hinreichende Risikointernalisierung mit den Mitteln des Gesellschaftsrecht nicht erreicht werden kann, so könnte streng genommen die strafrechtliche Sanktion niemals neben dem zivilrechtlichem Schadensersatz als Sanktion stehen, sollte dieser bereits die negativ-generalpräventiven Sanktionszwecke erreichen können.[717]

Die angeführten Kritikpunkten[718] lassen in ihrer Summe Birkholz' Konzept einer rechtökonomischen Analyse als anregenden, aber im Ergebnis nicht überzeugenden und tragfähigen Ansatz zur Lösung der untersuchungsgegenständlichen Zustimmungsproblematik erscheinen.

4. Gegenüberstellung der gesellschaftertheoretischen Ansätze

Prämisse der vertieften Betrachtung der gesellschaftertheoretischen Sichtweisen ist die Feststellung, dass der Untreuetatbestand ausschließlich den Schutz des Gesellschaftsvermögens bezweckt und Gläubigerinteressen vom Schutzzweck des § 266 StGB unmittelbar nicht erfasst werden.[719]

Beide Gesellschaftertheorien nehmen bei der Beantwortung der Frage nach der untreuespezifischen Zustimmungsmöglichkeit der Gesellschafter insoweit die gleiche Prämisse zum Ausgangspunkt: Eine gesellschafterliche Dispositionsmöglichkeit über das Gesellschaftsvermögen ist nach beiden

---

716 S. Fn. 714.

717 Mit dieser Kritik auch Lichtenwimmer, Untreueschutz, S. 275.

718 Lichtenwimmer benennt weiter kritisch Birkholz' Außerachtlassung empirischer Erkenntnisse bzw. die Modellhaftigkeit seines Ansatzes, der wirtschaftliche Realitäten verkennt, wodurch Birkholz' konzeptueller Ausgangspunkt der Risikoexternalisierung im vertretenen Maße wirklichkeitsfremd wirke. Ferner kritisiert sie Birkholz' stark vereinfachten Umgang mit der Figur der Durchgriffshaftung und sieht hiermit die Rechtsform der GmbH entwertet und ihres Wesens entfremdet. Angesichts fehlender Kalkulationsgrundlagen seien die Interessen der Gesellschafter und weitergehend allgemein des Rechtsverkehrs signifikant beeinträchtigt, wenn die grundsätzliche Gleichung von Risiko = Kapital aufgelöst werde nach den von Birkholz formulierten, geringen Anforderungen an die Eingriffsvoraussetzungen einer direkten Gesellschafterhaftung, dies., Untreueschutz, S. 273 ff.

719 S. unter C. III. 1.

Ansätzen nur durch solche gesellschaftsrechtliche Vorgaben einschränkbar, die dem Schutz des Rechtsguts des § 266 StGB, also dem Vermögensschutz, dienen. Sowohl die „eingeschränkte Gesellschaftertheorie" als auch die „strenge Gesellschaftertheorien" basieren in ihrer dogmatischen Grundvoraussetzung auf dem Konzept der Schutzzweckkongruenz als Ausfluss des vorliegend vertretenen Grundsatzes der limitierten Gesellschaftsrechtsakzessorietät.[720]

Der Unterschied beider gesellschaftertheoretischen Ansätze liegt darin, dass sie dem gesellschaftsrechtlichen Kapitalschutzsystem unterschiedliche Schutzrichtungen zuweisen: Die Vertreter der „strengen Gesellschaftertheorie" sehen den Zweck der GmbH-spezifischen Kapitalschutzvorgaben im Gläubigerschutz, wohingegen die Anhänger einer „eingeschränkten Gesellschaftertheorie" die kapitalschützenden Vorgaben des GmbH-Rechts primär als Regelungen zum Vermögensschutz der Gesellschaft auffassen; der Schutz von Gläubigerinteressen werde durch jene lediglich mittelbar, somit als zulässiger Reflex, bewirkt.

Nach Auffassung einer „strengen Gesellschaftertheorie" kann den gesellschaftsrechtlichen Vorgaben zum Kapitalschutz der GmbH in Ermangelung der erforderlichen Schutzzweckdeckungsgleichheit keine dispositionsbegrenzende Wirkung für die Gesellschafter zukommen. Folgt man der „eingeschränkten Gesellschaftertheorie", besteht eine derartige Inkongruenz der Schutzzwecke nicht; das Maß der Einschränkungen der Zustimmungsbefugnis der GmbH-Gesellschafter soll hiernach vom Maß der Kapitalbindung abhängen.

Damit ist zunächst die grundsätzliche Frage nach der Schutzrichtung der Vorgaben zum Kapitalschutz in der GmbH zur Beantwortung aufgeworfen.

Als potentiell einverständnisbegrenzende kapitalerhaltende Vorgaben kommen solche aus dem GmbHG, konkret § 30 Abs. 1 GmbHG,[721] sowie jene, die die straf- wie zivilrechtliche Rechtsprechung zur Existenzgefährdung und -vernichtung insoweit ausgearbeitet hat, in Betracht.

---

720 S. hierzu unter C. I.

721 Vorliegend wird allein auf die zentrale Stammkapitalerhaltungsnorm des § 30 Abs. 1 GmbHG Bezug genommen. Diese wird im GmbHG um die stammkapitalschützenden Normen des § 33 Abs. 2 GmbHG und des § 43a GmbHG ergänzt, deren untersuchungsgegenständlicher Anwendungsbereich sich allerdings aus den zu § 30 Abs. 1 GmbHG gemachten Ausführungen erschließen dürfte.

Um die aufgeworfene entscheidende Frage der Schutzrichtung des GmbH-rechtlichen Kapitalschutzes final beantworten zu können, muss zunächst auf Grundlage des GmbH-spezifischen Kapitalschutzsystems die Frage nach dem Bestehen eines etwaigen gesellschaftsrechtlichen Eigeninteresses geklärt werden.[722]

a) GmbH-spezifische Kapitalschutzvorgaben

Zunächst bedarf es einer Darstellung der als taugliche Dispositionsgrenzen in Betracht kommenden kapitalschützenden Vorgaben im Kontext der GmbH.

aa) Kapitalerhaltungsgebot des § 30 Abs. 1 GmbHG

Nach dem als „Kernstück des GmbH-Rechts“[723], jedenfalls aber als „Kernstück der Haftungsverfassung im GmbH-Recht“[724] zu bezeichnenden Kapitalerhaltungsgebot des § 30 Abs. 1 GmbHG gilt ein generelles Auszahlungsverbot in Höhe des nominellen Stammkapitals[725] an die GmbH-Gesellschafter.

Das gemäß § 30 Abs. 1 GmbHG zu erhaltende Stammkapital lässt sich definieren als die „durch den Gesellschaftsvertrag betragsmäßig zu bestimmende feste Größe“, die „die Gesamthöhe der mindestens aufzubringenden Gesellschaftereinlagen“ angibt und zugleich die rechnerische Grenze bezeichnet, „unterhalb der das Gesellschaftsvermögen durch Leistungen an die Gesellschafter als solche nicht geschmälert werden darf“[726].[727] „Zeichnung und

---

[722] Näher zum Zusammenhang sodann unter D. II. 4. b) und zur Begrifflichkeit des Eigeninteresses unter D. II. 4. b) aa).

[723] BGHZ 28, 77, 78.

[724] K. Schmidt, Gesellschaftsrecht, § 37 I 2.

[725] Das Stammkapital wird bilanzbegrifflich auch als „gezeichnetes Kapital“ (vgl. § 272 Abs. 1 HGB, § 266 Abs. 3 HGB, § 42 Abs. 1 GmbHG), „Nennkapital“ oder „Nominalkapital“ bezeichnet.

[726] Scholz/-Veil, GmbHG, § 5, Rn. 7.

[727] Dabei ist der Begriff des Stammkapitals nicht identisch mit dem betriebswirtschaftlichen Begriff des Eigenkapitals und meint damit nicht Kapital im kredit- oder betriebswirtschaftlichen Sinne. Das Stammkapital fungiert als bilanzielle Entsprechungsgröße zum Aktivvermögen und ist gedeckt, wenn die echten Passiva durch Aktiva ausgeglichen sind und darüberhinausgehend Aktivvermögen i.H. des Stammkapitals vorhanden ist. Das gesetzlich vorgegebene Mindeststammkapital beträgt gem. § 5 Abs. 1 GmbHG 25.000 €. Es steht den Gesellschaftern im Sinne der Privatautonomie offen, ein höheres als das gesetzlich vorgeschriebene Mindestkapital festzulegen, wobei der

Aufbringung" des Stammkapitals können dabei als „Preis" bezeichnet werden, „den die Gesellschafter aufwenden müssen, um das mit der Rechtsform der GmbH verbundene Haftungsprivileg zu erlangen".[728]

Das Auszahlungsverbot des § 30 Abs. 1 GmbHG bestimmt, dass das zur Erhaltung des Stammkapitals erforderliche Vermögen der Gesellschaft nicht an die Gesellschafter ausgezahlt werden darf.[729] Der Begriff der „Auszahlung" ist weit zu verstehen und umfasst daher über Geldleistungen hinaus Leistungen jeglicher Art, die das Gesellschaftsvermögen schmälern.[730] Damit „deckt die Vorschrift den ganzen Bereich offener oder verdeckter Verlagerungen von Gesellschaftsvermögen auf die Gesellschafter oder den Gesellschaftern nahestehende Dritte ab", womit

---

Betrag des Stammkapitals im Gesellschaftsvertrag bestimmt werden muss (§ 3 Abs. 1 Nr. 3 GmbHG) und im Handelsregister einzutragen ist (§ 10 Abs. 1 S. 1 GmbHG). Die gesellschaftsvertragliche Festsetzung des Stammkapitals ist bindend und kann allein unter den Voraussetzungen der §§ 55 ff., 58 GmbHG zur Kapitalerhöhung und -herabsetzung abgeändert werden. S. zum Vorgenannten Scholz/-Veil, GmbHG, § 5, Rn. 7 sowie Wodicka, Untreue, S. 112 f. und Flum, Strafrechtlicher Schutz der GmbH, S. 147 f. jeweils m.w.N.

728 Hachenburg/-Ulmer, § 5, Rn. 6.

729 Die Grundstruktur des GmbH-rechtlichen Kapitalschutzsystems hat sich auch infolge der Änderungen durch das „Gesetz zur Modernisierung des GmbH-Rechts und zur Bekämpfung von Missbräuchen" (MoMiG) von 2008 und der damit einhergehenden Normierung der in § 30 Abs. 1 S. 2, 3 GmbHG nun vorgesehenen Ausnahmen vom Auszahlungsverbot des § 30 Abs. 1 S. 1 GmbHG nicht verändert. Mit Streichung der §§ 32a,b GmbHG a.F. und Einführung des § 30 Abs. 1 S. 3 GmbHG wurde das Eigenkapitalersatzrecht und mithin das Institut der „eigenkapitalersetzenden Gesellschafterdarlehen" aufgegeben, sodass die im untersuchungsthematischen Zusammenhang häufig erfolgten Ausführungen hierzu nun ihrer rechtlichen Grundlage entbehren. Nach neuer Rechtslage ist die Rückgewähr eines Gesellschafterdarlehens nicht mehr per se, sondern nur im Falle der Liquiditätsgefährdung i.S.v. § 266 StGB pflichtwidrig, s. BeckOK-StGB/-Wittig, § 266, Rn. 33.1; LK/-Schünemann, § 266, Rn. 253; s. ferner Maurer, JR 2008, 389, 391.

730 Damit unterfallen offene wie verdeckte, unmittelbare wie mittelbare Zuwendungen an Gesellschafter dem Auszahlungsbegriff. Leistungen an Dritte werden von § 30 Abs. 1 GmbHG erfasst, wenn durch die Leistung eine Verbindlichkeit des Gesellschafters erfüllt wird oder aber der Dritte in enger persönlicher oder rechtlicher Beziehung zum Gesellschafter steht. Auch die Bestellung von Sicherheiten kann unter bestimmten Umständen als „Auszahlung" i.S.v. § 30 Abs. 1 GmbHG verstanden werden. S. hierzu Flum, Strafrechtlicher Schutz der GmbH, S. 148 m.w.N.

die im untersuchungsgegenständlichen Kontext praktisch relevantesten Fallkonstellationen mitumfasst werden.[731]

Dabei ist dem Kapitalerhaltungsgrundsatz des § 30 Abs. 1 GmbHG (und ebenso wenig anderen Vorschriften des GmbHG) kein Einlagenrückgewährverbot, vergleichbar dem des § 57 Abs. 1 AktG, zu entnehmen.[732] Unter Einbezug des Gewinnbezugsrecht regelnden § 29 GmbHG bedeutet Kapitalerhaltung im Rahmen der GmbH und anders als im AktG, dass der Gesellschaft ein Vermögen in Höhe des Stammkapitals zu erhalten ist, wohingegen darüber hinaus vorhandenes Vermögen grundsätzlich ausgeschüttet werden darf.[733]

Das Auszahlungsverbot des § 30 Abs. 1 GmbHG greift unbestritten[734] ein, wenn vor oder nach der Auszahlung eine Unterbilanz festzustellen ist.[735] Eine Unterbilanz liegt vor, wenn das Reinvermögen (Aktiva abzüglich Verbindlichkeiten) den Nennbetrag des Stammkapitals nicht mehr zu decken vermag[736].[737]

Relevanter Zeitpunkt für die Beurteilung der Frage, ob gegen § 30 Abs. 1 GmbHG verstoßen wurde, ist der Moment der Auszahlung und nicht jener der entsprechenden Beschlussfassung bzw. der hierzu verpflichtende Abschluss eines Rechtsgeschäfts.[738]

Maßgebliche Bewertungsmethode zur Feststellung des Vorliegens einer Unterbilanz sind nach herrschender Ansicht die allgemeinen Bilanzierungsgrundsätze, wie sie auch für die Ermittlung der Jahresbilanz gelten.[739]

---

731 Vgl. Flum, Strafrechtlicher Schutz der GmbH, S. 148 f. Zu den nicht erfassten Konstellationen von Vermögensminderungen s. Wodicka, Untreue, S. 118 ff.

732 Noack/Servatius/Haas/-Servatius, § 30, Rn. 21; Altmeppen, § 30, Rn. 22.

733 Hierzu näher auch Scholz/-Verse, GmbHG, § 30, Rn. 7.

734 Dahingegen war die Anwendung des § 30 Abs. 1 GmbHG im Falle der „Überschuldung" umstritten, wurde aber jedenfalls strafrechtlich mittlerweile höchstrichterlich bejaht, s. BGH wistra 1990, 99.

735 Noack/Servatius/Haas/-Servatius, § 30, Rn. 19.

736 Eine „Überschuldung" liegt in Abgrenzung dazu vor, wenn die Passiva die Aktiva übersteigen und das Eigenkapital damit aufgebraucht ist. Eine „Unterkapitalisierung" liegt dahingegen vor, wenn die Gesellschaft zum angemessenen Wirtschaften unfähig ist.

737 S. hierzu instruktiv Wodicka, Untreue, S. 120 f.

738 S. Flum, Strafrechtlicher Schutz der GmbH, S. 152 f.

739 Altmeppen, § 30, Rn. 12. Aufbauend auf dem „going-concern-Prinzip", das von einem Fortbestand der Gesellschaft ausgeht, wird eine Bilanz zu fortgeführten Buchwerten der Jahresbilanz, sog. Fortbestehenswerten (d.h. Aktiva werden mit ihren fortgeführten

In diesem Zusammenhang, wenn auch nicht die Berechnungsmethode betreffend, ist der Ansatz von Busch erwähnenswert, der eine Anpassung der Berechnungsgröße innerhalb des § 30 Abs. 1 GmbHG im untreuestrafrechtlichen Kontext vorschlägt[740]: Busch spricht sich dafür aus, die für einen strafrechtlich beachtlichen Verstoß gegen das Auszahlungsverbot des § 30 Abs. 1 GmbHG maßgebende Stammkapitalgröße nicht an dem gesellschaftsvertraglich festgelegten, nominellen Betrag zu messen, sondern diese auf den gesetzlichen Mindestbetrag von 25.000 € zu reduzieren.[741] Die untreuestrafrechtlich relevante Stammkapitalgrenze soll demnach nicht nominell, sondern einheitlich nach der Mindeststammkapitalgröße bestimmt werden. Nach Busch dürfen die GmbH-Gesellschafter oberhalb der Mindeststammkapitalgrenze frei über das Gesellschaftsvermögen verfügen; unterhalb dieser Grenze sei ein gesellschafterliches Einverständnis dann strafrechtlich unbeachtlich.[742] Die Trennung von Mindeststammkapital und satzungsmäßig bestimmtem Stammkapital begründet Busch damit, dass die über den gesetzlichen Minimalbetrag hinausgehende Beträge über die Vorschriften der Kapitalerhöhung und -herabsetzung gem. §§ 58 ff. GmbHG geschützt werden.[743] Jene Normen bezweckten allerdings ausschließlich Gläubigerschutz

---

Buchwerten und nicht mit ihren Verkehrswerten unter Auflösung aller Rücklagen angesetzt), aufgestellt, um das Vorliegen einer Unterbilanz zu ermitteln, s. auch Wodicka, Untreue, S. 122 f. und Hoffmann, Unternehmensinteresse, S. 105 f. jeweils m.w.N. Einen anderen Ansatz verfolgt Ulmer, der für die strafrechtliche Anwendung des § 30 Abs. 1 GmbHG eine abweichende Bilanzierungsmethode nach Liquidationswerten (also dem im Falle einer Liquidation zu erwartende Veräußerungserlös nach Abzug der Umsatzsteuer) nach dem Vorbild einer „modifizierten zweistufigen Prüfungsmethode" für das Feststellen einer Überschuldung vertritt. Nach Ulmer soll das typischerweise bestandsgefährdende Verhalten der Gesellschaftsorgane in den strafrechtlichen Anwendungsfällen des § 30 Abs. 1 GmbHG insoweit berücksichtigt werden, als dass im Rahmen der Aktiva und Passiva wertberichtigend Kosten, die im Falle eines Zusammenbruchs der Gesellschaft anfielen, einkalkuliert werden, s. Ulmer in FS-Pfeiffer, S. 868 ff. Näher hierzu und die Ansicht Ulmers kritisch untersuchend Flum, Strafrechtlicher Schutz der GmbH, S. 162 ff.; Wodicka, Untreue, S. 122 f., 164 ff., 271 f.; Kaufmann, Organuntreue, S. 85 ff.

[740] Busch, Konzernuntreue, S. 165 ff.

[741] Busch, Konzernuntreue, S. 165 ff.

[742] Busch, Konzernuntreue, S. 166 f.

[743] Busch, Konzernuntreue, S. 165 ff.

und könnten daher im Rahmen des § 266 StGB keine Rolle spielen.[744] Da Busch somit, wenn auch unter Modifikation des Mindeststammkapitals, im Kapitalerhaltungsgebot des § 30 Abs. 1 GmbHG die untreuestrafrechtliche Grenze GmbH-gesellschafterlicher Dispositionsbefugnisse sieht, soll dessen Vorschlag auch erst dann erörtert werden, wenn feststeht, dass Schranken der kapitalgesellschafterlichen Einverständniskompetenz überhaupt anzuerkennen sind.

Ein nennenswerter Teil der strafrechtlichen Lehre erblickt (als Vertreter einer eingeschränkt gesellschaftertheoretischen Sichtweise) in dem durch die Kapitalerhaltungsnorm des § 30 Abs. 1 GmbHG geschützten Stammkapital die entscheidende untreuestrafrechtliche Grenze gesellschafterlicher Dispositionsbefugnisse über das Gesellschaftsvermögen, sodass allein das Stammkapital einer Verfügungsbefugnis der GmbH-Gesellschafter entzogen sein soll[745]; allerdings wird hierin zumeist lediglich die unterste Grenze einer Einverständniskompetenz der GmbH-Gesellschafter erblickt[746].[747] Danach ist aus Perspektive des § 266 StGB also (jedenfalls) die kapitalgesellschaftliche Zustimmungserklärung irrelevant, durch die § 30 Abs. 1 GmbHG verletzt und so das nominelle Stammkapital angegriffen wird.[748]

Die rechtsdogmatischen Begründungen hierfür variieren, gründen sich jedoch im Wesentlichen auf die aus § 13 Abs. 1 GmbHG folgende eigenständige Rechtspersönlichkeit der der GmbH als juristische Person.[749]

---

744 Busch, Konzernuntreue, S. 166 f.

745 So etwa Brammsen, DB 1989, 1609 ff.; Vonnemann, GmbHR 1988, 329, 330 ff.; Beckemper, GmbHR 2005, 592, 595; Kohlmann in FS-Werner, S. 404; so damals auch Radtke, GmbHR 1998, 361, 364 ff., mittlerweile erkennt dieser auch die Dispositionsgrenze der Existenzgefährdung an, s. Radtke/Hoffmann, GA 2008, 535, 548 f.; Flum, Strafrechtlicher Schutz der GmbH, S. 167 ff., 245 f.; Ulmer in FS-Pfeiffer, S. 870. Kaufmann, Organuntreue, S. 125 ff., 153 ff.; Höf, Untreue im Konzern, S. 49 ff., 82.

746 S. bspw. Wodicka, Untreue, S. 265 ff.; Zieschang in FS-Kohlmann, S. 351 ff.; Röhricht in FS-BGH, S. 83 ff.; Gehrlein, NJW 2000, 1089 ff.; Wagner, Untreue des Gesellschafters, S. 254.

747 So auch die aktuelle Rechtsprechung, s. hierzu unter D. II. 3. c).

748 Dabei kann insoweit davon ausgegangen werden, dass die im Gesellschaftsrecht anerkannte weite Tatbestandsauslegung des § 30 Abs. 1 GmbHG auch im Strafrecht vorgenommen werden soll, vgl. Wodicka, Untreue, S. 204 f.

749 Ulmer spricht insoweit etwa von einer „Negierung der rechtlichen Selbstständigkeit der GmbH“, ders., in FS-Pfeiffer, S. 860 f.; s. auch Kohlmann in FS-Werner, S. 395 f.; Brammsen, DB 1989, 1609 f.; Wodicka, Untreue, S. 206 m.w.N

Entscheidend für die Annahme, dass das Kapitalerhaltungsgebot die relevante Grenze GmbH-gesellschafterlicher Einverständnisgrenzen darstellt, ist dabei das Schutzzweckverständnis des § 30 Abs. 1 GmbHG: Die Vertreter dieser Dispositionsgrenze sehen – konträr zur Gegenansicht der „strengen Gesellschaftstheorie" – im GmbH-gesetzlichen Stammkapitalerhaltungsgebot keine bloß Gläubigerinteressen dienende Vorschrift. Zwar sprechen sie § 30 Abs. 1 GmbHG eine gläubigerschützende Funktion, bewirkt durch die Einrichtung eines Haftungsfonds bzw. Garantiekapitals für die Gläubiger, nicht ab, jedoch werde dieser Gläubigerschutz lediglich mittelbar bzw. reflexartig bewirkt.[750] Unmittelbar schütze der Stammkapitalerhalt nur das Gesellschaftsvermögen, indem der Gesellschaft ein Mindestmaß an Betriebskapital bzw. ein Betriebsfonds zur Verfügung gestellt werde.[751] Es sei damit gewissermaßen von einer Doppelfunktion des § 30 Abs. 1 GmbHG auszugehen, wenn durch das Auszahlungsverbot des § 30 Abs. 1 GmbHG mittelbarer Gläubigerschutz durch unmittelbaren Gesellschaftsvermögensschutz betrieben werde.[752] Leitet man aus der Kapitalschutznorm des § 30 Abs. 1 GmbHG den unmittelbaren Vermögensschutz der Gesellschaft ab, kann im Sinne des Konzepts der Schutzzweckkongruenz (Grundsatz der limitierten Akzessorietät) hierin eine untreuerelevante Dispositionsgrenze gesehen werden.

Für die Beantwortung der Frage, ob das GmbH-gesetzliche Kapitalerhaltungssystem unmittelbar den Vermögensschutz der Gesellschaft als in Hinblick auf § 266 StGB zulässigen Schutzzweck bewirkt und die vom Untreuetatbestand nicht umfassten Gläubigerinteressen insoweit bloß mittelbar als Reflex geschützt werden, ist die Klärung des Bestehens eines gesellschaftsrechtlichen Eigeninteresses[753] essentiell. Nur wenn der Gesellschaft ein derartiges Bestandsinteresse als eigenes Interesse an ihrem Vermögenserhalt zuzugestehen ist, kann mit den Vertretern dieser Facette einer „eingeschränkten Gesellschaftertheorie" im Kapitalerhaltungsgebot des § 30 Abs. 1 GmbHG eine untreueschutzzweckkongruente Einverständnisgrenze erblickt werden. Die Kontroverse um ein gesellschaftsrechtliches Eigeninteresse wird sodann

---

[750] Ulmer in FS-Pfeiffer, S. 860; Flum, Strafrechtlicher Schutz der GmbH, S. 135 f.

[751] Busch, Konzernuntreue, S. 161 m.w.N.

[752] Busch, Konzernuntreue, S. 161 f.; Wodicka, Untreue, S. 114 ff. m.w.N., 145.

[753] S. zur Begrifflichkeit unter D. II. 4. b) aa).

als wesentlicher Argumentationstopos im Anschluss an die Darstellung weiterer kapitalschützender Vorgaben aus der Rechtsprechung als potentielle Dispositionsgrenzen vertieft geführt.[754]

An dieser Stelle sei allerdings bereits auf die Unzulänglichkeit des § 30 Abs. 1 GmbHG als alleinige Begrenzung einer kapitalgesellschafterlichen Einverständniskompetenz hingewiesen: Jene liegt in der Schwäche der bilanziellen Sichtweise begründet,[755] die im Rahmen von § 30 Abs. 1 GmbHG anzulegen ist. Auch werden vermögensmindernde Maßnahmen, wie etwa Risiko- oder Spekulationsgeschäfte,[756] der Abzug von Liquidität oder Anlagevermögen ohne Stammkapitaleingriff sowie Verlustgeschäfte nicht von der untreuespezifischen Einverständnisbegrenzung erfasst, sollten sie nicht einer tatbestandlich erforderten „Auszahlung an die Gesellschafter" gleichstehen; konsequenterweise selbst dann, wenn der Gesellschaft hierdurch die Existenzgrundlage entzogen wird.[757]

Angesichts der sich potentiell ergebenden vergleichbaren Interessenlagen der Fallkonstellationen erscheint eine Reduktion der Einverständnisgrenze auf die von § 30 Abs. 1 GmbHG erfassten Fälle eines Stammkapitaleingriffs wenig sachgerecht.

In den genannten Defiziten des Stammkapitalerhaltungsgebots liegt die sogleich vorgestellte Existenzgefährdungsrechtsprechung der Strafsenate begründet. Angesichts jener untreuespezifischen Dispositionsgrenze der Existenzgefährdung hat sich die praktische Relevanz des § 30 Abs. 1 GmbHG deutlich relativiert.[758]

---

754 S. hierzu unter D. II. 4. b).

755 So werden in der Bilanz bspw. selbstgeschaffene Vermögenswerte als Teil des originären Geschäfts- oder Firmenwerts, wie etwa der Kundenstamm, nicht berücksichtigt, s. Hohn in FS-Samson, S. 317, Fn. 14.

756 Vgl. hierzu sodann auch Fn. 774, 775.

757 Vgl. Wodicka, Untreue, S. 118 ff., 208.

758 Arens, GmbHR 2010, 905, 909. Nach Wodicka, kann allein in den Fällen eines so hoch bemessenen Stammkapitals, dass es das Eigenkapital übersteigt oder bei Existenz hoher stiller Rücklagen (die infolge einer Überbewertung von Passiva oder Unterbewertung von Aktiva entstehen) sowie bei der überschuldeten (s. Fn. 736) oder zahlungsunfähigen GmbH (in Ermangelung der Möglichkeit eines gesellschaftlichen Bestandsinteresses am Vermögenserhalt) dem Schutzbereich des § 30 Abs. 1 GmbHG noch eine eigenständige Untreuerelevanz zuerkannt werden, ders., Untreue, S. 266 ff.

bb) Existenzgefährdungsrechtsprechung der Strafsenate

Nach der Rechtsprechung des BGH in Strafsachen, der sich ein wesentlicher Teil der Literatur angeschlossen hat, ist das Einverständnis der Gesellschafter im Kontext der Untreue dann unwirksam, wenn die Gesellschaft hierdurch in ihrer Existenz oder Liquidität konkret gefährdet wird[759].[760] Eine derartige Gefährdung liegt insbesondere dann vor, wenn das Stammkapitalerhaltungsgebot des § 30 Abs. 1 GmbHG verletzt wird, aber auch in den Fällen, in denen die Gesellschaft infolge der Vermögensdisposition nicht mehr über die zur Erfüllung ihrer Verbindlichkeiten erforderlichen Mittel verfügt.[761]

Mit der Einführung des Verbots der Existenzgefährdung in seiner auch als „Wendepunkt“[762] beschriebenen Entscheidung vom 24. August 1988 hat der 3. Strafsenat die untreuespezifische Grenze GmbH-gesellschafterlicher Dispositionsbefugnisse über den GmbH-gesetzlichen Kapitalschutz hinaus gezogen und zuvor in der Rechtsprechung vertretene Kriterien einem Oberbegriff untergeordnet[763].[764]

Die Existenzgefährdungsrechtsprechung des 3. Strafsenats lässt sich als Reaktion auf die Schwäche der im Rahmen des § 30 Abs. 1 GmbHG maßgebenden bilanziellen Sichtweise und der damit einhergehenden prozessualen Schwierigkeiten des bilanziellen Nachweises eines Verstoßes gegen das Stammkapitalerhaltungsgebot werten.[765]

Ungeachtet der Vorteile prozessualer Praktikabilität und dogmatischer Flexibilität ist das Kriterium der Existenzgefährdung gleichwohl nicht unproblematisch: So lieferte der 3. Strafsenat in seiner Entscheidung weder eine dogmatische Ableitung noch eine nähere definitorische Ausgestaltung des Verbots existenzgefährdender Eingriffe, die über die Erwähnung der indiziellen Bedeutung wertmäßig hoher Entnahmen aus dem Gesellschaftsvermögen

---

759 S. etwa BGHSt 35, 333, 336 f.; 49, 147, 158; BGH NJW 1997, 66, 69; 2000, 154, 155; NJW 2003, 2996, 2998; BGH NStZ-RR 2013, 345, 346; NStZ 2013, 715, 716 f.

760 S. hierzu bereits unter D. II. 3. c).

761 BGH NJW 2000, 154, 155; NJW 2003, 2996, 2998.

762 Anders, NZWiSt 2017, 13, 14.

763 BGHSt 35, 333 ff. S. hierzu bereits unter D. II. 3. c) und Fn. 663.

764 S. auch BGH NStZ-RR 2013, 345, 346; NStZ 2013, 715, 717; Radtke, GmbHR 1998, 362, 364; Anders, NZWiSt 2017, 13, 16.

765 Anders, NZWiSt 2017, 13, 14; Radtke, GmbHR 1998, 362, 364 f.; s. ferner Fn. 755.

und eines nahen zeitlichen Zusammenhangs von Entnahme und Konkurs der Gesellschaft hinausgeht.[766] Auch die nachfolgende strafrechtliche Judikatur entbehrt insofern weitestgehend entsprechender Konkretisierungen zur Ausfüllung des Verbots existenzgefährdender Eingriffe.[767]

Wenngleich die Einführung des Kriteriums der Existenzgefährdung im rechtswissenschaftlichen Schrifttum vielerorts Zustimmung erfahren hat, unterscheiden sich jene Befürworter des strafrechtlichen Existenzgefährdungsverbots, die sich intensiver mit dieser Dispositionsschranke auseinandersetzen,[768] in dogmatischer Begründung und Argumentation doch erheblich[769].

Insoweit exemplarisch als differenzierter Verfechter eines „generellen und von den Kapitalerhaltungsvorschriften unabhängigen Verbots existenzgefährdender Maßnahmen“[770] herauszuheben ist Wodicka, der zunächst den Konkretisierungsbedarf angesichts der inhaltlich fragmentarisch bleibenden Strafrechtsprechung feststellt und sodann versucht, die Reichweite des Existenzgefährdungskriteriums näher zu bestimmen.

Wodicka befürwortet etwa, lediglich Extremfälle unternehmerischen Fehlverhaltens als vom Anwendungsbereich des Existenzgefährdungsverbots erfasst anzusehen, um den Ermessensspielraum unternehmerischer Entscheidungsfreiheit nicht unangemessen zu beschränken.[771] Darüber hinaus fordert er im Zusammenhang mit dem erforderlichen Entzug der Existenzgrundlage einschränkend, dass die existenzgefährdende Maßnahme

---

766 Die Unbestimmtheit des Kriteriums der Existenzgefährdung kritisierend Radtke, GmbHR 1998, 361, 365 (mittlerweile anders Radtke/Hoffmann, GA 2008, 535, 538 f., 542, 548 f.); Busch, Konzernuntreue, S. 177; Arens, GmbHR 2010, 905, 909.

767 Vgl. insoweit auch Radtke/Hoffmann, GA 2008, 535, 542, die dies jedoch durch die BGH-Entscheidung im Fall „Trihotel“ geändert sehen, a.a.O., 535, 544 ff.

768 Allzu häufig erschöpfen sich entsprechende Stellungnahmen jedoch ohne weitere Erläuterung in dem bloßen Verweis auf die einschlägige Rechtsprechung.

769 Auf eine gesellschaftsrechtliche Treuepflicht der Gesellschafter gegenüber der Gesellschaft abstellend, Zieschang in FS-Kohlmann, S. 351, 356 ff. Hingegen grundlegend auf ein gesellschaftsrechtliches Eigeninteresse zurückgreifend und das Existenzgefährdungsverbot als strafrechtliche Kehrseite zur zivilrechtlichen Haftungsbeschränkung der Gesellschafter argumentativ anbringend, Ransiek in FS-Kohlmann, S. 212 f. Einen Überblick hierzu liefert Schweitzer, Eingriffe in das GmbH-Vermögen, S. 153 ff.

770 Wodicka, Untreue, S. 265.

771 Wodicka, Untreue, S. 266, 359.

aus Sicht der Gesellschaft sicher oder höchstwahrscheinlich zum wirtschaftlichen Zusammenbruch der Gesellschaft führen muss[772].[773] Infrage steht ferner, ob die vom Verbot der Existenzgefährdung erfassten Maßnahmen auf Ausschüttungen von Gesellschaftsvermögen an die Gesellschafter begrenzt bleiben sollen oder ob auch sonstige für das Gesellschaftsvermögen nachteiligen Einflussnahmen, wie etwa Risikogeschäfte,[774] umfasst werden.[775] Auch wenn Wodicka insofern die Gefahr einer strafgerichtlichen Angemessenheitskontrolle geschäftlicher Entscheidungen sieht, spricht er sich dennoch für die Einbeziehung jeglicher gesellschaftsvermögensgefährdender Eingriffe aus.[776]

Wodicka untersucht weiterhin den Schutzbereich des § 30 Abs. 1 GmbHG im Verhältnis zur Anerkennung eines Verbots existenzgefährdender Einflussnahmen und kommt zu dem Schluss, dass für die Anwendung des Stammkapitalerhaltungsgebot als untreuespezifische Dispositionsgrenze kein Raum verbleibe.[777] Da eine einheitliche Betrachtung aller GmbHs geboten sei und § 30 Abs. 1 GmbHG im Konzernverhältnis seine praktische Wirksamkeit angesichts der Vielgestaltigkeit möglicher Einflussnahmen verliere, solle auch einheitlich auf das Verbot der Existenzgefährdung als maßgebliche Schranke GmbH-gesellschafterlicher Einverständniskompetenzen abgestellt werden.[778]

---

772 Wodicka, Untreue, S. 264, 359.

773 Zur Frage von Notwendigkeit und Art der Bilanzierung in Bezug auf das Existenzgefährdungsverbot, s. Wodicka, Untreue, S. 271 f. Ergänzend kann hinzugefügt werden, dass der BGH in Strafsachen die Bilanzierung nach „Zerschlagungswerten“ (= Liquidationswerten) zu den verschiedenen Beweismöglichkeiten zählt, s. BGHSt 35, 333, 338.

774 S. instruktiv zur Schwierigkeit der Begriffsbestimmung sog. Risikogeschäfte und ihrer untreuestrafrechtlichen Behandlung Hellmann, ZIS 2007, 433 ff.

775 S. zum entsprechenden Standpunkt der Rechtsprechung die „Handelsvertreter“-Entscheidung des BGH (BGH DStR 2005, 340 ff.), der wie die herrschende Lehrmeinung (vgl. hierzu nur Dauner-Lieb, DStR 2006, 2034, 2037 f. m.w.N.) lediglich „klassische“ Eingriffssituationen i.S. eines gezielten, betriebsfremden Zwecken dienenden Zugriffs der Gesellschafter auf das Gesellschaftsvermögen und nicht etwa auch Managementfehler oder sog. Spekulationsgeschäfte auf dem Rücken der Gläubiger erfassen will.

776 Wodicka, Untreue, S. 260 ff., 359.

777 Wodicka, Untreue, S. 266 ff.

778 Wodicka, Untreue, S. 257 ff., 361 ff.

Dogmatisch leitet Wodicka das Verbot existenzgefährdender Maßnahmen aus den Vorschriften des GmbHG zum Liquidationsverfahren (§§ 65 ff. GmbHG)[779] und einem diesen zu entnehmenden gesellschaftsrechtlichen Eigeninteresse der GmbH an ihrem Fortbestand ab.[780] Knüpfe das GmbHG die Zulässigkeit einer Liquidation der Gesellschaft an die Einhaltung bestimmter Vorgaben, so verbiete es gleichsam eine Auflösung der Gesellschaft auf anderem Wege.[781] Wenngleich die GmbH-gesetzlichen Liquidationsvorschriften das tragende Argument Wodickas Befürwortung des Existenzgefährdungsverbots darstellen, erwähnt er gleichsam argumentativ die nur beschränkte Haftung der Gesellschafter, deren „Preis" gewissermaßen die Untersagung existenzgefährdender Maßnahmen sei.[782]

Gegen das Existenzgefährdungsverbot spreche auch nicht die Satzungsautonomie der Gesellschafter, da Zweck des Gesellschaftsvertrags die Festlegung eines Satzungsziels sei, dessen Erreichen denklogisch die Existenz der Gesellschaft bedinge und damit in jeder Existenzgefährdung ein Verstoß gegen das Satzungsziel zu sehen sei.[783]

Kritische Stimmen in der Lehre bemängeln hingegen vornehmlich die Unbestimmtheit des Verbots existenzgefährdender Eingriffe in das Gesellschaftsvermögen in Hinblick auf § 1 StGB und Art. 103 Abs. 2 GG.[784] Insbesondere sei der Grad der Gefahr, der für den Bestand der Gesellschaft erreicht sein muss, unklar.[785] Ebenso erscheine ein entsprechender Kausalitätsnachweis schwer bis praktisch unmöglich, den eine Existenzgefährdung insofern erfordere, wenn diese ohne Aufstellung einer Bilanz gerichtlich festgestellt werden soll.[786] Nicht zuletzt berge das Kriterium

---

779 Zur, auch von den Vertretern der „strengen Gesellschaftertheorie" vorgetragenen, Argumentation um die GmbH-gesetzlichen Liquidationsvorschriften wird später unter D. II. 4. b) cc) vertieft Stellung genommen.

780 Wodicka, Untreue, S. 252 ff., 361.

781 Wodicka, Untreue, S. 361.

782 Wodicka, Untreue, S. 254, 264.

783 Wodicka, Untreue, S. 234 f., 361.

784 S. hierzu Nachweise in Fn. 766.

785 Busch, Konzernuntreue, S. 177; Altmeppen, ZIP 2002, 961, 965; Radtke führt aus, dass diesbezüglich zwar eine Orientierung an den Straßenverkehrsdelikten und dem dortigen Begriff der konkreten Gefahr naheliege, jedoch auch dessen Inhalt noch ungeklärt sei, ders., GmbHR 1998, 362, 365 m.w.N.

786 Radtke, GmbHR 1998, 361, 365; vgl. auch Wodicka, Untreue, S.272.

der Existenzgefährdung die Gefahr unternehmerische Entscheidungen nachträglich einer gerichtlichen Angemessenheitskontrolle zu unterziehen und damit strafrechtliche Handlungsfreiheiten zu beschränken, die gesellschaftsrechtlich eröffnet seien.[787] Kritisch angeführt wird darüber hinaus von Arens, dass bei Ausreichenlassen eines Gefährdungsschadens für die Verwirklichung des Untreuetatbestands, die Sanktionierung einer bloßen Gefährdung letztlich zu einem über § 823 Abs. 2 BGB i.V.m. § 266 StGB einklagbaren Recht der GmbH auf „Auffüllung des Stammkapitals" führe, obgleich das GmbH-Recht eine derartige Nachschusspflicht jedoch gerade nicht vorsehe.[788]

Andere hingegen erklären die genannten kritischen Einwände mit der (sogleich dargestellten) Existenzvernichtungshaftung des II. Zivilsenats für weitgehend erledigt.[789] Mit seinem „Trihotel"-Urteil[790] habe der BGH in Zivilsachen der zivilrechtlichen Existenzvernichtungshaftung eine „klar konturierte dogmatische Grundlage"[791] mit restriktiven Voraussetzungen verliehen[792].[793] Bei Verfolgung des Prinzips einer limitierten Gesellschaftsrechtsakzessorietät und Berücksichtigung der deutlichen Bezugnahmen der Strafsenate auf die Rechtsprechung der Zivilsenate seien auch insoweit befürchtete Wertungswidersprüche der Rechtsgebiete in Hinblick auf die Annahme einer Existenzgefährdung/-vernichtung damit spätestens seit der Entscheidung „Trihotel" gegenstandlos geworden.

Anders konstatiert, bereits mit „der richtungsweisenden Entscheidung „Bremer Vulkan" vom 13. Mai 2004[794] hat der 5. Strafsenat des BGH über den Terminus der „Existenzgefährdung" den „Schulterschluss" zur zivilrechtlichen Existenzvernichtungshaftung der Gesellschafter in Form der Rechtsprechung

---

[787] Radtke, GmbHR 1998, 361, 365. Dies erkennt auch Wodicka, Untreue, S. 260 ff.

[788] Arens, GmbHR 2010, 905, 909.

[789] Hoffmann, Unternehmensinteresse, S. 171 ff.; Radtke/Hoffmann, GA 2008, 535, 548 f.; Achenbach/Ransiek/Rönnau/-Seier/-Lindemann, 5. Teil, 2. Kapitel, Rn. 335.

[790] BGHZ 173, 246.

[791] Radtke/Hoffmann, GA 2008, 535, 546.

[792] Hoffmann, Unternehmensinteresse, S. 172; Achenbach/Ransiek/Rönnau/-Seier/-Lindemann, 5. Teil, 2. Kapitel, Rn. 335.

[793] Gegen die Ausführungen Hoffmanns argumentierend Schweitzer, Eingriffe in das GmbH-Vermögen, S. 189 f.

[794] BGHSt 49, 147 ff. Eine übersichtliche Darstellung des Sachverhalts liefert Momsen in FS-Schöch, S. 569 ff.

des II. Zivilsenats geschaffen“.[795] In dieser Entscheidung, die als deutliches Bekenntnis zur zivilrechtlichen Existenzvernichtungshaftung gewertet werden kann, wurde die Grenze der Existenzgefährdung mit Bezugnahme auf die Rechtsprechung des II. Zivilsenats und nunmehr der gesellschaftsrechtlichen Begründung, die Gesellschaft benötige das Gesellschaftsvermögen zur Erfüllung der in ihrem Namen eingegangenen Verbindlichkeiten, unter Hinweis auf den Schutz des Wirtschaftsverkehrs und die Rechtspersonalität der GmbH anerkannt.[796]

Festgehalten werden kann: „Der gesellschaftsrechtliche Haftungstatbestand der Existenzvernichtung einerseits und der Existenzgefährdung als strafrechtliche Definition eines Gesellschaftereinverständnisses andererseits haben sich in ihren jeweiligen Entwicklungen gegenseitig beeinflusst“[797].[798] Mit der Entscheidung des 5. Strafsenats im Fall „Bremer Vulkan“ kann von dem „Eintritt in eine echte Phase der Konkordanz zwischen der straf- und der kapitalgesellschaftsrechtlichen Rechtsprechung“ gesprochen werden, die bis heute fortbesteht.[799]

Die terminologischen Unterschiede der „Existenzgefährdung“ und „Existenzvernichtung“ liegen nach Ausführungen des 5. Strafsenats darin begründet, dass für den strafrechtlichen Schadens- oder Nachteilsbegriff die schadensgleiche Gefährdung ausreicht, wohingegen dem Gefährdungsaspekt im Zivilrecht keine Bedeutung zukommt.[800]

---

795 Anders, NZWiSt 2017, 13, 15 f.

796 BGHSt 49, 147, 158.

797 Anders, NZWiSt 2017, 13, 14.

798 Der II. Zivilsenat hat sich in seiner Entscheidung zum Komplex „Bremer Vulkan“ wiederum ausdrücklich auf die Existenzgefährdungsrechtsprechung der Strafsenate berufen, vgl. BGHZ 149, 10, 17 f. Dennoch ist die von Kasiske, wistra 2005, 81, 83, vorgenommene Einschätzung, die Rechtsprechung zur Existenzgefährdung sei „geradezu Schrittmacher für das Gesellschaftsrecht“ mit Anders, NZWiSt 2017, 13, 14, als überzogen zu bewerten, da die Strafsenate ihre entsprechende dogmatische Grundlage erst unter Rückbezug auf die später folgende Zivilrechtsprechung, speziell die Fälle „Bremer Vulkan“ und „Trihotel“, fanden. Hohn bezeichnet die Existenzgefährdungsrechtsprechung der Strafsenate insoweit als „Pendant“ und „Vorläufer“ der zivilrechtlichen Existenzvernichtungshaftung, ders. in FS-Samson, S. 317. S. auch Radtke/Hoffmann, GA 2008, 535, 542 f.

799 Anders, Untreue zum Nachteil, S. 99; Arnold, Untreue im GmbH- und Aktienkonzern, S. 207.

800 S. BGHSt 49, 147, 159 f. Zu den Begriffen und möglichen inhaltlichen Abweichungen s. ferner Grigoleit, Gesellschafterhaftung, S. 282.

Wie bereits im Rahmen des § 30 Abs. 1 GmbHG ist auch für das Kriterium der Existenzgefährdung als untreuerelevante Einverständnisgrenze der GmbH-Gesellschafter entscheidend, welchen Schutzzwecken das Rechtsinstitut dient. Nur wenn das Verbot existenzgefährdender Maßnahmen einen unmittelbaren Schutz des Gesellschaftsvermögens bezweckt, sodass die vom tatbestandlichen Schutzbereich des § 266 StGB nicht umfassten Gläubigerbelange lediglich mittelbaren Schutz erhalten, darf dem Maßstab der Existenzgefährdung im Sinne notwendiger Schutzzweckkongruenz untreuebegrenzende Bedeutung beigemessen werden. Dies setzt, wie bereits mehrfach erwähnt, ein Eigeninteresse der Gesellschaft selbst an ihrem Vermögenserhalt voraus.[801]

Die Kontroverse um ein gesellschaftsrechtliches Eigeninteresse wird, wie bereits angekündigt, als wesentlicher Argumentationstopos im Anschluss an die Darstellung der zivilrechtlichen Existenzvernichtungshaftung geführt.

cc) Zivilrechtliche Existenzvernichtungshaftung

Die Entscheidung „Bremer Vulkan" des II. Zivilsenats vom 17. September 2001[802] bedeutete die höchstrichterliche Abkehr von der bisherigen Rechtsprechung zum sog. qualifiziert faktischen Konzern und die Anerkennung der Rechtsfigur der zivilrechtlichen Existenzvernichtung[803].[804]

Die Zivilsenate des BGH nahmen mit ihrer Rechtsprechung zum Rechtsinstitut des qualifiziert faktischen Konzerns seit Mitte der 1980er Jahre eine außergesetzliche persönliche Gesellschafterhaftung auf Grundlage einer Analogie zum Vertragskonzernrechts des AktG an.[805]

---

[801] Im Rahmen des Diskurses um den Maßstab der Existenzgefährdung werden daher, je nach Argumentationsrichtung, auch stets Argumente für oder gegen ein Eigeninteresse der Gesellschaft angeführt.

[802] BGHZ 149, 10 ff.

[803] Altmeppen, ZIP 2001, 1837, 1838; Anders, NZWiSt 2017, 13, 14; Benecke, BB 2003, 1190, 1191; s. auch Schweitzer, Eingriffe in das GmbH-Vermögen, S. 84 f.

[804] Nach Ansicht Altmeppens, NJW 2007, 2657 verabschiedete sich der BGH bei genauer Betrachtung bereits in seinem „TBB"-Urteil von 1993 vom Rechtsinstitut des qualifiziert faktischen Konzerns; ähnlich Benecke, BB 2003, 1190, 1191.

[805] S. Altmeppen, NJW 2007, 2657; Röhricht in FS-BGH, S. 83 ff.; Schweitzer, Eingriffe in das GmbH-Vermögen, S. 78 ff. jeweils m.w.N.

Ein sog. qualifiziert faktischer Konzern wurde angenommen, wenn ein GmbH-Gesellschafter als „herrschendes Unternehmen“[806] noch anderweitig unternehmerisch tätig war und so seine Leitungsmacht innerhalb der abhängigen Gesellschaft in einer Weise ausübte, die eine angemessene Rücksichtnahme auf deren Eigenbelange vermissen ließ und ferner die eingetretenen Verluste einem Einzelausgleich unzugänglich waren[807].[808]

Lagen die Voraussetzungen eines sog. qualifiziert faktischen Konzerns vor, konnte unter analoger Anwendung der §§ 302 f. AktG dem beherrschenden GmbH-Gesellschafter eine entsprechende Verlustausgleichshaftung zu Gunsten der von ihm beherrschten Gesellschaft (§ 302 AktG analog) bzw. eine Durchgriffshaftung gegenüber den Gesellschaftergläubigern (§ 303 AktG analog) auferlegt werden.

Anknüpfungspunkt dieser Haftungsfigur war die aus dem Missbrauch der „Konzernleitungsmacht“ resultierende sog. „spezifische Konzerngefahr“, die in der GmbH-externen unternehmerischen Betätigung begründet liege: Ein Interessengleichlauf von Gesellschafts- und Gesellschafterinteressen am wirtschaftlichen Erfolg der GmbH sei in dieser Konstellation, insbesondere vor dem Hintergrund der vielgestaltigen Einflussnahmemöglichkeiten der Gesellschafter auf die Geschäftsführung, nicht mehr sicherzustellen.[809]

Die Ära der zivilrechtlichen Rechtsprechung zum qualifiziert faktischen Konzerns wurde durch die Entscheidung des BGH in Zivilsachen im Fall „Bremer Vulkan“ endgültig beendet.[810] In einem obiter dictum begründete

---

[806] Dabei sollte nach Auffassung des BGH das Merkmal des „herrschenden Unternehmens“ natürliche Personen nicht vom Anwendungsbereich des Rechtsinstituts ausschließen. Auch dem Allein- oder Mehrheitsgesellschafter als natürlicher Person wurde angesichts des gleichen Gefährdungspotentials für die beherrschte Gesellschaft die Eigenschaft als „herrschendes Unternehmen“ zugesprochen, vgl. BGHZ 115, 187 ff.; 122, 123 ff.; kritisch „zur begriffsjuristischen Übersteigerung des konzernrechtlichen Unternehmensbegriffs“, K. Schmidt, NJW 2001, 3577, 3578 f.

[807] Mit der „TBB“-Entscheidung aus dem Jahr 1993 (BGHZ 122, 123) wurde die Haftungsvoraussetzungen in ihrer zuvor vielfach kritisierten Weitläufigkeit angepasst und konkretisiert. Die vorliegend dargestellten Haftungsmerkmale beziehen sich auf die Zeit nach dem „TBB“-Urteil.

[808] BGH, DStR 2000, 1065 ff.; OLG Düsseldorf NZG 1999, 502 ff.; übersichtlich Schweitzer, Eingriffe in das GmbH-Vermögen, S. 82 m.w.N.

[809] S. Röhricht in FS-BGH, S. 83 ff. mit umfassenden Nachweisen.

[810] Altmeppen, ZIP 2001, 1837, 1838; vgl. aber auch Fn. 804.

der II. Zivilsenat eine mögliche Gesellschafterhaftung nicht mehr über das Haftungssystem des aktienrechtlichen Konzernrechts, sondern mit einer Haftung aus existenzvernichtendem Eingriff.[811]

Entsprechende Voraussetzungen eines existenzvernichtenden Eingriffs sollten grundsätzlich der kompensationslose Entzug von Vermögenswerten der Gesellschaft mit der Folge der Insolvenzverursachung sein.[812] Die insoweit statuierte Existenzvernichtungshaftung verhielt sich, wie bereits die Haftungsfigur des qualifiziert faktischen Konzerns, subsidiär gegenüber den Kapitalerhaltungsvorschriften der §§ 30 ff. GmbHG als vorrangiges Haftungssystem eines Einzelausgleichs.[813]

In seiner Begründung der haftungsrechtlichen Neukonzeption des existenzvernichtenden Eingriffs wies der II. Zivilsenat auf die Existenzgefährdungsrechtsprechung der Strafsenate hin und betonte in Anlehnung an sein 1993 ergangenes Urteil „TBB“[814] und die Ausführungen des damaligen Senatsmitglieds (und zu Zeiten der „Bremer Vulkan“-Entscheidung Senatsvorsitzenden) Röhricht[815] das Eigeninteresse der Gesellschaft an der Auf-

---

[811] Da im konkreten Fall die Klage gegen die Vorstände der Vulkan-AG und nicht gegen die Vulkan-AG (als Alleingesellschafterin) selbst gerichtet war, kam die Anspruchsgrundlage des Existenzvernichtungsverbots nicht zum Zuge, da sich der Anspruch wegen existenzvernichtenden Eingriffs „grundsätzlich allein gegen ihren Gesellschafter, nicht aber auch gegen dessen Organe“ richte, s. BGHZ 149, 10, 16 f. Der Senat bejahte stattdessen eine Inanspruchnahme der Organmitglieder der beherrschenden Gesellschaft über die deliktische Haftung des § 823 Abs. 2 BGB i.V.m. § 266 Abs. 1 Var. 2 StGB (Kasiske spricht insoweit von einem „kuriosen Zirkelschluss“, wenn die zivilrechtliche Haftung aus der Untreuestrafbarkeit hergeleitet werde, die ihrerseits wiederum nach h.M. gesellschaftsrechtsakzessorisch bestimmt werde, ders. JR 2011, 235, 236). Die Vermögensbetreuungspflicht resultiere im spezifischen Fall aus der Stellung als beherrschendes Unternehmen und die strafrechtliche Verantwortlichkeit der Organmitglieder als natürliche Personen aus § 14 Abs. 1 Nr. 1 StGB, s. BGHZ 149, 10, 17 f. Der 5. Strafsenat des BGH hingegen zeigte sich in seinem „Bremer Vulkan“-Urteil sodann mit der Annahme einer Vermögensbetreuungspflicht deutlich verhaltener, s. BGHSt 49, 147 ff. S. hierzu Fleischer, NJW 2004, 2867 ff. sowie Hoffmann, Unternehmensinteresse, S. 64. und ferner Krause, JR 2006, 51, 52 f.

[812] Zu den Haftungsvoraussetzungen im Einzelnen s. Schweitzer, Eingriffe in das GmbH-Vermögen, S. 86 ff.; Rubner, Solvat socius, S. 24 ff.

[813] BGHZ 149, 10, 16.

[814] BGHZ 122, 123.

[815] Röhricht in FS-BGH, S. 103 ff. Vgl. hierzu auch Radtke/Hoffmann, GA 2008, 535, 545 f.

rechterhaltung ihres Bestands.[816] Die Gesellschafter hätten gegenüber ihrer Gesellschaft die Pflicht zur Rücksichtnahme auf deren schutzwürdige Eigenbelange, insbesondere in Bezug auf die Fähigkeit der Gesellschaft ihren Verbindlichkeiten nachzukommen, deren Verletzung eine Binnenhaftung der Gesellschafter gegenüber der betroffenen Gesellschaft wegen existenzvernichtenden Eingriffs begründe.[817]

Diese Haftungsrichtung wurde mit der im Jahr 2002 folgenden Entscheidung „KBV" allerdings wieder aufgegeben und als Durchgriffshaftung der Gesellschafter gegenüber den Gesellschaftsgläubigern konzipiert.[818] Die Ansprüche aus existenzvernichtendem Eingriff sollten von den Gläubigern, unter Beachtung der vorrangigen Einzelausgleichshaftung gem. §§ 30, 31 GmbHG, außerhalb des Insolvenzverfahrens gegen die Gesellschafter geltend gemacht werden können, die insoweit nach dem Vorbild der §§ 128, 129 HGB unbeschränkt persönlich hafteten.[819] Im Rahmen der „KBV"-Entscheidung wurde zur Begründung der Missbrauch der Rechtsform der GmbH hervorgehoben, der einen Verlust des Haftungsprivilegs gem. § 13 Abs. 2 GmbHG rechtfertige.[820]

Mit Abkehr von der Rechtsfigur des qualifiziert faktischen Konzerns und Anerkennung der Haftungsfigur der zivilrechtlichen Existenzvernichtung wurde der zuvor auf Konzernlagen begrenzte Anwendungsbereich der Haftung wegen existenzvernichtender Eingriffe auch auf nichtkonzernierte Gesellschaften ausgedehnt.[821]

In seinem „Trihotel"-Urteil hat der II. Zivilsenat dann 2007 die Existenzvernichtungshaftung in Wesen und Inhalt nochmals reformiert[822]: Wenngleich der Senat das bisherige Haftungskonzept wegen Existenzvernichtung eigenen Aussagen zufolge hiermit aufgegeben hat, da es erhebliche Rechtsunsicherheit erzeugt habe,[823] unterscheidet sich die mit „Trihotel" vertretene Ausgestaltung

---

[816] BGHZ 149, 10, 17.
[817] BGHZ 149, 10, 17.
[818] BGHZ 151, 181.
[819] S. hierzu näher Dauner-Lieb, DStR 2006, 2034, 2040 f.; Weller, DStR 2007, 116, 120.
[820] BGHZ 151, 181 ff.
[821] Hierzu Dauner-Lieb, DStR 2006, 2034, 2036 f.; Busch, Konzernuntreue, S. 175; s. zum „KBV"-Urteil auch instruktiv Wilhelm, NJW 2003, 175 ff.
[822] BGHZ 173, 246.
[823] BGHZ 173, 246, 251 ff.

der Existenzvernichtung dennoch nur in Teilen von der bisherigen Ausformung,[824] sodass insofern passender von einer Weiterentwicklung denn von einer Aufgabe zu sprechen ist[825].

Dogmatisch ordnet der BGH die zivilrechtliche Existenzvernichtung der Gesellschaft seit „Trihotel“ (ausschließlich) als Unterfall der sittenwidrigen Schädigung gem. § 826 BGB ein;[826] eine Darstellung der Tatbestandsvoraussetzungen erfolgt sogleich.

Auch die Anspruchsrichtung wurde erneut korrigiert, nunmehr zu Gunsten einer reinen Innenhaftung des Gesellschafters gegenüber der Gesellschaft.[827] Neben der Abkehr von einer Außenhaftung gegenüber den Gläubigern entschied sich der Zivilsenat auch für die Aufgabe vom Subsidiaritätsgrundsatz der GmbH-gesetzlichen Kapitalerhaltungsvorschriften: Zivilrechtliche Ansprüche aus Existenzvernichtungshaftung stehen seither in Anspruchskonkurrenz zu jenen aus §§ 30 ff. GmbHG und sollen nach höchstrichterlicher Auffassung das „Basisschutzkonzept“ der gesetzlichen Kapitalerhaltung ergänzen.[828]

In der Entscheidung „Trihotel“ stellte der II. Zivilsenat zur Begründung diesmal maßgeblich auf die Zweckbindung der Gesellschaft ab, die letztlich in der Fähigkeit der Gesellschaft zur Erfüllung der gegen sie gerichteten Forderungen der Gläubiger zu gewährleisten bestehe und von den Gesellschaftern zu respektieren sei.[829] Der Gläubigerschutz sei jedoch nur

---

[824] Zu fortgeltenden Grundsätzen und sachlichen Neuerungen s. Schweitzer, Eingriffe in das GmbH-Vermögen, S. 93 ff.; s. auch Lieder, DZWIR 2008, 145, 146 ff.

[825] So Wilhelm, EWiR 2007, 557, 558; vgl. auch Hölzle, DZWIR 2007, 397, ff. Kritisch bezüglich der Neukonzeption des Haftungsmodells etwa Lieder, DZWIR 2008, 145, 147 ff.

[826] Diesbezüglich ist zu ergänzen, dass der BGH auch vor der Entscheidung „Trihotel“ regelmäßig eine Gesellschafteraußenhaftung aus § 826 BGB gegenüber den Gesellschaftsgläubigern – neben der eigenständigen aus Existenzvernichtung – für denkbar erachtete, vgl. die Ausführungen hierzu im „Trihotel“-Urteil (BGHZ 173, 246, 255).

[827] Vgl. hierzu auch die durch das MoMiG eingeführte Haftungskonzeption des § 64 S. 3 GmbHG, womit eine Existenzvernichtungshaftung (allerdings nur) für den Geschäftsführer gegenüber der Gesellschaft gesetzlich normiert wurde. (Die Regelung des § 64 GmbHG wurde im Zuge der Corona-Pandemie durch das am 01.01.2021 in Kraft getretene Sanierungs- und Insolvenzrechtsfortentwicklungsgesetz aufgehoben).

[828] BGHZ 173, 246, 257 f.

[829] BGHZ 173, 246, 258.

mittelbarer Natur; primäres Schutzobjekt sei das Gesellschaftsvermögen.[830] Die zuvor in „KBV“ vertretene Argumentation des Rechtsformmissbrauchs und die Verwirkung des Haftungsprivilegs wurde hingegen fallen gelassen.[831]

Tatbestandlich setzt die zivilrechtliche Existenzvernichtung nach Konkretisierung der Ausführungen des II. Zivilsenats in „Trihotel“ zusammengefasst Folgendes voraus:[832] Als objektive Komponente bedarf es einer schadensverursachenden,[833] sittenwidrigen Verletzungshandlung, unter welcher der Entzug von GmbH-Vermögen „unter Verstoß gegen die Pflicht zur Respektierung der Zweckbindung des Gesellschaftsvermögens zur vorrangigen Befriedigung der Gesellschaftsgläubiger während der Lebensdauer der GmbH“ verstanden wird.[834] Die Sittenwidrigkeit des Eingriffs in das Gesellschaftsvermögen besteht in der „Selbstbedienung“ der Gesellschafter unter Missachtung der Interessen der Gesellschaftsgläubiger.[835] Die subjektive Komponente der zivilrechtlichen Existenzvernichtungshaftung setzt die bedingt vorsätzliche Ausführung des Eingriffs im Bewusstsein der die Sittenwidrigkeit begründenden Umstände, also eine Inkaufnahme der dauerhaften Entziehung von Gesellschaftsvermögen mit der als möglich erkannten Folge der Insolvenz, voraus.[836]

Im Sinne des vorliegend vertretenen Konzepts einer limitierten Gesellschaftsrechtsakzessorietät[837] stellt die zivilrechtliche Existenzvernichtungshaftung eine potentielle untreuespezifische Grenze der GmbH-gesellschafterlichen Einverständniskompetenz dar, sodass im Rahmen von

---

830 BGHZ 173, 246, 257.

831 BGHZ 173, 246, 257.

832 S. hierzu ausführlich Schanze, NGZ 2007, 681, 683 f.; Hölzle, DZWIR 2007, 397, 399 f., der im Weiteren zudem eine rechtsökonomische Analyse der Existenzvernichtungshaftung vornimmt sowie ferner Röck, DZWIR 2012, 97, 98 ff.

833 Zur Schadensermittlung gelten sodann die allgemeinen Grundsätze, wonach der „Differenzgewinnausfall“ zu bestimmen ist, der sich aus der Betrachtung der hypothetischen Lage, wie die Gesellschaft ohne den existenzvernichtenden Eingriff dagestanden hätte, ermitteln lässt. Zu den Problemen der Schadensermittlung in Fällen der Existenzvernichtungshaftung, s. Schanze, NZG 2007, 681, 684. Ein Lösungsvorschlag über die Beweislastumkehr unterbreitet Altmeppen, NJW 2007, 2657, 2660.

834 BGHZ 173, 246, 256.

835 BGHZ 173, 246, 258.

836 BGHZ 173, 246, 258 f.

837 S. unter C. I.

§ 266 StGB (und dort beim Tatbestandsmerkmal der „Pflichtwidrigkeit") eine inzidente Prüfung der zivilrechtlichen Haftungsfigur in ihren dargestellten objektiven wie subjektiven Tatbestandsvoraussetzungen angezeigt wäre.

Ob die zivilrechtliche Rechtsprechung zur Existenzvernichtung als untreuerelevanter Maßstab der Wirksamkeit eines GmbH-Gesellschafterkonsenses fungieren kann, hängt, wie bereits bei dem Kapitalerhaltungsgebot des § 30 Abs. 1 GmbHG und der Existenzgefährdungsrechtsprechung der Strafsenate, von der Schutzrichtung des Rechtsinstituts und somit dem Vorliegen eines gesellschaftsrechtlichen Eigeninteresses ab, dessen Untersuchung sich sogleich anschließt.

An der grundsätzlichen, in „Trihotel" ausgestalteten Haftungskonzeption der zivilrechtlichen Existenzvernichtung hat sich auch in den zivilrechtlich höchstrichterlichen Folgenentscheidungen „Gamma"[838] aus dem Jahr 2008 und „Sanitary"[839] von 2009 nichts geändert[840].[841]

---

[838] BGHZ 176, 204.

[839] BGHZ 179, 344.

[840] Wenngleich beide Entscheidungen die grundsätzliche Ausgestaltung der zivilrechtlichen Existenzvernichtung aus „Trihotel" bestätigen, offenbaren sie dennoch eine gewisse Unsicherheit bezüglich der Konturen der Haftungsfigur. So entschied der II. Zivilsenat im Fall „Gamma" (BGHZ 176, 204) zunächst noch, dass eine bloße Unterkapitalisierung (vgl. Fn. 736) der GmbH, also das Unterlassen der hinreichenden Kapitalausstattung, keine Haftung der Gesellschafter wegen Existenzvernichtung begründe. In der Entscheidung „Sanitary" (BGHZ 179, 344) hingegen soll „auch bereits wegen sittenwidriger Verletzung der Liquidationsvorschriften" und „unabhängig vom Vorliegen der speziellen Zusatzkriterien einer Insolvenzverursachung oder -vertiefung" die Anwendung der zivilrechtlichen Existenzvernichtungshaftung in Betracht kommen können, s. BGHZ 179, 344, 355. Die auf „Trihotel" folgenden Entscheidungen mögen daher eher zu einer „Relativierung der Existenzvernichtungshaftung als zu ihrer dogmatischen Absicherung geführt" haben, so Anders, NZWiSt 2017, 13, 15. Röck befürchtet deshalb etwa den drohenden Untergang der Konturen der Haftungsfigur „in einer Vielzahl deliktischer Haftungsvarianten des GmbH-Rechts", dies., Rechtsfolgen der Existenzvernichtungshaftung, S. 23.

[841] Ebenso wenig soll sich durch das im Zuge der Reformierung des GmbH-Rechts am 1. November 2008 in Kraft getretene MoMiG an der Konzeption der zivilrechtlichen Existenzvernichtungshaftung etwas ändern. So heißt es in der Gesetzesbegründung, der Entwurf sei „keine abschließende Regelung der Existenzvernichtungshaftung und greift demgemäß der weiteren Rechtsfortbildung nicht vor.", s. BT-Drucks. 16/6140, S. 46. Insgesamt dürfte das MoMiG auf die bisherige strafrechtliche Beurteilung der Organuntreue keinen relevanten Einfluss haben, s. zu dieser Einschätzung BGHSt 54,

Im gesellschaftsrechtlichen Schrifttum werden überwiegend ein Verbot existenzvernichtender Eingriffe und eine hierauf gründende Gesellschafterhaftung befürwortet, wenngleich sich insoweit, dogmatische Begründung und konkrete Ausgestaltung betreffend, diverse Haftungskonzepte der kapitalgesellschaftlichen Literatur gegenüberstehen[842].

Die im Sinne des Prinzips einer limitierten Gesellschaftsrechtsakzessorietät für eine Übertragung des gesellschaftsrechtlichen Konzepts der zivilrechtlichen Existenzvernichtung ins untersuchungsgegenständliche Untreuestrafrecht notwendige Auseinandersetzung mit der Frage nach der Schutzrichtung der Haftungsfigur und einem Eigeninteresse der Gesellschaft erfolgt sogleich.

dd) Zwischenergebnis

Mit § 30 Abs. 1 GmbHG, der Strafrechtsprechung zur Existenzgefährdung sowie der Zivilrechtsprechung zur Existenzvernichtungshaftung wurden die als Einverständnisgrenzen infrage kommenden GmbH-spezifischen Kapitalschutzvorgaben vorgestellt. Die beschriebenen Wechselbezüglichkeiten der straf- und zivilrechtlichen Rechtsprechung erlauben es dabei vor dem Hintergrund einer limitierten Gesellschaftsrechtsakzessorietät im weiteren Fortgang der Arbeit von einer einheitlichen Grenze der „Existenzgefährdung“ zu sprechen.

Um eine Entscheidung darüber zu treffen, ob die gesellschafterliche Dispositionsbefugnis dieser Grenze der Existenzgefährdung unterliegt oder unbeschränkt anzuerkennen ist, bedarf es ausgehend vom Prinzip der limitierten Gesellschaftsrechtsakzessorietät[843] einer Bestimmung der Schutzrichtung der benannten GmbH-spezifischen Kapitalschutzvorgaben. Die Beantwortung der Frage um die Schutzrichtung des GmbH-rechtlichen Kapitalschutzsystems hängt dabei entscheidend von der, sogleich dargestellten, Lösung der Frage um das Bestehen oder Nichtbestehen eines gesellschaftsrechtlichen Eigeninteresses ab.

52, 60 sowie Anders, Untreue zum Nachteil, S. 62. Vgl. auch Arens, GmbHR 2010, 905, 906 f.

[842] Vgl. hierzu den Überblick bei Lutter/Banerjea, ZGR 2003, 402, 408 ff. Anders konstatiert, die Diskussion biete insofern ein kaum mehr zu durchschauendes Bild, s. ders., NZWiSt 2017, 13, 15.

[843] S. hierzu unter C. I. und D. II. 4.

b) Bestehen eines Eigeninteresses der Gesellschaft

Auf die Frage nach einem Eigeninteresse der Gesellschaft wurde bereits mehrfach als entscheidender Argumentationstopos verwiesen. Ihre Klärung ist, wie wiederholt erwähnt, unabdingbar für die Bestimmung der Schutzrichtung der potentiellen Einverständnisgrenzen im GmbH-spezifischen Kontext der Untreue. Nur wenn der rechtsgutinhabenden Gesellschaft als solcher ein derartiges Interesse an ihrem Vermögenserhalt zugestanden wird, kann dem dargestellten GmbH-spezifischen Kapitalschutzsystem der Zweck des gesellschaftlichen Vermögensschutzes entnommen werden. Die Vorgaben um § 30 Abs. 1 GmbHG und das Verbot der Existenzgefährdung könnten sodann als taugliche Grenzen einer kapitalgesellschafterlichen Dispositionsbefugnis herangezogen werden, da nur im Falle des Bestehens eines gesellschaftsrechtlichen Eigeninteresses nach dem Prinzip einer limitierten Gesellschaftsrechtsakzessorietät die erforderliche Kongruenz der Schutzzwecke von gesellschaftsrechtlichem Kapitalschutz und Untreuestrafrecht gegeben ist. Ein durch die kapitalschützenden Vorgaben ebenfalls gewährter Schutz von Gläubigerbelangen ließe sich als vom Schutzbereich des § 266 StGB nicht erfasster, aber zulässiger mittelbarer Reflex werten und stünde einem Schutz des Gesellschaftsvermögens vor dem Zugriff ihrer Gesellschafter nicht im Weg.

aa) Begrifflichkeiten und Verständnis

Um das Bestehen eines gesellschaftsrechtlichen Eigeninteresses sachgerecht zu klären, bedarf es zunächst eines besseren Verständnisses der Begrifflichkeit. Der bisher und künftig vornehmlich in der Arbeit verwendete Terminus des „(gesellschaftsrechtlichen) Eigeninteresses" ist gleichbedeutend mit den mitunter gebrauchten Bezeichnungen „Existenzinteresse"[844] oder „Eigenbestandsinteresse" bzw. „Bestandsinteresse" und wird in rechtswissenschaftlichen Abhandlungen nicht einheitlich angewendet. Er bezeichnet das Interesse der Gesellschaft am Erhalt ihres Vermögens und wird vornehmlich im Kontext der untersuchungsgegenständlichen Thematik GmbH-gesellschafterlicher Dispositionsgrenzen kontrovers diskutiert. Oftmals wird

[844] S. hierzu Anders, Untreue zum Nachteil, S. 57 f., der klarstellend betont, dass der Begriff der „Existenz" im vorliegenden Kontext gleichbedeutend mit „Solvenz" ist und nicht an die Rechtspersonenqualität der GmbH anknüpft.

auch der Begriff des „Gesellschaftsinteresses“ oder „Verbandsinteresses“ gleichgesetzt mit dem des Eigeninteresses der Gesellschaft.[845] Da allerdings auch nicht-vermögensrechtliche Aspekte als möglicher Interessengegenstand der Gesellschaft in Betracht kommen, ist mit Kaufmann davon auszugehen, dass sich das vorliegend als Eigeninteresse bezeichnete Vermögensinteresse der Gesellschaft als ein spezifischer Unterfall des weitergehenden „Gesellschaftsinteresses“ darstellt.[846]

Das Eigeninteresse der Gesellschaft ist abzugrenzen von dem sog. „Unternehmensinteresse“.[847] Jenes wird zumeist im Rahmen des Aktienrechts als die Vorgaben der §§ 76 Abs. 1, 93 Abs. 1 S. 1 AktG bzw. § 43 Abs. 1 GmbHG konkretisierender Pflichtenmaßstab für die Geschäftsleitung diskutiert.[848] Ein Teil der Lehre befürwortet im Sinne eines interessenpluralistischen Verständnisses von Leitungsverantwortung neben den Interessen der Gläubiger insofern auch den Einbezug der Interessen von Arbeitnehmern und Öffentlichkeit unter dem Begriff des „Unternehmensinteresses“.[849] Das Institut des „Unternehmensinteresses“ unterscheidet sich daher grundsätzlich in Anwendungsbereich, Schutzrichtung wie Adressatenkreis von dem Konzept eines Eigeninteresses der Gesellschaft.[850]

Wenngleich den vorgestellten Begrifflichkeiten durchaus eine gewisse Konturlosigkeit oder Unschärfe attestiert werden kann, so muss gerade deshalb klargestellt werden, dass es sich bei dem Terminus des Eigeninteresses und seinen Synonymen letztlich um ein begriffliches Werkzeug zur Problemlösung der kapitalgesellschafterlichen Dispositionsfrage handelt. Auch wenn es an einer rechtswissenschaftlich allgemeingültigen und verbindlichen Definition insoweit fehlt, darf dies nicht darüber hinwegtäuschen, dass es im Kern um die Frage geht, ob der Gesellschaft mit beschränkter Haftung ein Interesse an ihrem Vermögensbestand zugesprochen werden kann, welches ihr eigen

---

845 So etwa Hoffmann, Unternehmensinteresse, S. 34 f.; vgl. ebenso Ulmer in FS-Pfeiffer, S. 864 f.

846 Vgl. Kaufmann, Organuntreue, S. 71 ff. m.w.N.

847 S. hierzu näher Anders, Untreue zum Nachteil S. 63; Hoffmann, Unternehmensinteresse, S. 208 ff.; vgl. ferner Busch, Konzernuntreue, S. 168 f., der allerdings das Gesellschaftsinteresse als Teil des Unternehmensinteresses versteht.

848 Hoffmann, Unternehmensinteresse, S. 212 ff.

849 Anders, Untreue zum Nachteil, S. 63; ausführlich Hoffmann, Unternehmensinteresse, S. 220 ff.

850 Zusammenfassend Hoffmann, Unternehmensinteresse, S. 35 f.

und nicht das der an ihr Beteiligten ist. Die Reichweite und Konturen eines gesellschaftsrechtlichen Eigeninteresses würden bei dessen grundsätzlicher Anerkennung sodann über die als Dispositionsgrenzen in Betracht kommenden GmbH-spezifischen Kapitalschutzvorgaben bestimmt und gezeichnet.

Die Überlegung, ein gesellschaftsrechtliches Eigeninteresse über den Gesellschaftszweck zu konkretisieren, kann nicht überzeugen: Wäre Maßstab eines gesellschaftlichen Bestandinteresses der jeweiligen Satzungszweck der Gesellschaft, so wäre zwar einer inhaltlichen Unschärfe des Begriffs abgeholfen (jedenfalls solange der Gesellschaftszweck hinreichend konkret definiert wurde). Da allerdings die Gesellschafter den Gesellschaftszweck festlegen und die Freiheit haben, diesen abzuändern, läge die Bestimmung eines Eigeninteresses der Gesellschaft allein in den Händen der Gesellschafter, sodass diese die strafrechtlichen Grenzen ihrer Dispositionsbefugnis mittelbar selbst festlegten. Dies wiederum kollidierte mit dem verfassungsrechtlichen Bestimmtheitsgebot des Art. 103 Abs. 2 GG. Auch entstünde eine fragwürdige Ungleichbehandlung zweckverschiedener GmbHs, da ein Eigeninteresse etwa von Gesellschaften, die einen reinen Vermögenserhalt bzw. bloße Vermögensverwaltung bezwecken, wesentlich eher betroffen wäre als jenes von Gesellschaften, deren Zweck den Abschluss von Risikogeschäften beinhaltet.[851]

Der die Begrifflichkeit „Interesse“ ergänzende Possessivzusatz „eigen“ ist dabei nicht als Tautologie oder Pleonasmus zu verstehen, vielmehr gründet er in der natürlichen Willensbildungsunfähigkeit der juristischen Person und ihrem Unvermögen, Interessen selbst zu formulieren.[852] Wenn sie dafür auf ihre Gesellschafter als Willensbildungsorgan zurückgreift, erhält der Zusatz „eigen“ insofern Bedeutung, als dass er ein Interesse der Gesellschaft zum einen negativ von der Gesellschafterseite als Interessengruppe abgrenzt.[853] Zum anderen wird damit der Umstand verdeutlicht, dass die Interessen von Gesellschaftern und Gesellschaft zwar im Idealfall deckungsgleich sind, aber dieser Interessengleichlauf in Grenzsituationen auch aufgehoben sein kann

---

851 Zu letzterem Punkt vgl. Schweitzer, Eingriffe in das GmbH-Vermögen, S. 207.

852 Vgl. Anders, der i.d.Zshg. u.a. Jeremy Benthams utilitaristischen Interessenbegriff und dessen Differenzierung in „extra-regarding interest“ und „self-regarding interest“ aufgreift und ein Eigeninteresse der GmbH unter letztgenanntem Schlagwort bespricht, ders., Untreue zum Nachteil, S. 68 ff. mit entsprechenden Nachweisen.

853 Anders, Untreue zum Nachteil, S. 70.

und die Gesellschaft in bestimmten Fällen dem privatautonomen Willen der Gesellschafter jedenfalls nicht untergeordnet ist; die Entscheidungsfreiheit ihrer Anteilseigner mithin begrifflich begrenzt wird.[854]

Mit der Frage nach dem Eigeninteresse der Gesellschaft darf ferner nicht die Frage nach ihrer Rechtsgutsinhaberschaft verwechselt werden. Die GmbH ist qua eigener Rechtspersönlichkeit gem. § 13 Abs. 1 GmbHG Trägerin des betroffenen Rechtguts „Vermögen". Entgegen einer strafrechtsautonomen Bestimmung der Vermögenszuordnung[855] ist sie Inhaberin des Gesellschaftsvermögens und damit grundsätzlich auch taugliches Opfer einer Untreue nach § 266 StGB.[856]

Es ließe sich fragen, ob die Rechtsgutsinhaberschaft von Gesellschaftsvermögen überhaupt ohne ein Eigeninteresse der Gesellschaft denkbar sein kann. Falls dies nicht der Fall sein sollte, wären Vermögensinhaberschaft

---

854 Anders, Untreue zum Nachteil, S. 69 f.

855 S. hierzu unter C. III. 2. b).

856 Die sehr interessante und zugleich kaum problematisierte Frage, ob juristischen Personen im Kontext von § 266 StGB ein Vermögensinteresse überhaupt zukommen kann, behandelt Schweitzer in seiner 2016 veröffentlichten Dissertation „Eingriffe in das GmbH-Vermögen mit Zustimmung aller Gesellschafter – Strafrechtliche Untreue?". Er kritisiert, anknüpfend an den Wortlaut des Untreuetatbestands, die im Untreuekontext undifferenzierte Gleichsetzung von Vermögensinhaberschaft und Vermögensinteressen und macht die Möglichkeit einer Untreuestrafbarkeit zulasten der Gesellschaft und damit ihre Untreueopfereigenschaft davon abhängig, ob der Gesellschaft ein Vermögensinteresse überhaupt zukommen kann, s. Schweitzer, Eingriffe in das GmbH-Vermögen, S. 32, 186 ff., 207 ff. Das von Schweitzer problematisierte Vermögensinteresse der GmbH ist indes nicht unbesehen mit der vorliegend aufgeworfenen Frage, um ein Eigeninteresse der Gesellschaft gleichzusetzen (wenngleich hiermit dessen Grundlagen angesprochen werden), da eine grundsätzliche Vermögensinteressenfähigkeit nicht gleichbedeutend mit einem spezifischen Interesse am Erhalt von Vermögen ist.
Da eine Behandlung dieser Grundsatzfrage den Rahmen dieser Arbeit deutlich übersteigen würde, ist insofern auf die Arbeit Schweitzers zu verweisen; vorliegend wird deshalb – wenngleich die Undifferenziertheit dieser Annahme einzugestehen ist – im Einklang mit der insoweit unkritischen rechtswissenschaftlichen Auffassung in Lehre und Rechtsprechung das grundlegende Vermögensinteresse der GmbH als Ausfluss ihrer Vermögensträgerschaft verstanden und vorausgesetzt, in diesem Zusammenhang auf die prinzipielle Interessenfähigkeit der Gesellschaft durch die Willensbildung ihrer Organe abgestellt und der Fokus auf die Behandlung der Frage um ein Eigenbestandsinteresse der Gesellschaft als Interesse am Vermögenserhalt gelegt.

und gesellschaftsrechtliches Eigeninteresse Komplementärbegriffe und das Bestehen eines derartigen Eigeninteresses ließe sich dogmatisch bereits aus dem bloßen Bestehen der Vermögensinhaberschaft ableiten. Da jedoch in Entsprechung mit dem soeben dargelegten Verständnis vom Eigeninteresse hiermit ein der Gesellschaft eigenes Interesse an ihrem Vermögenserhalt beschrieben ist, geht ein solches also über die bloße Trägerschaft von Vermögen bzw. Zuordnung als Vermögensträger deutlich hinaus und lässt sich als Spezifizierung der Vermögensinhaberschaft bezeichnen. Mit der Rechtsgutsinhaberschaft ist allein das Schutzgut beschrieben, wohingegen das gesellschaftsrechtliche Eigeninteresse die entsprechende Schutzdimension betrifft. Nur weil die Gesellschaft Vermögensinhaberin ist, muss ihr also in der Theorie nicht zwingend auch ein Eigeninteresse am Vermögenserhalt zukommen.[857] Dies bestätigt sich auch mit Blick auf den Wortlaut der grundlegenden Norm des § 13 GmbHG: Die dort normierte Rechtsfähigkeit der GmbH und die Anordnung des Trennungsprinzips der Vermögenssphären von Gesellschaftern und Gesellschaft geben eine deutliche Antwort auf die rechtswissenschaftlich unbestrittene Fähigkeit der GmbH zur Vermögensinhaberschaft, die im Sinne einer limitierten Gesellschaftsrechtsakzessorietät ins Untreuestrafrecht zu übernehmen ist. Eine Antwort darauf, ob darüber hinaus auch ein Interesse der Gesellschaft am Erhalt ihres Vermögens besteht, gibt die Norm ausweislich ihres Wortlauts hingegen nicht. Allenfalls kann sie als Indiz für ein solches gewertet werden.[858] Eine Trennung der Begrifflichkeiten ist daher unumgängliche methodisch-dogmatische Ausgangsprämisse.

bb) Dogmatisch-methodischer Anknüpfungspunkt

Bevor die Argumente für oder gegen ein gesellschaftsrechtliches Eigeninteresse vorgestellt werden, soll zunächst der dogmatisch-methodische Ausgangspunkt für die Bestimmung eines solchen geklärt werden.

Angesichts des Fehlens einer positivrechtlichen Aussage zum Bestehen oder Nichtbestehen eines gesellschaftsrechtlichen Eigeninteresses, kann

857 Vgl. in Bezug auf ein grundsätzliches Vermögensinteresse Schweitzer, Eingriffe in das GmbH-Vermögen, S. 208 f. sowie die Ausführungen in Fn. 856; vgl. auch Schünemann, der den umgekehrten Fall mit den Worten „...Vermögensinteressen sind subjektiv. Sie können schon bestehen, wenn noch kein Vermögen vorhanden ist, und noch gegeben sein, wenn alles Vermögen verloren ist." beschreibt, s. LK/-Schünemann, § 266, Rn. 71.

858 S. hierzu sogleich unter D. II. 4. b) cc).

eine Annäherung hieran nur im Wege einer teleologischen Auslegung über den Systemzusammenhang erfolgen, in dem Bestand und Umfang eines Eigeninteresses der Gesellschaft entscheidungserheblich sind. Dies gilt mit den Worten Kaufmanns umso mehr, wenn Dogmatikbegriffe in Frage stehen, die, weil sie über das positive Recht hinausgehen, am Ideal einer sachgerechten Lösung orientiert sind.[859]

Damit wird in der untersuchungsgegenständlichen Thematik dem Grundsatz nach an die Regelungen des GmbH-Gesellschaftsrechts zu Kompetenzordnung und Kapitalschutz angeknüpft, die im Falle des Bestehens eines Eigeninteresses der Gesellschaft als untreuespezifische Einverständnisgrenzen ihrer Gesellschafter heranzuziehen sind.

cc) Argumentation

Die Argumentation um die Herleitung und Begründung des Bestehens oder Nichtbestehens eines gesellschaftsrechtlichen Eigeninteresses ist unübersichtlich und der Versuch eines instruktiven Überblicks wird bisweilen selten vorgenommen. Die vorliegende Zusammentragung und Ausarbeitung der Argumente des Diskurses stellt die wesentlichen Begründungsansätze didaktisch komprimiert, gleichsam ohne Verlust des argumentativen Mehrwerts, vor. Neben dem Umstand, dass die vorgetragenen Argumente oftmals sowohl für oder gegen ein Eigeninteresse der Gesellschaft verwendet werden können und sich damit gewissermaßen inhaltlich selbst aufheben und relativieren, soll insbesondere auch die diesem Umstand zugrundeliegende Abhängigkeit des Diskurses von einem spezifischen vornormativen Verständnis der juristischen Person aufgezeigt werden.

Im Kern geht es bei der Frage nach dem Eigeninteresse der Gesellschaft darum, wie das dogmatische Wesen der GmbH einzuordnen ist. Ist die GmbH als juristische Person eine bloße „Methode" oder ein rechtliches „Geschöpf" mit einem „Eigenleben"?[860] Geht sie über den bloßen Fremdzweck von Gesellschafterinteressen nicht hinaus oder besteht sie in einer von ihren Gesellschaftern unabhängigen Existenz gewissermaßen zu ihrem Selbstzweck? Beschränkt sich ihr Dasein auf die Funktionalisierung als „Veranstaltung

---

859 Kaufmann, Organuntreue, S. 77.

860 S. zu den gewählten Formulierungen Schanze, NZG 2007, 681, 684 f.; Goette, DStR 2010, 64.

ihrer Gesellschafter“[861] oder ist sie mehr als eine Plattform zur kapitalgesellschafterlichen Vermögensanlage[862]? Konkret bezogen auf die untersuchungsgegenständliche Bedeutung eines gesellschaftsrechtlichen Eigeninteresses, verstanden als Interesse der Gesellschaft an ihrem Vermögenserhalt: Kann die Gesellschaft mit beschränkter Haftung ein „eigenes Interesse an ihrem Fortbestand und der Aufrechterhaltung ihres Vermögens haben [...], das auch gegenüber den eigenen Gesellschaftern strafrechtlichen Schutz vor existenzgefährdenden Eingriffen genießt“?[863]

Die Rechtsfähigkeit und Rechtspersonalität der juristischen Person dient dabei einigen Befürwortern eines Eigeninteresses bereits als dessen Beleg.[864] Die Versagung eines gesellschaftsrechtlichen Eigeninteresses führe zu einer Missachtung der eigenen Rechtspersönlichkeit der GmbH und widerspräche damit dem geltendem Recht[865].[866] Weiter ließe sich auch überlegen, ob eine effektive Rechtsgutsinhaberschaft letztlich nur durch Anerkennung eines gesellschaftseigenen Bestandsinteresses erreicht werden kann. Auch das in § 13 Abs. 1 GmbHG normierte Trennungsprinzip würde für ein Eigeninteresse der GmbH sprechen, da andernfalls jene Anordnung der Trennung von gesellschafterlichen und gesellschaftlichen Vermögenssphären

---

861 Goette, DStR 2010, 64.

862 In seinem „Bremer Vulkan“-Urteil (BGHSt 49, 147, 158) führt der 5. Strafsenat aus: „Der Zweck einer Kapitalgesellschaft erschöpft sich nämlich nicht in einer bloßen Vermögensanlage für die Gesellschafter.“

863 So bündig Kasiske, wistra 2005, 81, 82.

864 Insbesondere Wilhelm spricht insoweit von der Notwendigkeit die juristische Person ernst zu nehmen und leitet allein aus ihrer Existenz ein gesellschaftseigenes Bestandsinteresse ab, ders., Rechtsform und Haftung, S. 330 ff. Vgl. im Weiteren auch Ulmer in FS-Kohlmann, S. 860 f.; Kohlmann in FS-Werner, S. 395 ff.; Brammsen, DB 1989, 1609 f.; Auer, Gläubigerschutz, S. 188 ff.,191.

865 So Zieschang, der zur dogmatischen Begründung eines gesellschaftsrechtlichen Eigeninteresses auf eine entsprechende Treuepflicht der Gesellschafter gegenüber ihrer Gesellschaft abstellt, ders. in FS-Kohlmann, S. 358 f., S. 356 ff. Da diese gesellschafterliche Treuepflicht allerdings wiederum mit einem gesellschaftseigenen Bestandsinteresse begründet wird, offenbart sich Zieschangs dogmatischer Ansatzpunkt als argumentativer Zirkelschluss, der keinen weiterführenden Aussagewert besitzt.

866 Hoffmann ergänzt das Argument um die Rechtspersonalität der juristischen Person noch um den Hinweis auf die nach Art. 19 Abs. 3 GG geschaffene Möglichkeit des Grundrechtsschutzes juristischer Personen, der die Annahme eines Eigeninteresses der Gesellschaft argumentativ stützen soll, dies., Unternehmensinteresse, S. 163.

unterminiert würde.[867] Eine wirtschaftliche Identität der Gesellschaft und ihren Gesellschaftern ändere an der Geltung dieses positivrechtlichen Prinzips nichts.[868]

Die Rechtspersonalität der GmbH ließe sich aber ebenso in umgekehrter Richtung gegen ein gesellschaftsrechtliches Eigeninteresse argumentativ anbringen: Die Rechtsgutsinhaberschaft der juristischen Person kann sich nur dann zu einer „echten Freiheit“ entwickeln, wenn eine unbeschränkte Anerkennung gesellschafterlicher Disposition nicht versagt wird.[869] Allein durch das Zugestehen der Rechtsgutsinhaberschaft wesensimmanenten Freiheit des Rechtsgutsverzichts werde die juristische Person in ihrer konzeptuellen Wirklichkeit ernst genommen. Eine Aufsplittung des Rechtsguts durch Anerkennung eines dispositionsbegrenzenden Eigeninteresses wirke dahingegen nicht nur künstlich und rechtsgutsdogmatisch zweifelhaft,[870] sondern vielmehr als die Missachtung ihrer Rechtspersönlichkeit, die die Gegenseite befürchtet. Ferner kann entgegnet werden: Wenn die Rechtsfähigkeit der GmbH in § 13 Abs. 1 GmbHG (als grundsätzlichstes Zugeständnis an die juristische Person) positivrechtlich normiert wurde bzw. diese Normierung für notwendig erachtet wurde, so müsse doch erst recht ein Eigeninteresse der Gesellschaft (als spezifischere rechtliche Ausgestaltung) positivrechtlich festgehalten werden. Dem Wortlaut des § 13 Abs. 1 GmbHG indes könne ein derartiger Aussagegehalt zum Bestehen eines gesellschaftseigenen Bestandsinteresses nicht entnommen werden, ohne ihn zugleich zu überspannen.[871]

Ein zentrales Argument, das sowohl für wie gegen ein Eigeninteresse der Gesellschaft angeführt wird, bezieht sich auf die Liquidationsvorschriften des GmbHG. Der qualifizierten Gesellschaftermehrheit kommt gem. § 60 Abs. 1 Nr. 2 GmbHG die Möglichkeit zu, die Gesellschaft aufzulösen. Wenn es aber den Gesellschaftern freisteht, die Existenz der Gesellschaft durch Beschlussfassung zu beenden, bleibt keinerlei Raum für die Annahme eines eigenständigen Interesses der Gesellschaft an ihrem Fortbestand und damit

---

867 Zieschang in FS-Kohlmann, S. 358.

868 Zieschang in FS-Kohlmann, S. 358.

869 Hohn in FS-Samson, S. 337.

870 Vgl. Nachweise in Fn. 671.

871 Vgl. auch Kasiske, wistra 2005, 81, 84, der sich gegen die Ableitung eines Bestandsinteresses der GmbH aus § 13 Abs. 1 GmbHG ausspricht; ders., JR 2011, 235, 237.

für ein gesellschaftsrechtliches Eigeninteresse, so argumentieren die Gegner eines Bestandsinteresses der GmbH.[872] Das Liquidationsargument lässt sich indes auch zugunsten eines Eigeninteresses der GmbH anbringen: Gerade weil entsprechend den §§ 65 ff. GmbHG die Auflösung der Gesellschaft normativ reglementiert ist, liegt die Annahme einer Verselbstständigung des Gesellschaftsvermögens im Sinne eines gesellschaftsrechtlichen Eigeninteresses nahe.[873] Die Existenz jener Regelungen, unter deren Einhaltung eine Auflösung der Gesellschaft nur in Betracht kommt, belegt nach Ansicht der Befürworter eines Eigeninteresses ein solches.

Weiter lässt sich gegen ein Eigeninteresse die Freiheit der Gesellschafter den Gesellschaftszweck zu bestimmen (vgl. § 1 GmbHG) vorbringen.[874] Die gesellschaftereigene Satzungsautonomie schließe das Bestehen eines gesellschaftsspezifischen Eigeninteresses aus, da den Gesellschaftern hiermit die Kompetenz zukomme, Wesen und Interessen der Gesellschaft eigenmächtig zu bestimmen. Diese Argumentation zielt auf die Kompetenzordnung des GmbHG ab: Die „klare Organhierarchie und die qua Satzungsfreiheit herstellbaren personalistischen Binnenstruktur" führe in Verbindung mit der gesellschafterlichen Zielvorgabebefugnis durch Satzungsautonomie und ihrer Weisungskompetenz gegenüber den ausführenden Organen zu einer „umfassenden Interessendefinitionsmacht" der GmbH-Gesellschafter[875].[876]

---

[872] S. die Nachweise in Fn. 677. Vgl. ferner Nelles, Untreue zum Nachteil, S. 548, die zwar mitunter zu den Vertretern einer streng gesellschaftertheoretischen Auffassung gezählt wird, deren untersuchungsgegenständlicher Schwerpunkt allerdings auf der Neukonzeption einer strafrechtsautonomen Vermögenszuordnung liegt (s. hierzu bereits unter C. III. 2. b).

[873] S. insbesondere Winter, Treubindungen, S. 203 ff. sowie Wodicka, Untreue, S. 252 ff., 361, der hieraus dogmatisch auch ein Verbot existenzgefährdender Maßnahmen ableiten will (vgl. hierzu bereits unter D. II. 4. a) bb)). Gegen die Ableitung eines Eigeninteresses der Gesellschaft aus den Liquidationsvorschriften, auf Winter und Wodicka bezugnehmend, deutlich Birkholz, Untreuestrafbarkeit, S. 104 f. Ferner auch Arnold, Untreue im GmbH- und Aktienkonzern, S. 201.

[874] Vgl. Nelles, Untreue zum Nachteil, S. 491 f. (s. hierzu den Hinweis in Fn. 872), die diesen Aspekt unter dem Stichwort der „Zwecksetzungsbefugnis" bespricht.

[875] Rönnau in FS-Amelung, S. 260 f. m.w.N.

[876] Gegen die Ableitung einer unbeschränkten Dispositionsbefugnis der GmbH-Gesellschafter aus ihrer exponierten Organstellung als Willensbildungsinstanz der GmbH wendet sich Hoffmann, die insoweit den in Art. 20 Abs. 3 GG mit dem Rechtsstaatsprinzip verfassungsrechtlich normierten Grundgedanken der

Gegen das Argument der gesellschafterlichen Satzungskompetenz kann, wiederum für das Bestehen eines Eigeninteresses, eingewandt werden, dass Zweck eines jeden Gesellschaftsvertrags die Festlegung eines Satzungsziels ist, dessen Erreichen aber denklogisch die Existenz der Gesellschaft bedinge.[877] Allein aus der Feststellung der Satzungsautonomie der GmbH-Gesellschafter lasse sich daher nicht auch der Ausschluss eines gesellschaftseigenen Bestandsinteresses ableiten.

Auch die Ausgestaltung und Systematik des § 31 GmbHG, der als Sanktionsnorm die Rechtsfolgen eines Verstoßes gegen das Auszahlungsverbot des § 30 Abs. 1 GmbHG bestimmt, wird zur Begründung eines schützenswerten Eigeninteresses der Gesellschaft herangezogen. Insoweit wird argumentativ ausgeführt, dass § 31 Abs. 1 GmbHG zum einen, seinem ausdrücklichen Wortlaut nach, der Gesellschaft als solcher den Rückzahlungsanspruch zuweist. Die klare Anspruchsrichtung ausgestaltet als Binnenhaftung spreche für die Annahme eines gesellschaftsrechtlichen Eigeninteresses.[878] Zum anderen wird vorgebracht, dass gem. § 31 Abs. 2 GmbHG eine Erstattungspflicht bösgläubiger Empfänger einer stammkapitalangreifenden Zahlung auch dann besteht, wenn eine Erstattung nicht zur Gläubigerbefriedigung erforderlich ist.[879] Hieraus lasse sich auf einen gesetzeskonzeptionellen Schutz gesellschaftseigener Belange schließen.

Das insofern für das Bestehen eines gesellschaftlichen Eigeninteresses verwendete Argument der Aussage und Systematik des § 31 GmbHG kann indes wiederum auch in gegensätzliche Richtung angeführt werden: Diejenigen, die einem Eigeninteresse der Gesellschaft ablehnend gegenüberstehen, führen in diesem Zusammenhang an, auch das in § 31 GmbHG enthaltene Binnenhaftungssystem bestehe im Grunde nur zum Schutz der Gesellschaftsgläubiger.[880] Die Haftungskanalisierung über das

---

Machtbegrenzung auf die Organisationsstruktur juristischer Personen zu übertragen versucht, dies., Unternehmensinteresse, S. 156 f.

877 Wodicka, Untreue, S. 234 f., 361; Winter, Treubindungen, S. 204 f.

878 Ransiek in FS-Kohlmann, S. 213; Hoffmann, Unternehmensinteresse, S. 173; Arnold, Untreue im GmbH- und Aktienkonzern, S. 202.

879 Kaufmann, Organuntreue, S. 83 ff.; Busch, Konzernuntreue, S. 162; Hoffmann, Unternehmensinteresse, S. 104.

880 Dies ausführlich untersuchend Schweitzer, Eingriffe in das GmbH-Vermögen, S. 311 ff., 323 f., 333 ff., der seine Auffassung ferner durch eine Kontrollüberlegung

Gesellschaftsvermögen der GmbH verhindere einen Wettlauf der Gläubiger, gewährleiste eine gleichmäßige Gläubigerbefriedigung und führe in dieser Konsequenz zu einem besonders effektiven Gläubigerschutz. Der Gesetzgeber habe diese Art von Gläubigerschutz für das Insolvenzverfahren in Form der §§ 92, 93 InsO gesetzlich zwingend vorgesehen und in der Regelung des § 31 GmbHG sogleich, ohne dass es eines entsprechenden Rückgriffs auf die Vorschriften der InsO bedarf, normativiert.[881] Ein Rückschluss von der Anspruchsrichtung auf ein etwaiges gesellschaftsrechtliches Eigeninteresse könne daher nicht vorgenommen werden; viel eher spreche die Regelungssystematik des § 31 GmbHG gegen ein eigenes Vermögensbestandsinteresse der GmbH.

Ein ähnlich argumentativer Kontext lässt sich auch der BGH-Rechtsprechung entnehmen. Insbesondere die Entscheidung „Trihotel" des II. Zivilsenats wird mitunter als Beleg für das Bestehen eines gesellschaftsrechtlichen Eigeninteresses gewertet: Die hierin konstruierte Binnenhaftung (anstelle der zuvor vertretenen Durchgriffshaftung der Gesellschafter) mit dogmatischer Grundlage in § 826 BGB und damit eine Anspruchszuweisung an die GmbH selbst legten ein gesellschaftseigenes Bestandsinteresse nahe[882].[883] Auch der Urteilsbegründung lasse sich ein solches entnehmen, etwa wenn der Senat davon spricht, das Gesellschaftsvermögen selbst sei „Schutzobjekt" der Existenzvernichtungshaftung[884].[885]

---

unter Heranziehung des aktienrechtlichen Kapitalerhaltungssystems bestätigt sieht, s. S. 329 ff.

[881] S. hierzu instruktiv Schweitzer, Eingriffe in das GmbH-Vermögen, S. 324 ff.

[882] Hoffmann, Unternehmensinteresse, S. 164 ff.; Radtke/Hoffmann, GA 2008, 535, 548.

[883] Hoffmann führt insofern die grundsätzliche Entwicklung der zivilrechtlichen Rechtsprechung zum Bestandsschutz als Argument für ein gesellschaftseigenes Bestandsinteresse an und wertet diese als „Trend zur Betonung der Rechtspersönlichkeit der Kapitalgesellschaft", der durch die „Trihotel"-Entscheidung bestätigt wurde, sodass nunmehr „an der Anerkennung eines der Gesellschaft eigenen Interesses keinen Zweifel mehr" bestehe, dies., Unternehmensinteresse, S. 126.

[884] BGHZ 173, 246, 257.

[885] Diese Sichtweise lässt sich auch mit Goette, der als bis 2010 amtierender Vorsitzender des II. Zivilsenats in einer Anmerkung das „Trihotel"-Urteil, an dem er in dieser Position selbst mitwirkte, kommentiert hat und insoweit das „Überlebensinteresse der Gesellschaft" als Schutzobjekt der Existenzvernichtungshaftung definiert, stützen. Weiter führt er aus: „Deren Gläubiger werden nicht mehr unmittelbar, sondern über die auf dem Wege der Innenhaftung stattfindende Auffüllung des Gesellschaftsvermögens

Gleichermaßen kann aber auch die BGH-Rechtsprechung in Sachen „Trihotel" als Argument gegen ein Gesellschaftseigeninteresse angeführt werden: So ließe sich, wie bereits im Rahmen des § 31 GmbHG erläutert, aus der bloßen Anspruchszuweisung an die Gesellschaft selbst nicht auf entsprechende Eigenbelange dieser rückschließen.[886] Wenn die Rechtsprechungsentwicklung im Rahmen der Existenzvernichtungshaftung von einer Durchgriffshaftung der GmbH-Gesellschafter gegenüber den Gesellschaftsgläubigern zu dem Konzept einer Gesellschafterinnenhaftung gegenüber der Gesellschaft als Beleg für das Bestehen eines Eigeninteresses gedeutet wird,[887] erscheine dies vor dem Hintergrund, dass der BGH auch zu Zeiten, in denen er das Durchgriffshaftungskonzept verfolgte, in den Fällen, in denen die Eingriffe in das Gesellschaftsvermögen zu einer Insolvenzeröffnung führten, die Ansprüche der Gesellschaftsgläubiger über die entsprechende Anwendung der §§ 92 f. InsO auf die Gesellschaft kanalisierte, wenig tragfähig.[888] Des Weiteren ließen sich höchstrichterlicher Wortlaut und die Ausführungen in den Urteilsgründen kaum als belastbare Grundlage für die Annahme eines gesellschaftsrechtlichen Eigeninteresses heranziehen;[889] der II. Zivilsenat führt etwa aus, dass „der existenzvernichtende Eingriff in das

mittelbar, also reflexartig geschützt", Goette, DStR 2007, 1593, 1594. Allerdings ist zu bemerken, dass sich Goette kurze Zeit darauf in seinem Beitrag DStR 2010, 64 deutlich gegen die Anerkennung eines gesellschaftsrechtlichen Eigeninteresses gewandt hat, s. hierzu den Beginn des gegenwärtigen Unterpunktes D. II. 4. b) cc) und die Nachweise in Fn. 860, 861.

886 So Schweitzer, Eingriffe in das GmbH-Vermögen, S. 359.

887 Insoweit ergänzend, gegen die Ableitung eines gesellschaftlichen Eigeninteresses aus der Rechtsprechungshistorie (vgl. auch Fn. 883), kann angebracht werden, dass der BGH den Begriff des „Eigeninteresses" zwar ausdrücklich im Urteilskomplex „Bremer Vulkan" gebrauchte, dieser aber seither, soweit ersichtlich – mit Ausnahme eines Rückbezugs auf die „Bremer Vulkan"-Entscheidung im Urteil „Refugium" (BGHSt 54, 52) – keine Verwendung im höchstrichterlichen Wortlaut mehr findet.

888 Schweitzer, Eingriffe in das GmbH-Vermögen, S. 359 f.

889 Ferner, die Herleitung eines Eigeninteresses aus dem höchstrichterlichen Wortlaut relativierend, ist zu bemerken, dass der explizit verwendete Begriff des „Eigeninteresses" der Gesellschaft im Fall „Bremer Vulkan" bereits dort als „Eigeninteresse an der Aufrechterhaltung ihrer (Anmerkung der Verfasserin: Der Gesellschaft) Fähigkeit, ihren Verbindlichkeiten nachzukommen" konkretisiert wurde. Diese Ausdrucksweise rückt – wie ebenjene in der späteren Entscheidung „Trihotel" – den Aspekt des Gläubigerschutzes in den Fokus und legt ein Verständnis gesellschaftseigener Vermögensinteressen über die Zwecksetzung von Gesellschaftsvermögen nahe.

Gesellschaftsvermögen [...] einen Verstoß gegen die Pflicht zur Respektierung der Zweckbindung des Gesellschaftsvermögens zur vorrangigen Befriedigung der Gesellschaftsgläubiger während der Lebensdauer der GmbH" darstellt[890]. Damit werde deutlich, dass der Haftungsgrund der Rechtsfigur der Existenzvernichtung in der Missachtung der Rücksichtnahmepflicht auf die gläubigerschutzbezweckende Bindung des Gesellschaftsvermögens liege.[891] Die Betonung der Rücksichtnahmepflicht spreche also nur auf den ersten Blick für ein gesellschaftsrechtliches Eigeninteresse; auf den zweiten Blick werde deutlich, dass der eigentliche Fokus auf der Zweckbindung des Gesellschaftsvermögens als dessen Bezugsobjekt liegt.[892]

Als weiterer argumentativer Anknüpfungspunkt für ein gesellschaftsrechtliches Eigeninteresse lässt sich die Regelung des § 43 Abs. 1, 3 S. 3 GmbHG andenken, die von Fleck insoweit als „Niederschlag eines eigenen Kapitalerhaltungsinteresses der Gesellschaft"[893] bezeichnet wird.

Der Geschäftsführer haftet der Gesellschaft gegenüber nicht nach § 43 Abs. 2 GmbHG für die Verletzung seiner Sorgfaltspflichten aus § 43 Abs. 1 GmbHG, wenn er mit Zustimmung der Gesellschafter gehandelt hat, arg. ex. § 43 Abs. 3 S. 3 GmbHG. Die Gesellschafter sind also grundsätzlich in der Lage, den geschäftsführeradressierten Sorgfaltsmaßstab des § 43 Abs. 1 GmbHG qua Beschluss zu suspendieren. Diese Möglichkeit der Haftungsfreistellung der Geschäftsführung ist allerdings gem. § 43 Abs. 3 S. 3 GmbHG begrenzt.

---

890 BGHZ 173, 246, 256.

891 S. etwa Kasiske, JR 2011, 235, 237; Rönnau in FS-Amelung, S. 260; Habetha, NZG 2012, 1134, 1138 f.

892 Weiter führt der II. Zivilsenat im Rahmen seines „Trihotel"-Urteils aus: „... dabei ist die dem Gesellschafter solchermaßen als Verhaltenspflicht auferlegte Rücksichtnahmepflicht als das systemimmanente normative Korrelat der Instrumentalisierung der GmbH als haftungsbegrenzende Institution zu verstehen.", s. BGHZ 173, 246, 256 f. Wenn in diesem Zusammenhang mitunter die wertungsmäßige Betrachtung der Haftungsbeschränkung der Gesellschafter, deren „Preis" gewissermaßen die kapitalgesellschafterliche Rücksichtnahmepflicht auf das Gesellschaftsvermögen darstellt, als Argument für ein gesellschaftsrechtliches Eigeninteresse angeführt wird, so kann dem gleichermaßen – insbesondere unter Bezugnahme auf die höchstrichterlichen Ausführungen in „Trihotel" – entgegengehalten werden, die Rücksichtnahmepflichten der GmbH-Gesellschafter lägen in der Zweckbindung des Gesellschaftsvermögens zur Gläubigerbefriedigung begründet und auch die Wertung der Haftungsbeschränkung lasse sich in ihrem Telos nicht von der gläubigerspezifischen Zweckbindung trennen.

893 Fleck, ZGR 1990, 31, 37 f.

Verstößt der Geschäftsführer gegen die in § 43 Abs. 3 S. 1 GmbHG genannten Vorschriften, kann er sich nicht auf eine etwaige Gesellschafterzustimmung berufen, wenn und soweit eine Rückzahlung zur Gläubigerbefriedigung erforderlich ist. Seine Haftung kann damit ausnahmsweise nicht durch Beschluss aufgehoben werden.

Der mit § 43 Abs. 3 S. 3 GmbHG normierte Ausschluss der Möglichkeit einer völligen Haftungsfreizeichnung durch gesellschafterliche Disposition spreche für ein Eigeninteresse der Gesellschaft in Gestalt eines aus § 43 Abs. 1 GmbHG resultierenden indisponiblen Mindestmaßes an Sorgfaltspflichten.[894] Gegen eine derartige argumentativ durch § 43 Abs. 3 S. 3 GmbHG gestützte Ableitung eines gesellschaftsrechtlichen Eigeninteresses aus § 43 Abs. 1 GmbHG ließe sich zunächst anführen, dass der in § 43 Abs. 1 GmbHG beschriebene Sorgfaltsmaßstab dem gesellschafterlichen Konsens, wie zuvor erläutert, grundsätzlich unterliegt. Diese prinzipielle Disponibilität spreche im Ausgangspunkt viel eher gegen als für ein Bestandsinteresse der Gesellschaft. Weiter sei zu beachten, dass bei zutreffender Lesart des § 43 Abs. 3 GmbHG als eigene, von § 43 Abs. 1 und 2 GmbHG unabhängige Anspruchsgrundlage[895] die in § 43 Abs. 3 S. 1 GmbHG aufgeführten haftungsindisponiblen Verstöße lediglich als singuläre Verbote erscheinen, deren Regelungsgehalt keine grundsätzlichen gesellschaftsschützenden Sorgfaltspflichten, vergleichbar jenen aus § 43 Abs. 1 GmbHG, zu begründen vermag.[896] § 43 Abs. 3 S. 1 GmbHG sei daher nicht geeignet, vorliegend als Anknüpfungspunkt für die Ableitung eines gesellschaftsrechtlichen Eigeninteresses zu dienen. Zudem weise der Dispositionsausschluss des § 43 Abs. 3 S. 3 GmbHG in eindeutigem Wortlaut die Gewährleistung der Befriedigung von Gläubigerinteressen als normeigenen Regelungszweck aus, was deutlich gegen die Annahme eines Eigeninteresses der GmbH spreche.[897] Ein gesellschaftseigenes Bestandsinteresses aus in § 43 GmbHG angelegten gesellschaftsschützenden Sorgfaltspflichten abzuleiten, komme angesichts von normeigener Systematik und Regelungszweck somit nicht in Betracht.[898]

---

894 Vgl. Fleck, ZGR 1990, 31, 37 f.; s. insgesamt zu der Argumentation um § 43 GmbHG Schweitzer, Eingriffe in das GmbH-Vermögen, S. 366 ff., 386.

895 MüKo-GmbHG/-Fleischer, § 43, Rn. 285 m.w.N.

896 S. hierzu Schweitzer, Eingriffe in das GmbH-Vermögen, S. 368, 386.

897 Vgl. auch Schweitzer, Eingriffe in das GmbH-Vermögen, S. 335 ff.

898 So im Ergebnis dann Schweitzer, Eingriffe in das GmbH-Vermögen, S. 370 f., 386.

Die wesentlichen Argumente des Diskurses um die Thematik des Bestehens oder Nichtbestehens eines gesellschaftsrechtlichen Eigeninteresses wurden somit – didaktisch komprimiert – vorgestellt. Die Darstellung offenbarte dabei eine gewisse argumentative Dialektik, da jedes Argument sowohl für als in seiner Kehrseite betrachtet auch gegen ein Eigeninteresse der Gesellschaft vorgebracht werden kann, wodurch sich der argumentative Mehrwert im Gesamtbild unweigerlich relativiert bzw. faktisch aufhebt. Dies verdeutlicht die Dezision der Diskussion[899] und Abhängigkeit der Problematik von einem gewissen vornormativen Verständnis der juristischen Person:

Entweder wird die juristische Person primär als Mittel zum Zweck von Fremdinteressen und formalrechtlich bzw. gesetzeskonzeptionell notwendiges Bindeglied zwischen Gläubigern und Gesellschaftern aufgefasst. Ihre Zwischenschaltung sei lediglich notwendige Folge ihrer Rechtspersönlichkeit und Vermögensfähigkeit gem. § 13 GmbHG; ihr Sinn und Zweck letztlich der Gläubigerschutz. Die Kapitalgesellschaft stellt sich nach diesem Verständnis ähnlich der Auffassung im anglo-amerikanischen Recht[900] als Medium zur Teilnahme am Rechts- und Wirtschaftsverkehr dar; die Bedeutung ihrer körperschaftlichen Struktur verschwindet hinter ihrer Funktion. Ein etwaiges originäres Eigeninteresse der Gesellschaft könne der juristischen Person als rechtlicher Fiktion nicht zukommen; dieser Begriff erfasse vielmehr und allein die „gebündelten Haftungserwartungen der Gläubiger“[901].

Oder aber die juristische Person wird als Konzept verstanden, dessen rechtliche Zwischenschaltung in seiner Bedeutung über die bloße Funktion als Medium für Beteiligteninteressen hinausreicht: Diese Perspektive stellt die körperschaftliche Struktur und gesetzliche Konstruktion der Kapitalgesellschaft in den Vordergrund; die Gesellschaft existiere gewissermaßen stets zu ihrem Selbstzweck, sodass ihr auch originäre Eigeninteressen wie jenes am Vermögenserhalt durchaus zukommen können.

---

[899] Vgl. auch Radtke, GmbHR 1998, 361, 364.

[900] Hierzu informativ, einen europäischen Rechtsvergleich anstellend, Hoffmann, Unternehmensinteresse, S. 126 ff., der insbesondere die Gegenüberstellung mit dem englischen „company law“ als Argument für ein Eigeninteresse der GmbH dient, S. 163 f. Das französische Gesellschaftsrecht in Bezug auf ein gesellschaftsrechtliches Eigeninteresse vergleichend Anders, Untreue zum Nachteil, S. 137 ff.

[901] Kasiske, wistra 2005, 81, 83; ähnlich bereits K. Schmidt, NJW 2001, 3577, 3580.

dd) Stellungnahme

Wenngleich die Problematik um das Bestehen eines gesellschaftsrechtlichen Eigeninteresses, wie soeben deutlich aufgezeigt wurde, nicht mit „logisch zwingenden Argumenten“[902] zu lösen ist, so kann dennoch eine Position bezogen werden, die in ihrer methodischen Herleitung und Schlüssigkeit überzeugt und als vorzugswürdige Antwort auf die aufgeworfene Frage nach einem eigenen Interesse der Gesellschaft an ihrem Vermögenserhalt erscheint.

Da die vorliegend aufzulösende Problematik um ein gesellschaftsrechtliches Eigeninteresse (im Kontext des kapitalgesellschaftlichen Einverständnisses), wie zuvor aufgezeigt, an die dogmatisch-strukturellen Eigenheiten der juristischen Person anknüpft bzw. nicht ohne diese gedacht werden kann und ihren Ausgangspunkt in der Frage nach dem dogmatischen Wesen der Kapitalgesellschaft hat, liegt es nahe, ebendiesen Aspekt dem Beginn aller Überlegungen gedanklich voranzustellen: Systemische bzw. gesetzeskonzeptionelle Eigenschaft der juristischen Person ist ihre Unfähigkeit zur Willensbildung. Erst ihre Organe verleihen ihr ihre Willensbildungs- und Handlungsfähigkeit.[903] Eine spezifische Interessenbildung, etwa konkret ausgestaltet als Interesse am Vermögenserhalt, ist also nicht ohne die Beteiligung ihrer Organe denkbar, insbesondere wenn der Begriff des „Interesses“ semantisch mehr meint als den Akt einer einmaligen Willensbildung. Die Wirklichkeit der juristischen Person als rechtliches Konstrukt und ihre strukturelle Organabhängigkeit in Bezug auf Willens- und Interessenbildung lässt es methodisch naheliegend erscheinen, ein organunabhängig bestehendes spezifisches Interesse der juristischen Person als Ausnahme und damit explizit begründungsbedürftigen Umstand zu betrachten.[904] Wenn nun der vorangegangene Diskurs um das Eigeninteresse der Gesellschaft gerade in Hinblick auf den argumentativen Mehrwert der Diskussion gezeigt hat, dass sich dieser selbst relativiert, wenn jedes vorgebrachte Argument sowohl für

---

902 S. Radtke, GmbHR 1998, 361, 364.

903 S. hierzu unter C. II.

904 Birkholz etwa spricht sich für diese methodische Herangehensweise aus, wenn er ausführt, die juristische Person sei „keine Vollanalogie zur natürlichen Person“ und eine eigene „moralische Personalität“ lasse sich ihr angesichts ihres „instrumentellen Charakters“ nicht zuweisen, ders., Untreuestrafbarkeit, S. 101, 122. Vgl. mit dieser methodischen Prämisse auch Schweitzer, Eingriffe in das GmbH-Vermögen, S. 239 f., 354 f.

als auch gegen ein kapitalgesellschaftliches Eigenbestandsinteresse verwendet werden kann, bedarf es folglich eindeutiger Gründe für die Annahme eines a priori bestehenden Eigeninteresses der Gesellschaft. Da derart tragfähige Anhaltspunkte indes nicht auszumachen sind, muss es gegenwärtig bei der methodischen Vermutung, dass ein gesellschaftseigenes spezifisches Interesse am Erhalt ihres Vermögens nicht besteht, bleiben.

Dieser methodische Problemlösungsausgangspunkt wird von Überlegungen zum verfassungs- und strafrechtlichen Bestimmtheitsgebot aus Art. 103 Abs. 2 GG, § 1 StGB gestützt: Wenngleich mit dem Topos des gesellschaftsrechtlichen Eigeninteresses nicht explizit ein Tatbestandsmerkmal einer Strafrechtsnorm betroffen ist, sondern eine Argumentationsfigur zur Bestimmung der Schutzrichtung potentiell die Gesellschafter in ihrer Disposition begrenzender gesellschaftsrechtlicher Kapitalschutzvorgaben, so kann dennoch der Gedanke der notwendigen Bestimmtheit strafrechtlicher Begrifflichkeiten in entsprechend modifizierter Form herangezogen werden.

Zunächst gilt: Straftatbestände müssen in ihrer konkreten Ausgestaltung hinreichend bestimmt sein, um den Anforderungen des Art. 103 Abs. 2 GG und § 1 StGB zu genügen und den Zweck der Rechtssicherheit für den Normadressaten erfüllen zu können.[905] Zur Wahrung der verfassungsrechtlich gebotenen Bestimmtheit strafrechtlicher Tatbestandsmerkmale genügt es, dass über wertausfüllungsbedürftige oder generalklauselartige Begrifflichkeiten im Rahmen strafrechtlicher Normen durch ein gefestigtes Verständnis in der Auslegungspraxis der Rechtsanwendung hinreichende Gewissheit besteht.[906] Äußerste Grenze einer zulässigen Auslegung zur strafrechtlich verbotenen Analogie hat dabei stets der Wortlaut der Norm zu sein.[907] Die Aufgabe der Normkonkretisierung strafrechtlicher Tatbestandsmerkmale soll dabei der Strafgerichtsbarkeit obliegen, die dem Konkretisierungsgebot durch restriktiven Auslegung nachzukommen verpflichtet ist.[908]

---

905 BVerfGE 48, 56 f.; 92, 1, 12; 126, 170, 194 f.; Roxin/Greco, AT I, § 5, Rn. 11, 67 ff.; in Bezug auf § 266 StGB s. MüKo-StGB/-Dierlamm, § 266, Rn. 4 jeweils m.w.N.

906 BVerfGE 45, 363, 371; 48, 48, 56 f.; 92, 1, 12; 126, 170, 194 ff. S. ferner zum Bestimmtheitsgebot grundsätzlich und bezogen auf den Untreuetatbestand Becker, HRRS 2010, 383 ff.

907 BVerfGE 71, 108, 115; 82, 236, 269; 92, 1, 12.

908 BVerfGE 126, 170, 198 f.; hierzu auch kritisch Krüger, NStZ 2011, 369 ff.

Wenn nun die Frage nach einem Eigeninteresse der Gesellschaft aufgeworfen wird, zeigt sich deutlich, dass insoweit von einer gefestigten Linie in Rechtsprechung und rechtswissenschaftlicher Lehre keine Rede sein kann. Vielmehr offenbart sich in der Streitfrage um das gesellschaftsrechtliche Eigeninteresse gewissermaßen dessen Eigenschaft als „voraussetzungsloser Begriff“[909]: Ein solcher soll davon gekennzeichnet sein, dass an ihn Rechtsfolgen geknüpft werden, ohne dass dessen rechtlichen Voraussetzungen geklärt sind. Die Annahme eines Eigenbestandsinteresses der Gesellschaft würde in der theoretisch-dogmatischen Folgerung durch Entsprechung der erforderlichen Schutzzweckkongruenz von kapitalschützendem Gesellschaftsrecht und Untreuetatbestand zu einer Begrenzung der kapitalgesellschafterlichen Einverständniskompetenz führen und so die Möglichkeit einer Untreuestrafbarkeit für die Gesellschaftsorgane begründen, obgleich sich der Topos des Eigeninteresses nicht stichhaltig argumentativ herleiten lässt, sondern lediglich von einem willkürlichen vornormativen Verständnis des Rechtskonstrukts der juristischen Person abhängt.

Angesichts der sich so offenbarenden Unbestimmtheit der Begrifflichkeit des gesellschaftsrechtlichen Eigeninteresses als implementativen Maßstab für die kapitalgesellschafterliche Dispositionsbefugnis im Untreuekontext erscheint auch unter dem Gedanken des Bestimmtheitsgebots und der Auflage einer restriktiven strafgerichtlichen Auslegung die Versagung eines gesellschaftsschützenden Bestandsinteresses jedenfalls solange sachgerecht, wie eine gefestigte und tragfähige Begriffskonkretisierung und -konturierung ausbleibt. Dies gilt umso mehr, betrachtet man die Offenheit des Argumentationstopos als Dreh- und Angelpunkt der untersuchungsgegenständlichen Einverständnisproblematik in seiner rechtspolitischen Anfälligkeit.

Weiter ließe sich im Sinne dieses Ergebnisses und damit gegen ein gesellschaftsrechtliches Eigeninteresse die, sogleich dargestellte,[910] höchstrichterliche Abkehr von der Interessentheorie im Rahmen der §§ 283 ff. StGB anführen: Infolge der Aufgabe der Interessenformel werden nun auch von Seiten der Rechtsprechung die vorliegend typischerweise relevanten Fallgestaltungen in den Schutzbereich der Insolvenzdelikte einbezogen, in

909 Begrifflichkeit übernommen von Birkholz, Untreuestrafbarkeit, S. 104, 108.
910 S. unter D. II. 5.

denen es an einem Handeln des Geschäftsführers im Sinne des Interesses der Gesellschaft fehlt. Die zuvor durch Anwendung der Interessentheorie entstandenen Strafbarkeitslücken im Bankrottstrafrecht,[911] zu deren Vermeidung, so die Kritik,[912] sodann der Untreuetatbestand herangezogen wurde, sind nun nicht mehr zu befürchten. Die Aufgabe der Interessenformel durch den BGH konturiert dabei gleichsam die Deliktscharaktere der § 266 StGB und §§ 283 ff. StGB und wirkt so einer „Disfunktionalität [sic] des Rechtsgüterschutzes“[913] entgegen.[914] Aus dieser Rechtsprechungsentwicklung ließe sich bei Beachtung des Wirkungszusammenhangs der Normbereiche die Intention des BGH ableiten, eine unbeschränkte Dispositionsbefugnis der GmbH-Gesellschafter annehmen und damit komplementär der Gesellschaft ein Eigeninteresse versagen zu wollen. Die gleichwohl in der aktuellen höchstrichterlichen Rechtsprechung vertretene Begrenzung der kapitalgesellschafterlichen Einverständniskompetenz im Untreuekontext und die damit einhergehende Option einer Untreuestrafbarkeit in den vorliegend relevanten Fallgestaltungen dürfte insoweit (nicht zuletzt auch) als rechtsprechungshistorische Folge der früheren Handhabung des Bankrottstrafrechts unter Anwendung der Interessenformel zu werten sein und demnach unter dem Einfluss einer bereits revidierten Rechtsauffassung sowie dem nunmehr überflüssigen rechtspolitischen Ziel der Vermeidung von Strafbarkeitslücken stehen.

Die Annahmen gegen ein gesellschaftseigenes Bestandsinteresse lassen sich schlussendlich durch eine Ergänzung aus ökonomischer Perspektive unterlegen: Insoweit spricht sich Bitter gegen den „Mythos vom Existenzinteresse einer Gesellschaft“ aus, wenn er ausführt, „aus ökonomischer Sicht ist ein Recht auf Investition oder Überleben des Unternehmens als Institution nicht begründbar“.[915] Er bezieht sich dabei auf die ökonomische Funktion der Haftungsbeschränkung, die in der „Risikoteilung zwischen Gesellschaftern und Gläubigern und der dadurch bewirkten Ausschaltung

---

[911] S. hierzu sogleich unter D. II. 5.

[912] S. etwa Höf, Untreue im Konzern, S. 75 f.; Hanft, Strafrechtliche Probleme, S. 115, 129 f.; Habetha, NZG 2012, 1134 f., 1138.

[913] Arloth, NStZ 1990, 570, 573.

[914] Vgl. auch MüKo-StGB/-Dierlamm, § 266, Rn. 158.

[915] Bitter, WM 2001, 2133, 2136.

der Risikoaversität der Unternehmer" bestehe.[916] Die Haftungsbeschränkung soll demnach den marktwirtschaftlichen Anreiz schaffen, unternehmerische Risiken einzugehen[917] und „effiziente Projekte auch dann durchzuführen, wenn eine gewisse Wahrscheinlichkeit des Totalverlustes besteht".[918] Wenn die gesellschafterliche Haftungsprivilegierung ihrem Gedanken nach nun an die Förderung risikoaffinen Marktverhaltens knüpft (und letztlich jeder unternehmerischen Aktivität ein gewisses Risiko immanent ist), argumentiert Bitter, „setzt der Sinn der Haftungsbeschränkung gerade eine „Existenzgefährdung" der Gesellschaft voraus".[919] Die Anerkennung eines eigenen Existenzinteresses stünde damit in unmittelbarem Widerspruch zum ökonomischen Telos der Haftungsbeschränkung.[920] Eine Existenzgefährdung der Gesellschaft in Form von Risikogeschäften sei vielmehr wirtschaftspolitisch erwünscht und in der marktwirtschaftlichen Realität auch unumgänglich, wenn nicht sogar Voraussetzung für eine erfolgreiche Teilnahme am Wirtschaftsverkehr[921].[922]

Das Gesagte führt – insbesondere unter Betonung des methodischen Aspekts der Begründungsbedürftigkeit – zu der Ablehnung eines gesellschaftsrechtlichen Eigeninteresses. Die damit einhergehende Reduktion der Gesellschaft auf ihre Funktion mag mitunter unbefriedigend erscheinen; jedenfalls aber unterfällt es nicht dem Zuständigkeitsbereich des Untreuestrafrechts, (über die Anerkennung kapitalgesellschafterlicher Dispositionsgrenzen) insoweit einen Ausgleich zu schaffen.

---

916 Bitter, WM 2001, 2133, 2136.

917 Vgl. hierzu auch die Ausführungen von Birkholz, Untreuestrafbarkeit, S. 258 ff.

918 Bitter, WM 2001, 2133, 2136.

919 Bitter, WM 2001, 2133, 2136.

920 Bitter, WM 2001, 2133, 2136.

921 Vgl. Bitter, WM 2001, 2133, 2136.

922 Jedenfalls solange sich unternehmerische Risikoentscheidungen innerhalb der sog. business judgement rule bewegen, werden Risikogeschäfte gesellschaftsrechtlich für zulässig erachtet, s. Roth, DNotZ 2006, 166, 172 m.w.N. Roth betont ferner den Umstand, dass die Gesellschaftsorgane regelmäßig bereits ein natürliches ökonomisches Interesse am Fortbestand ihrer Gesellschaft und der Möglichkeit haben, mit ihr weitere Erträge zu erwirtschaften. Damit bestehe idealerweise ein Interessengleichlauf von Gesellschaftern und Rechts- bzw. Wirtschaftsverkehr, der eine Haftung auf Grundlage der Existenzgefährdung-/vernichtung entbehrlich mache, ders., DNotZ 2006, 166, 173.

c) Fazit

Entsprechend den vorangegangenen Ausführungen ist der GmbH ein eigenes Bestandsinteresse zu versagen. Durch die Ablehnung eines gesellschaftsrechtlichen Eigeninteresses lässt sich nun die Frage nach der Schutzrichtung der aus dem GmbH-Recht infrage kommenden Einverständnisgrenzen final beantworten: Zweck der GmbH-spezifischen Vorgaben zum Kapitalschutz ist allein der Schutz von Gläubigerinteressen; ein etwaiges gesellschaftseigenes Interesse am Vermögenserhalt besteht nicht und kann aufgrund dessen auch nicht Schutzobjekt kapitalschützender Regelungen des GmbH-Rechts sein. Weder § 30 Abs. 1 GmbHG noch das Rechtskonzept der Existenzgefährdung bezwecken somit einen gesellschaftsoriginären Vermögensschutz und können damit nicht dispositionsbegrenzend im Rahmen des Untreuetatbestands als Vermögensschutzdelikt herangezogen werden. Diese Schlussfolgerung basiert auf dem vorliegend vertretenen dogmatischen Konzept einer limitierten Gesellschaftsrechtsakzessorietät, das für eine Übernahme gesellschaftsrechtlicher Vorgaben ins Strafrecht eine Deckungsgleichheit der betroffenen Normzwecke voraussetzt: Infolge der fehlenden Schutzzweckkongruenz des Untreuetatbestands mit den im untersuchungsgegenständlichen Kontext relevanten kapitalschützenden Normen des Gesellschaftsrechts können letztere nicht als kapitalgesellschafterliche Einverständnisgrenzen im Rahmen des § 266 StGB berücksichtigt werden. Bedingung für eine Deckungsgleichheit der Schutzzwecke ist im konkreten Kontext das Bestehen eines gesellschaftsrechtlichen Eigeninteresses; diese dogmatische Prämisse ist indes entsprechend der vorliegenden Darstellung abzulehnen. In dogmatisch-logischer Konsequenz wird sich damit dem Ansatz der „strengen Gesellschaftertheorie" angeschlossen, der den GmbH-Gesellschaftern eine vollumfängliche Dispositionsfreiheit zugesteht. Die kapitalgesellschafterliche Kompetenz, durch Beschlussfassung ein untreuetatbestandsausschließendes Einverständnis zu erklären, wird ohne Einschränkung gewährt. Eine das Gesellschaftsvermögen schädigende, aber konsentierte Maßnahme stellt bei Wahrung der Kompetenzverteilung und -beschlussfassung somit keine strafbare Untreue zum Nachteil der Gesellschaft dar, sondern lediglich eine straflose Selbstschädigung.

5. Ergebnisbewertung in Hinblick auf das Bankrottstrafrecht

Das die Einverständniskompetenzen in der GmbH behandelnde Kapitel soll inhaltlich mit einer Ergebnisbewertung in Bezug auf das Bankrottstrafrecht schließen. Die vorstehenden Ausführungen ergaben, dass sich die infrage stehenden Fallgestaltungen konsentierter gesellschaftsschädigender Verfügungen angesichts einer vollumfänglichen Dispositionsfreiheit der GmbH-Gesellschafter nicht durch das Untreuestrafrecht erfassen lassen. Im Folgenden soll sich nun schlussendlich der Frage gewidmet werden, wie sich der soeben definierte Anwendungsbereich der Organuntreue unter Verfolgung einer streng gesellschaftertheoretischen Sichtweise in Bezug auf die Insolvenzdelikte gem. §§ 283 ff. StGB, spezifisch § 283 Abs. 1 Nr. 1, Abs. 2 StGB verhält. In diesem Rahmen sollen ein Abriss der entsprechenden bankrottstrafrechtlichen Rechtsprechungsentwicklung, eine Darstellung strafrechtlicher Konsequenzen und speziell eine Bewertung der gefundenen Ergebnisse in ihrer strafrechtlichen Wirksamkeit erörtert werden. Da der Fokus der vorliegenden Arbeit nicht schwerpunktmäßig auf einer Behandlung des Insolvenzstrafrechts liegt, erfolgt die benannte Darstellung in angemessener Kürze.

Der BGH wandte in Bezug auf § 283 StGB in seiner früheren Rechtsprechung die sog. Interessenformel an.[923] Hiernach setzte eine für § 283 StGB strafbarkeitserforderliche Organzurechnung der Schuldnereigenschaft über § 14 StGB voraus, dass der Geschäftsführer einer GmbH zumindest auch im wirtschaftlichen Interesse der Gesellschaft und nicht nur im Eigen- oder Drittinteresse handelte.[924] Eine Bankrottstrafbarkeit des geschäftsführenden Organs war damit in den typischen untersuchungsgegenständlichen Fällen, denen regelmäßig ein Handeln entgegen den Gesellschaftsinteressen eigen ist, ausgeschlossen. Angesichts der deutlichen Kritik des Schrifttums distanzierte sich der BGH seit 2009 von seiner Interessentheorie[925] und sprach sich ab 2011 explizit gegen deren Anwendung aus[926].[927] Nunmehr wird unter

[923] BGHSt 28, 371, 373 f.; 30, 127, 128 f.; 34, 221, 223; BGH NJW 1992, 250, 252; NStZ 2000, 206, 207.

[924] Begründet wurde die höchstrichterliche Rechtsprechung mit systematischen Erwägungen unter Berücksichtigung des § 14 Abs. 2 StGB, nach dem ein Handeln „aufgrund" eines Auftrags erforderlich ist. Der BGH folgerte hieraus, dass ein Handeln im Interesse des Auftraggebers, der Gesellschaft, notwendig sei und übertrug diesen Gedanken als Zurechnungsvoraussetzung auf § 14 Abs. 1 StGB, vgl. nur BGHSt 30, 127, 130.

[925] BGH NStZ 2009, 437, 439.

[926] BGH NStZ 2012, 89, 91 (= Anfrageverfahren); BGH, Beschluss vom 29. November 2011 – 1 ARs 19/11, BeckRS 2021, 2; BGH, Beschluss vom 10. Januar 2012 – 4 ARs 17/11, BeckRS 2012, 03439.

[927] Ein Überblick über die Rechtsprechungsentwicklung findet sich bei Schwarz, HRRS 2009, 341, 343 ff. sowie Schweitzer, Eingriffe in das GmbH-Vermögen, S. 120 ff.

Aufgreifen in der Literatur entwickelter Konzepte[928] die Zurechnung der Schuldnereigenschaft nach der Frage beurteilt, ob das Gesellschaftsorgan im Geschäftskreis der GmbH tätig geworden ist und nicht nur bei Gelegenheit.[929] Bei rechtsgeschäftlichem Handeln liege der für § 14 StGB erforderliche Vertreterbezug ohne Frage vor; bei faktischem Handeln hingegen führe jedenfalls die Zustimmung des Vertretenen zur Zurechnung über § 14 StGB.[930] Der vormals bestehenden Kritik der rechtswissenschaftlichen Literatur an einer aus der Interessentheorie folgenden übermäßigen Einschränkung des Anwendungsbereichs der §§ 283 ff. StGB zugunsten des § 266 StGB und der damit verbundenen Unterminierung des Schutzzwecks der Bankrottdelikte wurde mit ihrer Aufgabe jedenfalls abgeholfen[931].[932]

Betrachtet man nun die sich aus der Rechtsprechungsänderung zu §§ 283 ff. StGB ergebenden strafrechtlichen Konsequenzen für die untersuchungsgegenständlichen Konstellationen konsentierter gesellschaftsvermögensschädigender Handlungen der Geschäftsführung mit existenzgefährdendem Charakter und stellt man diese der hier vertretenen Auffassung gegenüber, so lässt sich Folgendes festhalten: Entsprechend der aktuellen höchstrichterlichen Rechtsprechung kommt in diesen Fällen sowohl eine Untreuestrafbarkeit gem. § 266 StGB als auch eine Bankrottstrafbarkeit gem. § 283 Abs. 1 Nr. 1, Abs. 2 i.V.m. § 14 Abs. 1 Nr. 1 StGB in Betracht, die sodann tateinheitlich nebeneinander stehen können[933].[934] Nach der vorliegend für vorzugswürdig erachte-

---

[928] S. hierzu Brand, NStZ 2010, 9, 10 ff.; Wittig, Wirtschaftsstrafrecht, § 23, Rn. 32 f.; § 6, Rn. 100b, c.

[929] BGHSt 57, 229, 237; BGH NStZ 2009, 437, 439; 2013, 284, 285.

[930] BGHSt 57, 229, 238; BGH NStZ 2009, 437, 439; 2013, 284, 285. S. hierzu auch Brand, NJW 2012, 2370.

[931] Zur Kritik aus der Literatur s. Brand, NStZ 2010, 9, 11; Kasiske, JR 2011, 235, 239 jeweils m.w.N. und diese umfassend aufgreifend auch BGH NStZ 2009, 437, 439.

[932] Auch die zuvor offensichtlich ungerechtfertigte Bevorzugung von speziell Einmann-GmbH-Geschäftsführern gegenüber Einzelkaufleuten, die durch Anwendung der Interessentheorie strafrechtlich nicht privilegiert werden konnten, da sie als Schuldner unmittelbar dem Anwendungsbereich des § 283 Abs. 1 StGB unterliegen und es damit eines Rückgriffs auf § 14 Abs. 1 StGB nicht bedarf, s. Kasiske, JR 2011, 235, 239, hat sich mit der höchstrichterlichen Abkehr von der Interessenformel erledigt, vgl. auch BGH NStZ 2009, 437, 439. S. allerdings Fn. 936.

[933] So ausdrücklich auch der höchstrichterliche Wortlaut, s. BGH NStZ 2009, 437, 439.

[934] Anders nimmt die Aufgabe der Interessentheorie zum Anlass für die Organuntreue eine strafrechtsautonome Dispositionsgrenze in Gestalt von § 283 Abs. 1 Nr. 1

ten Lösung einer schrankenlosen gesellschafterlichen Dispositionsbefugnis besteht hingegen ein Exklusivitätsverhältnis der Tatbestände, in dem eine Strafbarkeit nach § 266 StGB nicht gegeben ist, dafür eine solche nach § 283 StGB infrage kommt. In gleichgelagerten Konstellationen ohne Konsens der Gesellschafter kommen dagegen die gegenwärtige Rechtsprechung des BGH und die vorliegend vertretene Auffassung zu gleichen Ergebnissen: In beiden Fällen kommt sowohl eine Untreue- als auch eine Bankrottstrafbarkeit in tateinheitlicher Begehung in Betracht. In diesem Fall einer fehlenden Konsentierung erscheint das Ergebnis, auch der Rechtsprechung, sachgerecht, da ein Rechtsgüterschutz in dieser Konstellation nicht gegen den erklärten Willen der willensbildenden Organe stattfindet.[935] Dahingegen wird ein solcher trotz des entgegenstehenden zugerechneten Willens des Rechtsgutsinhabers betrieben, wenn der BGH in Fällen einer vorhandenen Konsentierung der Gesellschafter eine Untreuestrafbarkeit für gegeben hält. Auch überzeugen die höchstrichterlichen Ergebnisse in der Konstellation einer vorhandenen Zustimmung nicht, wenn hierdurch doch wieder eine Ungleichbehandlung von Einzelkaufleuten und GmbH-Geschäftsführern erreicht wird.[936] Der BGH-Rechtsprechung zufolge ergäbe sich in diesem Falle für erstere allein eine Bankrottstrafbarkeit, für letztere zudem eine Untreuestrafbarkeit.[937]

StGB vorzuschlagen, die er als „Verschränkungslösung“ bezeichnet, ders., NZWiSt 2017, 13, 19 ff. Dieser Ansatz ist indes i.S.d. Prinzips einer limitierten Gesellschaftsrechtsakzessorietät und einer daraus hervorgehenden Erforderlichkeit von Schutzzweckkongruenz abzulehnen (zu diesem Aspekt äußert sich auch Anders, sieht hierin im Ergebnis durch einen „ohnehin bestehenden“ „mediatisierten, dem Begriff der juristischen Person immanenten Gläubigerschutz“ keine Problematik in Hinblick auf die Schutzzweckbestimmung des § 266 StGB und der Gefahr der „Denaturierung“ zu einem Gläubigerschutzdelikt, a.a.O., S. 21 ff.)

935 Mit ähnlicher Wertung auch Schweitzer, Eingriffe in das GmbH-Vermögen, S. 376 f.

936 So auch Corsten, Einwilligung, S. 94. S. hierzu auch Fn. 932.Grundsätzlich ist dem zu Zeiten der Interessentheorie bereits angebrachten Kritikpunkt der Unterschiedlichkeit des Schutzniveaus der Gläubigerinteressen in Kapital- und Personengesellschaften (s. Kasiske, JR 2011, 235, 239; Habetha, NZG 2012, 1134, 1136) auch nach dem Kurswechsel der Rechtsprechung nicht abgeholfen.

937 Diesem Umstand attestiert Schweitzer „durchaus eine erhebliche praktische Relevanz“, wenn er darauf hinweist, dass die tateinheitliche Verwirklichung nach § 52 StGB im Rahmen der Strafzumessung auch strafschärfend berücksichtigt werden kann

Nimmt man nun eine Bewertung der vorliegend gefundenen Ergebnisse in ihrer strafrechtlichen Wirksamkeit vor, so wird deutlich, dass mit der hier vertretenen Auffassung einer schrankenlosen Dispositionsbefugnisse der GmbH-Gesellschafter keine Strafbarkeitslücken entstehen. Die untersuchungsgegenständlichen Konstellationen werden im Konsens-Fall vielmehr adäquat von § 283 StGB erfasst: Zunächst ist § 283 StGB, im Gegensatz zu § 266 StGB, unabhängig von einer spezifischen Eingriffssituation in Gestalt einer Vermögensverschiebung einschlägig und geht in seinem Anwendungsbereich damit weiter als der Tatbestand der Untreue.[938] Ferner sieht der Bankrotttatbestand, anders als der Untreuetatbestand, sowohl eine Versuchsstrafbarkeit als auch eine Strafbarkeit wegen fahrlässiger bzw. leichtfertiger Begehung vor. Da, wie Schweitzer berechtigterweise vermutet, „in wohl nahezu sämtlichen Fällen, die bislang unter dem Gesichtspunkt der Untreue wegen existenzvernichtendem Eingriffs diskutiert bzw. abgeurteilt worden sind“ die von § 283 Abs. 6 StGB vorgesehene objektive Bedingung der Strafbarkeit der Zahlungseinstellung bzw. Insolvenzverfahrenseröffnung (alternativ Ablehnung der Insolvenzverfahrenseröffnung mangels Masse) gegeben war, sollte sich auch die objektive Strafbarkeitsbedingung nicht als praktisches Strafbarkeitshindernis darstellen.[939] Nicht zuletzt findet über § 6 Abs. 2 S. 2 Nr. 3 lit. b GmbHG als Regelung zur Versagung der Geschäftsführertätigkeit bei Verurteilung wegen Bankrotts die Sicherstellung eines effektiven Gläubigerschutzes statt, wendet man auf die untersuchungsrelevanten Fälle Bankrottstrafrecht an[940].[941]

(s. Nachweise bei Lackner/Kühl, Vor § 52, Rn. 29), ders., Eingriffe in das GmbH-Vermögen, S. 376.

[938] Insbesondere können nach Ansicht Schweitzers auch Risikogeschäfte unproblematisch über § 283 Abs. 1 Nr. 2 StGB erfasst werden, die der herrschenden Lehre zufolge sonst aus dem Anwendungsbereich der Untreue fallen, ders., Eingriffe in das GmbH-Vermögen, S. 378 m.w.N.; vgl. hierzu ferner Dauner-Lieb, DStR 2006, 2034, 2038.

[939] S. Schweitzer, Eingriffe in das GmbH-Vermögen, S. 379 f. auch zu den möglichen Ausnahmenfällen mit Lösungsvorschlag.

[940] Zwar sieht § 6 Abs. 2 Nr. 3 lit. e GmbHG seit Inkrafttreten des MoMiG (2008) eine Sperrung der Geschäftsführertätigkeit auch für nach § 266 StGB Verurteilte vor; mit Blick auf die Gesetzesbegründung (s. BT-Drucks. 16/6140, S. 32) wird jedoch deutlich, dass wesentliches Motiv für den Einbezug die mittlerweile überholte Rechtsprechung des BGH zur Interessentheorie war.

[941] S. ferner Kasiske, JR 2011, 235, 238.

Die Abkehr der höchstrichterlichen Rechtsprechung von der Interessentheorie führt für die untersuchungsgegenständlichen Fallgestaltungen zu einer Erweiterung des Schutzbereichs der Insolvenzdelikte unter tendenzieller gleichzeitiger Zurückdrängung der Untreuestrafbarkeit[942] und lässt sich als deliktskonturierende Entwicklung werten, die der bestehenden „Disfunktionalität [sic] des Rechtsgüterschutzes“[943] korrigierend entgegenwirkt. Aus Sicht der vorliegend vertretenen streng gesellschaftertheoretischen Auffassung einer unbeschränkten GmbH-gesellschafterlichen Dispositionsbefugnis ist diese Rechtsprechungsentwicklung begrüßenswert, ändert jedoch nichts an der für nicht tragfähigen erachteten höchstrichterlichen Annahme einer Untreuestrafbarkeit in den hier relevanten Fällen der kapitalgesellschafterlichen Konsentierung gesellschaftsexistenzgefährdender Maßnahmen. Wie in der Ergebnisbewertung in Hinblick auf das Bankrottstrafrecht gezeigt wurde, ergeben sich mit einer streng gesellschaftertheoretischen Lösung der Einverständnisproblematik keine relevanten Strafbarkeitslücken oder andere Einbußen an strafrechtlicher Wirksamkeit. Vielmehr werden die infragestehenden Konstellationen konsentierten gesellschaftsvermögensschädigenden Organhandelns nur so schutzzweckgerecht und insgesamt adäquat erfasst. Dies gilt umso mehr vor dem Hintergrund, dass ein zuvor interessentheoretisch bedingtes rechtspolitisches Bedürfnis, in der Praxis durch eine Anwendung von § 266 StGB strafrechtliche Lücken zu schließen, nach aktueller Rechtsprechungslage nicht mehr besteht.

III. Zusammenfassung

Die Gesellschafterversammlung bzw. -gesamtheit ist zuständiges Organ für die Erklärung eines untreuespezifischen Einverständnisses in der GmbH. Dabei hängt die strafrechtliche Wirksamkeit eines untreuetatbestandsausschließenden Einverständnisses nicht von einer förmlichen Beschlussfassung entsprechend den Vorgaben der §§ 47 ff. GmbHG ab; entscheidend ist allein der tatsächlich vorliegende Wille der GmbH-Gesellschafter. Eine Zustimmung der Gesellschaftergesamtheit wird damit nicht anders als eine solche der gesellschaftsrechtlich erforderlichen Gesellschaftermehrheit behandelt.

---

942 So auch das Fazit von Momsen in FS-Schöch, S. 585.

943 Arloth, NStZ 1990, 570, 573.

Mit der Feststellung, dass ein gesellschaftsrechtliches Eigeninteresse der GmbH zu versagen ist, ist die Schutzrichtung der aus dem GmbH-Recht infrage kommenden Dispositionsgrenzen beantwortet: Zweck des GmbH-spezifischen Kapitalschutzsystems ist damit allein der Schutz von Gläubigerinteressen; ein etwaiges gesellschaftseigenes Interesse am Vermögenserhalt besteht nicht und kann aufgrund dessen auch nicht Schutzobjekt kapitalschützender Regelungen des GmbH-Rechts sein. Weder § 30 Abs. 1 GmbHG noch das Rechtskonzept der Existenzgefährdung bezwecken somit einen gesellschaftsoriginären Vermögensschutz und können damit nicht dispositionsbegrenzend im Rahmen des Untreuetatbestands als Vermögensschutzdelikt herangezogen werden.

Dieses Ergebnis basiert auf dem vorliegend vertretenen dogmatischen Konzept einer limitierten Gesellschaftsrechtsakzessorietät, das für eine Übernahme gesellschaftsrechtlicher Vorgaben ins Strafrecht eine Deckungsgleichheit der betroffenen Normzwecke voraussetzt: Infolge der fehlenden Schutzzweckkongruenz des Untreuetatbestands mit den im untersuchungsgegenständlichen Kontext relevanten kapitalschützenden Normen des Gesellschaftsrechts können letztere nicht als kapitalgesellschafterliche Einverständnisgrenzen im Rahmen des § 266 StGB berücksichtigt werden. Bedingung für eine Kongruenz der Schutzzwecke ist im konkreten Kontext das Bestehen eines gesellschaftsrechtlichen Eigeninteresses; diese dogmatische Prämisse ist indes entsprechend der vorherigen Ausführungen abzulehnen.

Den GmbH-Gesellschaftern steht somit eine vollumfängliche Dispositionsfreiheit über das Gesellschaftsvermögen zu. Ihre Möglichkeit, durch Beschlussfassung ein untreuetatbestandsausschließendes Einverständnis zu erklären, wird ohne Einschränkung gewährt. Eine das Gesellschaftsvermögen schädigende, aber konsentierte Maßnahme stellt bei Wahrung der Kompetenzverteilung und -beschlussfassung somit keine strafbare Untreue zum Nachteil der Gesellschaft dar.

Wie die Ergebnisbewertung in Hinblick auf das Bankrottstrafrecht gezeigt hat, ergeben sich mit einer streng gesellschaftertheoretischen Lösung der Einverständnisproblematik auch keine relevanten Strafbarkeitslücken. Vielmehr werden die infragestehenden Konstellationen konsentierten gesellschaftsvermögensschädigenden Organhandelns nur so schutzzweckgerecht und insgesamt adäquat erfasst. Mit Abwendung der höchstrichterlichen Rechtsprechung von der sog. Interessentheorie im Rahmen der Insolvenzstrafbarkeiten und einer damit einhergehenden Ausweitung des bankrottstrafrechtlichen Anwendungsbereichs besteht ferner auch keinerlei rechtspolitisches Bedürfnis mehr, den Untreuetatbestand zur Schließung strafrechtlicher Lücken zu instrumentalisieren.

Einverständniskompetenzen in der AG

Zuvor wurde die untreuespezifische Zustimmungsproblematik im GmbH-rechtlichen Kontext behandelt und insoweit Zuordnung und Begrenzung einer untreuetatbestandsausschließenden Einverständniskompetenz herausgearbeitet.[944] Hierauf aufbauend wird nun die parallele Zustimmungsfrage in der AG problematisiert, die einstweilen, wenn auch nur zögerlich, ins strafrechtswissenschaftliche Blickfeld zu gelangen scheint. Die dortige Darstellung ist, sofern sie überhaupt differenzierend stattfindet,[945] zumeist auf einen Problemanriss der Thematik in Gestalt eines Hinweises auf die vergleichsweise strenge Vermögensbindung in der AG begrenzt[946] und geht in den wenigsten Fällen hierüber hinaus; zudem beschränkt sich die Behandlung oftmals auf Konzernsachverhalte, was angesichts konzernrechtlicher Spezifika für unverbundene AGs von nur limitierter Brauchbarkeit ist[947].

---

944 S. zu den in Bezug auf juristische Personen grundsätzlichen, damit auch im aktienrechtlichen Kontext geltenden Aussagen die Vermögenszuordnung betreffend unter C. III. 2. Entgegen den dort dargestellten Mindermeinungen einer strafrechtsautonomen Zuordnung ist die Vermögenszuordnung gesellschaftsrechtsakzessorisch zu bestimmen und die AG als solche als Trägerin des Gesellschaftsvermögens anzusehen.

945 Allzu oft noch werden unkritisch die in Bezug auf die GmbH vertretenen Rechtsauffassungen insoweit auf die AG übertragen, ohne dass dies näher begründet wird. Vgl. insoweit etwa Busch, Konzernuntreue, S. 160, Fn. 202, der meint, die im Rahmen der GmbH gefundenen Ergebnisse könnten „ohne weiteres" auf die AG übertragen werden.

946 Vgl. etwa Flum, Strafrechtlicher Schutz der GmbH, S. 40 ff.; Wodicka, Untreue, S. 126 f.; Ulmer in FS-Pfeiffer, S. 863 f.

947 Hierzu Loeck, Strafbarkeit des Vorstands, S. 97 f.

Der „Konkretisierungsaufgabe“[948] der Rechtswissenschaft, Voraussetzungen und Reichweite der Zustimmung im Aktienstrafrecht zu bestimmen, wurde bisweilen jedenfalls noch nicht hinreichend nachgekommen. Angesichts der grundsätzlich deutlich limitierten Abhandlungen der AG-bezogenen Einverständnisfrage vermögen es die wenigen, fast ausschließlich monographischen, Lösungen im Schrifttum nicht „wirklich sichere Konturen“ aufzuweisen.[949]

Ebenso verhalten offenbart die Rechtsprechung ihre Unsicherheit im Umgang mit der Zustimmungsproblematik in Bezug auf die AG und lässt eine klare Positionierung vermissen: So kann etwa dem „Mannesmann“-Urteil[950] des BGH nicht mehr als die „prinzipielle Akzeptanz“ einer Zustimmung entnommen werden[951]; im Fall „Siemens ENEL“[952] wurde eine Zustimmung aus konkreten Gründen abgelehnt, ohne dass sich den Ausführungen entnehmen ließ, unter welchen Voraussetzungen eine solche in Betracht kommt und auch der 2010 höchstrichterlich entschiedene „Trienekens“-Fall[953] ist in seinen Entscheidungsgründen der Lösungsfindung insoweit kaum zuträglich.

Grundsätzlich wird deutlich, dass sich die Rechtsprechung in Hinblick auf die aktienrechtliche Untreue ungeachtet der strukturellen und gesetzlichen Unterschiede beider Kapitalgesellschaftsformen weitestgehend an der GmbH-rechtlichen Untreue zu orientieren scheint,[954] wenngleich insofern – mit Ausnahme der zuvor genannten Entscheidungen „Mannesmann“, „Siemens ENEL“ und „Trienekens“ – auch nie spezifisch die untersuchungsgegenständliche Zustimmungsproblematik betroffen war bzw. angesprochen wurde. Diese Parallelität der Rechtsprechung mag seine historischen Gründe auch darin haben, dass die Organkompetenzen des Aktienrechts bis zur Aktienrechtsreform 1937 analog zu denen der GmbH geregelt waren.[955]

Wenn sodann die weitgehend ausbleibende Beschäftigung mit der AG in diesem Zusammenhang im tatsächlichen Umstand vermutet wird, dass

---

948 Brand, AG 2007, 681, 682.
949 So auch Rönnau in FS-Amelung, S. 250.
950 BGHSt 50, 331.
951 Brand, AG 2007, 681, 682.
952 BGHSt 52, 323.
953 BGHSt 55, 266.
954 Vgl. etwa BGHSt 21, 101 mit dem dortigen Verweis auf BGHSt 3, 32.
955 S. hierzu auch sogleich unter E. I. 1. c).

insbesondere bei sog. Publikumsgesellschaften mit hohem Streubesitz eine Zustimmung der Gesamtheit oder Mehrheit der Aktionäre in der Praxis kaum realistisch ist[956] und insofern vorgebracht wird, die Fragestellung sei im aktienrechtlichen Kontext mehr „von theoretischem, als praktischen Interesse"[957], kann dies mit Hohn indes nur für „ein schwaches Argument" gehalten werden[958]. Vielmehr zeigt sich die Praxisrelevanz des Themenfeldes – ungeachtet des Aspekts der praktischen Bedeutsamkeit der Kapitalgesellschaftsform der AG – gerade bei AGs mit Alleinaktionären (wie häufig in konzernierten Strukturen) oder nur wenigen Anteilseignern (wie es oftmals in familiengeführten Unternehmen der Fall ist).[959]

Die in diesem Zusammenhang im Aktienrecht bestehenden Möglichkeit sog. „Squeeze-Out-Verfahren" gem. §§ 327a ff. AktG entkräftet die angeführten Bedenken eines fehlenden Praxisbezugs zusätzlich[960]: Die Regelungen der §§ 327a ff. AktG ermöglichen einen zwangsweisen Ausschluss von Minderheitsaktionären gegen Gewährung einer angemessenen Barabfindung. Der Hauptaktionär muss mit mindestens 95 % am Grundkapital der AG beteiligt sein, um im Rahmen der Hauptversammlung die Übertragung der Anteile der Minderheitsaktionäre auf ihn beschließen lassen zu können. Dieser „Zwangsverkauf" in Gestalt eines Verlusts der mitgliedschaftlichen Beteiligung gegen eine vermögensmäßige Entschädigung ist von den nicht unternehmerisch beteiligten Minderheitsaktionären hinzunehmen.[961] Ihr Bestandsinteresse unterliegt in der gesetzlichen Wertung dem Normzweck einer effektiven Unternehmensführung und -gestaltung des sich initiatorisch freier bewegenden Alleinaktionärs.[962] Damit erhöht sich durch die aktienrechtlich bestehende Möglichkeit eines „Squeeze-outs" auch die Zahl von Aktiengesellschaften, deren Hauptversammlung aus nur einem Aktionär besteht, was wiederum den eingangs vorgebrachten Einwand des fehlenden Praxisbezugs relativiert.

---

956 Rönnau in FS-Amelung, S. 247.

957 Achenbach/Ransiek/Rönnau/-Seier/-Lindemann, 5. Teil, 2. Kapitel, Rn. 240.

958 Hohn in FS-Samson, S. 326.

959 Brand, AG 2007, 681; Rönnau in FS-Amelung, S. 247 f.

960 Brand, AG 2007, 681.

961 S. hierzu ausführlich Hanau, NZG 2002, 1040 ff.

962 S. zum Normzweck des § 327a AktG Hüffer/Koch/-Koch, § 327a, Rn. 1; MüKo-AktG/-Grunewald, § 327a, Rn. 2.

Praktische Relevanz kommt der aktienrechtsbezogenen Einverständnisfrage nicht zuletzt auch aus einem rechtspolitischen Blickwinkel zu: Speziell in der AG stehen vermögensrelevante, organkonsentierte Maßnahmen in einem entsprechenden Spannungsfeld oft gegenläufiger Interessen von Anteilseignern, Arbeitnehmern und Gläubigern.[963] Die sich so ergebenden Interessenkonflikten unternehmensbeteiligter Gruppen begründen den akuten Bedarf an rechtswissenschaftlicher Klärung der Zustimmungsproblematik im Rahmen der AG.

Bevor nun eine vertiefte Auseinandersetzung mit potentiellen Grenzen einer organschaftlichen Einverständniskompetenz im Rahmen der AG erfolgen kann, bedarf es – in systematischem Einklang mit der Behandlung der Problematik im GmbH-Kontext – der Klärung der Zuordnung einer solchen; also der Frage, wem auf welche Weise eine aktienrechtliche Dispositionsbefugnis überhaupt zukommen kann.

I. Zuordnung der Einverständniskompetenzen

Zunächst bedarf es der Feststellung, welchem Organ im Gefüge der AG die prinzipielle Zuständigkeit untreuestrafbarkeitsausschließender Zustimmungen obliegt; dem folgend kann die konkret erforderliche Form einer Beschlussfassung näher beleuchtet werden.

1. Zuständigkeit

Die Frage der Zuständigkeit einer aktienrechtlichen Einverständniskompetenz wird im einschlägigen rechtswissenschaftlichen Schrifttum nur selten GmbH-differenziert thematisiert und ist – im Vergleich zur parallelen Ausgangsfrage bei der GmbH – deutlich komplizierter zu beantworten. Letzteres liegt wesentlich im vergleichsweise komplexen Organgefüge der AG ohne eindeutige Organhierarchie und den ausdifferenzierteren Organisationsstrukturen der Gewaltenteilung und -verschränkung im Sinne eines „systems of checks and balances" begründet.[964] So sieht die aktienrechtliche Organverfassung zwingend drei (und nicht wie im Kontext der GmbH nur zwei) Organe – Aufsichtsrat, Vorstand und Hauptversammlung – vor,

[963] Hierzu näher Hoffmann, Unternehmensinteresse, S. 19 ff.
[964] S. etwa Hüffer/Koch/-Koch, § 118, Rn. 4; MüKo-AktG/-Kubis, § 118, Rn. 10.

die es vorliegend als potentielle Einverständnisträger zu untersuchen gilt. Eine unkritische Übertragung der im GmbH-Kontext gefundenen Ergebnisse zur Organzuständigkeit verbietet sich jedenfalls angesichts der strukturellen Unterschiede beider Kapitalgesellschaftsformen in ihrer Kompetenzverteilungsordnung.[965]

Die Bestimmung der Zuständigkeit für die Erklärung eines untreuestrafrechtlich relevanten Einverständnisses richtet sich dabei – wie bereits im Rahmen der GmbH – einer gesellschaftsrechtsakzessorischen Sichtweise entsprechend nach der gesellschaftsrechtlichen Kompetenzordnung und damit der aktienrechtlich-spezifischen Organisation der inneren Willensbildung.[966]

Ergänzend anzumerken ist an dieser Stelle, dass die sich grundsätzlich im Bereich der aktienrechtlichen Untreue bestehenden Unsicherheiten der Rechtsprechung auch in der spezifischen Frage der einverständnisbezogenen Zuständigkeiten im AG-Kontext widerspiegeln: So heißt es noch im „Mannesmann"-Urteil des BGH: „Bei einer Aktiengesellschaft ist Voraussetzung für ein strafrechtlich bedeutsames Einverständnis mit einer kompensationslosen Anerkennungsprämie, dass es entweder von dem Alleinaktionär oder von der Gesamtheit der Aktionäre durch einen Beschluss der Hauptversammlung über die Verwendung des Bilanzgewinns [...] erteilt worden ist, nicht gegen Rechtsvorschriften verstößt oder aus sonstigen Gründen ausnahmsweise als unwirksam zu bewerten ist [...]".[967] Im Fall „Siemens ENEL" heißt es dagegen: „An einer wirksamen Einwilligung der Treugeberin, welche eine Pflichtwidrigkeit hätte ausschließen können [...], fehlte es. Dabei kann es dahin stehen, ob und in welchem Umfang etwa eine auf § 76 Abs. 1 AktG gestützte Befugnis des Zentralvorstands der Siemens AG zu einer entsprechenden Einwilligung durch § 93 AktG auf Grund normativer Bindungen ausgeschlossen gewesen wäre [...]" und weiter „Auch eine Billigung durch den Aufsichtsrat der Siemens AG ist nicht ersichtlich; eine Zustimmung durch eine Hauptversammlung liegt fern."[968] Wenngleich hiermit mehr Fragen aufgeworfen als beantwortet werden,[969]

---

965 So auch deutlich Schilha, Aufsichtsratstätigkeit, S. 293.

966 Vgl. unter C. I. und IV.

967 BGHSt 50, 331, 342.

968 BGHSt 52, 323, 335.

969 Hohn fasst dies treffend zusammen mit den Worten: „Die wiedergegebene Passage des Siemens-Urteils wirft mehr Fragen auf als sie beantwortet. Das gilt vor allem für

wird doch überdeutlich, dass die Rechtsprechung in Zuständigkeitsfragen der aktienrechtlichen Einverständniserteilung kaum Orientierung zu bieten vermag und von einer klaren Linie weit entfernt ist.

a) Aufsichtsrat

Dem Aufsichtsrat kommt in der aktienrechtlichen Organverfassung primär eine Kontroll- und Überwachungsfunktion zu. So ist er gem. § 111 Abs. 1 AktG für die Überwachung der Geschäftsführung zuständig. Ferner vertritt er gem. § 112 AktG die AG gegenüber dem Vorstand gerichtlich wie außergerichtlich und ist gem. § 84 AktG mit der Bestellung und Abberufung des Vorstands betraut. In vermögensrechtlicher Hinsicht ist sein Kompetenzbereich deutlich begrenzt; unmittelbar vermögensrelevante Entscheidungen trifft er entsprechend § 87 Abs. 1 AktG allein in den Fällen der Vergütungsfestsetzung für den Vorstand. Gesellschaftsvermögensschädigende Dispositionen sind dem Aufsichtsrat grundsätzlich untersagt; hierin liegt gerade eine Verletzung seiner Kontrollpflicht.[970]

Etwas anderes könnte sich, eine vermögensbezogene Entscheidungskompetenz des Aufsichtsrats betreffend, nur in den Fällen ergeben, wenn die Satzung gem. § 111 Abs. 4 S. 2 AktG eine Mitwirkungsbefugnis des Aufsichtsrat bei bestimmten Geschäften des Vorstands vorsieht, wie sie rechtstatsächlich etwa bei Kreditaufnahmen größeren Umfangs, Grundstücks- oder Beteiligungserwerb und -veräußerung oder Implementierung eines neuen Geschäftszweigs auftritt.[971] In derartigen Sachverhalten, in denen eine Mitwirkung des Aufsichtsrats satzungsmäßig erforderlich ist und ein Ausbleiben dieser zur Pflichtwidrigkeit der Maßnahme führt, kann denklogisch in der Billigung des Vorgangs zwar auch ein untreuetatbestandsausschließendes Einverständnis des Aufsichtsrats bezüglich der Vorstandshandlung erblickt werden. Allerdings darf diese Mitwirkung nicht auch selbst pflichtwidrig sein; in diesen Fällen kann die Zustimmung nicht pflichtwidrigkeitsbeseitigend für den Vorstand wirken und unter Umständen (bei Annahme einer entsprechenden Vermögensbetreuungspflicht) eine Untreuestrafbarkeit des Aufsichtsrats

---

die ungewöhnliche Aussage, neben den Aktionären kämen überhaupt Vorstand und Aufsichtsrat als Einverständniserteilende in Betracht.“, ders. in FS-Samson, S. 325.

970 Schramm, Untreue und Konsens, S. 141; Achenbach/Ransiek/Rönnau/-Seier/-Lindemann, 5. Teil, 2. Kapitel, Rn. 245; Cramer in FS-Stree/Wessels, S. 574.

971 Hierzu Cramer in FS-Stree/Wessels, S. 574.

selbst begründen. Das soeben Ausgeführte gilt gleichermaßen, wenn gesetzliche Vorgaben eine Mitwirkung des Aufsichtsrats an Entscheidungen der Geschäftsführung festschreiben, wie beispielsweise bei § 15 KWG.[972]

An dieser Stelle wird deutlich, dass für ein tatbestandsausschließendes Einverständnis des Aufsichtsrats im klassischen Sinne kein Raum verbleibt; es in dieser Hinsicht vielmehr obsolet wird: Indem der Aufsichtsrat über § 116 AktG an § 93 Abs. 1 S. 1 AktG und damit an den Maßstab der „Sorgfalt eines ordentlichen und gewissenhaften Geschäftsmanns" gebunden ist, ist seine Zustimmungsbefugnis ohnehin auf gesellschaftsrechtlich Zulässiges begrenzt, wobei ihm gem. § 93 Abs. 1 S. 2 AktG insoweit ein weiter Ermessensspielraum („business judgement rule") zukommt. Durch die Bindung an diesen Maßstab des § 93 AktG bei der ohnehin nur begrenzten Möglichkeit organschaftlicher Mitwirkung an Maßnahmen der Geschäftsführung besteht weder Raum noch Bedarf für ein untreuebeseitigendes Einverständnis des Aufsichtsrats.

Bei Ableitung einer untreuespezifischen Einverständniskompetenz aus der gesellschaftsrechtlichen Kompetenzordnung nach Maßgabe der organspezifischen Willensbildung ist weiter festzuhalten, dass dem Aufsichtsrat mit seiner wesenstypisch überwachenden Natur prinzipiell keine willensbildende Kraft im Organgefüge der AG zukommt. Angesichts der schwerpunktmäßig kontrollierenden Tätigkeitszuschreibung mit bloß mittelbar vermögensrelevantem Bezug scheidet eine Zuständigkeit des Aufsichtsrats für die Erklärung eines untreueausschließenden Einverständnisses in aller Regel aus.[973]

Die Ausführungen gelten entsprechend für den Aufsichtsrat in der GmbH. Das GmbHG etabliert in § 52 Abs. 1 GmbHG den Aufsichtsrat als fakultatives Organ zur Überwachung der Geschäftsführung. Handelt es sich um einen fakultativen Aufsichtsrat, so herrscht bei dessen Ausgestaltung im Wesentlichen Gestaltungsfreiheit. Insoweit ist auf die entsprechenden Regelungen im AktG zurückzugreifen, sofern gesellschaftsvertraglich nichts Abweichendes geregelt ist, s. § 52 Abs. 1 GmbHG. Notwendigerweise einzurichten ist ein Aufsichtsrat nach den Vorgaben des MitbestG und DrittelbG. Für den obligatorischen Aufsichtsrat gelten die aktiengesetzlichen Regelungen

---

972 S. hierzu näher Schramm, Untreue und Konsens, S. 142.

973 Anders noch Tiedemann, Wirtschaftsstrafrecht AT, Rn. 217 in der 3. Auflage, der (auch) im Aufsichtsrat das zuständige Organ einer kapitalgesellschaftlichen Einverständniskompetenz erkannte; ders. ist mittlerweile von dieser Auffassung abgewichen, s. Tiedemann, Wirtschaftsstrafrecht, Rn. 395.

zwingend, s. § 1 Abs. 1 S. 1 Nr. 3 DrittelbG und §§ 6 Abs. 2 S. 2, 25 Abs. 1 S. 1 Nr. 2 MitbestG.

b) Vorstand

Der Vorstand leitet gem. § 76 Abs. 1 AktG eigenverantwortlich die AG unter Beachtung des sog. Unternehmensinteresses[974].[975] Damit obliegt ihm neben der organschaftlichen Vertretungsmacht die Geschäftsführungsbefugnis, ohne dass er der Hauptversammlung gegenüber in irgendeiner Form weisungsgebunden wäre, was einen wesentlichen Unterschied zur Organisationsstruktur der GmbH darstellt.[976] Auch ansonsten hat das AktG der Hauptversammlung grundsätzlich keine Möglichkeit eingeräumt, in die Geschäftsführungs- und Verwaltungszuständigkeit des Vorstands einzugreifen; allein auf Verlangen des Vorstands entscheidet die Hauptversammlung gem. §§ 119 Abs. 2, 111 Abs. 4 S. 3, 4 AktG über Geschäftsführungsmaßnahmen.

Infolge seiner unternehmerischen Leitungsfunktion wirkt sich der Aufgabenbereich des Vorstands – im Gegensatz zur Kompetenz des Aufsichtsrats – oftmals unmittelbar vermögensrelevant aus. Unter Mitwirkung des Aufsichtsrats erfolgt des Weiteren auch die grundsätzliche Feststellung des Jahresabschlusses durch den Vorstand (§ 172 AktG), aus dem im Rahmen der Rechnungslegung sodann der Bilanzgewinn ermittelt wird, über dessen Verwendung im weiteren Verlauf die Hauptversammlung entscheidet (§ 174 AktG)[977].

Nun wird teilweise aus der Geschäftsführungsbefugnis des Vorstands auf dessen Zuständigkeit für eine untreuespezifische Einverständniskompetenz geschlossen[978]; fernliegend könnte dies wiederum aus demselben Grund erscheinen: Ordnete man dem Vorstand eine entsprechende Befugnis zu, könnte dieser grundsätzlich in eigene pflichtwidrige Maßnahmen einwilligen.[979] Dies ließe sich als das ausdifferenzierte System der Gewaltenteilung konterkarierenden, dem Wertungsgedanken des „systems of checks and balances" offensiv außer Acht lassenden Widerspruch deuten. Die Bedeutung

---

974 Vgl. zum Begriff bereits unter D. II. 4. b) aa).

975 Rönnau in FS-Amelung, S. 262 m.w.N.

976 S. hierzu unter D. I. 1.

977 Hierzu sogleich unter E. I. 1. c).

978 Zech, Untreue durch Aufsichtsratsmitglieder, S. 107 ff.; vgl. auch BGHSt 52, 323, 335.

979 So auch Rönnau in FS-Amelung, S. 269, Fn. 67; vgl. auch BGHSt 55, 266, 281 f.

der Rechtsfigur eines tatbestandsausschließenden Einverständnisses würde leerlaufen; eine entsprechende Kompetenz obsolet.

Darüber hinaus ist der Vorstand, ebenso wie der Aufsichtsrat, in der aktienrechtlichen Organstruktur an den Maßstab des § 93 Abs. 1 AktG gebunden, sodass, wie bereits im zuvor behandelten Kontext des Aufsichtsrats, die vom Vorstand zu treffenden Entscheidungen der laufenden Geschäftsführung ohnehin auf gesellschaftsrechtlich Zulässiges im weiten Ermessensspielraum der „business judgement rule“ begrenzt sind. Von einem tatbestandsausschließenden Einverständnis im klassischen Sinne könnte – parallel zur Situation beim Aufsichtsrat – bei Betrachtung des vorgegebenen Pflichtenmaßstabs dann jedenfalls kaum noch gesprochen werden.[980]

Ob nun aber mit der eingangs erklärten Prämisse, die Zuständigkeit einer aktienrechtlichen Einverständniskompetenz der organschaftlichen Willensbildungsstruktur entsprechend zu beurteilen, gleichwohl, wider den angeführten Gesichtspunkten, als wertungsgesetzliche Konsequenz dem Vorstand, einer immerhin auch vermögensunmittelbaren Organinstanz, zuzusprechen ist, kann erschöpfend erst dann festgestellt werden, wenn sein kompetenzordnungsrechtliches Verhältnis zur Hauptversammlung ausgeleuchtet wurde. Diese Abgrenzung der organschaftlichen Aufgabenzuweisung von Vorstand und Hauptversammlung und die Beleuchtung ihrer Bedeutungen in Hinblick auf den Willensbildungsprozess im Gefüge der AG erfolgen sogleich im nächsten Unterpunkt; dementsprechend kann auch erst an dessen Ende das Ergebnis zur potentiellen Einverständniszuständigkeit des Vorstands mitgeteilt werden.

c) Hauptversammlung

Die Hauptversammlung wird zwar als „zentrales Organ“ der AG bezeichnet,[981] dennoch steht sie in keinem übergeordneten Verhältnis zu den anderen Organen[982]. Wie auch in Hinblick auf die fehlende Weisungsbefugnis der Hauptversammlung gegenüber dem Vorstand deutlich wird, ist eine

---

980 Hohn führt insoweit aus: „Ein Einverständnis, das unter dem Vorbehalt seiner Vereinbarkeit mit den Vorgaben des § 93 AktG steht, verdient diesen Namen nicht.“, ders. in FS-Samson, S. 325.

981 BVerfGE 100, 289, 302.

982 BVerfG NJW 2000, 349, 350; s. auch Raiser/Veil, Recht der Kapitalgesellschaften, § 16, Rn. 1; MüKo-AktG/-Kubis, § 118, Rn. 10 m.w.N.

hierarchische Organverfassung dem Aktienrecht fremd. Die hierarchiefreie Kompetenzverteilung des AktG wurde durch die Aktienrechtsreform von 1937 begründet; zuvor war die sog. Generalversammlung oberstes Organ in der aktienrechtlichen Organisationsstruktur.[983] Seitdem bestehen folgende klar aufgeteilte Zuständigkeitsbereiche der Hauptversammlung ohne Machtgefälle: Grundsätzlich beschränkt sich der Einfluss der Hauptversammlung auf die von AktG bzw. der Satzung vorgesehenen Entscheidungsbefugnisse. Neben einigen regelmäßig anfallenden Tätigkeiten, wie etwa die Wahl der Aufsichtsratsmitglieder gem. §§ 119 Abs. 1 Nr. 1, 101 AktG, hat die Hauptversammlung primär Grundlagen- und Strukturentscheidungen zu beschließen, wie beispielsweise Satzungsänderungen (§§ 119 Abs. 1 Nr. 6, 179 ff. AktG) oder die Auflösung der AG (§§ 119 Abs. 1 Nr. 9, 262 Abs. 1 Nr. 2 AktG). In Hinblick auf die untersuchungsgegenständlich interessierenden vermögensrelevanten Entscheidungsmöglichkeiten ist es insbesondere die Verwendung des Bilanzgewinns, über die die Hauptversammlung gem. §§ 119 Abs. 1 Nr. 2, 174 Abs. 1 S. 1 AktG beschließen muss. Dabei ist sie grundsätzlich an den von Vorstand und Aufsichtsrat festgestellten Jahresabschluss gebunden; unter Umständen kann auch eine Kompetenzverschiebung dergestalt stattfinden, dass der Hauptversammlung die Feststellung des Jahresabschlusses durch Beschluss von Aufsichtsrat und Vorstand überlassen wird; dieselbe zuständigkeitsmodifizierende Rechtsfolge tritt ein, wenn der Aufsichtsrat den Jahresabschluss nicht billigt, vgl. § 173 Abs. 1 S. 1 AktG. Auch unterfällt es dem Aufgabenbereich der Hauptversammlung gem. §§ 119 Abs. 1 Nr. 7, 182 ff., 222 ff. AktG, über Maßnahmen der Kapitalbeschaffung und Kapitalherabsetzung zu beschließen. Abgesehen von diesen, hier nicht abschließend dargestellten, Aufgaben und Befugnissen ist eine Kompetenzerweiterung in Bezug auf die Hauptversammlung nur durch Satzung in den engen Grenzen des § 23 Abs. 5 AktG möglich.[984]

Wie bereits im vorherigen Abschnitt zur Einverständniszuständigkeit des Vorstands dargelegt, hat die Hauptversammlung ohne ein Verlangen des Vorstands keine Möglichkeit, in die diesem obliegende Geschäftsführungs- und Verwaltungszuständigkeit einzugreifen. Diese Aufgabenverteilung

---

983 K. Schmidt/Lutter/-Spindler, AktG, § 118, Rn. 5 m.w.N.

984 S. hierzu K. Schmidt, Gesellschaftsrecht, § 28 IV 1 c.

bestätigt auch die sog. „Holzmüller-Gelatine"-Doktrin des BGH: Der II. Zivilsenat erkannte in den Fällen „Holzmüller" (1982)[985] und „Gelatine" (2004)[986] ungeschriebene Kompetenzen der Hauptversammlung an, deren rechtliche Herleitung und Reichweite weiterhin umstritten sind[987]. Für die vorliegende Arbeit bedeutsam ist indes vielmehr das von der Rechtsprechung gefundene Ergebnis, dass originäre Hauptversammlungskompetenzen in Bezug auf Grundlagenentscheidungen nicht von Seiten des Vorstands unterlaufen werden dürfen, etwa durch Ausgliederung von Unternehmensteilen bzw. Umstrukturierung von Beteiligungsbesitz.[988] Dem Vorstand obliegt in diesen Fällen die Pflicht für derartige strukturentscheidende Maßnahmen, die Zustimmung der Hauptversammlung einzuholen[989]; eigene Geschäftsführungsbefugnisse kommen der Hauptversammlung hierdurch allerdings nicht zu.

Damit wird deutlich, dass die Hauptversammlung, gleichwohl „Sitz der Aktionärsdemokratie"[990], in ihrer Bedeutung und kompetenzrechtlichen Reichweite keinesfalls mit der Gesellschafterversammlung in der GmbH vergleichbar ist. Im Gegensatz zur Situation in der GmbH, kann in Bezug auf die AG die untreuespezifische Einverständniskompetenz der Anteilseigner folglich nicht aus der Vermögens-/Finanzhoheit und damit aus der Organhierarchie abgeleitet werden.

Mit dieser Feststellung und einem Verständnis der aktienrechtlichen Aufgabenverteilung zwischen Vorstandsebene und Hauptversammlung muss nunmehr die Frage gestellt werden, in wessen Zuständigkeitsbereich die vorliegend relevanten gesellschaftsvermögensschädigenden Dispositionen einzuordnen sind. Da, wie erwähnt, die Kompetenz zur Einverständniserklärung bei der AG nicht aus der Organhierarchie abgeleitet werden kann, kommt eine Ableitung dieser Dispositionsbefugnis aus der Zuweisung einzelner vermögensbezogener Kompetenzen in Betracht. Ein Blick auf die Regelungen des AktG zur innergesellschaftlichen Kompetenzverteilung (§ 119 AktG) führt

---

985 BGHZ 83, 122 ff.

986 BGHZ 159, 30 ff.

987 Vgl. hierzu die umfassenden Nachweise bei Rönnau in FS-Amelung, S. 258, Fn. 63.

988 Hierzu näher Raiser/Veil, Recht der Kapitalgesellschaften, § 16, Rn. 11 ff.; K. Schmidt, Gesellschaftsrecht, § 28 V 2 b.

989 BGHZ 159, 30, 40 ff.

990 BVerfG NJW 2000, 349, 351.

indes nicht weiter.[991] Auch handelt es sich bei den untersuchungsgegenständlichen Eingriffen in das Gesellschaftsvermögen nicht prinzipiell um „klassische" Struktur- und Grundlagenentscheidungen im Zuständigkeitsbereich der Hauptversammlung.[992] Ebenso wenig aber lässt sich die generalisierende Aussage treffen, dass entsprechende Vermögensminderungen grundsätzlich dem Bereich der „Geschäftsführung" und damit dem Tätigkeitskreis des Vorstands unterfallen.[993] Die aufgeworfene Frage, welchem Organ im aktienrechtlichen Organisationsgefüge die Zuständigkeit eines untreueausschließenden Einverständnisses zuzusprechen ist, kann demnach auf Grundlage der vorherigen Ausführungen nicht grundsätzlich beantwortet werden.

Dieser Problematik ließe sich etwa mit Differenzierungsversuchen begegnen: Hoffmann beispielsweise schlägt vor, insoweit „sofortige" bzw. „kompensationslose" von „risikobehafteten" bzw. lediglich „umverteilenden" Vermögensminderungen zu trennen.[994] Letztere ließen sich – im Gegensatz zu ersteren – noch unter den Bereich alltäglicher Geschäftsführung fassen und eine entsprechende Einverständniskompetenz sich daher in den Zuständigkeitsbereich des Vorstands verorten.[995] Ebenfalls differenzierend geht Schramm vor, der die Frage einer einverständnisbezogenen Organzuständigkeit indes in wirtschaftsstrafrechtsakzessorischer Entsprechung zur innergesellschaftlichen Kompetenzverteilung aus Satzung und AktG unter Beachtung der erforderlichen Schutzzweckkongruenz bestimmen möchte.[996]

Eine differenzierende Annäherung an die organspezifische Zuständigkeitsbestimmung im Kontext der AG mag ihre Berechtigung insofern

---

[991] Anders Schramm, Untreue und Konsens, S. 143 f., der hierüber die Einverständniskompetenz der Hauptversammlung begründen will.

[992] Mit dieser Feststellung auch Busch, Konzernuntreue, S. 154; Hoffmann, Unternehmensinteresse, S. 75.

[993] Vgl. auch Busch, Konzernuntreue, S. 154 f.; Hoffmann, Unternehmensinteresse, S. 75.

[994] Hoffmann, Unternehmensinteresse, S. 75 f.

[995] Dabei ist anzumerken, dass Hoffmann selbst die Tauglichkeit dieses Ansatzes in Ermangelung ausreichender Praktikabilität relativiert, dies., Unternehmensinteresse, S. 75.

[996] Schramm, Untreue und Konsens, S. 142 f. Allerdings geht Schramm in der Darstellung seiner Auffassung inhaltlich nicht über diese Feststellung hinaus, sodass dessen Ansatz in Ermangelung von Herleitung und Begründung nicht weiter beleuchtet werden kann.

haben, als dass hiermit adäquater auf das austarierte System der hierarchiefreien Gewaltenteilung und -verschränkung im Aktienrecht reagiert werden kann, als wenn einem Organ grundsätzlich die untreuespezifische Einverständniskompetenz zugesprochen wird. Diese in der Rechtsfolge bewirkte Kompetenzverschiebung je nach differenzierendem Faktor bedeutet auf der Kehrseite jedoch eine Einbuße an Rechtssicherheit und Praktikabilität, was der Dynamik eines lösungsorientierten, flexiblen Unternehmensalltags und damit der wirtschaftlichen Wirklichkeit kaum gerecht werden dürfte. Des Weiteren bleibt die vorliegend angenommene Prämisse der organspezifischen Zuständigkeitsbestimmung nach der Eigenschaft als Willensbildungsorgan[997] bei den angeführten Differenzierungsversuchen unberücksichtigt.[998]

Ausgehend von dem methodischen Maßstab der aktienrechtlichen Organisation der inneren Willensbildung kann aber auch ohne die Bildung differenzierender Kategorien die infragestehende Organzuständigkeit im aktienrechtlichen Kontext beantwortet werden: Hierfür bietet sich der Grundgedanke der höchstrichterlichen „Holzmüller-Gelatine"-Doktrin an[999].[1000] Im Fall „Holzmüller" nahm der BGH eine ungeschriebene Beschlusskompetenz der Hauptversammlung bei grundlegenden Geschäftsleitungsmaßnahmen des Vorstands an, wenn diese „so tief in die Mitgliedsrechte der Aktionäre und deren im Anteilseigentum verkörpertes Vermögensinteresse eingreifen, daß der Vorstand vernünftigerweise nicht annehmen kann, er dürfe sie in ausschließlich eigener Verantwortung treffen, ohne die Hauptversammlung zu beteiligen."[1001] Auch wenn der Senat im Urteil „Gelatine" die Ausnahmecharakteristik dieser ungeschriebenen Einverständniskompetenz betont, so lässt sich den höchstrichterlichen

997 S. unter E. I. 1.

998 Dies gilt freilich nicht, wenn man, wie etwa Müller, der Auffassung ist, jedes Organ sei im Rahmen seiner Zuständigkeiten selbst oberstes Willensorgan; ders. in FS-Semler, S. 198. S. auch Brand, AG 2007, 681, 684.

999 Da die sog. „Holzmüller-Gelatine"-Doktrin des BGH vorliegend nur dem Gedanken nach zur Bestimmung der Organzuständigkeit im Untreuekontext herangezogen wird, kommt es auf die im Urteil spezifizierten Schwellenwerte und entwickelten formalen Voraussetzungen für die Annahme einer Vorlagepflicht an die Hauptversammlung im konkreten Kontext nicht an.

1000 Vgl. hierzu auch auf den Grundgedanken der „Holzmüller"-Doktrin abstellend Busch, Konzernuntreue, S. 155 f.

1001 BGHZ 83, 122, 131.

Ausführungen entnehmen, dass bei wesentlichen vermögensrelevanten Angelegenheiten die Entscheidung der Hauptversammlung unverzichtbar ist, selbst wenn diese prinzipiell von der Außenvertretungsmacht oder Geschäftsführungsbefugnis des Vorstands bzw. entsprechender Satzungsinhalte gedeckt ist. Hieraus lässt sich die tragfähige Behauptung ableiten, dass der Hauptversammlung in der vorliegend relevanten Frage vermögensbezogener, untreuespezifischer Einverständniskompetenzen die maßgebende willensbildende Kraft und mithin die Beschlusszuständigkeit zukommt.

Dies erkennt richtigerweise auch Hoffmann, die ferner die aktienrechtliche Vorgabe des § 23 Abs. 3 Nr. 2 AktG zur argumentativen Stützung dieses Ergebnisses anführt: Gem. § 23 Abs. 3 Nr. 2 AktG wird die Geschäftsführungsbefugnis des Vorstands durch den von den Aktionären festgelegten Unternehmensgegenstand begrenzt.[1002] Die Aktionäre legen mithin den Unternehmensgegenstand als Gesellschaftszweck qua Satzung fest; dem Vorstand obliegt es, diesen im Rahmen seiner Geschäftsführung zu verwirklichen. Die in der vorliegenden Arbeit einschlägigen Sachverhalte, deren gemeinsamer Nenner die kompensationslose Minderung von Gesellschaftsvermögen ist, bewegen sich – unabhängig vom definierten Gesellschaftszweck – keinesfalls mehr im Rahmen des Unternehmensgegenstands. Hieraus lässt sich ableiten, dass dementsprechende Vermögensdispositionen im Sinne der im Fall „Holzmüller“ höchstrichterlich entwickelten Vorgabe in die Mitgliedschaftsrechte und das Vermögensinteresse der Anteilseigner derart tief eingreifen, dass sie angesichts ihres Ausnahmecharakters nicht mehr unter die vorstandseigene Geschäftsführungstätigkeit zu fassen sind und daher in den Beschlusszuständigkeitsbereich der Hauptversammlung fallen.

d) Fazit

Entsprechend den vorherigen Ausführungen bleibt festzuhalten, dass im aktienrechtlichen Kontext die Hauptversammlung bzw. – für den sogleich zu untersuchenden Fall, dass die formalgesetzliche Einberufung der Hauptversammlung entbehrlich ist – die von ihr repräsentierten Aktionäre als zuständiges Organ einer untreueausschließenden Einverständniskompetenz anzusehen ist bzw. sind. Dieses Ergebnis steht auch in Einklang mit dem vorliegend

[1002] Hoffmann, Unternehmensinteresse, S. 76.

vertretenen Konzept einer limitierten Gesellschaftsrechtsakzessorietät des Wirtschaftsstrafrechts,[1003] da weder verfassungsrechtliche noch strafrechtliche Wertungen einer Übernahme der gefundenen aktienrechtlichen Lösung ins Untreuestrafrecht entgegenstehen.

2. Beschlussfassung

Nachdem nun die Organzuständigkeit der Einverständniserklärung in der AG geklärt wurde, wird im Weiteren bestimmt, wie die Einverständniserteilung konkret ausgestaltet werden muss, damit eine formelle Wirksamkeit der Zustimmung gegeben ist. Der folgende Teil der Untersuchung befasst sich somit mit den Einzelheiten der Beschlussfassung im AG-Kontext.

Die einschlägigen Formvorschriften des Aktienrechts in Bezug auf den verfassungsmäßig organisatorischen Ablauf einer Hauptversammlung, die den institutionellen Rahmen darstellt, in welchem die Aktionäre ihre Rechte ausüben, finden sich in den §§ 121 ff. AktG. Hiernach ist die Hauptversammlung in den durch Gesetz oder Satzung bestimmten Fällen sowie dann, wenn das Wohl der Gesellschaft es erfordert, einzuberufen, § 121 Abs. 1 AktG. Den Ablauf einer Hauptversammlung regelt das AktG dabei lediglich in seinen Grundzügen: Der Vorstand ruft die Hauptversammlung ein (§ 121 Abs. 2 S. 1 AktG); dem Versammlungsleiter obliegt die Leitung dieser,[1004] was beispielsweise die Eröffnung, Prüfung von Teilnahmeberechtigungen, Erteilung und Begrenzung von Redezeit oder Durchführung von Abstimmungen beinhaltet. Unter den Voraussetzungen des § 121 Abs. 6 AktG kann sogar auf die Förmlichkeiten einer ordnungsgemäßen Einberufung verzichtet werden, ohne dass dies die formelle Wirksamkeit von Hauptversammlungsbeschlüssen beeinträchtigt; hierfür müssen alle Aktionäre erscheinen bzw. vertreten sein und dürfen der Beschlussfassung nicht widersprechen. Liegt kein Fall der sog. Vollversammlung gem. § 121 Abs. 6 AktG vor und fassen die Aktionäre einen Beschluss, ohne zuvor die Hauptversammlung einberufen zu haben, so ist dieser gem. § 241 Nr. 1 AktG nichtig.[1005]

Parallel zu der GmbH-spezifischen Situation lässt sich die Frage nach den konkreten Erfordernissen einer Beschlussfassung, die den formellen

---

[1003] S. unter C. I.

[1004] Hierzu näher MüKo-AktG/-Kubis, § 118, Rn. 30.

[1005] MüKo-AktG/-Schäfer, § 241, Rn. 26.

Anforderungen einer wirksamen kapitalgesellschafterlichen Zustimmung genügt, auch im Rahmen der AG mit den bereits zuvor vorgestellten Konzepten der „formalen" und „materialen Einverständnistheorie"[1006] beantworten. Dabei ist anzumerken, dass, wenig überraschend,[1007] ein entsprechender strafrechtswissenschaftlicher Diskurs zu diesem spezifischen Unterpunkt im AG-Kontext noch rudimentärer als im Rahmen der GmbH und bislang höchstens in Ansätzen besteht.

Auch in Bezug auf die Situation in der AG kann – wie bereits in der GmbH – ungeachtet etwaiger Grenzen der Einverständniskompetenz davon ausgegangen werden, dass ein strafrechtlich formal wirksames Einverständnis jedenfalls dann gegeben ist, wenn alle Anteilseigner ihre Zustimmung erklärt haben.[1008] In diesem Fall der Einstimmigkeit bedarf es zwar nach wie vor einer Beschlussfassung der Hauptversammlung, vgl. § 121 Abs. 6 AktG; allerdings sind die aktienspezifischen Vorgaben zur Einberufung einer Hauptversammlung gem. §§ 121 ff. AktG insoweit entbehrlich. Umstritten hingegen ist die Konstellation, wenn lediglich die Mehrheit der Anteilseigner der gesellschaftsvermögensmindernden Maßnahme zustimmt. In jenen Fällen des bloß mehrheitlichen Konsenses stellt sich die Frage, ob es einer förmlichen Beschlussfassung der Hauptversammlung unter Wahrung der einschlägigen aktienrechtlichen Formvorschriften zur Einberufung bedarf oder ob insoweit auf die Einhaltung der Förmlichkeiten zur Beschlussfassung verzichtet werden kann.[1009]

[1006] S. hierzu unter D. I. 2.

[1007] Vgl. zur strafrechtswissenschaftlich dürftigen Ausgangslage bei der AG bereits eingangs unter E.

[1008] Vogel/Hocke, JZ 2006, 568, 570 m.w.N.; Brand, AG 2007, 681, 689; vgl. auch BGHSt 50, 331, 342.

[1009] Schilha hingegen fragt danach, ob es einer Zustimmung aller Anteilseigner bedarf oder ob insofern ein geringeres Quorum genügt. Für das Erfordernis einer Zustimmung der Aktionärsgesamtheit führt er neben dem strafrechtlichen Bestimmtheitsgebot an, der Untreuetatbestand schütze „das gesamte Vermögen der Gesellschaft und nicht nur einen „Großteil" des Grundkapitals", ders., Aufsichtsratstätigkeit, S. 296. Die Frage, ob überhaupt eine Mehrheit der Eigner konsentieren kann, stellt sich indes mit Blick auf den kapitalgesellschaftsspezifischen Prozess der Willensbildung über das Mittel der Beschlussfassung nicht. Allein die Frage, ob es bei bloß mehrheitlichem Aktionärskonsens der Einhaltung aktienrechtlicher Einberufungsvorschriften bedarf, ist zu beantworten.

Die Vertreter eines formalen Ansatzes erachten für die formelle Wirksamkeit eines untreuespezifischen Einverständnisses der bloßen Aktionärsmehrheit die Beachtung der aktienrechtlichen Formvorgaben der §§ 121 ff. AktG für erforderlich.[1010] Ohne einen diesen Anforderungen genügenden Beschluss der Hauptversammlung entfaltet dieser Auffassung zufolge ein mehrheitlicher Konsens der Anteilseigner keine strafrechtlich relevante Bedeutung. Dieser formalen Betrachtungsweise zugeordnet werden kann auch die Rechtsprechung des 3. Strafsenats im Fall „Mannesmann" und die des 2. Strafsenats im Fall „Trienekens".[1011] Argumentativ wird für die formale Auffassung die Organeigenschaft der Hauptversammlung angeführt: Indem der Gesetzgeber im AktG die Hauptversammlung und nicht die Gesamtheit der Aktionäre als konstitutives Organ neben Vorstand und Aufsichtsrat gesetzlich festgelegt hat, bedürfe es auch der Beachtung der insoweit festgelegten Regelungen der §§ 121 ff. AktG zur Einberufung dieser.[1012] In ähnlicher Richtung ließe sich auch – vergleichbar der Argumentation in Bezug auf die GmbH – vorbringen, dass der aktienrechtliche Willensbildungsprozess notwendigerweise ein Organhandeln über das Mittel der Beschlussfassung erfordere. Ohne Einhaltung dieses formalgesetzlichen Ablaufs könne nicht von einem tatsächlichen Organwillen gesprochen werden.

Dahingegen lassen die Befürworter einer materialen Sichtweise den mehrheitlichen Konsens ohne Wahrung der aktienrechtlichen Vorgaben zur Einberufung der Hauptversammlung für die strafrechtliche Beachtlichkeit eines aktienspezifischen Einverständnisses genügen.[1013] Auch an dieser Stelle kann auf die parallele Argumentation im GmbH-Kontext Rückbezug genommen werden.[1014] Für den materialen Standpunkt vorbringen ließe sich daher insbesondere die Inkongruenz der betroffenen Schutzzwecke: Ebenso wie bei der GmbH liegt der Zweck der Formvorgaben zur Beschlussfassung der §§ 121 ff. AktG in dem Schutz der Partizipationsinteressen der Anteilseigner; ihre Einhaltung kompensiert gewissermaßen den Verzicht auf den allgemeinen Konsens. Wenn also die formellen Regelungen das Verfahren zur

---

1010 Brand, AG 2007, 681, 689; Dittrich, Vorstandsvergütungen, S. 231 ff.

1011 Vgl. unter D. I. 2. a).

1012 Dittrich, Vorstandsvergütungen, S. 232 f.

1013 MüKo-StGB/-Dierlamm, § 266, Rn. 159; Ransiek, NJW 2006, 814, 815 f.; Vogel/Hocke, JZ 2006, 568, 570 f.; Krause, StV 2006, 307, 311.

1014 S. hierzu unter D. I. 2 a).

Hauptversammlung betreffend den Aktionärsinteressen dienen und ihr Mitwirkungsrecht wahren sollen,[1015] so ist ihr Schutzzweck offensichtlich nicht deckungsgleich mit jenem des Untreuetatbestands, der ausschließlich das Gesellschaftsvermögen umfasst[1016].[1017] Die bereits im Kontext der GmbH-rechtlichen Einverständnisproblematik aufgezeigten Konsequenzen der „formalen Einverständnistheorie" einer unzulässigen Rechtsgutsvertauschung und Deformierung des Vermögensdeliktscharakters des Untreuetatbestands, im aktienrechtlichen Kontext in ein Delikt zum Schutz der individuellen Interessen der Aktionäre, wirken daher vor dem Hintergrund des vorliegend vertretenen Konzepts einer limitierten Gesellschaftsrechtsakzessorietät auch im aktienrechtlichen Rahmen als Ausschlussgrund, der formalen Position zu folgen. Des Weiteren ist auf die von Saliger im Zusammenhang mit der GmbH angeführten verfassungsrechtlichen Bedenken des strafrechtlichen ultima-ratio-Grundsatzes sowie des Gebots von Rechtssicherheit und der Untreuetatbestandspräzisierung hinzuweisen,[1018] die auch in der parallelen Beschlussproblematik zur AG in ihrer Richtigkeit nicht an Aussagekraft verlieren.

Ransiek sowie Krause beziehen sich, spezifisch bezogen auf den Sachverhalt in der AG, auf die Regelungen der §§ 327a ff. AktG, die das sog. „Squeeze-Out-Verfahren" betreffen, das die aktiengesetzliche Möglichkeit des Ausschlusses von Minderheitsaktionären aus einer AG gegen Gewährung einer angemessenen Barabfindung eröffnet.[1019] Auf Verlangen eines Aktionärs, dem Aktien in Höhe von 95 % des Grundkapitals gehören, können die übrigen Aktionäre zur Übertragung ihrer Aktien gezwungen werden. Ransiek zieht hieraus und aus der zusätzlichen Konsultation der §§ 179a, 179 Abs. 2 AktG, wonach ein Vertrag zur Übertragung des gesamten Gesellschaftsvermögens einer AG die Mehrheit von 75 % des vertretenen Grundkapitals benötigt, den Schluss, dass, wenn ein Gewinnverwendungsbeschluss mit einfacher Mehrheit nach

---

1015 MüKo-AktG/-Kubis, § 121, Rn. 1; Hüffer/Koch/-Koch, § 121, Rn. 1.

1016 Die von Hoffmann im GmbH-Kontext angestellte Überlegung eines von den Formvorgaben bewirkten mittelbaren Schutzes des Gesellschaftsvermögens ist ebenso in Hinblick auf die aktienrechtliche Einverständnissituation zu verwerfen, vgl. unter D. I. 2. a).

1017 Vgl. insoweit auch Vogel/Hocke, JZ 2006, 568, 570 f.

1018 S. unter D. I. 2. a).

1019 Ransiek, NJW 2006, 814 ff.; Krause, StV 2006, 307 ff.

§§ 174, 133 AktG möglich ist, nicht erkennbar sei, warum im Rahmen der untersuchungsgegenständlichen Beschlussfrage die Zustimmung aller Aktionäre erforderlich sein sollte.[1020] Weitergehend lehnt Ransiek mit Verweis auf GmbH-Rechtsprechung auch die Notwendigkeit eines den aktienrechtlichen Formalitäten genügenden Hauptversammlungsbeschlusses bei bloßer Mehrheitszustimmung ab,[1021] sodass er als ein Vertreter der spezifisch aktienrechtlichen „materialen Einverständnistheorie" eingeordnet werden kann.

Auch Krause leitet in seiner Besprechung des „Mannesmann"-Falles argumentativ aus den Regelungen des „Squeeze-Out" die untreuestrafrechtliche Konsequenz ab, dass die Wirksamkeit eines aktienrechtlichen Einverständnisses nicht von dem allseitigen Konsens der Aktionäre bzw. dem Vorliegen eines entsprechenden ordnungsgemäßen Beschlusses der Hauptversammlung bedingt sei; allerdings beschränkt sich Krause in dieser Aussage (wohl) auf aktienrechtliche Sachverhalte, in denen die Voraussetzungen einer „Squeeze-Out"-Situation und damit einer 95 %igen Konzentration von Aktienkapital gegeben sind.[1022] Die vom Gesetzgeber vor dem Hintergrund unternehmerischer Effizienzgesichtspunkte getroffene und zum 21.12.2001 in Kraft getretene Entscheidung, das Schutzniveau der Kapitalbeteiligung von Minderheitsaktionären zu senken und in den Fällen des §§ 327a ff. AktG ihr Beteiligungsinteresse in ein Abfindungsinteresse umzuwandeln, müsse als gesetzgeberische Wertung auch im Rahmen entsprechender aktienrechtlicher Beschlussfassungsproblematiken berücksichtigt werden.[1023]

Die angeführte Argumentationsgrundlage um das Verfahren des §§ 327a ff. AktG verdeutlicht den gesetzgeberischen Willen, aktienrechtlichen Minderheitenschutz nicht absolut zu betreiben, sondern einer unternehmerisch-effizienten und sachgerechten Relativierung zugänglich zu machen. Diese Feststellung, dass der Gesetzgeber aktienrechtlichen Minderheitenschutz nicht ausnahmslos durch die Schaffung förmlicher Verfahren priorisiert, lässt sich im Kontext der vorliegenden Beschlussproblematik über den konkreten

---

1020 Für Ransiek käme die Voraussetzung einer Zustimmung aller Aktionäre für ein strafrechtlich beachtliches Einverständnis einem faktischen Verfügungsverbot über das AG-Vermögen gleich, ders., NJW 2006, 814, 815 f.

1021 Ransiek, NJW 2006, 814, 815 f.

1022 Krause, StV 2006, 307, 310 f.

1023 Krause, StV 2006, 307, 311.

Anwendungsfall einer „Squeeze-Out"-Situation hinaus wertungsmäßig für eine materiale Sichtweise anführen. Allerdings darf hieraus nicht der Fehlschluss gezogen werden, dass es für den untersuchungsgegenständlichen Kontext §§ 327a ff. AktG entsprechender Mehrheiten bedarf; der Hinweis auf das sog. „Squeeze-Out"-Verfahren geht über die bloße argumentative Berücksichtigung nicht hinaus. Für die Frage nach erforderlichen aktienrechtlichen Stimmenmehrheiten, die freilich auch bei Befürwortung eines materiellen Lösungsansatzes Geltung beanspruchen, ist im Einverständniskontext der AG der in § 133 Abs. 1 AktG vorgesehene Grundsatz der einfachen Stimmenmehrheit maßgebend.

Damit ist auch der Sachverhalt im Rahmen der AG wie jener in Bezug auf die GmbH zu behandeln: Eine Zustimmung der Aktionärsgesamtheit ist nicht anders als eine solche der gesellschaftsrechtlich erforderlichen Aktionärsmehrheit zu behandeln. Auf die konkreten aktienrechtlichen Formvorgaben zur Einberufung der Hauptversammlung kommt es insoweit nicht an; entscheidend für die formelle Wirksamkeit eines untreuetatbestandsausschließenden Einverständnisses der Anteilseigner ist allein der entsprechende materiell vorliegende Wille.

II. Grenzen der Einverständniskompetenzen

Nachdem nun die Organzuständigkeit einer aktienrechtlichen Einverständniskompetenz der Hauptversammlung bzw. der Aktionärsgemeinschaft zuerkannt und die formalen Bedingungen entsprechender Beschlussfassungen untersucht wurden, gilt es im Folgenden, die Grenzen einer untreuebeseitigenden Konsentierung im Kontext der AG zu definieren.

Den im GmbH-rechtlichen Komplex erfolgten Ausführungen zur prinzipiellen dogmatischen Herleitung einer Begrenzung der Rechtsfigur des tatbestandsausschließenden Einverständnisses speziell im untreuestrafrechtlichen Kontext kommt in Bezug auf die aktienspezifische Situation gleichermaßen Gültigkeit zu.[1024] Ebenso sind die dort vorgenommenen Erläuterungen die potentiellen straf- wie gesellschaftsrechtlichen Grenzen der kapitalgesellschaftlichen Einverständniskompetenz betreffend auf die Situation in der AG zu übertragen: Allein ein – im gegebenen Fall aktienrechtliches – Eigeninteresse

1024 S. hierzu unter D. II. 1.

vermag als taugliche Schranke einer Dispositionsbefugnis der Anteilseigner zu wirken.

Die sich nun anschließende Auseinandersetzung um die Grenzen der untreuespezifischen Einverständniskompetenz im Kontext der AG gestaltet sich wie folgt: Zunächst wird die Möglichkeit einer Übertragung der im Rahmen der GmbH-bezogenen Problemabhandlung gefundenen Ergebnisse auf den Sachverhalt in der AG untersucht. Wie bereits in der Parallelproblematik um die GmbH ist auf Ebene der AG sodann eine Darstellung des aktienrechtlichen Kapitalschutzsystems und dessen Schutzrichtung unerlässlich, um die darauf aufbauende Frage eines aktienrechtlichen Eigeninteresses beantworten zu können, das, wie im parallelen GmbH-Komplex, als wesentlicher Argumentationstopos dient. Indes lassen sich im Zusammenhang mit der Untersuchung des Systems der aktienrechtlichen Vermögensbindung auch spezifische, aktienrechtsindividuelle Anknüpfungspunkte für eine Bestimmung AG-bezogener Einverständnisgrenzen ausmachen, denen sich im entsprechenden Verlauf vertieft gewidmet wird.

1. Möglichkeit der Ergebnisübertragung von der GmbH auf die AG

Wie bereits eingangs ausführlich dargelegt,[1025] ist weder in Rechtsprechung noch rechtswissenschaftlicher Literatur eine einheitliche oder klare Linie zum Umgang mit den Grenzen einer untreuespezifischen Einverständniskompetenz im aktienrechtlichen Kontext erkennbar. Im wirtschaftsstrafrechtlichen Schrifttum werden oftmals die in Hinblick auf die Einverständnisproblematik in der GmbH gefundenen Ergebnisse auf die AG übertragen, ohne dass diesem Transfer eine adäquat kritische Auseinandersetzung vorausgeht.

Indes unterscheidet sich die GmbH als mitgliedschaftlich organisierte Gesellschaftsform doch signifikant von der körperschaftlich organisierten AG, die wegen ihrer wesentlich strikteren Vermögensbindung und damit einhergehenden ausgeprägteren Verselbstständigung ihres Gesellschaftsvermögens mitunter auch als „echte" Kapitalgesellschaft bezeichnet wird, während die GmbH „als Personengesellschaft im Mantel einer Kapitalgesellschaft" deklariert wird.[1026] Die der GmbH wesenstypische, die exponierte Position der Gesellschafter betonende personalistische Struktur, die sich diametral zum

[1025] S. unter E. I.

[1026] Mit dieser Gegenüberstellung Hohn in FS-Samson, S. 323.

austarierten gewaltenteiligen System der dreigeteilten Organstruktur in der AG mit regelmäßig hoher Mitgliederzahl verhält, führt zu einer intensiveren Bindung zwischen Gesellschaft und Gesellschaftern bei der GmbH.[1027] Dieser sich nach kapitalgesellschaftlicher Rechtsform unterscheidende Bindungsgrad steht in Korrelation mit der Entscheidungsmacht der beteiligten Eigner; je stärker die Bindung von Gesellschaft und Anteilseignern ausgeprägt ist, desto weitreichender gestalten sich die Bestimmungsrechte der Gesellschafter in Bezug auf das Eigenkapital der Gesellschaft.[1028]

Angesichts der benannten Unterschiede beider Kapitalgesellschaftsformen, die sich auf organisatorischer Ebene sodann insbesondere in Gestalt eines vergleichsweise komplexen und hierarchiebefreiten Organgefüges bei der AG und einer deutlich größeren gesellschaftsinternen Einflussnahmemöglichkeit der GmbH-Gesellschafter durch eine entsprechende Weisungskompetenz gegenüber der Geschäftsführung zeigen, kann eine diese Rechtsformunterschiede negierende bzw. ignorierende Übertragung von Ergebnissen mitnichten sachgerechte und tragfähige Ergebnisse oder Lösungen liefern. Der Notwendigkeit einer gesellschaftstypdifferenzierenden Betrachtung mit Berücksichtigung der strukturellen Unterschiede in Finanz- und Organisationsverfassung und bezüglich der beschriebenen divergierenden Bindungsintensität soll mit der vorliegenden Arbeit Rechnung getragen werden.

In diesem Sinne werden zunächst die im Rahmen des GmbH-Komplexes vertretenen und dort bereits erörterten „Körperschafts-“ wie „Gesellschaftertheorien“ in ihrer Übertragung auf die AG untersucht.

Insbesondere die „strenge Gesellschaftertheorie“ wird im rechtswissenschaftlichen Schrifttum aus dem GmbH-rechtlichen Kontext heraus auf die Situation in der AG übertragen, ohne dass dies näher begründet wird. Der streng gesellschaftertheoretische Ansatz sieht – bezogen auf die AG – eine vollumfängliche Dispositionsfreiheit der Aktionäre vor und verzichtet damit auf jedwede Begrenzung ihrer untreuebeseitigenden Einverständniskompetenz.[1029]

1027 Vgl. Flum, Strafrechtlicher Schutz der GmbH, S. 42 sowie Wodicka, Untreue, S. 127.

1028 Vgl. Flum, Strafrechtlicher Schutz der GmbH, S. 42.

1029 So etwa Dittrich, Vorstandsvergütungen, S. 227 ff.; Schramm, Untreue und Konsens, S. 142 ff.; Schönke/Schröder/-Perron, § 266, Rn. 21c; Nelles, Untreue zum Nachteil, S. 552 (wobei zu bemerken ist, dass diese die Thematik unter anderem Vorzeichen, im Rahmen der Frage einer strafrechtsspezifischen Vermögenszuordnung abhandelt, s. hierzu bereits unter C. III. 2. b); wohl auch Volk in FS-Hamm, S. 812.

Soweit eine inhaltliche Auseinandersetzung mit der Anwendung der „strengen Gesellschaftertheorie" auf den Sachverhalt in der AG erfolgt, wird – wie bereits im Rahmen der GmbH – auch im aktienrechtlichen Zusammenhang mit der wirtschaftlichen Eigentümerstellung der Anteilseigner argumentiert: Die Aktionäre wirkten als mittelbare Eigentümer des Gesellschaftsvermögens und seien infolge dieser Rolle befugt, vermögensmindernde Maßnahmen der Geschäftsführung umfassend mit untreuestrafbarkeitsbefreiender Konsequenz für die handelnden Organe zu konsentieren.[1030] Auch die Haftungsfreistellungsnorm des § 93 Abs. 4 S. 1 AktG, wonach eine Haftung des Vorstands gegenüber der Gesellschaft bei Vorliegen eines gesetzmäßigen Beschlusses der Hauptversammlung entfällt, wird für eine Letztentscheidungskompetenz der Aktionäre und damit eine untreuebeachtliche unbeschränkte Dispositionsbefugnis angeführt.[1031] Ferner ließe sich – parallel zur Argumentation im Rahmen der GmbH – die Auflösungskompetenz der Aktionäre gem. §§ 119 Abs. 1 Nr. 9, 262 Abs. 1 Nr. 2 AktG anbringen, um den Ansatz der „strengen Gesellschaftertheorie" zu stützen: Wenn den Aktionären eine die AG derart existenziell betreffende Rechtsmacht zukommt, sei es fernliegend, diesen nicht auch eine umfassende Vermögensdispositionsbefugnis zuzusprechen.

Kritisch gegenüber der Anwendung des streng gesellschaftertheoretischen Ansatzes lässt sich – ungeachtet des argumentativen Pendants aus dem GmbH-Kontext, die Aberkennung jeglicher untreuespezifischer Dispositionsschranken leugne die Rechtsfähigkeit der AG gem. § 1 AktG – einwenden, dass mit Anerkennung einer schrankenlosen Einverständniskompetenz der Aktionäre das Konzept der strengen Vermögensbindung im Aktienrecht[1032] ebenso wie die dortige hierarchiefreie Kompetenzordnung[1033] verkannt werden. Auch der Topos der Aktionäre als „wirtschaftliche Eigentümer" des Gesellschaftsvermögens kann vor dem Hintergrund des bereits beschriebenen aktienrechtlichen Kompetenzregimes kaum Geltung beanspruchen; wie Hoffmann dies zudem mit Blick auf entsprechende Gesetzesentwicklungen ausführlicher darlegt, ist der Aktionär

1030 Dittrich, Vorstandsvergütungen, S. 227 ff.; Schramm, Untreue und Konsens, S. 142 f.; Schönke/Schröder/-Perron, § 266, Rn. 21b f.

1031 Brand, AG 2007, 681, 683.

1032 Hierzu sogleich unter E. II. 2.

1033 Hierzu bereits unter E. I. 1.

mehr als (Klein-)Kapital- bzw. Finanzanleger, denn als mittelbarer Eigentümer einzuordnen[1034]. Ebenso büßt das Vorbringen der Haftungsfreistellungsnorm des § 93 Abs. 4 S. 1 AktG seine argumentative Wirksamkeit ein, wenn dessen normhistorische Entwicklung in die Betrachtung mit einbezogen wird. Da es sich bei den angesprochenen Kritikpunkten faktisch um die Argumente handelt, die im Rahmen der Diskussion um das Bestehen eines aktienrechtlichen Eigeninteresses angeführt werden, werden diese vertiefend im Rahmen des entsprechenden Unterpunktes beleuchtet.[1035]

Auch die „strenge Körperschaftstheorie" wird vermehrt aus dem GmbH-rechtlichen Kontext gelöst und auf die AG übertragen: Im Sinne eines Gleichlaufs von Aktien- und Strafrecht soll die ursprünglich vom Reichsgericht vertretene Auffassung einer prinzipiellen Unbeachtlichkeit GmbH-gesellschafterlicher Konsentierung im untreuestrafrechtlichen Kontext auch im Aktienrecht zu einer grundsätzlichen Versagung einer Einverständnismöglichkeit der Anteilseigner führen[1036].[1037]

Zur Begründung der aktienrechtlichen Anwendung einer streng körperschaftstheoretischen Sichtweise wird zum einen die Berücksichtigung der strengen Kapitalbindung des AktG angeführt; zum anderen wird auf die Unterschiede im Rahmen der kapitalgesellschaftlichen Rückgewähr von Gesellschaftsvermögen verwiesen: Anders als bei § 31 Abs. 2 GmbHG sind nach § 57 Abs. 1 AktG verbotswidrig erlangte Leistungen gem. § 62 AktG selbst im Falle von Gutgläubigkeit des Empfängers und unabhängig von Gläubigerinteressen zurückzugewähren. Auch das Rechtskonstrukt eines aktienrechtlichen Eigeninteresses soll der Begründung dieser Auffassung dienen.[1038]

Eine insoweit bereits im Rahmen der GmbH beanstandete Verabsolutierung des kapitalgesellschaftlichen Eigeninteresses sowie das

---

[1034] Hoffmann, Unternehmensinteresse, S. 177 mit entsprechenden Nachweisen.

[1035] S. unter E. II. 4. a).

[1036] Die insoweit einzig ersichtliche reichsgerichtliche Rechtsprechung zum aktiengesellschaftlichen Einverständnis im Untreuekontext (s. RGSt 7, 279) korrespondiert mit der GmbH-bezogenen reichsgerichtlichen Rechtsprechung in dieser Frage, s. hierzu unter D. II. 3. a).

[1037] Kaufmann, Organuntreue, S. 140 ff.; Loeck, Strafbarkeit des Vorstands, S. 103 ff.; Lackner/Kühl, § 266, Rn. 20b.

[1038] Kaufmann, Organuntreue, S. 150 f.; Loeck, Strafbarkeit des Vorstands, S. 103 ff.

Entgegenstehen des strafrechtlichen ultima-ratio-Prinzips lassen sich auch auf den aktienrechtlichen Kontext kritisch übertragen. Da der angeführte argumentative Gehalt – wie bereits im zuvor erwähnten Fall der „strengen Gesellschaftertheorie" – jenem um die Problematik des Bestehens eines aktienrechtlichen Eigeninteresses gleicht, ist insofern auf die Ausführungen im entsprechenden späteren Komplex zu verweisen.[1039]

Teilweise wird auch der Ansatz der in Bezug auf die GmbH entwickelten „eingeschränkten Gesellschaftertheorie" auf Ebene der AG übertragen, nach dem einer Schädigung von Gesellschaftsvermögen grundsätzlich die Pflichtwidrigkeit durch Einverständnis der Anteilseigner genommen werden kann, sofern gewisse gesellschaftsrechtlich normierte Grenzen eingehalten werden. Als potentielle Grenzen werden insoweit etwa die Kapitalerhaltungsnorm des § 57 AktG,[1040] der Bestandsschutz der AG[1041] sowie die Beeinträchtigung des Grundkapitals bzw. die Herbeiführung oder Vertiefung der Überschuldung[1042] vorgeschlagen. Radtke/Hoffmann etwa sprechen sich dafür aus, die im Rahmen der „Trihotel"-Rechtsprechung entwickelten Grundsätze zur Existenzvernichtungshaftung auf die AG zu übertragen[1043]: Dies liege in dem Umstand einer festgelegten Mindestkapitalausstattung bei beiden Kapitalgesellschaftsformen, der entsprechenden Vergleichbarkeit ihrer Finanzverfassungen und einem hieraus resultierenden Bestehen eines aktienrechtlichen Eigeninteresses begründet.[1044]

Wie bereits deutlich geworden sein dürfte, weist die Argumentation im Rahmen der untersuchungsgegenständlichen Frage nach den Grenzen untreuespezifischer Einverständniskompetenzen im aktienrechtlichen Kontext in nicht unerheblichem Maß Schnittstellen bzw. Wiederholungen zum parallelen

---

1039 Hierzu sodann unter E. II. 4. a).

1040 Höf, Untreue im Konzern, S. 87 f.; Busch, Konzernuntreue, S. 167, der insoweit auf das Mindestgrundkapital reduziert (s. näher unter E. II. 3. c)); Ransiek, NJW 2006, 814, 815; ferner auch Achenbach/Ransiek/Rönnau/-Seier/-Lindemann, 5. Teil, 2. Kapitel, Rn. 241.

1041 Arnold, Untreue im GmbH- und Aktienkonzern, S. 211; vgl. auch Brand, AG 2007, 681, 689.

1042 MüKo-StGB/-Dierlamm, § 266, Rn. 159.

1043 Ähnlich äußert sich auch Henze, der die Defizite der aktienrechtlichen Kapitalbindung herausarbeitet und hierin die Möglichkeit der Übertragung der GmbH-spezifischen Rechtsprechungsgrundsätze begründet sieht, ders., AG 2004, 405, 415.

1044 Radtke/Hoffmann, GA 2008, 535, 549 f.

Komplex im Zusammenhang mit der GmbH auf. Ebenso wie in Hinblick auf die Parallelproblematik bei der GmbH geht es in Bezug auf die AG um das Verständnis der Schutzrichtung des aktienrechtlichen Kapitalschutzsystems: Die streng gesellschaftertheoretische Auffassung erkennt den Schutzzweck der Kapitalschutzvorgaben des Aktienrechts im Gläubigerschutz, wohingegen diejenigen, die dem eingeschränkt gesellschaftertheoretischen Ansatz folgen, hierin primär Regelungen zum Vermögensschutz der AG sehen; der Schutz von Gläubigerinteressen wird durch sie lediglich mittelbar und damit als zulässiger Reflex bewirkt. Der Unterschied der beiden gesellschaftertheoretischen Ansätze liegt also in Hinblick auf den Sachverhalt in der AG – nicht anders als in Hinblick auf die GmbH – in dem divergierenden Schutzzweckverständnis der entsprechenden Kapitalschutzvorgaben. Da beide Ansätze der Prämisse der limitierten Gesellschaftsrechtsakzessorietät folgend, Schutzzweckkongruenz der aus dem Kapitalgesellschaftsrecht in das Untreuestrafrecht zu transferierenden Vorgaben fordern, kann den aktienrechtlichen Vorgaben zur Vermögensbindung in Ermangelung der erforderlichen Schutzzweckdeckungleichheit nach Ansicht der „strengen Gesellschaftertheorie" keine dispositionsbegrenzende Wirkung für die Aktionäre zukommen. Für diejenigen, die einer „eingeschränkten Gesellschaftertheorie" im Aktienrecht folgen, besteht eine derartige Inkongruenz der Schutzzwecke hingegen nicht; für sie hängt gleichwohl der Umfang der Dispositionsbefugnis der Aktionäre von dem Umfang der aktienrechtlichen Kapitalbindung ab.

Auch der Topos um das – in diesem Fall aktienrechtliche – Eigeninteresse besitzt in Hinblick auf die Einverständnissituation in der AG gleichermaßen Relevanz wie zuvor im Rahmen der GmbH: Nur wenn der AG ein gesellschaftseigenes Interesse an ihrem Vermögenserhalt zugestanden wird, kann dem aktienrechtlichen Kapitalschutzsystem der Zweck des gesellschaftlichen Vermögensschutzes entnommen werden; die Klärung der Frage nach einem aktienrechtlichen Eigeninteresse ist somit essentiell zur Bestimmung der Schutzrichtung potentieller dispositionsbegrenzender Vorgaben des Aktienrechts und der Feststellung der erforderlichen Schutzzweckkongruenz.

Nicht nur in Hinblick auf die gesellschaftertheoretischen Ansätze, auch in Bezug auf die im aktienrechtlichen Kontext vertretene „strenge Körperschaftstheorie" kommt es auf das Bestehen eines aktienrechtlichen Eigeninteresses an: Quintessenz ihrer Aussage ist die vollumfängliche

Anerkennung eines kapitalgesellschaftlichen Eigeninteresses (wohingegen die streng gesellschaftertheoretische Auffassung ebenjenes vollumfänglich negiert und die „eingeschränkte Gesellschaftertheorie“ es in Relation zur Kapitalbindung anerkennt).

Bevor sich nun der Frage um das Bestehen eines aktienrechtlichen Eigeninteresses vertieft gewidmet wird, erfolgt im methodischen Einklang mit der Darstellung zur Parallelproblematik bei der GmbH zunächst eine Vorstellung des aktienrechtlichen Kapitalschutzsystems. Dessen Schutzrichtung, auf die es zur Grenzziehung der Einverständniskompetenzen in der AG ankommt, kann – wie bereits im Rahmen der GmbH – indes erst zum Ende des Kapitels mit dem Wissen um die (Nicht-)Existenz eines aktienrechtlichen Eigeninteresses beantwortet werden.

2. Aktienrechtliche Kapitalschutzvorgaben

Das Aktienrecht geht wie das GmbH-Recht von der Prämisse der Kapitalerbringung und -erhaltung als notwendiger Ausgleich für die Haftungsfreistellung der Gesellschafter aus.[1045] Das zu erhaltende Grundkapital der AG dient dabei – wie bereits bei der GmbH – zum einen der AG als Betriebskapital und zum anderen den Gesellschaftsgläubigern als Mindesthaftkapital.[1046]

Geregelt ist der Grundsatz der Kapitalerhaltung in § 57 Abs. 1 AktG, womit ein prinzipielles Zugriffsverbot der Aktionäre auf das Gesellschaftsvermögen normiert wird. Allein im Rahmen eines ordnungsgemäßen Gewinnausschüttungsverfahrens und weiteren, speziell normierten Ausnahmefällen kann und darf Vermögen der AG an die Anteilseigner ausgeschüttet werden.

Damit geht die Wirkung der gesetzliche Vermögensbindung in der AG deutlich weiter als jene im Recht der GmbH: Über seinen Wortlaut hinaus[1047] verbietet das Einlagenrückgewährverbot des § 57 Abs. 1 AktG anders als die Kapitalerhaltungsnorm des § 30 Abs. 1 GmbHG nicht nur Auszahlungen, die das Grundkapital angreifen und eröffnet im Übrigen eine freie Zugriffsmöglichkeit der Gesellschafter. Vielmehr untersagt § 57 Abs. 1 AktG bis auf Ausschüttungen des Bilanzgewinns den Anteilseigner jegliche Auszahlung von Gesellschaftsvermögen.

[1045] Henze, AG 2004, 405.

[1046] Hüffer/Koch/-Koch, § 1, Rn. 10; Henze, AG 2004, 405.

[1047] Hüffer/Koch/-Koch, § 57, Rn. 6.

Die Reichweite der aktienrechtlichen Vermögensbindung geht also deutlich über jene des GmbH-Rechts hinaus; hierin manifestiert sich das Prinzip einer strengen und umfassenden Vermögensbindung des Aktienrechts.[1048]

Als Rechtsfolge eines Verstoßes gegen die strenge Ausschüttungssperren des aktienrechtlichen Kapitalschutzsystems sieht § 62 Abs. 1 S. 1 AktG einen Rückgewähranspruch der Gesellschaft gegen die Aktionäre vor. Dieser gegen die Anteilseigner gerichtete Anspruch auf Rückgewähr steht über § 62 Abs. 2 S. 1 AktG sogar den Gesellschaftsgläubigern zu, sofern diese von der AG in ihren Forderungen nicht befriedigt werden können.

Anders als der Rückzahlungsanspruch des § 31 Abs. 2 GmbHG sind die entgegen § 57 AktG verbotswidrig erlangten Leistungen selbst im Falle von Gutgläubigkeit des Empfängers und unabhängig von Gläubigerinteressen zurückzugewähren. Der Umstand, dass § 62 AktG seine Rückgewährpflicht also auch dann entfaltet, wenn der ausgeschüttete Betrag nicht zur Gläubigerbefriedigung erforderlich ist, dient einem Teil des rechtswissenschaftlichen Schrifttums als Beweis, dass der Schutzzweck der aktienrechtlichen Kapitalerhaltung über bloße Gläubigerinteressen hinausgehen muss.[1049]

Auch wenn, wie bereits erwähnt, erst im Anschluss an die Auseinandersetzung um den Rechtstopos eines aktienrechtlichen Eigeninteresses die Klärung des Schutzzwecks der Kapitalbindung im Aktienrecht möglich ist, so kann vorab dennoch ein Überblick der im kapitalgesellschaftsrechtlichen Schrifttum vorgetragenen, potentiellen Schutzzweckverständnisse erfolgen: Im Wesentlichen werden vier Schutzzwecke[1050] der aktienrechtlichen Vermögensbindung unterschieden; genannt werden insofern die Absicherung von Gläubigerinteressen, die Gleichbehandlung der Aktionäre gem. § 53a AktG, die Sicherung der innergesellschaftlichen Kompetenzverteilung sowie die Gewährleistung eines vollständigen Gewinnausweises bzw. der Transparenz der Bilanzaufstellung. Brand etwa definiert die Schutzrichtung der aktienrechtlichen Vermögensbindung in Abhängigkeit von der betroffenen Kapitalgruppe.[1051] Teilweise wird in der aktienrechtlichen Lehre auch

---

[1048] BeckOGK-AktG/-Cahn/-von Spannenberg, § 57, Rn. 2; ausführlich auch Wilhelm in FS-Flume, S. 337 ff.

[1049] Kaufmann, Organuntreue, S. 150 f.; Loeck, Strafbarkeit des Vorstands, S. 104 f.

[1050] Statt vieler, in der Darstellung dem insoweit grundlegenden Modell von Ballerstedt folgend, Schön in FS-Röhricht, S. 560 ff.

[1051] S. zu Brands Konzept ausführlich sogleich unter E. II. 3. a).

bezweifelt, dass die genannten Schutzzwecke – selbst in ihrer Summe – die Strenge des aktienrechtlichen Kapitalschutzes ausreichend erklären.[1052]

Parallel zur Situation in der GmbH geht es damit auch auf aktienuntreuestrafrechtlicher Ebene um die Frage, welcher Schutzzweck der kapitalgesellschaftlichen Vermögensbindung zukommt: Ausgehend von der Feststellung, dass § 266 StGB ausschließlich das Vermögen als Rechtsgut schützt und Gläubigerinteressen vom Schutzzweck des Untreuetatbestands nicht unmittelbar erfasst werden sowie der Prämisse einer vom vorliegend vertretenen Konzept einer limitierten Gesellschaftsrechtsakzessorietät entsprechend vorauszusetzenden Schutzzweckkongruenz, kann eine kapitalgesellschafterliche Dispositionsbefugnis der Aktionäre allein von gesellschaftsrechtlichen Vorgaben potentiell beschränkt werden, die dem Vermögensschutz dienen. Ob aber die dargestellten kapitalschützenden Vorgaben im Rahmen der AG allein Gläubigerschutz bzw. den Schutz externer, soeben aufgeführter untreuefremder Interessenlagen bezwecken (und damit aus Gründen der Schutzzweckdeckungsungleichheit für eine Dispositionsbegrenzung ausscheiden) oder doch primär den Vermögensschutz der AG beabsichtigen und lediglich sekundär Gläubigerinteressen bzw. andere untreueirrelevante Interessenssachverhalte schützen (die untreuetatbestandlich als mittelbarer Reflex und damit zulässigerweise berücksichtigt werden dürfen), hängt maßgeblich davon ab, ob der AG grundsätzlich ein gesellschaftseigenes Interesse am Vermögenserhalt (sog. aktienrechtliches Eigeninteresse) zugestanden werden kann. Bevor nun aber im methodischen Einklang mit dem GmbH-Komplex ein solches eingehender untersucht wird, sollen noch alternative, aktienrechtsspezifische Anknüpfungspunkte für eine Bestimmung untreuespezifischer Einverständnisgrenzen aufgezeigt werden.

3. Aktienrechtsspezifische Anknüpfungspunkte für die Bestimmung von Einverständnisgrenzen

a) Differenzierung nach Kapitalgruppe

Ein alternativer Anknüpfungspunkt für die Bestimmung untreuespezifischer Einverständnisgrenzen im aktienrechtlichen Kontext ließe sich möglicherweise in einer entsprechenden kapitalgesellschaftlichen Unterteilung von Eigenkapital erblicken: Statt die aktienrechtliche Vermögensbindung,

[1052] So etwa BeckOGK-AktG/-Cahn/-von Spannenberg, § 57, Rn. 6.

die das gesamte Gesellschaftsvermögen bis auf den Bilanzgewinn umfasst, vollumfänglich als Anknüpfungspunkt für die Beurteilung entsprechender Dispositionsbefugnisse heranzuziehen, könnte der Kapitalschutz in der AG insoweit differenzierend betrachtet werden.

So jedenfalls lautet der Vorschlag von Brand, der die aktienrechtliche Einverständnisfrage betreffend eine Differenzierung nach Kapitalgruppen anstrebt.[1053] Bei einer solchen Betrachtung könne den heterogenen Schutzzwecken der Kapitalgruppen Rechnung getragen werden, indem der jeweils einschlägige Schutzzweck der dispositionsbetroffenen Kapitalkategorie konkret herausgearbeitet und auf seine Vereinbarkeit mit dem Untreuetatbestand überprüft werden könne. Um Brands Konzept sachgerecht darzustellen, bedarf es vorab einer untersuchungsangemessenen Darstellung ebenjener aktienrechtlichen Unterteilung von Eigenkapital. In diesem Rahmen kann sodann konkret Bezug auf den von Brand unterbreiteten Vorschlag genommen werden.

Grundsätzlich unterteilt sich das Aktienrecht vermögensspezifisch in die folgenden Kategorien von „Grundkapital", „Rücklagen" und „Gewinne", wobei insoweit wiederum Differenzierungen vorzunehmen sind, die im Rahmen der Vorstellung der jeweiligen Kapitalgruppe benannt werden.

Die vorliegende Darstellung der genannten aktienrechtlichen Kapitalgruppen soll weniger dem Anspruch einer erschöpfenden Behandlung genügen; vielmehr liegt der Fokus auf einer verständlichen und angemessen übersichtlichen Vorstellung in Orientierung an der untersuchungsgegenständlichen Relevanz.

aa) Grundkapital

Die Festlegung des Grundkapitals erfolgt satzungsmäßig bei Gründung der Gesellschaft gem. § 23 Abs. 3 Nr. 3 AktG und ist handelsregisterpflichtig. Das Grundkapital gibt die Summe der Einlagen wieder, zu deren Leistung sich die Aktionäre (bei der Gesellschaftsgründung bzw. einer späteren Kapitalerhöhung) mindestens verpflichtet haben[1054] und ist als bilanzieller

[1053] Brand, AG 2007, 681 ff.

[1054] Sofern die Anteilsrechte als Nennbetragsaktien begründet wurden, gibt das Grundkapital die Summe der Nennbeträge aller Aktien wieder. Hat die AG die Anteilsrechte als Stückaktien ausgegeben, so entspricht das Grundkapital der Summe der geringsten Ausgabebeträge (§ 9 Abs. 1 AktG) dieser Aktien.

(Passiv-)Posten von dem sich ständig verändernden Gesellschaftsvermögen zu unterscheiden.[1055]

Der Nennbetrag des Grundkapitals (vgl. § 1 Abs. 2 AktG, § 6 AktG) informiert Gesellschaftsgläubiger und Aktionäre über das Mindesthaftkapital der AG und steht bezogen auf seine Höhe grundsätzlich im unternehmerischen Ermessen der Gründer.[1056] Allerdings darf der Mindestnennbetrag von 50.000 € (§ 7 AktG) nicht unterschritten werden. Eine Änderung des Grundkapitals bedarf der Satzungsänderung und kann nur im Rahmen der Verfahren der Kapitalbeschaffung (§§ 182 ff. AktG) oder der Kapitalherabsetzung (§§ 222 ff. AktG) erfolgen.[1057]

Zusammenfassend lässt sich also die prinzipielle Indisponibilität des Grundkapitals und dessen Doppelfunktion als Betriebs- und Mindesthaftkapital feststellen.

bb) Rücklagen

Rücklagen sind bilanziell auf der Passivseite zu verorten und umfassen oberbegrifflich Kapitalrücklagen (§§ 272 Abs. 2, 266 Abs. 3 A. II. HGB) und Gewinnrücklagen (§§ 272 Abs. 3, 266 Abs. 3 A. III. HGB). Letztere wiederum lassen sich in gesetzliche (§ 266 Abs. 3 A. III. Nr. 1 HGB, §§ 150, 300 AktG), (aktienrechtlich verhältnismäßig irrelevante) satzungsmäßige (§ 266 Abs. 3 A. III. Nr. 3 HGB), andere Gewinnrücklagen (§ 266 Abs. 3 A. III. Nr. 4 HGB) und sog. Rücklagen für eigene Aktien (§ 266 Abs. 3 A. III. Nr. 2 HGB) untergliedern.

(1) GESETZLICHE RÜCKLAGEN UND KAPITALRÜCKLAGEN

Die Bildung der gesetzlichen Gewinnrücklagen ist in § 150 Abs. 1, Abs. 2 AktG normiert, wonach jährlich 5 % des um einen Verlustvortrag aus dem Vorjahr geminderten Jahresüberschusses in die gesetzliche Rücklage einzustellen sind, und zwar bis die gesetzliche Rücklagenbildung gemeinsam mit den Kapitalrücklagen gem. §§ 272 Abs. 2 Nr. 1 bis 3, 266 Abs. 3 A. II. HGB der Gesellschaft 10 % des Grundkapitals oder einen satzungsmäßig höher bestimmten Grundkapitalteil erreicht.

[1055] MüKo-AktG/-Heider, § 1, Rn. 94 f; § 6, Rn. 6 f.

[1056] Hüffer/Koch/-Koch, § 6, Rn. 1 f.; MüKo-AktG/-Heider, § 6, Rn. 6, 15.

[1057] MüKo-AktG/-Heider, § 6, Rn. 16.

Durch die beschriebene Rücklagenbildung soll ein gesetzlicher Reservefonds aufgebaut werden, der nicht zur Gewinnausschüttung verwendet werden darf.[1058] Ihre Verwendung beschränkt sich auf die in 150 Abs. 3, Abs. 4 AktG vorgesehenen Ausnahmefälle, wonach die gesetzliche Rücklage und die Kapitalrücklage allein zum Ausgleich eines Jahresfehlbetrags oder Verlustvortrags aus dem Vorjahr aufgelöst werden dürfen (unter den in § 150 Abs. 4 S. 1 AktG normierten Voraussetzungen können gesetzliche Rücklage und Kapitalrücklage ferner zu Zwecken der eigenfinanzierten Kapitalerhöhung genutzt werden). Die gesetzliche Gewinnrücklage wie die Kapitalrücklage sind somit als Posten finanzieller Sicherheit gedacht, die neben den (und zum Schutz der) Einlagen der Anteilseigner die Bildung weiteren gebundenen Kapitals bezwecken.[1059]

Aus der strikten Vermögensbindung dieser Positionen resultiert ihre prinzipielle Indisponibilität für die Gesellschaftsorgane.

(2) ANDERE (FREIE) RÜCKLAGEN

Die anderen Gewinnrücklagen gem. § 266 Abs. 3 A. III. Nr. 4 HGB, im Folgenden in Anlehnung an das Konzept Brands und dessen Begriffsverwendung aus didaktischen Gründen auch als freie Rücklagen bezeichnet,[1060] sind jene Rücklagen, die, im Gegensatz zu den in § 150 AktG normierten gesetzlichen Rücklagen, prinzipiell frei verwendet werden dürfen; also in dem auf ihre Bildung folgenden Geschäftsjahr grundsätzlich auch als Gewinn an die Aktionäre ausgeschüttet werden dürfen. Sie werden entweder vom Vorstand im Jahresabschluss ohne gesetzlichen oder satzungsbedingten Zwang durch Thesaurierung des erzielten Jahresgewinns gebildet oder aber die Hauptversammlung macht von ihrem Recht zur Bildung im Rahmen der Gewinnverwendung gem. §§ 174 Abs. 2 Nr. 3, 58 Abs. 3 S. 1 Var. 1 AktG Gebrauch.[1061]

1058 Hüffer/Koch/-Koch, § 150, Rn. 1; MüKo-AktG/-Hennrichs/-Pöschke, § 150, Rn. 1 ff.; 4 ff.

1059 Hüffer/Koch/-Koch, § 150, Rn. 1; Henze, AG 2004, 405, 406.

1060 Die anderen Gewinnrücklagen werden mitunter auch in das Begriffspaar „freie" und „gebundene" Rücklagen unterteilt. Zu den Grundbegrifflichkeiten insoweit Hüffer/Koch/-Koch, § 58, Rn. 4 und MüKo-AktG/-Bayer, § 58, Rn. 5.

1061 Brand, AG 2007, 681, 685; MüKo-AktG/-Bayer, § 58, Rn. 5.

Die freien Rücklagen können zwar zweckbindungsunabhängig verteilt werden; es bedarf allerdings der Einhaltung des entsprechend vorgesehenen Auflösungs- und Ausschüttungsverfahrens:

Die Auflösung von Gewinnrücklagen erfolgt – wie auch die Ermittlung des verteilungsfähigen Gewinns – im Rahmen der Aufstellung des Jahresabschlusses, der grundsätzlich gem. § 172 AktG vom Vorstand mit Aufsichtsratsbilligung und nur ausnahmsweise – im Falle des Fehlens jener Billigung – von der Hauptversammlung gem. § 173 Abs. 1 AktG festgestellt wird.

Hieran schließt sich die bereits geschilderte[1062] Kompetenz der Hauptversammlung an, über die Verwendung des festgestellten Bilanzgewinns zu entschieden. Diese Dispositionsbefugnis der Hauptversammlung umfasst auch das Recht, einen Teil des Bilanzgewinns in Rücklagen einzustellen, vgl. § 174 Abs. 2 Nr. 3 AktG.

Die so gebildeten Rücklagen können ohne Einhaltung des soeben dargestellten Verfahrens – die Zustimmung von Vorstand und Aufsichtsrat vorausgesetzt[1063] – durch einfachen ordnungsgemäßen Beschluss der Hauptversammlung aufgelöst und als Gewinn ausgeschüttet werden; dieses Verfügungsrecht der Hauptversammlung über die freien Rücklagen gilt allerdings nur bis zum nächstfolgenden Jahresabschluss, der unter Berücksichtigung der gebildeten freien Rücklagen festgestellt wird.[1064]

Ein Außerachtlassen des soeben beschriebenen Auflösungs- und Ausschüttungsverfahrens die freien Rücklagen betreffend stellt einen Verstoß gegen den aktienrechtlichen Grundsatz unzulässiger Einlagenrückgewähr aus § 57 Abs. 1 AktG dar, als dessen Rechtsfolge, wie bereits festgestellt,[1065] die Rückerstattungspflicht gem. § 62 Abs. 1 AktG greift.

Damit kann die Kapitalgruppe der freien Rücklagen allein über die Einhaltung der spezifischen Vorgaben des Auflösungs- und Ausschüttungsverfahrens von

1062 S. hierzu unter E. I. 1. c).

1063 Vgl. ergänzend Brand, der darauf hinweist, dass, wenn auch in der Praxis selten, die Mitwirkung von Vorstand und Aufsichtsrat dann entbehrlich ist, wenn der Hauptversammlung die Feststellung des Jahresabschlusses überlassen ist nach § 173 AktG (s. hierzu bereits unter E. I. 1. c), ders., AG 2007, 681, 685.

1064 Henze, AG 2004, 405, 415; Priester, ZIP 2000, 261, 263.

1065 S. hierzu soeben unter E. II. 2.

der über § 57 Abs. 1 AktG vermittelten aktienrechtlichen Vermögensbindung befreit werden.[1066]

Aus dieser sich durch die beschriebene Auflösungs- und Verteilungsmöglichkeit ergebende Freiheit zur Entbindung der freien Rücklagen von der Direktive einer aktienrechtlichen Vermögensbindung lässt sich zweierlei schließen:

Zum einen wird erkennbar, dass die Dispositionsbefugnis der Hauptversammlung nicht nur auf den Bilanzgewinn beschränkt ist, sondern darüber hinaus, die Beachtung verfahrensspezifischer Vorgaben vorausgesetzt, auch die freien Rücklagen umfasst.

Zum anderen zeigt sich die dem § 57 Abs. 1 AktG-Grundsatz immanente Schutzzweckheterogenität: Wenn infolge der Auflösungs- und Ausschüttungskompetenz und Befreiung vom aktienrechtlichen Vermögensbindungsgrundsatz durch die freien Rücklagen kein sicherer Haftungsfonds für die Gläubiger gebildet wird, so wird dieser Kapitalgruppe jedenfalls kein primärer Gläubigerschutz zugestanden werden können. Das Verbot der unzulässigen Einlagenrückgewähr des § 57 Abs. 1 AktG verfolgt im konkreten Fall der freien Rücklagen vielmehr primär den Zweck, eine transparente Bilanzaufstellung zu gewähren bzw. die innergesellschaftliche Kompetenzverteilung sicherzustellen.

Dies stellt auch das Resümee Brands dar, der, wie bereits erwähnt, den Ansatz einer aktienrechtsspezifischen Betrachtung zur Lösung der untreuebezogenen Einverständnisfrage im Kontext der AG verfolgt.[1067] Aus der schutzzweckdifferenzierenden Betrachtung des aktienrechtlichen Grundsatzes der Kapitalerhaltung in § 57 Abs. 1 AktG stellt Brand in Bezug auf die Kapitalgruppe der freien Rücklagen fest, dass über diese jedenfalls kein primärer und damit untreuestrafrechtlich relevanter Schutz von Gesellschaftsvermögen bezweckt werde. Denn wenn die freien Rücklagen grundsätzlich dem Zugriff der Gesellschaftsorgane offenstehen und es lediglich der Einhaltung der Formalvorgaben zu Auflösung und Ausschüttung bedarf, um die aktienrechtliche Vermögensbindung über § 57 Abs. 1 AktG aufzuheben, so sind Brand zufolge die freien Rücklagen jedenfalls nicht zur

---

[1066] S. insbesondere Brand, AG 2007, 681, 686.
[1067] Brand, AG 2007, 681 ff.

Erhaltung des Gesellschaftsvermögens an die AG gebunden.[1068] Einziger, auf Untreueebene sodann unbeachtlicher Schutzzweck der Bindung freier Rücklagen stellt nach Auffassung Brands die Wahrung der Verteilung innergesellschaftlicher Zuständigkeiten dar.[1069] Eine Begrenzung der untreuespezifischen kapitalgesellschaftlichen Zustimmungskompetenz in Bezug auf die freien Rücklagen müsse aus Gründen der Schutzzweckinkongruenz dann konsequenterweise abgelehnt werden.

Grundkapital und gesetzliche Rücklagen hingegen stellen sich für Brand durch ihre strikte Vermögensbindung als indisponible Kapitalgruppen dar, die einem untreuespezifischen Aktionärskonsens entzogen sind.[1070] Allein über § 150 Abs. 3, Abs. 4 AktG ist insoweit eine Verwendung der gesetzlichen Rücklagen in Notsituationen bzw. hinreichender Absicherung des AG-Vermögens aktienrechtlich gestattet. Aus dieser eng begrenzten Verfügungsmöglichkeit leitet Brand ab, dass gesetzliche Rücklagen wie Grundkapital in erster Linie unmittelbaren Gesellschaftsvermögensschutz und mittelbaren Gläubigerschutz bezwecken.

Zusammengefasst erkennt Brand also kapitalgruppendifferenzierend und schutzzweckspezifisch untreuestrafrechtliche Grenzen einer Einverständniskompetenz der Anteilseigner an: Die gesetzlichen Rücklagen und das Grundkapital sind einem Konsens der Aktionäre nicht zugänglich; bezogen auf die freien Rücklagen und die Kapitalgruppe des Bilanzgewinns, die sogleich aus Gründen der Vollständigkeit noch einmal vorgestellt wird, hingegen vermögen es die Aktionäre durch ein von ihnen erklärtes Einverständnis strafbarkeitsausschließend auf die Untreuestrafbarkeit von Gesellschaftsorganen zu wirken.[1071]

Die sich aus den vorgenommenen Ausführungen zur Kapitalgruppe der freien Rücklagen ergebenden untersuchungsrelevanten Konsequenzen für die untreuestrafrechtliche Einverständnisproblematik werden zu Ende dieses Unterpunktes gezogen.[1072] Ebenso wird zu Ende des Kapitels zu dem kapital- und schutzzweckdifferenzierenden Konzept Brands Stellung genommen.[1073]

1068 Brand, AG 2007, 681, 686 ff.

1069 Brand, AG 2007, 681, 686.

1070 Vgl. Brand, AG 2007, 681, 687, 689.

1071 S. zusammenfassend Brand, AG 2007, 681, 689.

1072 S. unter E. II. 4. b).

1073 S. unter E. II. 4. b).

Zunächst sollen, der Vollständigkeit und Klarstellung halber, die noch ausstehenden Eigenkapitalkategorien „Rücklagen für eigene Aktien“ sowie „Gewinne“ dargestellt werden.

(3) RÜCKLAGEN FÜR EIGENE AKTIEN

Die letzte vorzustellende Differenzierung innerhalb der Kapitalkategorie der Rücklagen stellen die sog. Rücklagen für eigene Aktien dar. Jene müssen gem. §§ 272 Abs. 4, 266 Abs. 3 A. III. Nr. 2 HGB gebildet werden – und zwar in der Höhe des auf der Aktivseite der Bilanz für die eigenen Anteile angesetzten Betrags.

Das Bedürfnis der Rücklagenbildung resultiert aus dem Umstand, dass die Zahlung des Erwerbspreises für eine Aktie an einen Aktionär grundsätzlich als unzulässige Einlagenrückgewähr gem. § 57 Abs. 1 AktG einzustufen ist, da jene nicht aus dem Bilanzgewinn erfolgt.[1074] Über § 57 Abs. 1 S. 2 AktG wird der Erwerb eigener Aktien gem. § 71 AktG vom Einlagenrückgewährverbot jedoch ausnahmsweise ausgenommen. Das gesetzliche Erfordernis der Bildung einer entsprechenden Rücklage reagiert auf diese Ausnahmefiktion des § 57 Abs. 1 S. 2 AktG.[1075] Die insoweit zu bildende Rücklage darf allein unter den strengen Voraussetzungen des § 272 Abs. 4 S. 4 HGB aufgelöst werden.

Aus dieser strikten Vermögensbindung der spezifischen Rücklagenkategorie für eigene Aktien folgt die grundsätzliche Indisponibilität dieses Bereichs des aktienrechtlichen Eigenkapitals für die Gesellschaftsorgane.[1076]

cc) Gewinne

Wie bereits zuvor ausgeführt, stellt grundsätzlich der Vorstand unter Mitwirkung des Aufsichtsrats den Jahresabschluss fest,[1077] aus dem im Rahmen der Rechnungslegung der Bilanzgewinn ermittelt wird,[1078] über dessen Verwendung sodann die Hauptversammlung entscheidet.[1079] Der

---

[1074] Hüffer/Koch/-Koch, § 71, Rn. 1.

[1075] Hüffer/Koch/-Koch, § 71, Rn. 1.

[1076] So für die Kapitalgruppe der Rücklagen für eigene Aktien auch Hoffmann, Unternehmensinteresse, S. 185 f.

[1077] Zur Kompetenzverschiebung auf die Hauptversammlung s. bereits unter E. I. 1. c).

[1078] Zusammengefasst erfolgt folgende Rechnung zur Ermittlung des Bilanzgewinns oder -verlusts: Jahresüberschuss/-fehlbetrag plus Gewinnvortrag minus Verlustvortrag plus Entnahmen aus Rücklagen minus Einstellung in Rücklagen.

[1079] S. hierzu bereits unter E. I. 1. c).

Bilanzgewinn steht damit zur Disposition der Hauptversammlung und unterfällt dementsprechend nicht dem Einlagenrückgewährverbot des § 57 Abs. 1 AktG.[1080]

Vor Feststellung des Jahresabschlusses, wenn der erwirtschaftete Gewinn noch nicht als Bilanzgewinn ausgewiesen ist, kommt den Anteilseignern hingegen kein diesbezügliches Verfügungsrecht zu. Der erzielte Jahresgewinn steht der Disposition der Geschäftsleitung offen, die insofern lediglich durch die sog. „business judgement rule" in ihrem unternehmerischen Ermessen begrenzt ist. Der Vorstand kann den ihm frei zur Verfügung stehenden vorbilanziellen Gewinn etwa thesaurieren, also in die AG reinvestieren oder im Rahmen der Feststellung des Jahresabschlusses in die sog. freien Rücklagen einstellen oder aber an die Hauptversammlung ausgewiesen als Bilanzgewinn weiterleiten.[1081] Beschränkungen in der Verfügungsmöglichkeit der Geschäftsführung bestehen in Bezug auf den erzielten Jahresgewinn bis auf die Vorgaben des § 93 Abs. 1 AktG lediglich in den vom Gesetz vorgesehenen Fällen der Bildung von Kapitalrücklagen bzw. gesetzlichen Rücklagen.[1082] Der Vorbilanzgewinn ist damit für den Vorstand in gewissen Grenzen disponibel. Dabei wird in jenem Fall der Verwendung des erwirtschafteten Jahresgewinns weder Gesellschaftsvermögens- noch Gläubigerschutz betrieben; vielmehr geht es bei den insoweit bestehenden vermögensbindenden Vorgaben primär um die Gewährleistung einer transparenten Bilanzaufstellung und die Sicherung der innergesellschaftlichen Kompetenzverteilung durch Zu- und Verteilung von Gesellschaftsvermögen in die Vermögenssphären der AG. Aufgrund der größtenteils freien Verfügbarkeit des erwirtschafteten Jahresgewinns durch den Vorstand und der insoweit fehlenden Bindung an § 57 Abs. 1 AktG findet durch diese Gewinnkategorie keine Absicherung von Gesellschaftsvermögen statt.

b) Fazit

Mit einer aktienrechtsspezifischen Differenzierung nach Kapitalgruppen zeigen sich die unterschiedlichen Gründe der aktienrechtlichen Vermögensbindung deutlich:

1080 Vgl. §§ 57 Abs. 3, 58 Abs. 4 AktG.

1081 S. hierzu auch Hoffmann, Unternehmensinteresse, S. 187.

1082 S. hierzu zuvor unter E. II. 3. a) bb) (1).

Die Betrachtung der Eigenkapitalkategorien der freien Rücklagen und der Gewinne ergibt, dass – soweit eine Bindung an § 57 Abs. 1 AktG besteht – dieser in jenen Fällen primär den Schutz der Wahrung der innergesellschaftlichen Kompetenzordnung bzw. der Gewährleistung einer transparenten Bilanzaufstellung bezweckt. Ein Schutz von Gesellschaftsvermögen hingegen wird durch die insoweit maßgeblich zur Disposition der Gesellschaftsorgane stehenden Kapitalgruppen der freien Rücklagen und der Gewinne nicht intendiert.

Das Grundkapital, die gesetzlichen Rücklagen und Kapitalrücklagen sowie die Rücklagen für eigene Aktien hingegen kommen als potentiell gesellschaftsvermögensschützende Kapitalkategorien in Betracht. Sie unterliegen einer strengen aktienrechtlichen Vermögensbindung und sind dementsprechend weitestgehend indisponibel für die Gesellschaftsorgane. Wie bereits zuvor im Kontext der GmbH-rechtlichen Situation kann eine Entscheidung, ob die benannten Kapitalgruppen primär dem Schutz von Gesellschaftsvermögen oder Gläubigerinteressen dienen, erst getroffen werden, wenn klar ist, ob ein aktienrechtliches Eigeninteresse als solches überhaupt anzuerkennen ist.

Ob die von Brand vorgeschlagene alternative kapitalgruppendifferenzierende Herangehensweise in ihrem Sachgehalt als vorzugswürdiger Behandlungsansatz der aktienrechtlichen Einverständnisproblematik zu bewerten ist, wird sodann auch erst zu Ende des Kapitels entschieden, wenn die Existenz eines aktienrechtlichen Eigeninteresses als solches feststeht.[1083]

c) Mindestkapitalausstattung

Ein weiterer, bereits im GmbH-Recht vorgestellter Ansatz, stammt von Busch, dessen Konzept im Kontext der AG eine Reduktion des aktienrechtlichen Eigeninteresses auf die aktiengesetzlich vorgeschriebene Mindestkapitalausstattung vorsieht[1084].[1085] Die Grenze einer aktienrechtsbezogenen Einverständniskompetenz sei in § 7 Abs. 1 AktG und dem dort normierten Mindestnennbetrag des Grundkapitals in Höhe von 50.000 € zu sehen.[1086] Das aktiengesellschaftseigene Interesse am Vermögenserhalt

---

[1083] S. unter E. II. 4. b).

[1084] S. bereits zu dessen Konzept in Bezug auf die untersuchungsgegenständliche GmbH-Problematik unter D. II. 4. a) aa).

[1085] Busch, Konzernuntreue, S. 167.

[1086] Busch, Konzernuntreue, S. 167.

beschränke sich auf die Erhaltung dieser vorgegebenen Mindestkapitalziffer. Zur Begründung führt Busch die nach §§ 222 ff. AktG bestehende Kompetenz der Anteilseigner zur Kapitalherabsetzung an.[1087] Die insoweit bestehende Grenze des § 7 Abs. 1 AktG darf auch im Kapitalherabsetzungsverfahren nicht unterschritten werden; diese Grenze überträgt Busch untreuestrafrechtsspezifisch auf die untersuchungsgegenständliche Einverständnisproblematik. Die Trennung von Mindestgrundkapital und darüberhinausgehendem gezeichnetem Grundkapital sieht Busch darin begründet, dass die über den gesetzlichen Mindestnennbetrag hinausgehenden Beträge über die Vorschriften der §§ 222 ff. AktG geschützt werden, die jedoch allein und untreuetatbestandsschutzzweckinkongruent Gläubigerschutz bezweckten. Nach Busch findet die gesellschaftsvermögensspezifische Dispositionsfreiheit der Anteilseigner also mit dem aktienrechtlichen Mindestgrundkapital ihre Grenze.

Zu dem von Busch vertretenen Konzept einer Reduktion des aktienrechtlichen Eigeninteresses auf die aktiengesetzliche Mindestkapitalausstattung und der entsprechenden untreueeinverständnisbezogenen Grenzziehung wird sodann ebenfalls zu Abschluss des Kapitels Stellung genommen, wenn das Bestehen und der Umfang eines aktiengesellschaftseigenen Interesses am Vermögenserhalt geklärt sind.[1088]

4. Aktienrechtliches Eigeninteresse

a) Bestehen eines aktienrechtlichen Eigeninteresses

Im Kontext der AG stellt sich – parallel zur Problematik bei der GmbH – die Frage nach der Existenz eines, in diesem Fall also aktienrechtlichen, Eigeninteresses.[1089] Wie bereits im Rahmen der GmbH wirkt ein solches auch im aktienrechtlichen Zusammenhang als entscheidender Argumentationstopos, um die Grenzen einer untreuebeseitigenden Konsentierung durch die Aktionäre zu definieren. Nur wenn und soweit der AG als solcher ein derartiges intrinsisches Interesse an ihrem Vermögenserhalt zugestanden wird,

---

1087 Busch, Konzernuntreue, S. 167.

1088 S. unter E. II. 4. b).

1089 In Bezug auf die Begrifflichkeit des „Eigeninteresses“ und insbesondere die Abgrenzung vom im aktienrechtlichen Kontext relevanten „Unternehmensinteresse“ kann auf die Ausführungen im Rahmen des GmbH-Komplexes verwiesen werden, s. unter D. II. 4. b) aa).

kann dem dargestellten Kapitalschutzsystem des AktG[1090] der Zweck des gesellschaftlichen Vermögensschutzes entnommen werden, der im Sinne des Konzepts einer limitierten Gesellschaftsrechtsakzessorietät untreuestrafrechtliche Wirkung zu erlangen vermag. Der gleichzeitig verwirklichte Schutz von Gläubigerinteressen ließe sich sodann bei Kongruenz der Schutzzwecke von aktienrechtlichem Kapitalschutz und Untreuestrafrecht als zulässiger, weil nur mittelbarer Reflex werten und änderte nichts an der so gezogenen Grenze untreuespezifischer Dispositionsbefugnisse der Aktionäre.

Auch bei der Frage nach einem aktienrechtlichen Eigeninteresse geht es im Kern darum, wie das dogmatische Wesen der AG einzuordnen ist. Die im Rahmen der GmbH gestellten Fragen, ob diese bloße „Methode" oder rechtliches „Geschöpf" mit einem Eigenleben sei, mithin, ob sie über den Fremdzweck von Gesellschafterinteressen nicht hinausgeht oder doch in einer gesellschafterunabhängigen Existenz zu ihrem Selbstzweck besteht,[1091] stellen sich in entsprechender Übertragung auch in Bezug auf die AG.

In Bezug auf die GmbH wurde im Ergebnis ein entsprechendes Eigeninteresse abgelehnt.[1092] Mit der vergleichsweise strikten Kapitalbindung des AktG, die fast das gesamte Gesellschaftsvermögen umfasst und dem dadurch gewährleisteten hohen Schutzniveau in Bezug auf das aktienrechtliche Gesellschaftsvermögen, besteht im Vergleich zur GmbH deutlich mehr Raum für die Annahme eines aktienrechtlichen Eigeninteresses. Nach Rönnau etwa bereiten die Gründe für die Ablehnung eines Eigeninteresses der GmbH „bereits den Boden für ein entgegengesetztes Ergebnis bei der AG".[1093] Jedenfalls ändert sich auch im Kontext der AG nichts an der im GmbH-Komplex dargestellten argumentativen Dialektik um das Rechtskonzept des kapitalgesellschaftlichen Eigeninteresses, die Dezision dieser Diskussion und die insofern bestehende Abhängigkeit von einem vornormativen Verständnis der juristischen Person.

Zunächst soll das Bestehen eines aktienrechtlichen Eigeninteresses dem Grunde nach geklärt werden. Bei Befürwortung eines solchen können sodann

---

1090 Auch in Hinblick auf den dogmatisch-methodischen Ausgangspunkt ist auf die Ausführungen im Rahmen der GmbH-Problematik entsprechend zu verweisen, s. unter D. II. 4. b) bb).

1091 Vgl. insoweit die einleitenden Ausführungen unter D. II. 4. b) cc).

1092 S. hierzu eingehend unter D. II. 4. b) dd).

1093 Rönnau in FS-Amelung, S. 261.

im weiteren Verlauf dessen Reichweite und die Dimension des untreuestrafrechtlichen Schutzes in diesem Zusammenhang diskutiert werden.

aa) Argumentation

Wie bereits auf GmbH-rechtlicher Ebene[1094] ließe sich auch auf aktienrechtlicher Ebene die Rechtsfähigkeit der AG gem. § 1 Abs. 1 S. 1 AktG als Argument für ein aktienspezifisches Bestandsinteresse anführen. Die Ablehnung eines solchen ließe sich als Missachtung der aktiengesetzlich normierten Rechtspersönlichkeit und damit als Widerspruch zur geltenden Rechtslage deuten. Ebenso greift bezogen auf den aktienrechtlichen Sachverhalt die bereits im GmbH angestellte Überlegung, dass eine effektive Rechtsgutsinhaberschaft letztlich nur durch Anerkennung eines gesellschaftseigenen Interesses am Vermögenserhalt erreicht werden kann. Des Weiteren kann auch im aktienrechtlichen Zusammenhang das in § 1 Abs. 1 S. 2 AktG normierte Trennungsprinzip argumentativ für ein aktienrechtliches Eigeninteresse angebracht werden, da die Negierung eines solchen die positivrechtliche Trennung der Vermögenssphären von Anteilseignern und AG unterminieren würde. Dies gilt im aktienrechtlichen Kontext umso mehr, als dass angesichts der gesellschaftsformeigenen Interessenpluralität keine dem GmbH-Recht vergleichbare wirtschaftliche Identität von Aktionären und AG besteht.[1095]

Das Vorbringen um die Rechtspersönlichkeit der AG lässt sich indes auch in umgekehrter Richtung argumentativ verwerten: Nur wenn durch Versagung eines aktienrechtlichen Bestandsinteresses eine möglichst unbeschränkte Dispositionsbefugnis der Anteilseigner angenommen wird, kann der in § 1 Abs. 1 S. 1 AktG normierten Rechtsgutsinhaberschaft der juristischen Person zu einer tatsächlichen Dispositionsfreiheit verholfen werden. Allein indem den Anteilseignern die für die Gesellschaft auszuübende wesensimmanente Freiheit des Rechtsgutsverzichts zugestanden wird, wird die AG als juristische Person in ihrer konzeptuellen Wirklichkeit auch ernst genommen. Ferner ließe sich in diesem Zusammenhang auch das zuvor im GmbH-Komplex zum Eigeninteresse angeführte Bedenken der künstlichen und rechtsdogmatisch

---

[1094] S. zur parallelen Argumentation um ein GmbH-rechtliches vermögensspezifisches Eigeninteresse unter D. II. 4. b) cc).

[1095] Vgl. insoweit unter D. II. 4. b) cc).

zweifelhaften Aufsplittung des Rechtsguts in einen dispositiven und nichts dispositiven Teil anbringen.

Weiterhin lässt sich auch die Auflösungskompetenz der Aktionäre gem. §§ 119 Abs. 1 Nr. 9, 262 Abs. 1 Nr. 2 AktG gegen die Annahme eines aktienrechtlichen Eigeninteresses einwenden. Wenn den Aktionären eine die AG derart existenziell betreffende Rechtsmacht zukommt, liege es fern, diesen nicht auch eine umfassende Vermögensdispositionsbefugnis einzuräumen. Auch dieses Vorbringen kann in seinem argumentativen Gehalt umkehrt werden: Indem das AktG mit den §§ 262 ff. AktG ein umfassend formalisiertes Verfahren zur Auflösung der AG vorsieht, sei ein Eigeninteresse der AG anzunehmen.

Darüber hinaus könnte das bereits in der Auseinandersetzung um ein GmbH-spezifisches Eigeninteresse vorgetragene Argument um die Satzungsautonomie im aktienrechtlichen Kontext fruchtbar gemacht werden: Den Aktionären steht es frei, den Gesellschaftszweck zu bestimmen und gem. §§ 119 Abs. 1 Nr. 6, 179 ff. AktG zu, Satzungsänderungen vorzunehmen. Die Kompetenz der Eigner, Wesen und Interessen der AG zu definieren, könnte gegen ein AG-eigenes Bestandsinteresse sprechen. Jedoch kann hiergegen und damit für die Annahme eines aktienrechtlichen Eigeninteresses eingewandt werden, dass Zweck der Satzung die Festlegung des Satzungsziels sei, dessen Erreichen bereits rein denklogisch die Existenz der AG voraussetze.

Ferner lässt sich die Regelungssystematik und konkrete Ausgestaltung des § 62 AktG für die Begründung eines Eigeninteresses der AG heranziehen. Als Rechtsfolge eines Verstoßes gegen die Ausschüttungssperre des § 57 AktG sieht § 62 Abs. 1 S. 1 AktG einen Rückgewähranspruch der Gesellschaft gegen die Aktionäre vor. Dieser gegen die Anteilseigner gerichtete Anspruch der Gesellschaft auf Rückgewähr besteht selbst im Falle von Gutgläubigkeit des Empfängers und unabhängig von Gläubigerinteressen. Anspruchsinhalt und Anspruchszuweisung an die Gesellschaft selbst sowie der Umstand, dass § 62 AktG seine Rückgewährpflicht also auch dann entfaltet, wenn der ausgeschüttete Betrag nicht zur Gläubigerbefriedigung erforderlich ist, könnte für ein gesellschaftseigenes Interesse der AG an ihrem Bestand sprechen.[1096]

Auch die Rückgewährpflicht des § 62 AktG lässt sich indes gleichermaßen gegen die Annahme eines aktienrechtlichen Eigeninteresses anführen, wenn

[1096] Vgl. hierzu auch Kaufmann, Organuntreue, S. 150 f.

davon ausgegangen wird, dass das in § 62 AktG enthaltene System einer Binnenhaftung letztlich nur zum Schutz von Gläubigerinteressen bestehe und die Haftungskanalisierung über das Gesellschaftsvermögen insoweit zur Vermeidung eines Wettlaufs der Gläubiger und Gewährleistung einer gleichmäßigen Gläubigerbefriedigung, mithin einem effektiven Gläubigerschutz, diene.

Ebenfalls gegen die Existenz eines Vermögensbestandsinteresses der AG kann die Haftungsfreistellungsnorm des § 93 Abs. 4 S. 1 AktG, wonach eine Haftung des Vorstands gegenüber der Gesellschaft bei Vorliegen eines gesetzmäßigen Beschlusses der Hauptversammlung entfällt, angeführt werden. Die sich in der Möglichkeit der Haftungsfreizeichnung offenbarende Disponibilität des Sorgfaltsmaßstabs des § 93 AktG zeuge von einer der Annahme eines Bestandsinteresses widersprechenden Letztentscheidungskompetenz der Aktionäre.[1097]

Das Vorbringen der Haftungsfreistellungsnorm des § 93 Abs. 4 S. 1 AktG büßt jedoch seine argumentative Wirksamkeit ein, wenn dessen normhistorische Entwicklung in die Betrachtung miteinbezogen wird[1098]: Der Anwendungsbereich der Norm ist auf die Fälle gesetzmäßiger Beschlüsse der Hauptversammlung beschränkt. Diese Eingrenzung der Enthaftung erfolgte im Rahmen der Aktienrechtsreform von 1937 und ging einher mit der Beendigung des aktiengesetzlichen Primats der früheren Generalversammlung als oberstem Willensbildungsorgan der AG. Die Intention der Machtbegrenzung des Organs sollte bei argumentativer Verwertung des § 93 Abs. 4 S. 1 AktG mitgedacht werden. Rönnau präzisiert insoweit, die Interpretation des § 93 Abs. 4 S. 1 AktG „hängt ganz wesentlich von dem zum Eigeninteresse der AG eingenommenen Standpunkt ab – und nicht umgekehrt die Frage des Eigeninteresses von der Auslegung des § 93 Abs. 4 S. 1 AktG.“ [1099]

Mitunter wird vertreten, die „Trihotel“-Rechtsprechung des BGH angesichts der Vergleichbarkeit der Finanzverfassungen von GmbH und AG in Bezug auf die gesetzliche Festlegung einer Mindestkapitalausstattung aus dem

---

[1097] In diese Richtung Brand, AG 2007, 681, 683.

[1098] S. hierzu Rönnau in FS-Amelung, S. 263.

[1099] Rönnau in FS-Amelung, S. 263.

rein GmbH-rechtlichen Kontext zu lösen und auf die AG zu übertragen[1100].[1101] Entsprechend könnten auch die der höchstrichterlichen Rechtsprechung im Fall „Trihotel" zu entnehmenden Argumente für (wie auch gegen) die Anerkennung eines schützenswerten Eigeninteresses[1102] in Bezug auf die AG angeführt werden.

An dieser Stelle wird, wie bereits zuvor an entsprechender Stelle im Rahmen der GmbH-rechtlichen Abhandlung, die Dialektik der Argumentation um ein aktienrechtliches Eigeninteresse offenbar, die den argumentativen Mehrwert der Diskussion unweigerlich schmälert. Die Abhängigkeit der dargestellten Auffassungen von einem vornormativen Verständnis der juristischen Person entweder als bloßes Medium für Beteiligteninteressen und formalrechtlich notwendiges Bindeglied zwischen Gesellschaftsgläubigern und Gesellschaftsorganen oder als Konzept, das die körperschaftliche Struktur der Kapitalgesellschaft betont und diese gewissermaßen zu ihrem Selbstzweck bestehen lässt, offenbart die Dezision der Diskussion.

bb) Stellungnahme

Dementsprechend sind auch in Bezug auf die Situation eines aktienspezifischen Eigeninteresses keine logisch zwingenden Argumente zur Auflösung der Problematik auszumachen. Das im Rahmen des GmbH-spezifischen Eigeninteresses gefundenen und auf den Sachverhalt in der AG übertragbare Ergebnis, dass ein organunabhängig bestehendes spezifisches Interesse der juristischen Person als explizit begründungsbedürftiger Umstand zu betrachten ist und es andernfalls bei der methodischen Vermutung, ein gesellschaftseigenes vermögensspezifisches Bestandsinteresse bestehe nicht, bleiben muss,[1103] ist auch zum Ausgangspunkt der Frage nach einem aktienrechtlichen Eigeninteresse zu machen. Hinsichtlich der entsprechenden methodisch-dogmatischen Herleitung ist auf die Ausführungen zuvor im GmbH-Komplex zu verweisen.[1104]

1100 So etwa Hoffmann, Unternehmensinteresse, S. 178 ff.; Radtke/Hoffmann, GA 2008, 535, 549.

1101 Dieser Ansatz betrifft v.a. die Frage der Reichweite des aktienrechtlichen Eigeninteresses und wird daher sogleich dort ausgeführt, s. unter E. II. 4. b).

1102 S. hierzu unter D. II. 4. b) cc).

1103 S. unter D. II. 4. b) dd).

1104 S. unter D. II. 4. b) dd).

Damit bedarf es nun einer positiven Feststellung, um dem vorliegend vertretenen Konzept der Begründungsbedürftigkeit eines kapitalgesellschaftlichen Eigeninteresses zu entsprechen: Zunächst ist festzuhalten, dass GmbH und AG in ihren Finanzverfassungen die Vorgabe zur Mindestkapitalausstattung betreffend übereinstimmen. Doch bestehen insoweit im Übrigen deutliche Unterschiede: Das Aktienrecht ist, wie die vorherigen Ausführungen gezeigt haben dürften, dem Grunde nach vom Prinzip einer strikten Vermögensbindung durchzogen. Damit unterscheidet es sich wesentlich vom GmbH-rechtlichen Kapitalschutzsystem. Auch in Hinblick auf die Finanzhoheit der Gesellschaftsorgane zeigt sich ein diametrales gesetzliches Konzept der beiden Kapitalgesellschaftsformen: Das Kompetenzregime des GmbH-Rechts spricht den GmbH-Gesellschaftern nahezu uneingeschränkt die Vermögenshoheit über das Gesellschaftsvermögen zu, während die in ihrer Kompetenzordnung gewaltengeteilte AG insoweit hierarchiebefreit von einer eindeutigen Zuordnung absieht. Damit offenbart sich das mehrheitlich gegenläufige Verhältnis beider Kapitalgesellschaftsformen in den vorliegend untersuchungsrelevanten Ausgangspunkten.

Bei AG und GmbH verkehren sich folglich Ausnahme und Regel. Wenn in der GmbH grundsätzlich von einer Disponibilität des Gesellschaftsvermögens ausgegangen werden kann, ist bei der AG im Ausgangspunkt eine Indisponibilität anzunehmen. Diese Feststellung des umgekehrten Regel-Ausnahme-Verhältnisses bei GmbH und AG dient in Bezug auf die AG als methodisch erforderliche Begründung für die Annahme eines aktienrechtlichen Eigeninteresses.

Dieses Ergebnis lässt sich auch aus ökonomischer Perspektive bestätigen: Im Rahmen der GmbH ist, wie an entsprechender Stelle dargelegt,[1105] ausgehend von der ökonomischen Funktion der Haftungsbeschränkung die Annahme eines gesellschaftsrechtlichen Eigeninteresses als unmittelbarer Widerspruch zum ökonomischen Telos der gesellschafterlichen Haftungsprivilegierung beschrieben worden. Den dortigen Ausführungen entsprechend setzt die Haftungsbeschränkung aus wirtschaftspolitischer Perspektive eine Existenzgefährdung der Gesellschaft geradezu voraus. Dies müsste mit logischer Stringenz gleichermaßen für die Kapitalgesellschaftsform der AG gelten.

1105 S. unter D. II. 4. b) dd).

Doch kann diese wirtschaftstheoretische Prämisse auf aktienrechtlicher Ebene nicht aufrechterhalten werden, insbesondere wenn man sich die gesetzgeberische Motivation vergegenwärtigt. Die AG wurde als Gesellschaftsform für große Wirtschaftsunternehmen geschaffen[1106]; aus ihrer Unternehmensgröße leitet sich eine entsprechende, mit zunehmender Größe verstärkende Interessenpluralität ab. Diese Interessenpluralität stellt sich als Summe der – oftmals gegenläufigen – Interessen am Unternehmen Beteiligter, also Anteilseignern, Arbeitnehmern und Gläubigern und der Gesellschaft selbst dar, die sich unweigerlich in einem rechtspolitischen Spannungsfeld bewegen, wenn in der AG vermögensrelevante Maßnahmen mit Zustimmung der Organe getroffen werden.[1107] In Entsprechung dieses Interessenpluralismus intendiert das Aktienrecht eine vielschichtige und gleichmäßige Interessenvertretung. Den Aktionären kommt vor diesem Hintergrund jedenfalls keine alleinige Interessendefinitionsmacht oder Letztentscheidungskompetenz zu; vielmehr ist insofern ein Interessensausgleich durch Abwägung der Einzelinteressen beabsichtigt.[1108] Als Richtschnur dieser Abwägung dient das sog., bereits angesprochene und zum kapitalgesellschaftlichen Eigeninteresse abgegrenzte, Unternehmensinteresse. Um diese Funktion sachgerecht erfüllen zu können, muss das Unternehmensinteresse zwangsläufig mehr sein als nur die bloße Summe der Einzelinteressen; vielmehr gilt es diesen als übergeordnetes, selbstständiges Moment.[1109] Gerade dieses subordinative Verhältnis des Unternehmensinteresses zu den Interessen der Anteilseignern zeugt deutlich vom Fehlen einer alleinigen Interessendefinitionsmacht dieser.

Die aktienrechtsspezifische Interessenpluralität in ihren beschriebenen Wirkungen und die hieraus resultierende fehlende alleinige Interessendefinitionsmacht eines Gesellschaftsorgans sprechen somit auch aus ökonomischer Perspektive für die Annahme eines AG-eigenen Bestandsinteresses.

Unter Berücksichtigung der genannten aktiengesetzlichen, methodischen wie ökonomischen Gegebenheiten ist, insbesondere in spezifischer

---

1106 Vgl. zur zentralen wirtschaftlichen Bedeutung der Gesellschaftsform der AG Raiser/Veil, Kapitalgesellschaftsrecht, § 5, Rn. 1 ff.

1107 Hierzu näher Hoffmann, Unternehmensinteresse, S. 19 ff.

1108 Vgl. Rönnau in FS-Amelung, S. 262.

1109 Rönnau in FS-Amelung, S. 262.

Abgrenzung zur Situation in der GmbH, ein aktienrechtliches Eigeninteresse mithin anzuerkennen.

b) Reichweite des aktienrechtlichen Eigeninteresses

Da nun ein aktienrechtliches Eigeninteresse dem Grunde nach anzuerkennen ist, kann im Weiteren die Frage der Reichweite eines solchen beleuchtet werden. Inwieweit der AG Schutz ihres Gesellschaftsvermögens durch Anerkennung ihres Eigeninteresses am Vermögenserhalt zu gewähren ist, ist gleichzusetzen mit der Frage, inwieweit den Anteilseignern eine untreuespezifische gesellschaftsvermögensbezogene Einverständniskompetenz zuzukommen vermag. Je umfassender die Anerkennung des aktienrechtlichen Eigeninteresses, desto geringer die Dispositionsbefugnis der Aktionäre.

Ein wesentlicher Teil der überschaubaren Literatur, die sich mit dieser Frage auseinandersetzt, will für die Bestimmung der Reichweite des Eigeninteresses das gesamte der Kapitalbindung der §§ 57 ff. AktG unterliegende Eigenkapital der AG heranziehen.[1110] Für eine untreuespezifische Einverständniskompetenz der Anteilseigner verbliebe hiernach allein im Bereich der Gewinnverwendung (oder eines aktiengesetzlich vorgesehenen Ausnahmefalls[1111]) Raum. Hierfür spreche der so erreichte Gleichklang von aktienrechtlichem und strafrechtlichem Schutz von Gesellschaftsvermögen.

Teilweise wird hingegen, insbesondere von Busch, auf das gesetzlich vorgeschriebene Mindestgrundkapital abgestellt; erst in diesem Bereich finde die Befugnis der Anteilseigner zur Vermögensdisposition von Gesellschaftsvermögen ihre tatsächliche Grenze.[1112] Das aktienrechtliche Eigeninteresse ist in seinem Schutzumfang insoweit gegenüber der vorgenannten Auffassung deutlich reduziert. Der Vorschlag, das aktienrechtliche Eigeninteresse auf die aktiengesetzlich vorgesehene Mindestkapitalausstattung zu reduzieren, verkennt indes die Unterschiede der Kapitalgesellschaftsformen von AG und GmbH und setzt sich ohne überzeugenden Grund über das das AktG prägende Prinzip einer strengen Vermögensbindung hinweg. Zur alleinigen Begrenzung einer aktienrechtsspezifischen Einverständniskompetenz

---

1110 Kaufmann, Organuntreue, S. 140 ff.; Loeck, Strafbarkeit des Vorstands, S. 103 ff.

1111 Hierzu näher Kaufmann, Organuntreue, S. 141.

1112 S. hierzu bereits die Ausführungen und Nachweise im Rahmen von E. II. 3. c).

eignet sich der Vorschlag von Busch damit eindeutig nicht[1113]; um die Kapitalgruppe des Grundkapitals in diesem Kontext differenzierter zu betrachten hingegen durchaus.

Die den Gesellschaftern zukommende Kompetenz, das Grundkapital der AG gem. §§ 222 ff. AktG im Wege eines Kapitalherabsetzungsverfahrens bis zur Grenze des Mindestnennbetrags in § 7 AktG abzusenken, ist als aktienrechtsspezifische tatsächliche Freiheit der Anteilseigner, das Eigeninteresse der AG zu definieren, für die Lösung der AG-bezogenen Einverständnisproblematik zu berücksichtigen. Zwar steht es insoweit nicht vollkommen im Belieben der Aktionäre, eine Kapitalherabsetzung zu bewirken, da das AktG das Verfahren mit den §§ 222 ff. AktG formal reglementiert; doch ändert sich an dem Umstand der insofern bestehenden Entscheidungsfreiheit der Aktionäre über die Desinvestition und der hieraus für den Untersuchungsgegenstand folgenden Wertung durch die Formalisierung des Verfahrens in den §§ 222 ff. AktG nichts.[1114] Die §§ 222 ff. AktG dienen zudem ihrem Zweck nach primär dem Schutz von Gläubigerinteressen (vgl. § 225 AktG), sodass die Absicherung des das gesetzliche Mindestkapital übersteigende Grundkapitals in Entsprechung des Konzepts einer limitierten Gesellschaftsrechtsakzessorietät aus untreuestrafrechtlicher Perspektive unbeachtlich ist. Zuletzt erscheint auch eine Ungleichbehandlung von Aktionärsgemeinschaften, die in eine umfassende Grundkapitalausstattung investiert haben, mit jenen, die sich diesbezüglich für die nur notwendige Investition entschieden haben, in der Frage, ob diese ein wirksames untreuetatbestandsausschließendes Einverständnis erklären können, nicht nachvollziehbar.[1115] Damit ist die Kapitalkategorie des Grundkapitals der AG nur in Höhe des vorgeschriebenen Mindestnennbetrags gem. § 7 AktG vom aktienrechtlichen Eigeninteresse erfasst. Dieses Ergebnis berücksichtigt das austarierte Kompetenzregime des Aktienrechts sachgerecht.

Daneben steht der insoweit aktienrechtsspezifisch differenzierende Vorschlag Brands, der, wie der überwiegende Teil der Literatur das Eigeninteresse der AG im Grundsatz an die Kapitalschutzvorgaben des

---

1113 Berücksichtigt man den von Busch angeführten Zusatz „in Verbindung mit den §§ 57 ff. AktG“, so erscheint auch fraglich, ob er das aktienrechtliche Eigeninteresse allein durch den Mindestbetrag des Grundkapitals ausgedrückt sieht, ders., Konzernuntreue, S. 167.

1114 Vgl. Busch, Konzernuntreue, S. 166.

1115 Vgl. Busch, Konzernuntreue, S. 166.

AktG knüpfen will, aber diesbezüglich nach Kapitalgruppen unterscheidet.[1116] Aus den divergierenden Schutzzwecken der Kapitalbindung und der getroffenen Feststellung, dass die Kapitalgruppen der Gewinne und der freien Rücklagen in ihren primären Schutzzwecken nicht kongruent mit jenem des Untreuetatbestands sind, folgert Brand, dass diese somit auch nicht vom AG-eigenen Interesse am Vermögensschutz erfasst seien. Insofern bestehe also eine Dispositionskompetenz der Eigner. Damit kommt Brand zu dem Schluss, dass die „weitreichende Vermögensbindung des Aktienrechts im Strafrecht keine uneingeschränkte Geltung beansprucht".[1117]

Der kapitalgruppendifferenzierende Ansatz Brands überzeugt: Zum einen trägt er dem aktiengesetzlichen Grundprinzip einer strengen Vermögensbindung ebenso wie aktienrechtlichen Spezifika, besonders der Schutzzweckheterogenität der aktiengesetzlichen Kapitalbindung, Rechnung. Zum anderen findet er so über den Grundsatz der limitierten Gesellschaftsrechtsakzessorietät sachgerechte Ergebnisse im Untreuestrafrecht. Er wird den Unterscheiden der Kapitalgesellschaftsformen von GmbH und AG hinreichend gerecht, ohne dass gefundene Ergebnisse aus dem GmbH-Kontext unreflektiert auf jenen der AG übertragen werden. Eine kapitalgruppendifferenzierende und schutzzweckindividuelle Betrachtung des aktienrechtlichen Kapitalschutzsystems vermag auch die insbesondere in der Rechtsprechung benötigte klare Linie im Umgang mit den Grenzen einer untreuespezifischen Einverständniskompetenz auf Ebene der AG zu schaffen und kann so zugleich als begrüßenswerter Beitrag zur erforderlichen Normkonkretisierung des Untreuetatbestands gewertet werden. Nicht zuletzt vermag mit diesem Ansatz auch auf die AG bezogen ein der Rechtssicherheit zuträglicher, praktikabler Weg gefunden sein, um die konfligierenden pluralistischen Interessen der Beteiligten in einen angemessenen Ausgleich zu bringen.

Im Weiteren wird noch der Bestandsschutz im Sinne einer Existenzgefährdung bzw. -vernichtung in Entsprechung der GmbH-rechtlichen „Trihotel"-Rechtsprechung auch auf Ebene der AG als Grenze eines aktienrechtlichen Eigeninteresses angesehen.[1118] Angesichts der umfassenden Vermögensbindung des AktG vermag für die im Rahmen der GmbH entwickelten Institute

---

[1116] S. hierzu bereits die Ausführungen und Nachweise im Rahmen von E. II. 3. a).

[1117] Brand, AG 2007, 681, 689.

[1118] S. hierzu bereits unter E. II. 1. mit Nachweisen in Fn. 1043, 1044.

der Existenzgefährdung und -vernichtung in Hinblick auf die AG indes kaum praktischer Raum zu verbleiben. Vielmehr umfasst das aktienrechtliche Eigeninteresse, ist ein solches erst einmal anerkannt, die Bestandserhaltung in diesem Sinne bereits. Als eigenständige Grenze einer Einverständniskompetenz der Aktionäre eignen sich die zur GmbH entwickelten Grundsätze der Existenzgefährdung und -vernichtung daher nicht.[1119]

Zusammenfassend ist daher festzuhalten, dass die Reichweite des aktienrechtlichen Eigeninteresses und damit die untreuestrafrechtlichen Grenzen einer Einverständniskompetenz der Aktionäre differenziert nach Kapitalgruppen in Abhängigkeit des jeweiligen Schutzzwecks zu bestimmen sind:

Die gesetzlichen Rücklagen und Kapitalrücklagen sowie die Rücklagen für eigene Aktien werden aufgrund der strengen Vermögensbindung vom aktienrechtlichen Eigeninteresse erfasst und sind einem Konsens der Aktionäre nicht zugänglich. Ebenso grundsätzlich indisponibel für die Anteilseigner ist das Grundkapital der AG; allerdings ist das aktienrechtliche Eigeninteresse insoweit auf den Mindestnennbetrag beschränkt. Das Grundkapital, das seiner Höhe nach über dem Mindestnennbetrag liegt, steht nach Maßgabe der §§ 222 ff. AktG zur Disposition der Aktionäre und damit einer Konsentierung offen.

Die freien Rücklagen hingegen sind, wie auch der Bilanzgewinn, für die Aktionäre disponibel und einem tatbestandsausschließenden Einverständnis zugänglich. Diese Kapitalpositionen sind von der aktienrechtlichen Vermögensbindung ausgenommen bzw. sind die freien Rücklagen von dieser zwar erfasst, aber nicht zwecks Gesellschaftsvermögensschutz. Damit ist die Vermögensbindung der freien Rücklagen in Ermangelung der erforderlichen Schutzzweckkongruenz aus untreuestrafrechtlicher Sicht unbeachtlich. Freie Rücklagen und Bilanzgewinne bewegen sich somit außerhalb der Reichweite eines aus Untreueperspektive relevanten aktienrechtlichen Eigeninteresses.

c) Untreuestrafrechtlicher Schutz des aktienrechtlichen Eigeninteresses

Ungeachtet der Anerkennung des Rechtskonzepts eines aktienrechtlichen Eigeninteresses und dessen auf dem Prinzip einer limitierten Gesellschaftsrechtsakzessorietät beruhender untreuestrafrechtlicher Relevanz für den

1119 Vgl. insoweit auch Habersack, ZGR 2008, 550 f.

vorliegenden Untersuchungsgegenstand, wenden sich Teile der Literatur gegen einen umfassenden Schutz dieses Eigeninteresses durch das Untreuestrafrecht.[1120] Insoweit wird vorgetragen, dass der AG mit der hiermit einhergehenden weitgehenden Aberkennung der Einverständnismöglichkeit der Aktionäre ein Vermögensschutz gleichsam aufgedrängt werde, was der grundsätzlichen Dispositivität von Individualrechtsgütern strafrechtsdogmatisch widerspreche und insoweit ein Machtvakuum zur Folge habe. Bei Individualrechtsgütern sei jedoch Dispositivität der Regel- und nicht der Ausnahmefall; grundsätzlich sei eine Einschränkung der Dispositionsbefugnis nur zum Schutze höherrangiger Rechtsgüter von Dritten bzw. der Allgemeinheit zulässig.[1121] Doch wird mit diesem kritischen Einwand übersehen, dass mit der Anerkennung eines aktienrechtlichen Eigeninteresses ein derartiges Schutzbedürfnis gerade begründet wird. Das aktienrechtliche Eigeninteresse als der Kapitalgesellschaft eigenes Interesse an ihrem Bestand ist, betrachtet man das der Herleitung entsprechend zugrundeliegende aktiengesetzliche Kompetenzregime und Kapitalschutzsystem, wiederum Ausdruck des in der AG herrschenden Interessenpluralismus. Mit dem aktienrechtlichen Eigeninteresse besteht mithin das rechtsdogmatisch zur Begrenzung der Dispositionsbefugnis geforderte übergeordnete Moment.

Auch in Anbetracht der zentralen wirtschaftlichen Bedeutung der AG und der sich in Gestalt der strengen Kapitalbindung zeigenden aktiengesetzlichen Wertung der Auslegung der AG auf Fortbestand und Rentabilität[1122] erscheint ein untreuestrafrechtlicher Schutz des aktiengesetzlichen Eigeninteresses keineswegs unangemessen.

Dem Vorwurf eines wuchernden strafrechtlichen Schutzes von Gesellschaftsvermögen[1123] ist damit jedenfalls in Bezug auf die untersuchungsgegenständliche Situation in der AG widersprochen.

Für ein Abweichen vom vorliegend vertretenen Konzept einer limitierten Gesellschaftsrechtsakzessorietät und einer Versagung des untreuestrafrechtlichen Schutzes das aktienrechtliche Eigeninteresse betreffend besteht mithin

---

1120 Kritisch insoweit v.a. Hohn in FS-Samson, S. 336 f.; vgl. auch die Ausführungen Rönnaus in FS-Amelung, S. 265 f.

1121 Vgl. Sternberg-Lieben, Einwilligung, S. 583 ff.

1122 S. hierzu Rönnau in FS-Amelung, S. 262 f.

1123 S. in Hinblick auf die GmbH unter D. II. 3. c) und d).

kein Grund; vielmehr erscheint dieser als dogmatisch-logische Konsequenz jener Gesellschaftsrechtsakzessorietät.[1124]

III. Zusammenfassung

Die Hauptversammlung bzw. die von ihr repräsentierte Aktionärsgesamtheit ist das zuständige Organ für die Erklärung eines untreueausschließenden Einverständnisses in der AG.

In Bezug auf die Beschlussfassung ist der aktienrechtliche Sachverhalt wie jener in Bezug auf die GmbH zu behandeln: Eine Zustimmung der Aktionärsgesamtheit ist nicht anders als eine solche der gesellschaftsrechtlich erforderlichen Aktionärsmehrheit zu behandeln. Auf die konkreten aktienrechtlichen Formvorgaben zur Einberufung der Hauptversammlung kommt es insoweit nicht an; entscheidend für die formelle Wirksamkeit eines untreuetatbestandsausschließenden Einverständnisses der Anteilseigner ist allein der entsprechende materiell vorliegende Wille.

Im Unterschied zur Situation in der GmbH ist ein aktienrechtliches Eigeninteresse dem Grunde nach anzuerkennen. Die Reichweite des aktienrechtlichen Eigeninteresses und damit die untreuestrafrechtlichen Grenzen einer Einverständniskompetenz der Aktionäre sind entsprechend dem Prinzip einer limitierten Gesellschaftsrechtsakzessorietät und dem Erfordernis der Schutzzweckkongruenz in Abhängigkeit der Schutzrichtung des aktienrechtlichen Kapitalschutzsystems zu bestimmen. Dabei bedarf es einer aktienrechtsspezifischen, nach Kapitalgruppen differenzierten Betrachtung:

Die gesetzlichen Rücklagen und Kapitalrücklagen sowie die Rücklagen für eigene Aktien werden aufgrund der strengen Vermögensbindung vom aktienrechtlichen Eigeninteresse erfasst und sind einem Konsens der Aktionäre nicht zugänglich. Ebenso grundsätzlich indisponibel für die Anteilseigner ist das Grundkapital der AG; allerdings ist das aktienrechtliche Eigeninteresse insoweit auf den Mindestnennbetrag beschränkt. Das Grundkapital, das seiner Höhe nach über dem Mindestnennbetrag liegt, steht nach Maßgabe der §§ 222 ff. AktG zur Disposition der Aktionäre und damit einer Konsentierung offen.

1124 Vgl. Radtke/Hoffmann, GA 2008, 535, 544 sowie Rönnau in FS-Amelung, S. 267 f.

Die Kapitalgruppen des Bilanzgewinns und der freien Rücklagen sind von der aktienrechtlichen Vermögensbindung ausgenommen bzw. sind die freien Rücklagen von dieser zwar erfasst, aber nicht zwecks Gesellschaftsvermögensschutz. Damit ist die Vermögensbindung der freien Rücklagen in Ermangelung der erforderlichen Schutzzweckkongruenz aus untreuestrafrechtlicher Sicht unbeachtlich.

Damit sind sowohl die freien Rücklagen wie auch der Bilanzgewinn für die Aktionäre disponibel und einem tatbestandsausschließenden Einverständnis zugänglich; diese Kapitalgruppen bewegen sich somit außerhalb der Reichweite eines aus Untreueperspektive relevanten aktienrechtlichen Eigeninteresses.

Das Zustimmungserfordernis im Rahmen des Geschäftsherrenmodells in § 299 Abs. 1 Nr. 2, Abs. 2 Nr. 2 StGB n.F.

Im Jahr 2015 wurde der Tatbestand der Bestechlichkeit und Bestechung im geschäftlichen Verkehr neugefasst und das viel diskutierte sog. Geschäftsherrenmodell (§ 299 Abs. 1 Nr. 2 und Abs. 2 Nr. 2 StGB) eingeführt. Aus der Tatbestandsumgestaltung und der Neueinführung des Merkmals „ohne Einwilligung des Unternehmens" ergeben sich zahlreiche offene Fragen; so bleibt bisweilen ebenso unklar, wie diese „Einwilligung" in ihrer strafrechtsdogmatischen Wirkung einzuordnen ist, wie nicht erschöpfend geklärt ist, was unter dem Merkmal des „Unternehmens" zu verstehen ist[1125].

Die Darstellung nimmt auf die im Rahmen der vorangegangenen Untersuchung zu § 266 StGB gewonnenen Ergebnisse Bezug. Der Fokus des folgenden Kapitels liegt in Anbetracht des spezifischen Untersuchungsgegenstandes der Arbeit auf der konkreten Betrachtung des neueingefügten Zustimmungserfordernisses im kapitalgesellschaftlichen Kontext. Die insofern bestehenden Problematiken sollen identifiziert und unter dem Vorzeichen bereits erzielter Ergebnisse der untersuchungsgegenständlichen Untreuethematik aufgelöst werden. Dabei werden viele der untersuchten Wechselwirkungen von § 266 StGB und § 299 StGB n.F. die Zustimmungsfrage betreffend angesichts eines nicht vorhandenen rechtswissenschaftlichen Diskurses hierzu erstmalig aufgezeigt.

1125 S. hierzu die unter F. III. besprochene jüngste Entscheidung des BGH vom 28. Juli 2021 – 1 StR 506/20.

I. Einleitende Betrachtung von § 299 StGB n.F. und dem Geschäftsherrenmodell

Vorangestellt wird ein kurzer Abriss zu Entwicklungsgeschichte und Zielen sowie verfassungsrechtlichen Kritikpunkten der Neuregelung des § 299 StGB und konkret des sog. Geschäftsherrenmodells.[1126]

Der Straftatbestand der Bestechlichkeit und Bestechung im geschäftlichen Verkehr des § 299 StGB wurde durch das am 26. November 2015 in Kraft getretene zweite „Gesetz zur Bekämpfung der Korruption" neugefasst. Anlass der Gesetzesänderung war zum einen die bereits seit 2007 bestehende juristische wie politische Diskussion um eine Verschärfung des Korruptionsstrafrechts (mitsamt eines vorangegangenen gescheiterten Gesetzesentwurfes[1127]) und zum anderen verschiedentliche europarechtliche Vorgaben[1128].

Die Neuregelung zielte neben einer Harmonisierung der internationalen Vorgaben zur Korruptionsbekämpfung auf eine Erhöhung der Übersichtlichkeit der Wettbewerbsstraftaten durch Überführung nebenstrafrechtlicher Korruptionstatbestände in das StGB ab.[1129] Weiter intendiert waren eine deutliche Verbesserung der Wettbewerbssituation aller Unternehmen

---

1126 In Hinblick auf die kriminologische Ausgangslage wird auf die Ausführungen unter A. IV. 1. b) verwiesen.

1127 Das Scheitern des Entwurfs lag im Wesentlichen in der fehlenden Einigung über die Reform der Abgeordnetenbestechung begründet; vgl. Bundestagsausschuss für Recht und Verbraucherschutz, Protokoll-Nr. 18/56, S. 12 ff. Dieser Problematik wurde 2014 durch Reformierung des § 108e StGB begegnet; der am 18.03.2015 eingebrachte Gesetzesentwurf war – trotz der damals bestehenden Kritik am Entwurf von 2007 – wortgleich ausgestaltet, vgl. BT-Drucks. 18/4350. Die beschlossene Gesetzesänderung basiert infolge der Erheblichkeit erhobener Bedenken am Geschäftsherrenmodell in der vorgeschlagenen Weite im Rahmen einer Sachverständigenanhörung im Bundestagsausschuss für Recht und Verbraucherschutz auf einer Abänderung des Entwurfs (u.a. durch Einfügung des Zustimmungserfordernisses) und trat sodann am 26.11.2015 in Kraft. Gesetz geworden ist nun der Entwurf vom 18.03.2015 mit den Änderungen der Beschlussempfehlung des Ausschusses für Recht und Verbraucherschutz vom 14.10.2015, s. BT-Drucks. 18/6389; der Empfehlung lagen die Erkenntnisse der Sachverständigenanhörung vom 08.06.2015 zugrunde, s. hierzu Bundestagsausschuss für Recht und Verbraucherschutz, Protokoll-Nr. 18/56, S. 12 ff.

1128 Vgl. hierzu näher mit entsprechenden Nachweisen Heuking/von Coelln, BB 2016, 323.

1129 Vgl. BT-Drucks. 18/4350, S. 10 f.; Heuking/von Coelln, BB 2016, 323 f.

sowie eine Stärkung des Vertrauens der Bürgerinnen und Bürger in staatliche und internationale Organisationen.[1130]

Die Neufassung des § 299 StGB beinhaltet eine erhebliche Tatbestandserweiterung gegenüber der Altfassung durch Einführung des sog. Geschäftsherrenmodells. Sowohl für die Bestechlichkeit in Abs. 1 wie auch für die Bestechung in Abs. 2 des § 299 StGB wurde die bestehende Regelung des sog. Wettbewerbsmodells mit Einfügung einer Nr. 2 in Abs. 1 und 2 um die neue Regelung des sog. Geschäftsherrenmodells ergänzt. Damit ist nunmehr die im Rahmen einer Unrechtsvereinbarung intendierte Verletzung einer gegenüber dem Unternehmen bestehenden Pflicht durch den Angestellten oder Beauftragten bei gleichzeitiger Forderung eines Vorteils strafbar, selbst wenn dies weder zu einer Wettbewerbsverzerrung noch einem Vermögensschaden auf Seiten des Unternehmens führt. Tatbestandlich vorausgesetzt ist damit ein Beschaffungsvorgang, infolgedessen Vorteile dafür erbracht oder empfangen werden, dass sich ein Angestellter oder Beauftragter eines Unternehmens im Rahmen einer Unrechtsvereinbarung zur Verletzung seiner Pflichten bereit erklärt, ohne dass dies von einer Einwilligung des Unternehmens gedeckt ist.[1131]

Die Norm des § 299 StGB wurde damit (nicht einmal mehr als abstraktes Gefährdungsdelikt, sondern) als reines Tätigkeitsdelikt ausgestaltet, das zudem auf Täterseite auf das Vorliegen einer spezifischen Vermögensbetreuungspflicht verzichtet.[1132] Im direkten Vergleich mit § 266 StGB kann begründet resümiert werden, dass § 299 StGB n.F. faktisch zu einer Vorverlagerung der Untreuestrafbarkeit[1133] und gleichsam durch Verzicht auf die tatbestandlichen Voraussetzungen einer tatsächlich begangenen Pflichtverletzung oder das Vorliegen eines Schadens gewissermaßen zur Strafbarkeit einer versuchten Untreue führt.[1134] Insgesamt wird § 299 StGB n.F. von der rechtswissenschaftlichen Literatur seiner konkreten Ausgestaltung und insbesondere

---

1130 Vgl. BT-Drucks. 18/4350, S. 10 f.; s. Heuking/von Coelln, BB 2016, 323 f. im Einzelnen zu den Zielen der Neuregelung auch in Hinblick auf die sog. Amtsträgerkorruption.

1131 So zusammengefasst bei Heuking/von Coelln, BB 2016, 323, 325.

1132 Heuking/von Coelln, BB 2016, 323, 326.

1133 In der Stellungnahme der Strafverteidigervereinigungen zum Entwurf des Korruptionsbekämpfungsgesetzes aus dem September 2014, S. 2, wird das Geschäftsherrenmodell als „Untreue ohne Vermögensschaden" beschrieben.

1134 Heuking/von Coelln, BB 2016, 323, 326 f.

seines gesetzessystematischen Standorts wegen als „Fremdkörper“[1135] oder deplatzierter Hybridtatbestand[1136] empfunden.

Darüber hinaus wird der neugefasste § 299 StGB aus strafprozessualer Perspektive durch die tatbestandsstrukturell bedingte Erleichterung verdachtsbasierter strafprozessualer Maßnahmen kritisch als eine ermittlungstaktisch „nahezu ideale Ergänzung“ des Untreuetatbestands begriffen, dessen strafgesetzliche Implementierung von dem Verdacht begleitet wird, möglichst weitreichende Ermittlungseingriffe gegen Unternehmen zu bewirken.[1137]

Die tatbestandliche Weite des § 299 StGB n.F. ist einerseits Anknüpfungspunkt verfassungsrechtlicher Bedenken und war auch Anlass für den Gesetzgeber, zu Restriktionszwecken das vorliegend zu untersuchende Zustimmungserfordernis in den Tatbestand zu integrieren.

Hinsichtlich verfassungsrechtlicher Kritikpunkte werden Zweifel in Bezug auf die Vereinbarkeit mit dem Verhältnismäßigkeitsprinzip vorgebracht: Angesichts der erwähnten Tatbestandsweite durch Verzicht auf das Erfordernis einer durch die Pflichtwidrigkeit hervorgerufenen Wettbewerbsverzerrung sowie eines Schadens wird etwa konstatiert, dem Geschäftsherrenmodell stehe „die Unverhältnismäßigkeit auf die Stirn geschrieben“[1138]. Bereits existierende außerstrafrechtliche, zivil- wie arbeitsrechtliche Möglichkeiten der Sanktionierung entsprechender Verhaltensweisen von Angestellten bzw. Beauftragten und speziell das Ausreichen nebensächlicher arbeitsvertraglicher Pflichtverletzungen gegenüber dem Geschäftsherren zur Tatbestandsverwirklichung ohne jedwede Eingrenzung nach Art oder Qualität der Pflicht stellen die Einhaltung des strafrechtlichen ultima-ratio-Prinzips infrage und verfestigen vielerorts den Eindruck verfassungsrechtlicher Unvereinbarkeit.[1139] Auch erscheine § 299 StGB in der konkreten Gestaltung seiner Neufassung in Ermangelung einer zuvor bestehenden strafrechtlichen Regelungslücke weder erforderlich noch angemessen, da bereits vor der Gesetzesänderung insbesondere § 266 StGB – das Vorliegen der Untreuespezifika vorausgesetzt – die einschlägigen Fälle sachgerecht und

---

1135 Grützner/Helms/Momsen, ZIS 2018, 299; mit der Wertung auch Heuking/von Coelln, BB 2016, 323, 326.

1136 Vgl. BRAK, Stellungnahme von September 2007, S. 5 f.; Vogel in FS-Weber, S. 399.

1137 So Grützner/Helms/Momsen, ZIS 2018, 299.

1138 Gaede, NZWiSt 2014, 281, 284

1139 Vgl. nur BRAK, Stellungnahme von September 2007, S. 4 f.

ausreichend zu erfassen vermochte.[1140] Vielmehr setze sich der Gesetzgeber hiermit in dogmatische, „unauflösbare Wertungswidersprüche mit dem bestehenden Vermögensstrafrecht“[1141].

Das Geschäftsherrenmodell wird auch in Hinblick auf das verfassungsrechtliche Bestimmtheitsgebot seitens der Rechtswissenschaft kritisch bewertet, wenn faktisch durch Definition der im Innenverhältnis von Arbeitgeber und Arbeitnehmer bestehenden Pflichten durch den insoweit weisungsbefugten Arbeitgeber, diesem die Gestaltungshoheit über eine Strafbarkeit nach § 299 StGB n.F. eingeräumt wird.[1142] Das Strafbarkeitsrisiko des Angestellten steigt dabei proportional mit Umfang und inhaltlicher Bestimmtheit der definierten Pflichten, die weder extern kontrolliert werden noch durch ihre Veränderbarkeit der Schaffung von Rechtssicherheit zuträglich sind.[1143]

An den angeführten verfassungsrechtlichen Bedenken ändert auch der Umstand nichts, dass das Geschäftsherrenmodell in den relevantesten Bereichen im Wettbewerbsmodell aufgehen dürfte.[1144] Ebenso wenig vermag allein eine rechtsgutsbezogene Auslegung als Restriktionsbemühung zwecks Verfassungskonformität die vorgebrachten Zweifel zu beseitigen: Die Frage, welche Rechtsgüter das Geschäftsherrenmodell des § 299 StGB n.F. konkret schützt, ist keine, die ohne nähere Untersuchung beantwortet werden kann.[1145]

Das Zustimmungserfordernis im Geschäftsherrenmodell war im ursprünglichen Gesetzesentwurf nicht vorgesehen und ist Ergebnis von Beratungen im Bundestagsausschuss für Recht und Verbraucherschutz.[1146] Die Aufnahme desselben in den Tatbestand des § 299 StGB n.F. dürfte dortigen Diskussionen um die kritische Tatbestandsweite geschuldet sein.[1147] Damit enthält das StGB erstmals – zumindest teilweise – eine Aussage darüber, welche Relevanz einer Zustimmung des Geschäftsherren in Bezug auf den Ausschluss einer Strafbarkeit des Angestellten bzw. Beauftragten nach § 299 StGB zukommt.

1140 S. etwa BRAK, Stellungnahme von September 2007, S. 6.

1141 Heuking/von Coelln, BB 2016, 323, 327; so bereits auch BRAK, Stellungnahme von September 2007, S. 6.

1142 BRAK, Stellungnahme von September 2007, S. 7.

1143 Vgl. hierzu Heuking/von Coelln, BB 2016, 323, 327.

1144 Vgl. Grützner/Helms/Momsen, ZIS 2018, 299.

1145 S. hierzu unter F. II. 2. a).

1146 S. bereits in Fn. 1127.

1147 Zur Entwicklungsgeschichte der Tatbestandseinschränkung ausführlich Krack, ZIS 2016, 83 f.

Im Rahmen der Altfassung des § 299 StGB war diese Frage unter dem Schlagwort der sog. „entschleierten Schmiergelder“ äußerst umstritten, die sogleich im Rahmen eines eigenen Unterpunktes dargestellt wird.

II. Spezifische Betrachtung des Zustimmungserfordernisses im Rahmen des Geschäftsherrenmodells

1. Behandlung der Zustimmungsfrage in § 299 StGB a.F.

Vor Neufassung des § 299 StGB war die Frage, wie die Zustimmung des Geschäftsherren im Rahmen des Tatbestandes strafrechtlich zu lösen ist, unter dem Schlagwort der sog. „entschleierten Schmiergelder“ stark umstritten.

Das Reichsgericht hatte in seiner sog. Korkengeldentscheidung[1148] aus dem Jahre 1914 eine Zustimmung des Geschäftsherren für unbeachtlich erklärt; ein Teil der Lehre folgte dem bis zur Neufassung des § 299 StGB.[1149] Weiter wurde die Auffassung vertreten, eine Zustimmung des Geschäftsherren sei dann von strafrechtlicher Relevanz, wenn diese die Vorteilsgewährung wie auch die Unrechtsvereinbarung umfasse. Auch vertreten wurde insoweit differenzierend, dass eine Zustimmung grundsätzlich strafbarkeitsausschließend möglich sei; allerdings dann unbeachtlich sein soll, wenn eine besondere Drittverantwortlichkeit des Unternehmens und somit auch seiner Angestellten und Beauftragten bestehe, was vor allem den Bereich der beratenden Dienstleistungen betreffe. Die sich im Meinungsstreit um die Möglichkeit und strafrechtliche Relevanz der Zustimmung offenbarende Rechtsunsicherheit stellte eine nicht unerhebliche Problematik der Altfassung des § 299 StGB dar.

Dieser Rechtsunsicherheit abzuhelfen, war gesetzgeberische Intention bei Ausgestaltung des Geschäftsherrenmodells mit dem Tatbestandsmerkmal „ohne Einwilligung des Unternehmens“ in § 299 Abs. 1 Nr. 2, Abs. 2 Nr. 2 StGB. Sowohl der Entwurfsbegründung als auch den Beratungen im Bundestag ist das Motiv der Schaffung von Rechtssicherheit für Angestellte bzw. Beauftragte deutlich zu entnehmen.[1150]

1148 RGSt 48, 291.

1149 Vgl. auch hinsichtlich der im Folgenden angeführten Literaturmeinungen zu § 299 StGB a.F. die Nachweise bei Krack, ZIS 2016, 83, 84, Fn. 6–8.

1150 BT-Drucks. 18/6389, S. 15; zu den entsprechenden Wortlautprotokollen des Bundestagsausschusses für Recht und Verbraucherschutz s. Fn. 1127.

2. Übertragbarkeit der Ergebnisse aus dem Untreuekontext

Im Folgenden wird konkret der Frage um eine Übertragung der gewonnenen untreuespezifischen Ergebnisse auf die vorliegende Thematik eines kapitalgesellschaftlichen Zustimmungserfordernisses im Geschäftsherrenmodell nachgegangen. In Hinblick auf die grundsätzliche Möglichkeit einer derartigen Übertragung bedarf es insoweit eines vergleichenden Blickes von Untreuetatbestand und Geschäftsherrenmodell.

Zunächst wird die Wirkung des Einwilligungserfordernisses aus strafrechtsdogmatischer Perspektive näher beleuchtet: In diesem Rahmen wird sich auch dem Rechtsgutsverständnis des Geschäftsherrenmodells vertieft gewidmet sowie ein Blick auf die Konzeption der tatbestandlichen Pflichtverletzung geworfen.

a) Strafrechtsdogmatische Einordnung der Zustimmung

Das im Rahmen des Geschäftsherrenmodells neu eingeführte Tatbestandsmerkmal „ohne Einwilligung des Unternehmens“ bedarf rechtsdogmatischer Klärung zunächst in Hinblick auf seine Rechtsnatur. Die Wirkung der Zustimmung im Kontext des § 299 StGB n.F. hängt zudem entscheidend vom normspezifischen Rechtsgutsverständnis ab, dem wesentliche Bedeutung bei der Konturierung des Geschäftsherrenmodells zukommt.

Die vom Gesetzgeber verwendete Begriffsbezeichnung der „Einwilligung“ ist insoweit missverständlich.[1151] Entgegen der Bezeichnung als „Einwilligung“ wirkt die Zustimmung nicht erst auf Rechtfertigungsebene, sondern bereits strafbarkeitsausschließend auf Tatbestandsebene.[1152]

Wenngleich im Schrifttum mitunter vertreten wird, die gesetzliche Fixierung der Einwilligung im Tatbestand der Geschäftsherrenvariante soll, ähnlich zu der als vorheriger Genehmigung ausgestalteter Einwilligungsmöglichkeit in §§ 331 Abs. 3, 333 Abs. 3 StGB, allein klarstellende Bedeutung haben und als

---

1151 Mit der Feststellung auch Krack, ZIS 2016, 83, 86.

1152 Grundsätzlich zur Begrifflichkeit von „Einverständnis“ und „Einwilligung“ und der diesbezüglichen Abhängigkeit von monistischer und dualistischer Zustimmungstheorie, s. unter B. III. 1. Vorliegend wird der traditionellen dualistischen Lehre gefolgt, sodass im Weiteren, wie bereits im Untreuekomplex zuvor, auch im Rahmen des § 299 StGB n.F. von „Einverständnis“ gesprochen wird.

ausdrücklich geregelter Rechtsfertigungsgrund anzusehen sein,[1153] ist dem entgegenzutreten:

Die Einwilligung im Rahmen des § 299 Abs. 1 Nr. 2, Abs. 2 Nr. 2 StGB n.F. ist funktional als Einverständnis ausgestaltet. Neben dem Umstand der deliktsstrukturellen Unvergleichbarkeit von § 299 StGB n.F. und §§ 331, 333 StGB spricht hierfür maßgeblich die Abhängigkeit von Pflichtverletzung und Tatbestandsausschluss: Die Strafbarkeit nach der Geschäftsherrenvariante knüpft an den Willen des Geschäftsherren bzw. an die diesem obliegende Definitionshoheit die Pflichten des Angestellten bzw. Beauftragten betreffend an.[1154] Die zu verletzende Pflicht bestimmt also den Umfang der möglichen Zustimmung; gleichsam definiert die Reichweite einer vor der Tat erforderlichen Zustimmung damit auch die verletzbare Pflicht.[1155] Die funktionale Abhängigkeit des Tatbestandsmerkmals der Pflichtverletzung lässt den Rückschluss auf eine Einordnung des Einwilligungserfordernisses als explizit normiertes tatbestandsausschließendes Einverständnis zu. Die dogmatisch überflüssige ausdrückliche Erwähnung der Einverständnismöglichkeit folgt aus der (missglückten) gesetzgeberischen Intention, Rechtssicherheit durch Anordnung von Handlungstransparenz zu schaffen.

Das gesetzgeberische Motiv für die dennoch gewählte Begrifflichkeit als „Einwilligung“ wird nicht klarer bei Betrachtung der Entwurfsbegründung: Dort wird das Einwilligungserfordernis ausdrücklich als „Tatbestandsmerkmal“ bezeichnet.[1156] Sodann verweist der Entwurf allerdings in diesem Zusammenhang auf die Kommentierung von Fischer, der als Vertreter der dualistischen Zustimmungstheorie in der Einwilligung einen Rechtfertigungsgrund erblickt.[1157] Der Verweis erfolgt allerdings im Zusammenhang mit der (Un-)beachtlichkeit etwaiger Willensmängel für das Zustimmungserfordernis des Geschäftsherrenmodells. Es mag daher das Bestreben des Gesetzgebers, jede Art von Willensmangel als für die Zustimmung strafrechtlich relevant zu erklären, für die Begriffsverwendung ursächlich geworden sein. Dies war freilich nicht notwendig: In Anbetracht des normativen,

---

1153 Heuking/von Coelln, BB 2016, 323, 329.
1154 Grützner/Helms/Momsen, ZIS 2018, 299, 312.
1155 Grützner/Helms/Momsen, ZIS 2018, 299, 312.
1156 BT-Drucks. 18/6389, S. 15.
1157 Fischer, Vor § 32, Rn. 3b.

rechtsgeschäftlichen Charakters der Bestechung und Bestechlichkeit im geschäftlichen Verkehr sind ohnehin, parallel zum Untreuetatbestand,[1158] die Wirksamkeitsvoraussetzungen einer rechtfertigenden Einwilligung auf den § 299 StGB n.F. und ein dortiges Einverständnis in seinen dogmatischen Grundzügen zu übertragen. Auch hier gilt indes, wie bereits im Rahmen des § 266 StGB,[1159] dass die konkreten Wirksamkeitsvoraussetzungen tatbestandsspezifisch als Frage der Auslegung zu bestimmen sind.

Wenn im weiteren Verlauf der Begründung schließlich davon gesprochen wird, dass eine fehlende Einwilligung nicht zum Tatbestand des Wettbewerbsmodells gehöre und daher dort keine rechtfertigende Wirkung habe,[1160] wird offenbar, dass aus der gesetzgeberischen Begründung zum Zustimmungserfordernis des Geschäftsherrenmodells auf dessen Rechtsnatur keine dogmatisch stimmigen Schlüsse gezogen werden können.

Die Zustimmung des Geschäftsherren kann indes nur dort tatbestandsausschließend wirken, wo auch eine Dispositionsbefugnis des Geschäftsherren dem Grunde nach besteht. Jene hängt im Wesentlichen vom normgeschützten Rechtsgut ab; grundsätzlich ist eine Dispositionsbefugnis bei Betroffenheit überindividueller oder fremder Rechtsgüter zu versagen.[1161]

In der Entwurfsbegründung zur Neufassung des § 299 StGB wird das Einwilligungserfordernis des Geschäftsherren mit dem Schutzgut des Geschäftsherrenmodells begründet; die Einfügung desselben diene dem Interesse des Geschäftsherren „an der loyalen und unbeeinflussten Erfüllung der Pflichten durch seine Angestellten und Beauftragten".[1162] Der Neugestaltung des § 299 StGB liegt jedenfalls keine spezifische Rechtgutskonzeption zugrunde.[1163] Zieht man daher die ursprüngliche Entwurfsbegründungen von März 2015 und wortgleich von 2007 zum Verständnis heran, wird deutlich, dass der Gesetzgeber den bereits in der Altfassung des Tatbestandes bezweckten Individualschutz erweitern wollte.[1164] Im strafrechtswissenschaftlichen Schrifttum finden sich Stimmen, die der neueingeführten

---

1158 S. hierzu unter B. II. und III. 1.
1159 S. unter B. I. 2. b) und II.
1160 BT-Drucks. 18/6389, S. 15.
1161 S. hierzu bereits B. II. 1. a).
1162 BT-Drucks. 18/6389, S. 15.
1163 Vgl. hierzu auch Krack, ZIS 2016, 83, 86 und dessen dortige Anmerkung in Fn. 25.
1164 BT-Drucks. 18/4350, S. 20 f.; BT-Drucks. 16/6558, S. 13.

Geschäftsherrenvariante dennoch eine doppelte Schutzrichtung zuweisen wollen: Schwerpunkt jener sei zwar der Individualrechtsschutz des Geschäftsherrn; ebenso werde aber von dieser auch der Schutz des freien und/oder lauteren Wettbewerbs als überindividuelles Rechtsgut bezweckt.[1165] Bei genauerer Betrachtung wird hingegen deutlich, dass der Individualschutz des Geschäftsherren nicht nur schwerpunktmäßiges, sondern ausschließliches Rechtsgut der Geschäftsherrenvariante ist.[1166]

Gegenstand dieses Individualschutzes ist das gesetzgeberisch allzu unspezifisch formulierte Loyalitätsinteresse des Geschäftsherrn, konkretisiert auf das eigentliche dahinterstehende Vermögensinteresse desselben.[1167] Schon vor Neufassung des § 299 StGB wurde das Vermögensinteresse des Geschäftsherrn mehrheitlich als zumindest mittelbar geschützt angesehen.[1168] Mit dem Vermögensschutz des Geschäftsherrn liegt ein insoweit dispositives Rechtsgut vor.

Die Zustimmung des Geschäftsherren wirkt demnach in Gestalt eines tatbestandsausschließenden Einverständnisses strafbarkeitsausschließend, wenn bei Vorliegen einer Unrechtsvereinbarung im Sinne von § 299 Abs. 1 Nr. 2, Abs. 2 Nr. 2 StGB und vorheriger Zustimmung des

---

1165 So etwa Hoven, NStZ 2015, 553, 559 f.; Dannecker/Schröder, ZRP 2015, 48, 49.

1166 Hierfür spricht insbesondere die Regelung des Strafantragsrechts in § 301 Abs. 2 StGB: Hiernach kommt in Hinblick auf § 299 Abs. 1 Nr. 2, Abs. 2 Nr. 2 StGB den in § 8 Abs. 3 Nr. 2, Nr. 4 UWG genannten Verbänden, anders als in der Wettbewerbsvariante, kein Antragsrecht zu. In der Entwurfsbegründung wird dies damit begründet, dass insoweit „ausschließlich eine Pflichtverletzung gegenüber dem Unternehmen" vorliege, s. BT-Drucks. 18/4350, S. 22. Damit kommt der Wille des Gesetzgebers, mit dem Geschäftsherrenmodell allein Individualinteressen des Geschäftsherren schützen zu wollen, deutlich zum Ausdruck. Hiergegen spricht auch nicht etwa der systematische Standort des § 299 StGB n.F. im 26. Abschnitt der „Straftaten gegen den Wettbewerb"; dem Gesetzgeber steht es frei, Hybridtatbestände zu schaffen, so auch Hoven, NStZ 2015, 553, 559. Auch eine unionsrechtskonforme Auslegung streitet nicht zwingend für ein wettbewerbsbezogenes Rechtsgutsverständnis, so etwa Kubiciel, ZIS 2014, 667, 670 f.; Dannecker/Schröder, ZRP 2015, 48, 49. S. hierzu ausführlich Krack, ZIS 2016, 83, 87 f.

1167 S. BeckOK-StGB/-Momsen/-Laudien, § 299, Rn. 7 mit der Ergänzung: „Nur insoweit sich der Angestellte und Beauftragte pflichtgemäß gegenüber seinem Geschäftsherren verhält, kann letzterer den Unternehmenszweck – regelmäßig seine wirtschaftlichen Interessen bzw. eine Gewinnerzielung – verfolgen."

1168 S. Grützner/Helms/Momsen, ZIS 2018, 299, 300 m.w.N., Fn. 13.

Geschäftsherren durch den Angestellten bzw. Beauftragten eine für den Geschäftsherren disponible Pflicht[1169] verletzt werden soll. Dies wird bei nicht gesetzlichen oder nicht betriebsübergreifenden Pflichten anzunehmen sein[1170]; Hauptanwendungsfall dürften insoweit Compliance-Vorschriften oder andere unternehmensinterne Richtlinien im Zusammenhang mit Vergabeentscheidungen im Einkauf sein. Zusammenfassend kann daher festgehalten werden, dass die Einordnung der Zustimmung im Rahmen des Geschäftsherrenmodells als tatbestandsausschließendes Einverständnis darin begründet liegt, dass „das Unternehmen" bzw. die für dieses handelnde Geschäftsleitung entsprechend den Grundsätzen der „business judgement rule" die Definitionshoheit über die den Angestellten bzw. Beauftragten obliegenden Pflichten innehat und gerade aufgrund dieser Interessenhoheit Dispositionsfreiheit hinsichtlich jener genießt. Doch bedarf es aus derselben Grundannahme einer Korrektur der rechtsdogmatischen Wirkung des Zustimmungserfordernisses in Konstellationen, in denen nicht disponible Pflichten verletzt werden bzw. verletzt werden sollen[1171]: In diesen Fällen entfällt mangels Dispositivität nicht bereits die tatbestandliche Pflichtverletzung durch Annahme eines tatbestandsausschließenden Einverständnisses. Vielmehr bleibt in jenen Sachverhalten die Pflichtverletzung trotz Zustimmung des Geschäftsherren tatbestandlich

---

1169 Die offenkundige Frage, welche Pflichten überhaupt vom Geschäftsherrenmodell erfasst werden bzw. welche Anforderungen an eine Pflichtverletzung zu stellen sind, ist nicht Gegenstand der vorliegenden Arbeit. Grützner/Helms/Momsen etwa schlagen insoweit eine restriktive Auslegung in Gestalt eines erforderlichen Wettbewerbsbezugs sowie die Erforderlichkeit einer über die bloße Annahme von Vorteilen hinausgehenden Außenwirkung der (intendierten) Pflichtverletzung vor, um v.a. auch im betroffenen Compliance-Bereich sachgerechte Ergebnisse zu erzielen. Wenngleich weiter sozialadäquate Verhaltensweisen nicht vom Kreis tauglicher Pflichtverletzungen ausgenommen werden könnten, seien jedenfalls Bagatellverstöße hiervon auszunehmen, dies., ZIS 2018, 299, 305 ff.

1170 Grützner/Helms/Momsen, ZIS 2018, 299, 312.

1171 Eine entsprechende Differenzierung vornehmend Grützner/Helms/Momsen, ZIS 2018, 299, 312 f. mit der Feststellung, dass eine solche mit der Ausgestaltung des Strafantragserfordernisses gem. § 301 StGB harmonisiere und ferner mit dem Hinweis, dass „Irrtumskonstellationen vorprogrammiert" seien, da Angestellte bzw. Beauftragte regelmäßig kein Bewusstsein über die Disponibilität der betroffenen Pflicht haben werden; Fälle des öffentlichen Interesses nach § 301 Abs. 1 StGB werden sich mit jenen Irrtumssachverhalten zu befassen haben.

bestehen. Nur in dementsprechenden Konstellationen kommt dem normierten Zustimmungserfordernis des § 299 Abs. 1 Nr. 2, Abs. 2 Nr. 2 StGB n.F. Bedeutung als eigenständigem, strafbarkeitsausschließendem Tatbestandsmerkmal zu, wobei freilich eine Strafbarkeit nach anderen Straftatbeständen hiervon unberührt bleibt.

b) Stellungnahme

Für eine prinzipielle Übertragbarkeit der Ergebnisse aus dem Untreuebereich spricht zunächst die soeben beleuchtete Rechtsnatur des Zustimmungserfordernisses des § 299 Abs. 1 Nr. 2, Abs. 2 Nr. 2 StGB n.F.[1172]: Eine Zustimmung des einverständnisbefugten Organs des „Unternehmens" wirkt bereits auf Tatbestandsebene strafbarkeitsausschließend. Sofern disponible Pflichten betroffen sind, kommt der normierten Einverständnismöglichkeit in § 299 Abs. 1 Nr. 2, Abs. 2 Nr. 2 StGB n.F. in Ermangelung eines dogmatischen Bedürfnisses hierfür faktisch keine Bedeutung zu. Anders hingegen, wenn indisponible Pflichten Gegenstand einer Konsentierung sind; in jenen Fällen bedarf es eines rechtsdogmatischen Rückgriffs auf das Zustimmungserfordernis. Da diesem indes in keiner Weise der rechtfertigende Charakter einer Einwilligung im herkömmlichen Sinne zukommt, gleichen sich die Zustimmungen im Kontext von § 299 Abs. 1 Nr. 2, Abs. 2 Nr. 2 und § 266 StGB jedenfalls in Rechtsnatur und Wirkung.

Auch bei Betrachtung der tatbestandlich geschützten Rechtsgüter sind, für eine prinzipielle Übertragung der untreuespezifischen Einverständnisdogmatik sprechende, Gemeinsamkeiten der Tatbestände in für die Untersuchung relevanter Hinsicht festzustellen: Das Geschäftsherrenmodell des neugefassten § 299 StGB schützt die hinter dem vordergründigen „Interesse des Geschäftsherren an der loyalen und unbeeinflussten Erfüllung der Pflichten durch seine Angestellten und Beauftragten" stehenden Vermögensinteressen desselben[1173] und gleicht sich damit im intendierten Vermögensschutz mit dem Untreuetatbestand. Eine in diesem Zusammenhang interessante, wenngleich nicht untersuchungserhebliche Parallele der beiden Tatbestände ergibt sich ferner bei Betrachtung der Normhistorie des § 266 StGB: So wurde früher das Vertrauen in die Pflichttreue bzw. Redlichkeit des Verkehrs als

---

[1172] S. unter F. II. 2. a).
[1173] S. unter F. II. 2. a).

vom Tatbestand mitgeschützt anerkannt.[1174] Im Rahmen des Geschäftsherrenmodells wird dieser Schutz von Pflichttreue indes auf die individualisierten Vermögensinteressen des Geschäftsherren verdichtet.

Die tatbestandliche Ähnlichkeit und Vergleichbarkeit der dogmatischen Ausgangsprämissen von § 299 Abs. 1 Nr. 2, Abs. 2 Nr. 2 und § 266 StGB in Hinblick auf Rechtsnatur und Wirkung der Zustimmung sowie Rechtsgüterkonzeption führen zur Annahme der prinzipiellen Übertragbarkeit der im Untreuekomplex entwickelten Lösungen auf das Zustimmungserfordernis im Rahmen des Geschäftsherrenmodells.

3. Behandlung der Zustimmungsfrage in § 299 StGB n.F.

Vorab ist zu bemerken, dass sich gewisse Problemkreise, die sich im Zusammenhang mit der Altfassung ergaben, auch im Rahmen der Neufassung fortsetzen. Insbesondere ist die Norm nach wie vor in persönlicher Hinsicht auf im geschäftlichen Verkehr tätige Angestellte und Beauftragte anwendbar, sodass der potentielle Täterkreis des § 299 StGB n.F. sich nicht von dem der vorherigen Fassung der Norm unterscheidet. Insbesondere die Frage der Täterstrafbarkeit des geschäftsführenden Alleingesellschafters bleibt also nach wie vor zu diskutieren.[1175]

Die nachfolgende Untersuchung konzentriert sich, begründet durch den Untersuchungsgegenstand, auf die Klärung spezifischer Fragen um das konkrete Tatbestandsmerkmal „ohne Einwilligung des Unternehmens". In diesem Zusammenhang wird auch die bereits im Untreuekontext zuvor behandelte Frage möglicher Zustimmungssurrogate beleuchtet.

Sodann erfolgt eine Auseinandersetzung mit dem Tatbestandsmerkmal des „Unternehmens". Insbesondere die Frage, wer innerhalb des „Unternehmens" zur Zustimmung befugt ist, wird in Bezugnahme auf bereits entwickelte Grundsätze zur kapitalgesellschaftsspezifischen Untreue ebenso wie die sich im Weiteren stellende Frage etwaiger Grenzen einer solchen einer Lösung zugeführt.

1174 Hierzu Rönnau, ZStW 119 (2007), 887, 890; LK/-Schünemann, § 266, Rn. 23; Nelles, Untreue zum Nachteil, S. 283 ff. jeweils m.w.N.

1175 Vgl. hierzu insbesondere auch die Entscheidung des LG Frankfurt vom 22.04.2015 – 5/12 Qs 1/15 und hieran anknüpfend mit Blick auch auf die Neufassung Rheinländer, WiJ 2016, 11 ff.

a) Zustimmungssurrogate

Wie bereits im untreuespezifischen Kontext kann auch im Kontext des neugefassten § 299 Abs. 1 Nr. 2, Abs. 2 Nr. 2 StGB die soweit ersichtlich bisher nicht untersuchte Frage nach Zustimmungssurrogaten aufgeworfen werden.

Auch in Bezug auf das Geschäftsherrenmodell und dessen explizit normiertem Zustimmungserfordernis liegt in Anbetracht dessen normativer Tatbestandsgestaltung und dadurch faktisch willensbezogener Ausrichtung die Beschäftigung mit den Möglichkeiten eines mutmaßlichen bzw. hypothetischen Einverständnisses nicht fern.

Zunächst kann zur prinzipiellen Möglichkeit eines tatbestandsübergreifenden Transfers der ursprünglich mit Wirkung auf der Rechtsfertigungsebene entwickelten Rechtsfiguren der mutmaßlichen Einwilligung und der hypothetischen Einwilligung als bereits auf Tatbestandsebene wirkendes mutmaßliches bzw. hypothetisches Einverständnis auf die insoweit grundsätzlichen Ausführungen im Rahmen des Untreuekomplexes verwiesen werden.[1176] Jedenfalls für willensbasierte Straftatbestände bzw. für stark normativ geprägte und dadurch willensbezogen wirkende Delikte, wie dem untersuchungsgegenständlichen § 266 StGB und dem Geschäftsherrenmodell des § 299 StGB, ist der Anwendungsbereich der genannten Zustimmungssurrogate potentiell eröffnet.

In Hinblick auf den Untreuetatbestand wurde im Ergebnis die Anwendbarkeit des mutmaßlichen Einverständnisses indes verneint: Die Frage nach einem mutmaßlichen Willen geht insoweit bereits in der tatbestandlichen Subsumtion der Tatbestandsmerkmale der Missbrauchs- bzw. Treubruchsalternative auf, die akzessorisch durch das Innenverhältnis von Treugeber und -nehmer definiert werden, sodass kein Raum für die Anwendung eines mutmaßlichen Willens verbleibt.[1177]

Wenn, wie zuvor erarbeitet, die Übertragung der Rechtsfigur als auf Tatbestandsebene wirkende mutmaßliche Einwilligung methodisch deliktsdifferenzierend nach normativer bzw. faktischer Natur zu entschieden ist, so ist zwar die grundsätzliche Möglichkeit eines mutmaßlichen Einverständnisses auch im Kontext des Geschäftsherrenmodells zunächst gegeben. Auch der

---

[1176] S. unter B. IV.

[1177] S. unter B. IV. 1. b).

Straftatbestand des § 299 StGB n.F. ist durch die dem Geschäftsherren obliegende Definitionshoheit in Bezug auf die Pflichten des Angestellten bzw. Beauftragten stark normativ geprägt und zum Willen des Geschäftsherren akzessorisch ausgestaltet. In Anbetracht dessen muss in methodisch und inhaltlicher Stringenz das zu § 266 StGB Gesagte entsprechend gelten: Bereits im Rahmen einer präzisen Auslegung der Tatbestandsmerkmale der Pflichtverletzungsalternative des § 299 Abs. 1 Nr. 2, Abs. 2 Nr. 2 StGB n.F. geht die Frage nach dem mutmaßlichen Willen des Berechtigten auf. Die Anwendung der Rechtsfigur eines mutmaßlichen Einverständnisses erübrigt sich damit ebenso wie im Kontext der Untreue.[1178] Ungeachtet dessen ist im Rahmen des Geschäftsherrenmodells ferner darauf hinzuweisen, dass für die Annahme eines mutmaßlichen Einverständnisses in Unternehmensstrukturen bereits deshalb wenig Raum verbleibt, weil der tatsächliche Willen des Berechtigen regelmäßig in Erfahrung gebracht werden kann bzw. oftmals ein konkludent erteiltes Einverständnis in Betracht kommt.

In Bezug auf die Möglichkeit der Anwendung eines hypothetischen Einverständnisses im Zusammenhang mit dem Zustimmungserfordernis des Geschäftsherrenmodells ist zunächst ebenfalls auf die entsprechende zuvor im Untreuekomplex vorgenommene Untersuchung zu verweisen.[1179]

Wie bereits in Hinblick auf § 266 StGB erscheint auch im Rahmen des § 299 Abs. 1 Nr. 2, Abs. 2 Nr. 2 StGB n.F. die Anwendung eines hypothetischen Einverständnisses als strafbarkeitsbegrenzendes Korrektiv durchaus denkbar. Dies gilt im konkreten Fall des Geschäftsherrenmodells umso mehr, betrachtet man dessen tatbestandliche Weite und Konturlosigkeit auch infolge dessen missglückter Formulierung und gesetzeskonzeptioneller Ausgestaltung.[1180] Nichtsdestotrotz ist die Möglichkeit eines hypothetischen Einverständnisses des Geschäftsherren aus den gleichen Gründen wie im Rahmen des Untreuetatbestands zu versagen; im Ergebnis kommt insbesondere vor dem

---

1178 Dies gilt sowohl bei Betroffenheit disponibler als auch indisponibler Pflichten; in Bezug auf indisponible Pflichten scheitert die Anwendung eines mutmaßlichen Einverständnisses den dogmatischen Grundvoraussetzungen entsprechend bereits an der fehlenden grundsätzlichen Disponibilität der infragestehenden Pflicht, vgl. hierzu unter B. II. 1. a) und B. IV. 1. a).

1179 S. unter B. IV. 2. b).

1180 Vgl. hierzu soeben unter F. I. und II. 2. a).

Hintergrund der Entwicklungsgeschichte der Rechtsfigur ein hypothetisches Einverständnis nur bei Betroffenheit höchstpersönlicher Rechtsgüter in Betracht.[1181] Zwar ließe sich im Kontext des § 299 StGB n.F. in Abweichung zu § 266 StGB zunächst andenken, dass die insofern vordergründig betroffenen Loyalitätsinteressen des Geschäftsherren derartiger höchstpersönlicher Natur sein könnten. Dieser Ansatz ist jedoch sogleich zu verwerfen, geht man, wie vorliegend, davon aus, dass das „Loyalitätsinteresse lediglich als (bloßer) Reflex in Bezug auf das eigentlich dahinterstehende Vermögensinteresse eines Unternehmens zu verstehen“[1182] ist. Das Überwiegen der doch erheblichen Einwände in Hinblick auf eine Übertragung des Haftungskorrektivs, die der Haftungsfigur innewohnenden Rechtsunsicherheiten sowie insbesondere auch die Überzeugung, dass ein den Zustimmungssurrogaten immanentes Restriktionspotential nicht zu Zwecken der Kompensation eines zu weitreichend und unbestimmten Tatbestandes funktionalisiert werden sollte,[1183] führen damit, nicht anders als im Rahmen des Untreuetatbestands, zu dem Ergebnis der Unanwendbarkeit eines hypothetischen Einverständnisses für das Geschäftsherrenmodell.

b) Zuordnung der Einverständniskompetenzen

Systematisch synchron zur Behandlung der kapitalgesellschafterlichen Zustimmung im Untreuekontext soll auch im Rahmen des Geschäftsherrenmodells zunächst die Frage der Zuordnung einer Einverständniskompetenz untersucht werden. Dies entspricht vorliegend der Frage, was bzw. wer unter dem „Unternehmen“ i.S. § 299 Abs. 1 Nr. 2, Abs. 2 Nr. 2 StGB n.F. zu verstehen ist. Dabei wird unbestritten sein, dass in Sachverhalten um juristische Personen, auf die sich – spezifisch in kapitalgesellschaftlicher Hinsicht – bedingt durch den vorliegenden Untersuchungsgegenstand konzentriert wird, unter „Unternehmen“ zunächst, ungeachtet der Aspekte um Handlungs- und Willensbildungsfähigkeit, die juristische Person als solche zu verstehen ist.[1184]

[1181] S. unter B. IV. 2. b) und 3.

[1182] BeckOK-StGB/-Momsen/-Laudien, § 299, Rn. 7.

[1183] S. unter B. IV. 2. b).

[1184] In der Altfassung des § 299 StGB wurde anstelle des im Wege einer redaktionellen Änderung eingefügten Terminus „Unternehmen“ die Begriffsbezeichnung des „geschäftlichen Betriebs“ verwendet.

Auch in diesem thematischen Zusammenhang ist auf die entsprechenden Untersuchungen im Untreuekontext Bezug zu nehmen.[1185] Dort wird in Hinblick auf eine GmbH-spezifische Zustimmung die Gesellschafterversammlung bzw. -gesamtheit als zur Willensbildung berufenes Organ innerhalb der GmbH für zustimmungsbefugt erachtet. Methodisch-dogmatischer Ausgangspunkt für die Klärung der Zuständigkeit ist dabei stets die gesellschaftsspezifische Organisation der inneren Willensbildung. Dementsprechend wird in Bezug auf die untersuchungsgegenständliche Problematik im Kontext der AG auch die Hauptversammlung bzw. Aktionärsgemeinschaft als für die Erklärung eines strafbarkeitsausschließenden Einverständnisses zuständig befunden.

Bei Übertragung dieser zuvor gewonnenen Ergebnisse auf das Geschäftsherrenmodell und dessen Tatbestandsmerkmal des „Unternehmens“ ist zunächst festzuhalten, dass der benannte dogmatisch-methodische Ausgangspunkt der Beurteilung der Zuständigkeit einer Einverständniskompetenz unverändert der gesellschaftsrechtlichen Kompetenzordnung folgend nach dem gesellschaftsinternen Willensbildungsprozess zu bestimmen ist.

Es besteht für die Zustimmungsfrage des Geschäftsherrenmodells kein Grund, von den in Hinblick auf die GmbH und AG gewonnenen Ergebnissen abzuweichen. Insbesondere beurteilt sich die Zuständigkeit zum Einverständnis dem Grunde nach nicht in Entsprechung spezifischer Vertretungsverhältnisse.[1186] Wenngleich die Organe um Geschäftsführer bzw. Vorstand der GmbH bzw. AG Handlungsfähigkeit verleihen, so steht auch diese in Abhängigkeit gesellschaftsspezifischer Willensbildungsprozesse. Sofern die Satzungsinhalte keine gesonderte interne Zuständigkeit begründen, obliegt die Entscheidungsbefugnis damit in der GmbH der Gesellschafterversammlung; in der AG der Hauptversammlung als Aktionärsgesamtheit.

Der Einwand, eine solche Zuständigkeitsverteilung wäre bei einer Entscheidungsfindung praktisch nicht durchführbar und entspräche auch

---

[1185] S. unter D. I. und E. I.

[1186] So (wohl) aber Grützner/Helms/Momsen, ZIS 2018, 299, 314 f.; Heuking/von Coelln, BB 2016, 323, 329 f.; differenzierend MüKo-StGB/-Krick, § 299, Rn. 87, wonach die Zustimmung grundsätzlich „durch die nach der Vertretungsordnung zuständigen Gremien“, also Geschäftsführer bei der GmbH bzw. Vorstand bei der AG zu erfolgen hat. Bei einem Vorstands- bzw. Geschäftsführerhandeln sollen im Grundsatz der Aufsichtsrat der AG bzw. die Gesellschafter der GmbH zustimmungsbefugt sein.

nicht der im Unternehmensalltag gelebten Rechte- und Pflichtendelegation,[1187] greift insoweit nicht, da es den Gesellschaftsorganen freisteht, durch Satzung oder Gesellschaftsvertrag innerorganisatorisch spezifische Zuständigkeiten zu begründen. So kann die Befugnis zur Erteilung eines Einverständnisses etwa an die entsprechende Bereichsleitung wie den Leiter des Ein- oder Verkaufs oder eine auch an eine unabhängige Stelle wie den Compliance-Officer delegiert werden.[1188]

Weiter ist, im Falle fehlender satzungsspezifischer Inhalte, auch auf die vorherigen Ausführungen um die Beschlussfassung in GmbH bzw. AG zu verweisen, wonach es keiner den gesellschaftsrechtlichen Förmlichkeiten entsprechenden Beschlussfassung bedarf; es vielmehr auf das Vorliegen eines tatsächlichen Willens – auch einer insoweit genügenden Stimmenmehrheit – ankommt.

c) Grenzen der Einverständniskompetenzen

Wenn nun etwaige Grenzen einer Einverständniskompetenz im Kontext des Geschäftsherrenmodells untersucht werden, wird auch in dieser Hinsicht Bezug auf die im Untreuekontext entwickelten Lösungen im Zusammenhang mit der kapitalgesellschaftlichen Einverständnisproblematik genommen.[1189]

Das im Rahmen der Untreue untersuchte kapitalgesellschaftliche Eigeninteresse von GmbH bzw. AG als gesellschaftseigenes Interesse am Vermögenserhalt nimmt das spezifische Vermögensinteresse der juristischen Person zum Ausgangspunkt.[1190] Wenn das individualisierte Vermögensinteresse des Geschäftsherren (ausgelegtes) Schutzgut des Geschäftsherrenmodells ist, so sind in dogmatisch-logischer Konsequenz auch die im Untreuebereich gewonnenen Ergebnisse zu einem Eigeninteresse der Gesellschaft entsprechend zu übertragen. Dabei ist das Merkmal des „Unternehmens" auch, wie zuvor, rechtsformdifferenzierend zu betrachten und in Abhängigkeit gesellschaftsrechtlicher Vorgaben nach dem Konzept einer limitierten Gesellschaftsrechtsakzessorietät[1191] zu beurteilen. Für die GmbH wurde zuvor

---

1187 So Grützner/Helms/Momsen, ZIS 2018, 299, 315.

1188 So auch wieder MüKo-StGB/-Krick, § 299, Rn. 87; Grützner/Helms/Momsen, ZIS 2018, 299, 315; ähnlich Heuking/von Coelln, BB 2016, 323, 329 f.

1189 S. unter D. II. und E. II.

1190 S. zum Argumentationstopos um das Eigeninteresse der GmbH unter D. II. 4. b); der AG unter E. II. 4.

1191 Hierzu unter C. I.

ein untreuespezifisches gesellschaftsrechtliches Eigeninteresse abgelehnt[1192]; für die AG hingegen ein umfassendes eigenes Interesse am Vermögenserhalt angenommen[1193]. Daraus folgte für die GmbH die unbegrenzte Dispositionsfreiheit der Gesellschafter über das Gesellschaftsvermögen; für die AG dahingegen angesichts der umfassenden Vermögensbindung im Aktienrecht eine Dispositionsmöglichkeit ihrer Anteilseigner allein hinsichtlich des Bilanzgewinns und der freien Rücklagen. Diese Ergebnisse sind dem Grunde nach auf die Einverständniskompetenz des „Unternehmens" im Geschäftsherrenmodell zu übertragen. Ein Unterschied ergibt sich insofern allein durch die besondere Normierung des Zustimmungserfordernisses: In Sachverhalten, in denen eine indisponible Pflicht Zustimmungsgegenstand ist, kommt dem Einwilligungserfordernis in § 299 Abs. 1 Nr. 2, Abs. 2 Nr. 2 StGB n.F. Bedeutung zu, indem es trotz Indisponibilität der Pflicht einer Zustimmung des Geschäftsherren strafbarkeitsausschließende Wirkung beimisst.

Verletzt ein Angestellter bzw. Beauftragter einer GmbH im geschäftlichen Verkehr im Rahmen einer Unrechtsvereinbarung eine disponible oder indisponible Pflicht gegenüber der GmbH als Geschäftsherrin oder intendiert der Angestellte bzw. Beauftragte eine solche Pflichtverletzung, so schließt die Zustimmung der Gesellschafter eine Strafbarkeit gem. § 299 Abs. 1 Nr. 2, Abs. 2 Nr. 2 StGB (vorbehaltlich des Vorliegens allgemein dogmatischer Grundvoraussetzungen)[1194] aus. Bei gleichem Sachverhalt in der AG wirkt eine Konsentierung der Anteilseigner nur dann tatbestandsausschließend, wenn die Pflichtverletzung die Vermögenspositionen des Bilanzgewinns oder der freien Rücklagen betrifft. Eine Einverständniskompetenz in Hinblick auf alle übrigen Kapitalgruppen des aktiengesellschaftlichen Vermögens entfällt.

Diesem Ergebnis der Anerkennung der im Rahmen der Untreue entwickelten Grenzen einer Einverständniskompetenz stehen weder die konkrete

---

1192 S. zusammenfassend für die GmbH insoweit unter D. II. 4. c).

1193 S. zusammenfassend für die AG unter E. III.

1194 So muss die Zustimmung des „Unternehmens" zum tatbestandsmäßigen Verhalten auch im Rahmen des Geschäftsherrenmodells vor der Tat vorliegen; eine nachträgliche Genehmigung hierzu ist nicht möglich. Insoweit wurde auch der Vorschlag des Deutschen Anwaltsvereins in seiner Stellungnahme Nr. 66/2006, S. 9, die Möglichkeit der Straflosigkeit über die tätige Reue in den Tatbestand aufzunehmen, bei der Neufassung des § 299 StGB von Seiten des Gesetzgebers nicht aufgegriffen.

tatbestandliche Ausgestaltung des Geschäftsherrenmodells noch anderweitige Gründe entgegen; das dargelegte Rechtskonzept um ein gesellschaftsrechtliches Eigeninteresse ist nicht tatbestandsbeschränkt allein auf die Untreue anzuwenden, sondern dem Grunde nach universell und im Falle des Geschäftsherrenmodells bedingt durch die Untreueähnlichkeit anwend- und übertragbar.

Vielmehr ist der so erreichte Gleichklang der kapitalgesellschaftlichen Einverständnisfrage in § 299 Abs. 1 Nr. 2, Abs. 2 Nr. 2 StGB n.F. und § 266 StGB rechtsdogmatisch schlüssig und wirkt aus rechtspolitischer Perspektive zunächst, wenngleich für sich genommen unzureichend, als Korrektiv einer in der Weite ihrer Tatbestandsfassung verfassungsrechtlich problematischen Norm. Die hinsichtlich Zuordnung und vor allem Grenzen einer Einverständniskompetenz rechtsformdifferenzierende Untreuelösung vermag damit dem Geschäftsherrenmodell in seiner misslichen Ausgestaltung des Zustimmungserfordernisses und der damit einhergehenden Rechtsunsicherheit als Beitrag zur Normkonkretisierung jedenfalls teilweise abzuhelfen.

Mit Neufassung des § 299 Abs. 1 Nr. 2, Abs. 2 Nr. 2 StGB sind angesichts der niedrigen Schwelle zur Tatbestandsverwirklichung erhebliche Strafbarkeitsrisiken für die Mitarbeiter eines Unternehmens entstanden.[1195] Die missliche Ausgestaltung der Neufassung ist der intendierten Schaffung von Rechtssicherheit ferner wenig zuträglich. Die im Untreuezusammenhang entwickelte Lösung der Begrenzung von Einverständniskompetenzen müsste die Situation theoretisch, insbesondere auf Ebene der AG, aus Perspektive der betroffenen Angestellten bzw. Beauftragten – ungeachtet der dogmatischen Kohärenz – weiter erschweren.

Doch ist diesbezüglich darauf hinzuweisen, dass es den Unternehmen obliegt, diesen strafrechtlichen Risiken durch die Festlegung unternehmensinterner Regelungen als Grundlage der strafrechtlichen Sanktionierung nach § 299 Abs. 1 Nr. 2, Abs. 2 Nr. 2 StGB n.F. auch im Sinne einer Reduktion zu begegnen.

[1195] Dies gilt insbesondere vor dem Hintergrund, dass die Möglichkeit einer tätigen Reue im neugefassten § 299 StGB nicht vorgesehen ist, s. hierzu bereits Fn. 1194. Wolfram/Peukert etwa sprechen sich zur Reduktion des Strafbarkeitsrisikos von Mitarbeitern dafür aus, unternehmensinterne Regelungen vorzusehen, nach deren Inhalt eine tatbestandsmäßige Pflichtverletzung erst bei der Versagung einer nachträglichen, ausdrücklichen Genehmigung vorliegen soll, dies., NZWiSt 2017, 208, 211.

Dabei ist freilich zu beachten, dass der unternehmensinterne Pflichtenkatalog auch Grundlage für eine arbeitsrechtliche Sanktionierungsmöglichkeit ist; insofern wird stets eine einheitliche Gestaltung der Verhältnisse bewirkt.[1196] Auch sind insoweit für das Unternehmen nur Pflichten veränderbar, die dem Schutzzweck des § 299 StGB n.F. entsprechend ausschließlich dem Unternehmensschutz zu dienen bestimmt sind[1197]; Normen, die anderen Zwecken, wie etwa dem Wettbewerbsschutz, dienen, unterfallen dagegen nicht der Dispositionsbefugnis der Unternehmen. Ein Verstoß hiergegen bzw. ein Ausblieben unternehmensschützender Regelungen vermag im Falle unzureichender Organisation und Aufsicht neben der internen Haftung auch eine solche nach § 130 OWiG bzw. eine Schadensersatzpflicht der Geschäftsführung bzw. des Vorstands wegen schuldhafter Verletzung der Organisationspflicht zu begründen.[1198]

Gerade diese Definitionshoheit der Unternehmen bringt die Zustimmungsmöglichkeit im Geschäftsherrenmodell an ihre faktischen Grenzen: Wenn das Unternehmen hierdurch selbst die Basis für eine strafrechtliche Ahndung nach § 299 Abs. 1 Nr. 2, Abs. 2 Nr. 2 StGB n.F. legen kann, erübrigt sich die Relevanz einer Zustimmung jedenfalls bei Betroffenheit disponibler Pflichten; ein Einverständnis wird obsolet. Lediglich in Hinblick auf indisponible Pflichtverletzungen erlangt die Normierung des Zustimmungserfordernisses Bedeutung: Und auch nur in jenem Bereich, der sich einer Pflichtendefinitionshoheit der Unternehmen entsagt, kann es sodann denklogisch auf etwaige Grenzen einer Zustimmung ankommen.

Im Untreuekomplex wurde insoweit festgestellt, dass das Vermögen der AG infolge der zu beachtenden aktiengesetzlichen Akzessorietät auch strafrechtlich als umfassend geschützt anzusehen ist; bis auf den Bilanzgewinn und die freien Rücklagen entzieht sich jenes dem erlaubten Zugriff der einverständnisbefugten Anteilseigner. Das Vermögen der GmbH unterliegt dahingegen mangels untreuestrafrechtlichem Schutz vollumfänglich der Disposition der Gesellschafter. Die Konsentierung einer indisponiblen Pflicht ist demnach im Rahmen des Geschäftsherrenmodells auf Ebene der AG nur dann möglich, wenn die infragestehende Pflichtverletzung ebenjenen Bilanzgewinn oder

---

1196 Hierzu näher Heuking/von Coelln, BB 2016, 323, 330.
1197 Heuking/von Coelln, BB 2016, 323, 330.
1198 Heuking/von Coelln, BB 2016, 323, 330 mit Verweis auf Fleischer, NZG 2014, 321.

die Kapitalgruppe der freien Rücklagen betrifft. Auf Ebene der GmbH ist die Konsentierung einer indisponiblen Pflichtverletzung unbegrenzt möglich.

Das Zustimmungserfordernis selbst erreicht also im Geschäftsherrenmodell seine funktionalen Grenzen – und erscheint in Gestalt seiner konkreten Ausgestaltung jedenfalls missverständlich. Soll es letztlich die Entscheidungshoheit des Geschäftsherren über eine Sanktionierung seiner Angestellten bzw. Beauftragten betonen, wird jedenfalls unabhängig von einer tatsächlichen funktionalen Relevanz der Zustimmung deutlich, dass der Gesetzgeber dem Geschäftsherren als „Unternehmen“ ein besonderes eigenes Interesse zuerkennen möchte. Bei rechtsgutsbezogener Interpretation des Tatbestandes wird offenbar, dass sich hinter diesem unternehmensspezifischen Interesse ein Vermögensinteresse verbirgt. Indem der Gesetzgeber jenes in Gestalt des Zustimmungserfordernisses für schützenswert erachtet, erkennt er gewissermaßen mittelbar das Rechtskonzept auch eines kapitalgesellschaftsrechtlichen Eigeninteresses an. Hierin ist mehr als nur ein Indiz für ein kapitalgesellschaftsrechtliches Eigeninteresse zu erblicken.

Wenngleich die konkrete Ausgestaltung des Geschäftsherrenmodells in vielfacher Hinsicht, nicht nur in Hinblick auf das Zustimmungserfordernis, missglückt ist und bereits die grundsätzliche Notwendigkeit einer derartigen Regelung zweifelhaft ist,[1199] so bietet das vorliegende Konzept im Anwendungsbereich des neugefassten § 299 Abs. 1 Nr. 2, Abs. 2 Nr. 2 StGB jedenfalls dogmatisch in Bezug auf § 266 StGB kohärente Lösungen in der kapitalgesellschaftlichen Einverständnisfrage.

III. Ergebnisbewertung in Hinblick auf die BGH-Rechtsprechung

Der BGH hat sich in seiner Entscheidung vom 28. Juli 2021[1200] erstmals zu den hier aufgeworfenen Fragen um eine Zuordnung und Begrenzung von Einverständniskompetenzen im Rahmen des § 299 Abs. 1 Nr. 2 und Abs. 2 Nr. 2 StGB positioniert.

Das Gericht bestätigt insoweit zunächst eine Übertragbarkeit der zur Untreue entwickelten Grundsätze bei der Lösung der Zustimmungsproblematik in

1199 Vgl. auch Krack, ZIS 2016, 83, 89 f.

1200 BGH, Beschluss vom 28. Juli 2021 – 1 StR 506/20 (NJW 2021, 3606).

Hinblick auf die Neufassung des § 299 StGB und schließt damit rechtsdogmatisch kohärent den Kreis zur eigenen Rechtsprechung im entsprechenden Untreuekontext.

Die hier vorgenommene Zuordnung der Zuständigkeit bei der Erklärung einer kapitalgesellschafterlichen Zustimmung wird durch den 1. Strafsenat bestätigt. Insoweit benennt er zunächst die Anteilseigner als Inhaber des Unternehmens im Rahmen des Geschäftsherrenmodells und schafft damit erstmals Klarheit über den Unternehmensbegriff im Rahmen der tatbestandlichen Neufassung. Der BGH stellt in seiner Entscheidung im methodisch-dogmatischen Ausgangspunkt ebenfalls auf den gesellschaftsinternen Willensbildungsprozess ab und erkennt in Bezug auf die AG „als oberstes Willensorgan für die Regelung der inneren Angelegenheiten" die Aktionärsgesamtheit bzw. die Hauptversammlung als zuständiges Organ einer Zustimmungserklärung an.[1201]

Das Gericht stellt in seinem Beschluss klar, damit gelte „nichts anderes, als der Bundesgerichtshof bezüglich der Untreuestrafbarkeit nach § 266 Abs. 1 StGB zu Lasten einer Aktiengesellschaft bzw. überwiegend einer GmbH entschieden hat".[1202]

In Hinblick auf eine Begrenzung der kapitalgesellschafterlichen Zustimmungsmöglichkeit bezieht sich der Senat konkret auf die Existenzgefährdungsrechtsprechung des 5. Strafsenats im Fall „Bremer Vulkan"[1203] und führt aus „danach schließt das Einverständnis der Gesamtheit der Gesellschafter die Tatbestandsmäßigkeit einer für die GmbH nachteiligen Handlung grundsätzlich aus. Damit können der GmbH mit Zustimmung ihrer Gesellschafter grundsätzlich Vermögenswerte entzogen werden, weil sie gegenüber ihren Gesellschaftern keinen Anspruch auf ihren ungeschmälerten Bestand hat. Ein Einverständnis der Gesellschafter ist erst unwirksam und die Vermögensverfügung des Geschäftsführers deshalb strafbar, wenn unter Verstoß gegen Gesellschaftsrecht die wirtschaftliche Existenz der Gesellschaft gefährdet wird, etwa durch Verringerung des Stammkapitals entgegen § 30 GmbHG , durch Herbeiführung oder Vertiefung einer Überschuldung oder durch

---

1201 BGH NJW 2021, 3606, 3607.

1202 BGH NJW 2021, 3606, 3608.

1203 S. hierzu unter D. II. 4. a) bb).

Gefährdung der Liquidität."[1204] Ebenso die Grenzen einer möglichen kapitalgesellschafterlichen Zustimmung im Rahmen des § 299 StGB orientieren sich damit auch nach höchstrichterlicher Auffassung an den zur Untreue entwickelten Grundsätzen.

Die vorliegende Untersuchung führt insoweit für die GmbH aufgrund eines fehlenden gesellschaftsrechtlichen Eigeninteresses der GmbH zur Annahme einer unbeschränkten Einverständniskompetenz der Gesellschafter; dahingegen wird in Hinblick auf die AG ein solches aktienrechtliches Eigeninteresse anerkannt und mittels eines aktienrechtsspezifischen, kapitalgruppendifferenzierenden Ansatzes eine Einverständniskompetenz der Anteilseigner, beschränkt auf die Kapitalgruppen des Bilanzgewinns und der freien Rücklagen, festgestellt.[1205] Die Rechtsprechung des BGH unterscheidet sich damit bereits auf Untreueebene von den Untersuchungsergebnissen dieser Arbeit. Mit seinem Beschluss verkennt der 1. Strafsenat die Notwendigkeit einer rechtsformdifferenzierenden Betrachtung und berücksichtigt nicht, wie erforderlich, die aktienrechtsspezifischen Besonderheiten bei der Begrenzung einer Zustimmung im Kontext der AG[1206]. Die inhaltliche Divergenz in der Frage um eine Begrenzung einer untreuespezifischen kapitalgesellschafterlichen Zustimmung wirkt sich durch die Bezugnahme des BGH auf seine Rechtsprechung im Untreuekontext in logischer Konsequenz auch als inhaltliche Divergenz in Hinblick auf die vorliegend festgestellten Grenzen einer gesellschafterlichen Zustimmung im Kontext des § 299 Abs. 1 Nr. 2, Abs. 2 Nr. 2 StGB aus.

Wenngleich sich die konkreten Ergebnisse in der Frage der Begrenzung kapitalgesellschafterlicher Zustimmungen insoweit unterscheiden, ist nichtsdestotrotz im Rahmen der Ergebnisbewertung der Untersuchung in Bezug auf die BGH-Rechtsprechung als entscheidendes Moment festzuhalten, dass die höchstrichterliche Rechtsprechung ebenso wie die vorliegende Analyse eine Konkordanz in der Klärung der Einverständnisfrage in Hinblick auf § 266 StGB und § 299 Abs. 1 Nr. 2, Abs. 2 Nr. 2 StGB für richtig erachtet.

[1204] BGH NJW 2021, 3606, 3608.

[1205] S. die Zusammenfassungen unter D. III. und E. III.

[1206] Zur Unsicherheit der Rechtsprechung in Bezug auf die untreuespezifische Einverständnisproblematik in der AG s. bereits unter E. I.

IV. Zusammenfassung

Die tatbestandliche Ähnlichkeit und Vergleichbarkeit der dogmatischen Ausgangsprämissen von § 299 Abs. 1 Nr. 2, Abs. 2 Nr. 2 und § 266 StGB in Hinblick auf Rechtsnatur und Wirkung der Zustimmung sowie Rechtsgüterkonzeption führen zur Annahme der prinzipiellen Übertragbarkeit der im Untreuekomplex entwickelten Lösungen auf das Zustimmungserfordernis im Rahmen des Geschäftsherrenmodells: Ausgelegtes Schutzgut der Geschäftsherrenvariante ist das individualisierte Vermögensinteresse des Geschäftsherren; die Zustimmung des Geschäftsherren wirkt in Gestalt eines tatbestandsausschließenden Einverständnisses strafbarkeitsausschließend.

Hinsichtlich der Möglichkeit der Anwendung von Zustimmungssurrogaten auf das Geschäftsherrenmodell gilt nichts anderes als im Kontext der Untreue: Die Anwendung der Rechtsfigur eines mutmaßlichen Einverständnisses im Rahmen des § 299 Abs. 1 Nr. 2, Abs. 2 Nr. 2 StGB ist obsolet, geht doch die Frage nach dem mutmaßlichen Willen des Berechtigten bereits im Wege der Tatbestandsauslegung auf. Ebenso wie im Rahmen des Untreuetatbestands ist auch ein hypothetisches Einverständnis im Zusammenhang mit dem Zustimmungserfordernis des § 299 StGB nicht anzuerkennen: Die Einwände gegen eine Übertragung des für medizinstrafrechtliche Sachverhalte entwickelten Haftungskorrektivs gründen sich dabei insbesondere auf die der Haftungsfigur innewohnenden Rechtsunsicherheiten sowie der Feststellung, dass ein Restriktionspotential der Zustimmungssurrogate nicht Mittel zum Zweck der Kompensation eines zu unbestimmten Tatbestandes sein darf.

Die im Rahmen der Untreue entwickelten Grundsätze, die Zuordnung einer kapitalgesellschaftlichen Einverständniskompetenz betreffend, gelten auch für das Zustimmungserfordernis des Geschäftsherrenmodells und damit im Zusammenhang mit der Klärung des Tatbestandsbegriffs „Unternehmen“: Der dogmatisch-methodische Ausgangspunkt zur Klärung der Zuständigkeit einer Einverständniserklärung liegt, ebenfalls der gesellschaftsrechtlichen Kompetenzordnung folgend, im gesellschaftsinternen Willensbildungsprozess. Die grundsätzliche Befugnis zur Erklärung eines Einverständnisses im Sinne des § 299 Abs. 1 Nr. 2, Abs. 2 Nr. 2 StGB ist damit im Fall der GmbH der Gesellschafterversammlung bzw. -gesamtheit zuzusprechen; im Fall der AG ist die Hauptversammlung bzw. Aktionärsgesamtheit das zuständige Organ einer Zustimmung. Auch die im Rahmen der Untreue entwickelten Grundsätze zur Beschlussfassung gelten insoweit, wonach es keiner den gesellschaftsrechtlichen Förmlichkeiten entsprechenden Beschlussfassung bedarf; es vielmehr auf das Vorliegen eines tatsächlichen Willens – auch einer diesbezüglich genügenden Stimmenmehrheit – ankommt.

Ebenso sind die Ergebnisse zur Lösung der kapitalgesellschaftlichen Einverständnisfrage in Bezug auf die Grenzen einer solchen aus dem Untreuekontext auf das Zustimmungserfordernis in § 299 Abs. 1 Nr. 2, Abs. 2 Nr. 2 StGB zu übertragen. Der zugrundeliegende wesentliche Argumentationstopos eines gesellschaftsrechtlichen Eigeninteresses ist insoweit tatbestandsübergreifend als universelles Rechtskonzept aus dem Untreuekontext übertragbar.

Verletzt oder intendiert ein Angestellter bzw. Beauftragter einer GmbH im geschäftlichen Verkehr im Rahmen einer Unrechtsvereinbarung eine disponible oder indisponible Pflicht gegenüber der GmbH als Geschäftsherrin, so schließt die Zustimmung der Gesellschafter eine Strafbarkeit gem. § 299 Abs. 1 Nr. 2, Abs. 2 Nr. 2 StGB aus. Bei gleichem Sachverhalt in der AG wirkt eine Konsentierung der Anteilseigner nur dann tatbestandsausschließend, wenn die Pflichtverletzung die Vermögenspositionen des Bilanzgewinns oder der freien Rücklagen betrifft. Eine Einverständniskompetenz in Hinblick auf alle übrigen Kapitalgruppen des aktiengesellschaftlichen Vermögens entfällt.

Das kapitalgesellschafterliche Einverständnis erreicht indes im Zusammenhang mit dem Geschäftsherrenmodell seine funktionalen Grenzen: Allein bei Betroffenheit indisponibler Pflichten erlangt die Normierung des Zustimmungserfordernisses Bedeutung, indem die Zustimmung des Geschäftsherren trotz Indisponibilität der Pflicht strafbarkeitsausschließende Wirkung erlangt. Bei Betroffenheit disponibler Pflichten wird infolge der Pflichtendefinitionshoheit des Unternehmen eine Zustimmung obsolet.

Die Annahme dogmatisch konkordanter Lösungen der kapitalgesellschaftlichen Einverständnisfragen im Kontext von § 266 StGB und § 299 Abs. 1 Nr. 2, Abs. 2 Nr. 2 StGB entspricht auch der jüngsten höchstrichterlichen Rechtsprechung.

Zusammenfassung der wesentlichen Untersuchungsergebnisse

I. Strafrechtsdogmatisch ist im Sinne eines dualistischen Verständnisses zwischen Einwilligung und Einverständnis zu differenzieren: Die Einwilligung wirkt deliktssystematisch auf Ebene der Rechtswidrigkeit; das Einverständnis bereits auf Tatbestandsebene.

II. Die konkreten Wirksamkeitsvoraussetzungen und -grenzen von Einwilligung und Einverständnis werden deliktsspezifisch am Tatbestand der Untreue und der Bestechlichkeit und Bestechung im geschäftlichen Verkehr bestimmt; das Einverständnis stellt sich in dogmatischer Hinsicht als Ergebnis tatbestandlicher Auslegung und Subsumtion dar.

III. Im Kontext der Untreue schließt die Zustimmung des Berechtigten das Tatbestandsmerkmal der Pflichtwidrigkeit und damit den objektiven Tatbestand aus; die Zustimmung stellt sich straftatsystematisch als tatbestandsausschließendes Einverständnis dar.

IV. Zustimmungssurrogate wie ein „mutmaßliches Einverständnis" und ein „hypothetisches „Einverständnis" sind auf Untreueebene nicht anzuerkennen.

V. Die Untersuchung untreuespezifischer Zustimmungskompetenzen und -grenzen im kapitalgesellschaftlichen Zusammenhang folgt im dogmatisch-methodischen Ausgangspunkt dem Konzept der limitierten Gesellschaftsrechtsakzessorietät; die Zustimmungsproblematik ist damit vorliegend am Maßstab des GmbHG und AktG nach dem jeweiligen gesellschaftsrechtsspezifischen Kapitalschutzsystem und Kompetenzregime zu lösen.

VI. Die handlungs- und willensbildungsunfähige Kapitalgesellschaft erlangt ihre Handlungs- und Willensbildungsfähigkeit erst durch die organschaftliche Beteiligung ihrer Organe.

VII. Unmittelbar geschütztes Rechtsgut bei der Untreue im kapitalgesellschaftlichen Zusammenhang ist allein das Gesellschaftsvermögen; insbesondere mitbetroffene Drittinteressen wie Gläubigerbelange gehören nicht zum unmittelbaren Schutzbereich des § 266 StGB. Rechtsgutsinhaberin des Gesellschaftsvermögens ist die Gesellschaft selbst und nicht die Gesellschaftergesamtheit.

VIII. Die Gesellschafterversammlung bzw. -gesamtheit ist zuständiges Organ für die Erklärung eines untreuespezifischen Einverständnisses in der GmbH.

IX. Dabei hängt die strafrechtliche Wirksamkeit eines untreuetatbestandsausschließenden Einverständnisses nicht von einer förmlichen Beschlussfassung entsprechend den Vorgaben der §§ 47 ff. GmbHG ab; entscheidend ist allein der tatsächlich vorliegende Wille der GmbH-Gesellschafter. Eine Zustimmung der Gesellschaftergesamtheit wird damit nicht anders als eine solche der gesellschaftsrechtlich erforderlichen Gesellschaftermehrheit behandelt.

X. Den GmbH-Gesellschaftern steht eine vollumfängliche Dispositionsfreiheit über das Gesellschaftsvermögen zu; ihre Möglichkeit, durch Beschlussfassung ein untreuetatbestandsausschließendes Einverständnis zu erklären, wird ohne Einschränkung gewährt. Eine das Gesellschaftsvermögen schädigende, aber konsentierte Maßnahme stellt bei Wahrung der Kompetenzverteilung und -beschlussfassung somit keine strafbare Untreue zum Nachteil der Gesellschaft dar.

XI. Wesentlicher Argumentationstopos für eine unbegrenzte Einverständniskompetenz der GmbH-Gesellschafter ist die Versagung eines gesellschaftsrechtlichen Eigeninteresses als gesellschaftseigenes Interesse am Vermögenserhalt. Zweck des GmbH-spezifischen Kapitalschutzsystems ist damit allein der Schutz von Gläubigerinteressen; ein etwaiges gesellschaftseigenes Interesse am Vermögenserhalt besteht nicht und kann aufgrund dessen auch nicht Schutzobjekt kapitalschützender Regelungen des GmbH-Rechts sein.

XII. Weder das Kapitalerhaltungsgebot des § 30 Abs. 1 GmbHG noch das Rechtskonzept der Existenzgefährdung bezwecken einen gesellschaftsoriginären Vermögensschutz und können auf Grundlage des Konzepts der limitierten Gesellschaftsrechtsakzessorietät mangels Schutzzweckkongruenz nicht dispositionsbegrenzend im Rahmen des Untreuetatbestands berücksichtigt werden.

XIII. Die unbeschränkte Dispositionsmöglichkeit der GmbH-Gesellschafter und damit die Ablehnung einer Untreuestrafbarkeit bei ordnungsgemäßer Konsentierung gesellschaftsvermögensschädigenden Organhandelns führt nicht zu Strafbarkeitslücken. Das Bankrottstrafrecht ist, insbesondere nach Abwendung der Rechtsprechung von der Interessentheorie, sachgerechter strafrechtlicher Ansatzpunkt, um die infragestehenden Konstellationen adäquat zu erfassen.

XIV. Die Hauptversammlung bzw. die von ihr repräsentierte Aktionärsgesamtheit ist das zuständige Organ für die Erklärung eines untreueausschließenden Einverständnisses in der AG.

XV. Auf die konkreten aktienrechtlichen Formvorgaben zur Einberufung der Hauptversammlung kommt es im Rahmen der Beschlussfassung nicht an; entscheidend für die formelle Wirksamkeit eines untreuetatbestandsausschließenden Einverständnisses der Anteilseigner ist allein der entsprechende materiell vorliegende Wille. Eine Zustimmung der Aktionärsgesamtheit ist nicht anders als eine solche der gesellschaftsrechtlich erforderlichen Aktionärsmehrheit zu behandeln.

XVI. Im Gegensatz zur Situation in der GmbH ist ein aktienrechtliches Eigeninteresse dem Grunde nach anzuerkennen. Die Reichweite des aktienrechtlichen Eigeninteresses und damit die untreuestrafrechtlichen Grenzen einer Einverständniskompetenz der Aktionäre sind entsprechend dem Prinzip einer limitierten Gesellschaftsrechtsakzessorietät und dem Erfordernis der Schutzzweckkongruenz in Abhängigkeit der Schutzrichtung des aktienrechtlichen Kapitalschutzsystems zu bestimmen.

XVII. Dabei bedarf es einer aktienrechtsspezifischen, nach Kapitalgruppen differenzierten Betrachtung.

XVIII. Die gesetzlichen Rücklagen und Kapitalrücklagen sowie die Rücklagen für eigene Aktien werden aufgrund der strengen Vermögensbindung vom aktienrechtlichen Eigeninteresse erfasst und sind einem Konsens der Aktionäre nicht zugänglich. Ebenso grundsätzlich indisponibel für die Anteilseigner ist das Grundkapital der AG; allerdings beschränkt auf den Mindestnennbetrag. Das Grundkapital, das seiner Höhe nach über dem Mindestnennbetrag liegt, steht nach Maßgabe der §§ 222 ff. AktG zur Disposition der Aktionäre. Sowohl die freien Rücklagen wie auch der Bilanzgewinn sind für die Aktionäre disponibel und einem tatbestandsausschließenden Einverständnis zugänglich; diese Kapitalgruppen bewegen sich somit außerhalb der Reichweite eines aus Untreueperspektive relevanten aktienrechtlichen Eigeninteresses.

XIX. Die im Untreuekomplex entwickelten Lösungen sind angesichts der tatbestandlichen Ähnlichkeit und Vergleichbarkeit der dogmatischen Ausgangsprämissen von § 299 Abs. 1 Nr. 2, Abs. 2 Nr. 2 und § 266 StGB in Hinblick auf Rechtsnatur und Wirkung der Zustimmung sowie Rechtsgüterkonzeption auf das Zustimmungserfordernis im Rahmen des Geschäftsherrenmodells prinzipiell zu übertragen.

XX. Rechtsgut der Geschäftsherrenvariante ist das individualisierte Vermögensinteresse des Geschäftsherren. Die Zustimmung des Geschäftsherren wirkt straftatsystematisch in Gestalt eines tatbestandsausschließenden Einverständnisses strafbarkeitsausschließend.

XXI. Zustimmungssurrogate wie ein „mutmaßliches Einverständnis“ und ein „hypothetisches „Einverständnis“ sind auch in Hinblick auf das Zustimmungserfordernis im Geschäftsherrenmodell nicht anzuerkennen.

XXII. Der dogmatisch-methodische Ausgangspunkt zur Klärung der Zuständigkeit einer Einverständniserklärung und damit der Begrifflichkeit des „Unternehmens“ im Sinne des § 299 Abs. 1 Nr. 2, Abs. 2 Nr. 2 StGB liegt wie in Hinblick auf § 266 StGB der gesellschaftsrechtlichen Kompetenzordnung folgend im gesellschaftsinternen Willensbildungsprozess.

XXIII. Die Befugnis zur Erklärung eines Einverständnisses im Sinne des § 299 Abs. 1 Nr. 2, Abs. 2 Nr. 2 StGB ist im Fall der GmbH grundsätzlich der Gesellschafterversammlung bzw. -gesamtheit zuzusprechen; im Fall der AG ist die Hauptversammlung bzw. Aktionärsgesamtheit das zuständige Organ einer Zustimmung.

XXIV. Auch die im Rahmen der Untreue entwickelten Grundsätze zur Beschlussfassung gelten insoweit entsprechend, wonach es keiner den gesellschaftsrechtlichen Förmlichkeiten entsprechenden Beschlussfassung bedarf. Es kommt auf das Vorliegen eines tatsächlichen Willens – auch einer insoweit genügenden Stimmenmehrheit – an.

XXV. Auch in Bezug auf die Grenzen einer kapitalgesellschaftlichen Einverständniskompetenz sind die Ergebnisse aus dem Untreuekomplex auf das Zustimmungserfordernis in § 299 Abs. 1 Nr. 2, Abs. 2 Nr. 2 StGB zu übertragen.

XXVI. Der zugrundeliegende wesentliche Argumentationstopos eines gesellschaftsrechtlichen Eigeninteresses ist insoweit tatbestandsübergreifend als universelles Rechtskonzept übertragbar.

XXVII. Verletzt oder intendiert ein Angestellter bzw. Beauftragter einer GmbH im geschäftlichen Verkehr im Rahmen einer Unrechtsvereinbarung eine disponible oder indisponible Pflicht gegenüber der GmbH als Geschäftsherrin, so schließt die Zustimmung der Gesellschafter eine Strafbarkeit gem. § 299 Abs. 1 Nr. 2, Abs. 2 Nr. 2 StGB aus.

XXVIII. Bei gleichem Sachverhalt in der AG wirkt eine Konsentierung der Anteilseigner nur dann tatbestandsausschließend, wenn die Pflichtverletzung die Vermögenspositionen des Bilanzgewinns oder der freien Rücklagen betrifft. Eine Einverständniskompetenz in Hinblick auf alle übrigen Kapitalgruppen des aktiengesellschaftlichen Vermögens entfällt.

XXIX. Im Zusammenhang mit dem Geschäftsherrenmodell erreicht das kapitalgesellschafterliche Einverständnis seine funktionalen Grenzen: Allein bei Betroffenheit indisponibler Pflichten erlangt die Normierung des Zustimmungserfordernisses Bedeutung, indem die Zustimmung des Geschäftsherren trotz Indisponibilität der Pflicht strafbarkeitsausschließende Wirkung erlangt. Bei Betroffenheit disponibler Pflichten wird infolge der Pflichtendefinitionshoheit des Unternehmens eine Zustimmung obsolet.

XXX. Die Annahme dogmatisch konkordanter Lösungen der kapitalgesellschaftlichen Einverständnisfragen im Kontext von § 266 StGB und § 299 Abs. 1 Nr. 2, Abs. 2 Nr. 2 StGB entspricht auch der jüngsten höchstrichterlichen Rechtsprechung.

Literaturverzeichnis

Achenbach, Hans/Ransiek, Andreas/Rönnau, Thomas (Hrsg.), Handbuch Wirtschaftsstrafrecht, 5. Auflage, Heidelberg 2019

Altenburg, Johannes, Der Gesetzentwurf der Bundesregierung zur Bekämpfung der Korruption – Darstellung und Kritik, CB 2015, S. 143–147

Altmeppen, Holger, Grundlegend Neues zum „qualifiziert faktischen" Konzern und zum Gläubigerschutz in der Einmann-GmbH, ZIP 2001, S. 1837–1847

Altmeppen, Holger, Ausfall- und Verhaltenshaftung des Mitgesellschafters in der GmbH, Zugleich Besprechung des BGH-Urteils vom 25.2.2002 – II ZR 196/00, ZIP 2002, S. 961–968

Altmeppen, Holger, Abschied vom „Durchgriff" im Kapitalgesellschaftsrecht, NJW 2007, S. 2657–2660

Altmeppen, Holger, GmbHG – Gesetz betreffend die Gesellschaften mit beschränkter Haftung – Kommentar, 10. Auflage, München 2021

Amelung, Knut, Rechtsgüterschutz und Schutz der Gesellschaft – Untersuchungen zum Inhalt und zum Anwendungsbereich eines Strafrechtsprinzips auf dogmengeschichtlicher Grundlage. Zugleich ein Beitrag zur Lehre von der „Sozialschädlichkeit" des Verbrechens, Frankfurt a.M. 1972

Amelung, Knut, Die Einwilligung in die Beeinträchtigung eines Grundrechtsgutes – Eine Untersuchung im Grenzbereich von Grundrechts- und Strafrechtsdogmatik, Berlin 1981

Amelung, Knut, Über die Einwilligungsfähigkeit (Teil I), ZStW 104 (1992), S. 525–558

Amelung, Knut, Willensmängel bei der Einwilligung als Tatzurechnungsproblem, ZStW 109 (1997), S. 490–518

Amelung, Knut/Eymann, Frieder, Die Einwilligung des Verletzten im Strafrecht, JuS 2001, S. 937–946

Anders, Ralf Peter, Untreue zum Nachteil einer GmbH – Versuch einer strafunrechtsbegründenden Rekonstruktion der Rechtspersonalität der Korporation, Habil., Berlin/Heidelberg 2012

Anders, Ralf Peter, Zur Bestimmung der Grenze des Gesellschaftereinverständnisses bei der GmbH-Untreue, NZWiSt 2017, S. 13–22

Arens, Stephan, Untreue im Konzern, Diss., Freiburg 2010

Arens, Stephan, Untreue des Gesellschafters bei Errichtung eines Cash-Pools, GmbHR 2010, S. 905–911

Arloth, Frank, Zur Abgrenzung von Untreue und Bankrott bei der GmbH, NStZ 1990, S. 570–575
Arnold, Stefan, Untreue im GmbH- und Aktienkonzern, Diss., Herbolzheim 2006
Arzt, Gunther, Willensmängel bei der Einwilligung, Frankfurt a.M. 1970
Auer, Martin, Gläubigerschutz durch § 266 StGB bei der einverständlichen Schädigung einer Gesellschaft mit beschränkter Haftung, Berlin 1991
Beckemper, Katharina, Anmerkung zu BGH, Urt. v. 6.12.2001 – 1 StR 215/01, NStZ 2002, S. 324–326
Beckemper, Katharina, Untreuestrafbarkeit des GmbH-Gesellschafters bei einverständlicher Vermögensverschiebung, GmbHR 2005, S. 592–596
Becker, Christian, Das Bundesverfassungsgericht und die Untreue: Weißer Ritter oder feindliche Übernahme? –Zum Beschluss des BVerfG vom 23.6.2010 2 BvR 2559/08, HRRS 2010, S. 383–393
Benecke, Martina, Existenzvernichtender Eingriff statt qualifiziert faktischer Konzern: Die neue Rechtsprechung des BGH zur Haftung von GmbH-Gesellschaftern, BB 2003, S. 1190–1195
Berckhauer, Friedrich Helmut, Die Strafverfolgung bei schweren Wirtschaftsdelikten – Bericht über eine Aktenuntersuchung, Freiburg 1981
Bernsmann, Klaus, Untreue und Korruption – der BGH auf Abwegen, GA 2009, S. 296–313
Bernsmann, Klaus/Gatzweiler, Norbert, Verteidigung bei Korruptionsfällen, 2. Auflage, Heidelberg u.a. 2014
Bielefeld, Jörg/Wengenroth, Lenard, Antikorruption 2.0 – praktische Auswirkungen des Gesetzentwurfs der Bundesregierung zur Bekämpfung der Korruption, CB 2015, S. 367–371
Binding, Karl, Systematisches Handbuch der deutschen Rechtswissenschaft, Band I, Handbuch des Strafrechts, Leipzig 1885
Birkholz, Matthias, Untreuestrafbarkeit als strafrechtlicher „Preis“ der beschränkten Haftung, Berlin 1998
Bitter, Georg, Der Anfang vom Ende des „qualifiziert faktischen GmbH-Konzerns“ – Ansätze einer allgemeinen Missbrauchshaftung in der Rechtsprechung des BGH –, WM 2001, S. 2133–2141
Bohnert, Joachim, Die Willensbarriere als Tatbestandsmerkmal des Hausfriedensbruchs, GA 1983, S. 1–21
Bosch, Nikolaus, Grenzen einer hypothetischen Einwilligung bei ärztlichem Eingriff, JA 2008, S. 70–72

Brammsen, Joerg, Strafbare Untreue des Geschäftsführers bei einverständlicher Schmälerung des GmbH-Vermögens, DB 1989, S. 1609–1615
Brand, Christian, Die Strafbarkeit des Vorstandes gem. § 266 StGB trotz Zustimmung aller Aktionäre, AG 2007, S. 681–689
Brand, Christian, Abschied von der Interessentheorie – und was nun? – Besprechung von BGH, Beschl. v. 10.2.2009 – 3 StR 372/08, NStZ 2010, S. 9–13
Brand, Christian, Anmerkung zu BGH, Beschl. v. 15.5.2012 – 3 StR 118/11, NJW 2012, S. 2370
Bruns, Hans-Jürgen, Können die Organe juristischer Personen, die im Interesse ihrer Körperschaften Rechtsgüter Dritter verletzen, bestraft werden? – Zugleich ein Beitrag zur Methodik der Rechtsanwendung im Strafrecht und zur strafrechtlichen Beurteilung der Einmanngesellschaft, Breslau 1931, Nachdruck Frankfurt a.M. 1977
Bruns, Hans-Jürgen, Die Befreiung des Strafrechts vom zivilistischen Denken – Beiträge zu einer selbstständigen, spezifisch strafrechtlichen Auslegungs- und Begriffsbildungsmethodik, Berlin 1938
Bundeskriminalamt (Hrsg.), Bundeslagebild Wirtschaftskriminalität 2020, Wiesbaden 2021
Bundeskriminalamt (Hrsg.), Bundeslagebild Korruption 2020, Wiesbaden 2021
Bundeskriminalamt (Hrsg.), Polizeiliche Kriminalstatistik Bundesrepublik Deutschland, Jahrbuch 2019, Band 4, Wiesbaden 2019
Bundesministerium des Inneren/Bundesministerium der Justiz (Hrsg.), Erster Periodischer Sicherheitsbericht, Langfassung, Berlin 2001
Bundesministerium des Inneren/Bundesministerium der Justiz (Hrsg.), Zweiter Periodischer Sicherheitsbericht, Langfassung, Berlin 2006
Bürger, Sebastian, § 299 StGB – eine Straftat gegen den Wettbewerb?, wistra 2003, S. 130–136
Busch, Dirk, Konzernuntreue. Eine Untersuchung spezifischer Untreuestrafbarkeit innerhalb von Konzernverbindungen mit Aktiengesellschaften und Gesellschaften mit beschränkter Haftung, Diss., Frankfurt a.M. 2004
Bussmann, Kai/Nestler, Claudia/Salvenmoser, Steffen, Wirtschaftskriminalität 2018, Mehrwert von Compliance – forensische Erfahrungen, hrsg. von PricewaterhouseCoopers AG und Martin-Luther-Universität Halle-Wittenberg, 2018

Cadus, Joachim-M., Die faktische Betrachtungsweise – Ein Beitrag zur Auslegung im Strafrecht, Diss., Berlin 1984

Cirener, Gabriele/Radtke, Henning/Rissing-van Saan, Ruth/Rönnau, Thomas/Schluckebier, Wilhelm (Hrsg.), Leipziger Kommentar zum Strafgesetzbuch Band 3, §§ 32–37, 13. Auflage, Berlin u.a. 2019 (zitiert: LK/-Bearbeiter, §, Rn.)

Corsten, Johannes, Einwilligung in die Untreue sowie in die Bestechlichkeit und Bestechung, Diss., Baden-Baden 2011

Cramer, Peter, Rechtspflicht des Aufsichtsrats zur Verhinderung unternehmensbezogener strafbarer Handlungen und Ordnungswidrigkeiten, Festschrift für Walter Stree und Johannes Wessels zum 70. Geburtstag, Heidelberg 1993, S. 563–586

Dannecker, Gerhard/Schröder, Thomas, Neuregelung der Bestechlichkeit und Bestechung im geschäftlichen Verkehr Entgrenzte Untreue oder wettbewerbskonforme Stärkung des Geschäftsherrnmodells?, ZRP 2015, S. 48–51

Dauner-Lieb, Barbara, Die Existenzvernichtungshaftung – Schluss der Debatte?, DStR 2006, S. 2034–2040

Dittrich, Elisabeth, Die Untreuestrafbarkeit von Aufsichtsratsmitgliedern bei der Festsetzung überhöhter Vorstandsvergütungen. Zugleich ein Beitrag zur rechtlichen Behandlung von Vorstandsvergütungen in deutschen Aktiengesellschaften, Diss., Berlin 2007

Dölling, Dieter (Hrsg.), Handbuch der Korruptionsprävention für Wirtschaftsunternehmen und öffentliche Verwaltung, München 2007

Edlbauer, Benedikt/Irrgang, Stefanie, Die Wirkung der Zustimmung und ihrer Surrogate im Untreuetatbestand, JA 2010, S. 786–790

Eidenmüller, Horst, Kapitalgesellschaftsrecht im Spiegel der ökonomischen Theorie, JZ 2001, S. 1041–1051

Erb, Volker/Schäfer, Jürgen (Hrsg.), Münchener Kommentar zum Strafgesetzbuch, Band 5, §§ 263–358 StGB, 3. Auflage, München 2019 (zitiert: MüKo-StGB/-Bearbeiter, §, Rn.)

Ewald, Rolf, Untreue zwischen „verbundenen Unternehmen“ – Eine Untersuchung zu Notwendigkeit und Umfang des durch § 266 StGB gewährten Vermögensschutzes im Konzernrecht des Aktiengesetzes, Diss., Bochum 1980

Fischer, Thomas, Strafgesetzbuch mit Nebengesetzen, 68. Auflage, München 2021

Fleck, Hans-Joachim, Anmerkung zu BGH, 3 StR 242/86, vom 29.05.1987, EWiR 1987, S. 987–988

Fleck, Hans-Joachim, Mißbrauch der Vertretungsmacht oder Treubruch des mit Einverständnis aller Gesellschafter handelnden GmbH-Geschäftsführers aus zivilrechtlicher Sicht, ZGR 1990, S. 31–49

Fleischer, Holger, Konzernuntreue zwischen Straf- und Gesellschaftsrecht: Das Bremer Vulkan-Urteil, NJW 2004, S. 2867–2870

Fleischer, Holger, Ungeschriebene Hauptversammlungszuständigkeiten im Aktienrecht: Von „Holzmüller“ zu „Gelatine“, NJW 2004, S. 2335–2339

Fleischer, Holger, Aktienrechtliche Compliance-Pflichten im Praxistest: Das Siemens/Neubürger-Urteil des LG München I, NZG 2014, S. 321–329

Fleischer, Holger/Goette, Wulf (Hrsg.), Münchener Kommentar zum Gesetz betreffend die Gesellschaften mit beschränkter Haftung, Band 2, §§ 35–52, 3. Auflage, München 2019 (zitiert: MüKo-GmbHG/-Bearbeiter, §, Rn.)

Flum, Joachim, Der strafrechtliche Schutz der GmbH gegen Schädigungen mit Zustimmung der Gesellschafter, Diss., Konstanz 1990

Gaede, Karsten, Die Zukunft der europäisierten Wirtschaftskorruption gemäß § 299 StGB – Eine Evaluation des Referentenentwurfs des BMJV vom 13.6.2014, NZWiSt 2014, S. 281–290

Geerds, Friedrich, Einwilligung und Einverständnis des Verletzten, Kiel 1953

Geerds, Friedrich, Einwilligung und Einverständnis des Verletzten im Strafrecht, GA 1954, S. 262–269

Gehrlein, Markus, Einverständliche verdeckte Gewinnentnahmen der Gesellschafter als Untreue (§ 266 StGB) zu Lasten der GmbH, NJW 2000, S. 1089–1090

Goette, Wulf, Anm. zu BGH, Urt. v. 16. Juli 2007 – II ZR 3/04 (Trihotel), DStR 2007, S. 1593–1594

Goette, Wulf, Anmerkung zu BGH, Urt. v. 26.10.2009 – II ZR 222/08, DStR 2010, S. 64–65

Goette, Wulf/Habersack, Mathias (Hrsg.), Münchener Kommentar zum Aktiengesetz, Band 1, §§ 1–75, 5. Auflage, München 2019 (zitiert: MüKo-AktG/-Bearbeiter, §, Rn.)

Goette, Wulf/Habersack, Mathias (Hrsg.), Münchener Kommentar zum Aktiengesetz, Band 3, §§ 118–178, 4. Auflage, München 2018 (zitiert: MüKo-AktG/-Bearbeiter, §, Rn.)

Goette, Wulf/Habersack, Mathias (Hrsg.), Münchener Kommentar zum Aktiengesetz, Band 4, §§ 179–277, 5. Auflage, München 2021 (zitiert: MüKo-AktG/-Bearbeiter, §, Rn.)

Goette, Wulf/Habersack, Mathias (Hrsg.), Münchener Kommentar zum Aktiengesetz, Band 5, §§ 278–328, 5. Auflage, München 2020 (zitiert: MüKo-AktG/-Bearbeiter, §, Rn.)

Gorius, Michaela, Die Strafbarkeit des Prinzipals im Lichte des § 299 StGB. Eine Untersuchung de lege lata et ferenda unter besonderer Berücksichtigung des Rechtsguts der Norm und der Strafbarkeit von Organen der Kapital- und Personengesellschaften, Diss., Frankfurt a.M. 2015

Gribbohm, Günter, Untreue zum Nachteil der GmbH – Zur Harmonisierung zivil- und strafrechtlicher Pflichten des GmbH-Geschäftsführers und -Gesellschafters –, ZGR 1990, S. 1–30

Grigoleit, Hans Christoph, Gesellschafterhaftung für interne Einflussnahme im Recht der GmbH – Dezentrale Gewinnverfolgung als Leitprinzip des dynamischen Gläubigerschutzes, München 2006

Grützner, Thomas/Momsen, Carsten, Kopplungsgeschäfte und Korruption (§ 299 StGB) – Die Grenzen der Privatautonomie, CCZ 2017, S. 155–163

Grützner, Thomas/Momsen, Carsten/Helms, Corinna,§ 299 StGB – Neue und ungelöste Probleme nach Schaffung des Geschäftsherrenmodells, ZIS 2018, S. 299–316

Habersack, Mathias, Trihotel – Das Ende der Debatte? – Überlegungen zur Haftung für schädigende Einflussnahme im Aktien- und GmbH-Recht, ZGR 2008, S. 533–559

Hachenburg, Max/Ulmer, Peter (Hrsg.), Gesetz betreffend die Gesellschaften mit beschränkter Haftung (GmbHG) – Großkommentar, Erster Band, Allgemeine Einleitung; §§ 1 –34, 8. Auflage, Berlin u.a. 1992 (zitiert: Hachenburg/-Bearbeiter, §, Rn.)

Hanau, Hans, Der Bestandsschutz der Mitgliedschaft anlässlich der Einführung des „Squeeze Out“ im Aktienrecht. Zur Verfassungsmäßigkeit des Zwangsausschlusses, NZG 2002, S. 1040–1047

Hanft, Christian, Strafrechtliche Probleme im Zusammenhang mit der Einmann-GmbH. Für und Wider eines Schutzes zivilrechtlich formalisierter Rechtspositionen durch das Strafrecht, Diss., Baden-Baden 2006

Heintschel-Heinegg, Bernd von (Hrsg.), Beck'scher Online-Kommentar StGB, München, 51. Edition, Stand 01.11.2021 (zitiert: BeckOK-StGB/-Bearbeiter, §, Rn.)

Hellmann, Uwe, Verdeckte Gewinnausschüttungen und Untreue des GmbH-Geschäftsführers, wistra 1989, S. 214–218

Hellmann, Uwe, Risikogeschäfte und Untreuestrafbarkeit, ZIS 2007, S. 433–443
Henze, Hartwig, Reichweite und Grenzen des aktienrechtlichen Grundsatzes der Vermögensbindung – Ergänzung durch die Rechtsprechung zum Existenz vernichtenden Eingriff?, AG 2004, S. 405–415
Heuking, Christian/Coelln, Sibylle von, Die Neuregelung des § 299 StGB – Das Geschäftsherrenmodell als Mittel zur Bekämpfung der Korruption?, BB 2016, S. 323–332
Höf, Julia, Untreue im Konzern, Diss., Herbolzheim 2006
Hoffmann, Maike, Untreue und Unternehmensinteresse. Erläutert am Beispiel des Schutzes der Interessen von Gläubigern und Arbeitnehmern, Diss., Baden-Baden 2010
Hohn, Kristian, Eigenkapitalregeln, Kompetenzverteilungsordnung und Zustimmungen zu Vermögensschädigungen bei Kapitalgesellschaften, Festschrift für Erich Samson zum 70. Geburtstag, Heidelberg u.a. 2010, S. 315–337
Hölzle, Gerrit, Existenzvernichtungshaftung als Fallgruppe des § 826 BGB – Alte Haftung in neuem Gewand? – Eine juristische und rechtsökonomische Analyse; zugleich Besprechung von BGH, Urteil vom 16.7.2007 – II ZR 3/04, DZWIR 2007, S. 397–407
Hoven, Elisa, Aktuelle rechtspolitische Entwicklungen im Korruptionsstrafrecht – Bemerkungen zu den neuen Strafvorschriften über Mandatsträgerbestechung und Bestechung im geschäftlichen Verkehr, NStZ 2015, S. 553–560
Hüffer, Uwe/Koch, Jens, Aktiengesetz, 15. Auflage, München 2021 (zitiert: Hüffer/Koch/-Bearbeiter, §, Rn.)
Jäger, Christian, Die hypothetische Einwilligung – ein Fall der rückwirkenden juristischen Heilung in der Medizin, Festschrift für Heike Jung zum 65. Geburtstag am 23. April 2007, Baden-Baden 2007, S. 345–360
Jäger, Christian, Gut gemeint, aber schlecht gemacht, JA 2012, S. 70–72
Jahn, Matthias/Ziemann, Sascha, „Untreuestrafrecht 2.0“ – Theoretische und systematische Grundlagen der Dogmatik des § 266 StGB im Rechtsstaat, ZIS 2016, S. 552–563
Jakobs, Günther, Strafrecht Allgemeiner Teil – Die Grundlagen und die Zurechnungslehre, 2. Auflage, Berlin 1991
Jescheck, Hans-Heinrich/Weigend, Thomas, Lehrbuch des Strafrechts – Allgemeiner Teil, 5. Auflage, Berlin 1996

Kaiser, Günther, Kriminologie – Ein Lehrbuch, 3. Auflage, Heidelberg 1996
Kasiske, Peter, Existenzgefährdende Eingriffe in das GmbH-Vermögen mit Zustimmung der Gesellschafter als Untreue, wistra 2005, S. 81–86
Kasiske, Peter, Strafbare Existenzgefährdung der GmbH und Gläubigerschutz, JR 2011, S. 235–242
Kaufmann, Arthur, Subsidiaritätsprinzip und Strafrecht, Festschrift für Heinrich Henkel zum 70. Geburtstag am 12. September 1973, Berlin u.a. 1974, S. 89–107
Kaufmann, Jochen, Organuntreue zum Nachteil von Kapitalgesellschaften, Diss., Frankfurt a.M. u.a. 1999
Kienle, Florian/Kappel, Jan, Korruption am Bau – ein Schlaglicht auf Bestechlichkeit und Bestechung im geschäftlichen Verkehr, NJW 2007, S. 3530–3535
Kientzy, Dieter, Der Mangel am Straftatbestand infolge Einwilligung des Rechtsgutsträgers, Diss., Tübingen 1970
Kindhäuser, Urs, Normtheoretische Überlegungen zur Einwilligung im Strafrecht, GA 2010, S. 490–506
Köhler, Michael, Strafrecht – Allgemeiner Teil, Berlin/Heidelberg 1997
Kohlmann, Günter, Untreue zum Nachteil des Vermögens einer GmbH trotz Zustimmung sämtlicher Gesellschafter?, Festschrift für Winfried Werner zum 65. Geburtstag am 17. Oktober 1984, Berlin/New York 1984, S. 387–404
Kohlmann, Günter, Die strafrechtliche Verantwortlichkeit des GmbH-Geschäftsführers, Heidelberg 1990
Kraatz, Erik, Zur „limitierten Akzessorietät“ der strafbaren Untreue – Überlegungen zur Strafrechtsrelevanz gesellschaftsrechtlicher Pflichtverletzungen im Rahmen des § 266 StGB anhand von Beispielen zur „GmbH-Untreue“, ZStW 123 (2011), S. 447–484
Krack, Ralf, Entschleierte Schmiergelder nach der Reform des § 299 StGB, ZIS 2016, S. 83–90
Krause, Daniel M., Konzerninternes Cash-Management – der Fall Bremer Vulkan – Neue Ansätze bei der Untreue (§ 266 StGB) und ihre Konsequenzen für die Praxis, JR 2006, S. 51–57
Krause, Daniel M., Anmerkung zu BGH, Urt. v. 21.12.2005 – 3 StR 470/04, StV 2006, S. 307–311
Krekeler, Wilhelm/Werner, Elke, Unternehmer und Strafrecht, München 2006
Krüger, Matthias, Neues aus Karlsruhe zu Art. 103 II GG und § 266 StGB – Bespr. von BVerfG, Beschl. vom 23.6.2010 – 2 BvR 2559/08, NStZ 2011, S. 369–375

Kubiciel, Michael, Gesellschaftsrechtliche Pflichtwidrigkeit und Untreuestrafbarkeit, NStZ 2005, S. 353–361
Kubiciel, Michael, Bestechung und Bestechlichkeit im geschäftlichen Verkehr – Zu einer wettbewerbsorientierten Umsetzung des sog. Geschäftsherrnmodells in § 299 StGB, ZIS 2014, S. 667–673
Kühl, Kristian, Strafrecht – Allgemeiner Teil, 8. Auflage, München 2017
Kuhlen, Lothar, Objektive Zurechnung bei Rechtfertigungsgründen, Festschrift für Claus Roxin zum 70. Geburtstag am 15. Mai 2001, Berlin/New York 2001, S. 331–347
Kuhlen, Lothar, Ausschluss der objektiven Erfolgszurechnung bei hypothetischer Einwilligung des Betroffenen – zugleich Besprechung des Beschlusses des Bundesgerichtshofs vom 15.10.2003 – 1 StR 300/03, JR 2004, S. 227–230
Labsch, Karl Heinz, Einverständliche Schädigung des Gesellschaftsvermögens und Strafbarkeit des GmbH-Geschäftsführers – BGH, NStZ 1984, 118, JuS 1985, S. 602–607
Labsch, Karl Heinz, Die Strafbarkeit des GmbH-Geschäftsführers im Konkurs der GmbH, wistra 1985, S. 1–9
Lackner, Karl/Kühl, Kristian, Strafgesetzbuch – Kommentar, 29. Auflage, München 2018
Lampe, Ernst-Joachim, Eigentumsschutz im künftigen Strafrecht, in: Müller-Dietz, Heinz (Hrsg.), Strafrechtsdogmatik und Kriminalpolitik, Köln 1971, S. 59–104
Laufhütte, Heinrich Wilhelm/Rissing-van Saan, Ruth/Tiedemann, Klaus (Hrsg.), Leipziger Kommentar zum Strafgesetzbuch Band 9/Teil 1, §§ 263–266b, 12. Auflage, Berlin u.a. 2012 (zitiert: LK/-Bearbeiter, §, Rn.)
Lehmann, Michael, Das Privileg der beschränkten Haftung und der Durchgriff im Gesellschafts- und Konzernrecht – Eine juristische und ökonomische Analyse, ZGR 1986, S. 345–370
Lichtenwimmer, Andrea, Untreueschutz der GmbH gegen den übereinstimmenden Willen der Gesellschafter?, Diss., Frankfurt a.M. u.a. 2008
Liebl, Karlhans, Die Bundesweite Erfassung von Wirtschaftsstraftaten nach einheitlichen Gesichtspunkten – Ergebnisse und Analyse für die Jahre 1974 bis 1981, Freiburg 1984
Lieder, Jan, Die neue Existenzvernichtungshaftung, DZWIR 2008, S. 145–150
Loeck, Henning, Strafbarkeit des Vorstands der Aktiengesellschaft wegen Untreue, Diss., Frankfurt a.M. u.a. 2006
Ludwig, Ingo/Lange, Jérôme, Mutmaßliche Einwilligung und willensbezogene Delikte – Gibt es ein mutmaßliches Einverständnis?, JuS 2000, S. 446–450

Lutter, Marcus/Banerjea, Nirmal Robert, Die Haftung wegen Existenzvernichtung, ZGR 2003, S. 402–440
Maiwald, Manfred, Zum fragmentarischen Charakter des Strafrechts, Festschrift für Reinhart Maurach zum 70. Geburtstag, Karlsruhe 1972, S. 9–23
Maurach, Reinhart/Zipf, Heinz, Strafrecht – Allgemeiner Teil, Teilband 1 – Grundlehren des Strafrechts und Aufbau der Straftat, 8. Auflage, Heidelberg 1992
Maurer, Frank, Anmerkung zu BGH, Urt. v. 6.5.2008 – 5 StR 34/08, JR 2008, S. 389–391
Mayer, Hellmuth, Materialien zur Strafrechtsreform, Band 1, Gutachten der Strafrechtslehrer, Bonn 1954
Mitsch, Wolfgang, Die mutmaßliche Einwilligung, ZJS 2012, S. 38–43
Mitsch, Wolfgang, Strafrecht – Besonderer Teil 2, Vermögensdelikte, 3. Auflage, Berlin u.a. 2015
Momsen, Carsten, Neue Akzente für den Untreuetatbestand? – Der Fall „Bremer Vulkan“ im Lichte der Abwendung der neueren Rechtsprechung von der „Interessentheorie“ –, Festschrift für Heinz Schöch zum 70. Geburtstag am 20. August 2010, Berlin u.a. 2010, S. 567–585
Müller, Welf, Die Entscheidungsspielräume einer Verwaltung einer Aktiengesellschaft im Verhältnis zu ihren Aktionären, Festschrift für Johannes Semler zum 70. Geburtstag am 28. April 1993, Berlin/New York 1993, S. 195–215
Müller-Christmann, Bernd/Schnauder, Franz, Durchblick: Zum strafrechtlichen Schutz des Gesellschaftsvermögens, JuS 1998, S. 1080–1085
Nelles, Ursula, Untreue zum Nachteil von Gesellschaften. Zugleich ein Beitrag zur Struktur des Vermögensbegriffs als Beziehungsbegriff, Habil., Berlin 1991
Noack, Ulrich/Servatius, Wolfgang/Haas, Ulrich, GmbHG – Gesetz betreffend die Gesellschaften mit beschränkter Haftung, 23. Auflage, München 2022
Noll, Peter, Übergesetzliche Rechtfertigungsgründe im besonderen die Einwilligung des Verletzten, Basel 1955
Otto, Harro, Einwilligung, mutmaßliche, gemutmaßte und hypothetische Einwilligung, Jura 2004, S. 679–683
Otto, Harro/Albrecht, Andreas, Die Bedeutung der hypothetischen Einwilligung für den ärztlichen Heileingriff, Jura 2010, S. 264–271

Priester, Hans-Joachim, Änderung von Gewinnverwendungsbeschlüssen, ZIP 2000, S. 261–264
Puppe, Ingeborg, Die strafrechtliche Verantwortlichkeit des Arztes bei mangelnder Aufklärung über eine Behandlungsalternative – Zugleich Besprechung von BGH, Urteile vom 3.3.1994 und 29.6.1995, GA 2003, S. 764–776
Puppe, Ingeborg, Anmerkung zu BGH, Urt. v. 20.01.2004 – 1 StR 319/03, JR 2004, S. 470–472
Radtke, Henning, Einwilligung und Einverständnis der Gesellschafter bei der sog. GmbH-rechtlichen Untreue (I), GmbHR 1998, S. 311–317
Radtke, Henning, Einwilligung und Einverständnis der Gesellschafter bei der sog. GmbH-rechtlichen Untreue (II), GmbHR 1998, S. 361–369
Radtke, Henning/Hoffmann, Maike, Gesellschaftsrechtsakzessorietät bei der strafrechtlichen Untreue zu Lasten von Kapitalgesellschaften? – oder: „Trihotel" und die Folgen, GA 2008, S. 535–551
Raiser, Thomas/Veil, Rüdiger, Recht der Kapitalgesellschaften. Ein Handbuch für Praxis und Wissenschaft, 6. Auflage, München 2015
Ransiek, Andreas, Untreue im GmbH-Konzern, Festschrift für Günter Kohlmann zum 70. Geburtstag, Köln 2003, S. 207–223
Ransiek, Andreas, Untreue zum Nachteil einer abhängigen GmbH – „Bremer Vulkan", wistra 2005, S. 121–125
Ransiek, Andreas, Anerkennungsprämien und Untreue – Das „Mannesmann"-Urteil des BGH, NJW 2006, S. 814–816
Reiß, W., Verdeckte Gewinnausschüttungen und verdeckte Entnahmen als strafbare Untreue des Geschäftsführers?, wistra 1989, S. 81–86
Rengier, Rudolf, Strafrecht – Allgemeiner Teil, 13. Auflage, München 2021
Rheinländer, Markus, Zur Frage nach der Möglichkeit einer strafbefreienden Zustimmung des Prinzipals bei § 299 StGB alter und neuer Fassung – zugleich Anm. zu LG Frankfurt, Beschl. v. 22.04.2015 – 5/12 Qs 1/15, WiJ 2016, S. 11–16
Richter, Hans, Der Konkurs der GmbH aus der Sicht der Strafrechtspraxis (II), GmbHR 1984, S. 137–150
Röck, Sarah, Die Rechtsfolgen der Existenzvernichtungshaftung. Indisponibilität – Gläubigerbezug – Schadensberechnung, Diss., Tübingen 2011
Röck, Sarah, Die Anforderungen der Existenzvernichtungshaftung nach „Trihotel" – Eine Zwischenbilanz, DZWIR 2012, S. 97–103
Röhricht, Volker, Die GmbH im Spannungsfeld zwischen wirtschaftlicher Dispositionsfreiheit ihrer Gesellschafter und Gläubigerschutz, Festschrift aus Anlass des fünfzigjährigen Bestehens von

Bundesgerichtshof, Bundesanwaltschaft und Rechtsanwaltschaft beim Bundesgerichtshof, Köln u.a. 2000, S. 83–122
Rönnau, Thomas, Willensmängel bei der Einwilligung im Strafrecht, Habil., Tübingen 2001
Rönnau, Thomas, Untreue als Wirtschaftsdelikt, ZStW 119 (2007), S. 887–926
Rönnau, Thomas, Untreue zu Lasten juristischer Personen und Einwilligungskompetenz der Gesellschafter, Festschrift für Knut Amelung zum 70. Geburtstag, Berlin 2009, S. 247–268
Rönnau, Thomas, Anmerkung zu BGH, Urt. v. 29.8.2008 – 2 StR 587/07, StV 2009, 246–251
Rönnau, Thomas, Die Zukunft des Untreuetatbestandes, StV 2011, S. 753–762
Rönnau, Thomas/Golombek, Tine, Die Aufnahme des „Geschäftsherrenmodells" in den Tatbestand des § 299 StGB – ein Systembruch im deutschen StGB, ZRP 2007, S. 193–195
Roth, Günter H., Vermögensschutz oder Risikoschutz: Insolvenzprophylaxe bei der GmbH, DNotZ 2006, S. 166–174
Roxin, Claus/Greco, Luis, Strafrecht Allgemeiner Teil, Band I, Grundlagen – Der Aufbau der Verbrechenslehre, 5. Auflage, München 2020
Rubner, Daniel, „Solvat socius" statt „caveat creditor"? – Zur Haftung des GmbH-Gesellschafters wegen sog. existenzvernichtenden Eingriffs, Diss., Baden-Baden 2005
Rudolphi, Hans-Joachim/Horn, Eckhard/Samson, Erich/Günther, Hans-Ludwig/Hoyer, Andreas (Hrsg.), Systematischer Kommentar zum Strafgesetzbuch, Band I §§ 1–37 StGB, 9. Auflage, Köln 2017 (zitiert: SK/-Bearbeiter, §, Rn.)
Säcker, Franz Jürgen/Rixecker, Roland/Oetker, Hartmut/Limperg, Bettina (Hrsg.), Münchener Kommentar zum Bürgerlichen Gesetzbuch, Band 1, §§ 1–240, 9. Auflage München 2021 (zitiert: MüKo-BGB/-Bearbeiter, §, Rn.)
Saliger, Frank, Wider die Ausweitung des Untreuetatbestandes. Eine kritische Analyse der neueren Rechtsprechung zum Begriff des Vermögensnachteils in § 266 StGB, ZStW 112 (2000), S. 563–613
Saliger, Frank, Schutz der GmbH-internen Willensbildung durch Untreuestrafrecht? Festschrift für Claus Roxin zum 80. Geburtstag am 15. Mai 2011, Berlin/New York 2011, S. 1053–1072
Saliger, Frank, Alternativen zur hypothetischen Einwilligung im Strafrecht, Festschrift für Werner Beulke zum 70. Geburtstag, Heidelberg 2015, S. 257–270

Schäfer, Carsten, Untreue zum Nachteil von GmbH, GmbHR 1992, S. 509–513
Schanze, Erich, Gesellschafterhaftung für unlautere Einflussnahme nach § 826 BGB: Die Trihotel-Doktrin des BGH, NGZ 2007, S. 681–686
Schaupensteiner, Wolfgang J., Korruption in Deutschland – Das Ende der Tabuisierung –, in: Pieth, Mark/Eigen, Peter (Hrsg.), Korruption im internationalen Geschäftsverkehr. Bestandsaufnahme, Bekämpfung, Prävention, Neuwied-Kriftel 1999, S. 131–147
Schilha, Ralph, Die Aufsichtsratstätigkeit in der Aktiengesellschaft im Spiegel strafrechtlicher Verantwortung, Diss., Berlin 2008
Schlehofer, Horst, Einwilligung und Einverständnis. Dargestellt an der Abgrenzung zwischen Raub und räuberischer Erpressung, Köln u.a. 1985
Schmidt, Karsten, Die Strafbarkeit „faktischer Geschäftsführer" wegen Konkursverschleppung als Methodenproblem. Bemerkungen zum Wert der „faktischen Betrachtungsweise" im Strafrecht, Festschrift für Kurt Rebmann zum 65. Geburtstag, München 1989, S. 419–441
Schmidt, Karsten, Gesellschafterhaftung und „Konzernhaftung" bei der GmbH. Bemerkungen zum „Bremer Vulkan"-Urteil des BGH vom 17.9.2001, NJW 2001, S. 3577–3581
Schmidt, Karsten, Gesellschaftsrecht, 4. Auflage, Köln u.a. 2002
Schmidt, Karsten, Reflexionen über das Beschlussmängelrecht –Dogmatik und Rechtspolitik der Anfechtungsklagen für Heute und Morgen –, AG 2009, S. 248–259
Schmidt, Karsten/Lutter, Marcus, Aktiengesetz Kommentar, I. Band, §§ 1–132 AktG, 4. Auflage, Köln 2020
Schmidt, Marcel, Die Rechtsfigur der hypothetischen Einwilligung und ihre Übertragbarkeit auf die Untreue (§ 266 StGB), Diss., Baden-Baden 2018
Schneider, Eberhard, Die Untreue nach dem neuen Aktienrecht, München 1972
Scholz, Franz (Hrsg.), Kommentar zum GmbH-Gesetz, I. Band, §§ 1–34, 12. Auflage, Köln 2018
Scholz, Franz (Hrsg.), Kommentar zum GmbH-Gesetz, II. Band, §§ 35–52, 12. Auflage, Köln 2021
Scholz, Franz (Hrsg.), Kommentar zum GmbH-Gesetz, III. Band, §§ 53–85, 12. Auflage, Köln 2021
Schön, Wolfgang, Vermögensbindung und Kapitalschutz in der AG – Versuch einer Differenzierung, Festschrift für Volker Röhricht zum 65. Geburtstag, Köln 2005, S. 559–570

Schönke, Adolf/Schröder, Horst, Strafgesetzbuch – Kommentar, 30. Auflage, München 2019
Schramm, Edward, Untreue und Konsens, Diss., Berlin 2005
Schumacher, Juha Martin, Vermögensbetreuungspflichten von Kapitalgesellschaftsorganen, Diss., Baden-Baden 2010
Schünemann, Bernd, Wider verbreitete Irrlehren zum Untreuetatbestand, ZIS 2012, S. 183–194
Schünemann, Bernd, Der Gesetzentwurf zur Bekämpfung der Korruption – überflüssige Etappe auf dem Niedergang der Strafrechtskultur, ZRP 2015, S. 68–71
Schwarz, Alexandra, Die Aufgabe der Interessenformel des BGH – Alte Besen kehren gut? – Zugleich Anmerkung zu BGH 3 StR 372/08 – Beschluss vom 10. Februar 2009, HRRS 2009, S. 341–346
Schweitzer, Lucas A., Eingriffe in das GmbH-Vermögen mit Zustimmung aller Gesellschafter – Strafrechtliche Untreue?, Diss., Baden-Baden 2016
Seher, Inge, Die aktienrechtliche Untreue in rechtsvergleichender Darstellung, Diss., Berlin/Frankfurt a.M. 1965
Sowada, Christoph, Die hypothetische Einwilligung im Strafrecht, NStZ 2012, S. 1–10
Spindler, Gerald/Stilz, Eberhard (Hrsg.), Beck'scher Online Großkommentar zum AktG, München, Stand 01.09.2021 (zitiert: BeckOGK-AktG/-Bearbeiter, §, Rn.)
Stapelfeld, Ait, Zum Schutzgesetzcharakter der §§ 266, 266a StGB in Bezug auf Untreuedelikte der GmbH-Geschäftsführer, BB 1991, S. 1501–1505
Statistisches Bundesamt (Hrsg.), Strafverfolgung, Fachserie 10, Reihe 3, 2019, Wiesbaden 2020
Sternberg-Lieben, Detlev, Die objektiven Schranken der Einwilligung im Strafrecht, Habil., Tübingen 1997
Stratenwerth, Günther/Kuhlen, Lothar, Strafrecht Allgemeiner Teil – Die Straftat, 6. Auflage, München 2011
Sutherland, Edwin Hardin, White Collar crime, 2. Auflage, New York 1961
Teixeira, Adriano, Das Unrecht der privaten Korruption im geschäftlichen Verkehr, Diss., Baden-Baden 2018
Tiedemann, Klaus, Tatbestandsfunktionen im Nebenstrafrecht. Untersuchungen zu einem rechtsstaatlichen Tatbestandsbegriff, entwickelt am Problem des Wirtschaftsstrafrechts, Habil., Tübingen 1969
Tiedemann, Klaus, Wirtschaftsstrafrecht – Einführung und Übersicht, JuS 1989, S. 689–698

Tiedemann, Klaus, Der Untreuetatbestand – ein Mittel zur Begrenzung von Managerbezügen? – Bemerkungen zum „Fall Mannesmann" –, Festschrift für Ulrich Weber zum 70. Geburtstag am 18. September 2004, Bielefeld 2004, S. 319–331

Tiedemann, Klaus, Wirtschaftsstrafrecht – Einführung und Allgemeiner Teil mit wichtigen Rechtstexten, 3. Auflage, Köln 2010

Tiedemann, Klaus, Wirtschaftsstrafrecht, 5. Auflage, München 2017

Ulmer, Peter, Schutz der GmbH gegen Schädigung zugunsten ihrer Gesellschafter? – Zur Relevanz der Rechtsprechung zu § 266 StGB für das Gesellschaftsrecht –, Festschrift für Gerd Pfeiffer zum Abschied aus dem Amt als Präsident des Bundesgerichtshofes, Köln u.a. 1988, S. 853–871

Vogel, Joachim, Wirtschaftskorruption und Strafrecht – Ein Beitrag zu Regelungsmodellen im Wirtschaftsstrafrecht –, Festschrift für Ulrich Weber zum 70. Geburtstag am 18. September 2004, Bielefeld 2004, S. 395–411

Vogel, Joachim/Hocke, Peter, Anmerkung zu BGH, Urt. v. 21.12.2005 – 3 StR 470/04, JZ 2006, S. 568–571

Volk, Klaus, Untreue und Gesellschaftsrecht – Ein Dschungelbuch, Festschrift für Rainer Hamm zum 65. Geburtstag am 24. Februar 2008, Berlin 2008, S. 803–813

Vonnemann, Wolfgang, Strafbarkeit von GmbH-Geschäftsführern wegen Untreue zu Lasten der GmbH bei Zustimmung der Gesellschafter? – Anmerkungen zur Entscheidung des BGH vom 29.5.1987 – 3 StR 242/86, GmbHR 1988, S. 329–334

Wabnitz, Heinz-Bernd/Janovsky, Thomas/Schmitt, Lothar (Hrsg.), Handbuch Wirtschafts- und Steuerstrafrecht, 5. Auflage, München 2020

Wagner, Tobias, Die Untreue des Gesellschafters in der einfachen und konzernierten Einmann-GmbH. Zugleich eine strafrechtliche Bestimmung des existenzvernichtenden Eingriffs, Diss., Berlin 2005

Walther, Felix, Bestechlichkeit und Bestechung im geschäftlichen Verkehr. Internationale Vorgaben und deutsches Strafrecht, Diss., Freiburg i. Br. 2011

Walther, Felix, Anmerkungen zur geplanten Neufassung von § 299 StGB, NZWiSt 2015, S. 255–258

Walther, Felix, Das Gesetz zur Bekämpfung der Korruption, DB 2016, S. 95–100

Weller, Marc-Philippe, Solvenztest und Existenzvernichtungshaftung – Zwei grundverschiedene Gläubigerschutzfiguren, DStR 2007, S. 116–122

Werner, Stefan, Die ökonomische Analyse des Rechts im Strafrecht: Eine modernistische Variante generalpräventiver Tendenzen?, KritV 1992, S. 433–451
Werner, Stefanie, Unternehmenskriminalität in der Bundesrepublik Deutschland – Umfang, Merkmale und warum sie sich lohnt, Ostfildern 2014
Wessels, Johannes/Beulke, Werner/Satzger, Helmut, Strafrecht – Allgemeiner Teil, Die Straftat und ihr Aufbau, 48. Auflage, Heidelberg 2018
Wessels, Johannes/Hillenkamp, Thomas/Schuhr, Jan C., Strafrecht – Besonderer Teil 2, Straftaten gegen Vermögenswerte, 41. Auflage, Heidelberg 2018
Wilhelm, Jan, Die Vermögensbindung bei der Aktiengesellschaft und der GmbH und das Problem der Unterkapitalisierung, Festschrift für Werner Flume zum 70. Geburtstag am 12. September 1978, Band II, Köln 1978, S. 337–397
Wilhelm, Jan, Rechtsform und Haftung bei der juristischen Person, Köln u.a. 1981
Wilhelm, Jan, Zurück zur Durchgriffshaftung – das „KBV"-Urteil des II. Zivilsenats des BGH vom 24.6.2002, NJW 2003, S. 175–180
Wilhelm, Jan, Anmerkung zu BGH, II ZR 3/04, vom 16.07.2007, EWiR 2007, S. 557–558
Winter, Martin, Mitgliedschaftliche Treubindungen im GmbH-Recht. Rechtsformspezifische Aspekte eines allgemeinen gesellschaftsrechtlichen Prinzips, Diss., München 1988
Wittig, Petra, Wirtschaftsstrafrecht, 4. Auflage, München 2017
Wodicka, Josef Maria, Die Untreue zum Nachteil der GmbH bei vorheriger Zustimmung aller Gesellschafter, Diss., Frankfurt a.M. u.a. 1993
Wolfram, Frank/Peukert, Matthias, Auswirkungen des „neuen" § 299 StGB auf die Compliance-Praxis, NZWiSt 2017, S. 208–212
Zech, Susanne, Untreue durch Aufsichtsratsmitglieder einer Aktiengesellschaft, Diss., Frankfurt a.M. u.a. 2007
Zieschang, Frank, Strafbarkeit des Geschäftsführers einer GmbH wegen Untreue trotz Zustimmung sämtlicher Gesellschafter?, Festschrift für Günter Kohlmann zum 70. Geburtstag, Köln 2003, S. 351–363
Zipf, Heinz, Einwilligung und Risikoübernahme im Strafrecht, Neuwied/Berlin 1970
Zöller, Mark A., Abschied vom Wettbewerbsmodell bei der Verfolgung der Wirtschaftskorruption? – Überlegungen zur Reform des § 299 StGB, GA 2009, S. 137–149